本研究得到2018年度教育部哲学社会科学研究重大课题攻关项目
"改革开放四十年来大众媒介与社会思潮传播研究（18JZD022）"资助

2019
社会思潮传播研究报告

李明德　蒙胜军　等◎著

中国社会科学出版社

图书在版编目(CIP)数据

2019社会思潮传播研究报告/李明德,蒙胜军等著.—北京:中国社会科学出版社,2020.9
ISBN 978-7-5203-7493-4

Ⅰ.①2… Ⅱ.①李…②蒙… Ⅲ.①社会思潮—研究报告—中国—2019 Ⅳ.①D092.7

中国版本图书馆CIP数据核字(2020)第222709号

出 版 人	赵剑英
责任编辑	任　明　周慧敏
特约编辑	芮　信
责任校对	李　莉
责任印制	郝美娜

出　　版	中国社会科学出版社
社　　址	北京鼓楼西大街甲158号
邮　　编	100720
网　　址	http://www.csspw.cn
发 行 部	010-84083685
门 市 部	010-84029450
经　　销	新华书店及其他书店

印刷装订	北京君升印刷有限公司
版　　次	2020年9月第1版
印　　次	2020年9月第1次印刷

开　　本	710×1000　1/16
印　　张	26
插　　页	2
字　　数	428千字
定　　价	158.00元

凡购买中国社会科学出版社图书,如有质量问题请与本社营销中心联系调换
电话:010-84083683
版权所有　侵权必究

研究报告撰写者

李明德　蒙胜军　赵　琛　朱　妍
王含阳　邝　岩　乔　婷　陈盼盼
华　昱　卢　迪　李巨星

传播正能量　引导新思潮
（代序）

柳斌杰

  首先祝贺西安交大新闻与新媒体学院研究新成果发布和首届媒介与社会思潮传播论坛召开！这个论题可以说是别开生面。

  社会思潮本来是哲学、政治学、社会学研究的对象和内容，但交大的同行们把它纳入新闻媒介研究的范围，侧重研究新媒体与社会思潮的关系，很有创意，为新闻学研究开拓了一个新的空间。我认为这也是学术创新，是面对舆论新生态，从内容入手研究新媒体的一个新途径，是值得关注的。

  社会思潮是一定阶段、一定地区客观存在的现象。当前，我国社会各领域正在发生着深刻而广泛的变革，社会思想文化和舆论生态更加复杂。马克思主义、非马克思主义甚至反马克思主义思想观点同时并存，先进思潮和落后思潮甚至是反文明思潮相互交织，积极向上的文化和落后的文化甚至是消极腐朽的文化相互影响，民族思想意识和外来的思想观念甚至是宗教异端思想意识互相碰撞，意识形态领域斗争尖锐复杂，坚持以马克思主义统领思想文化发展的任务日益严峻。所以，研究社会思潮，我们必须坚持马克思主义在意识形态指导地位不动摇，坚定文化自信和文明互鉴不动摇，牢牢把握社会主义先进文化的前进方向。社会思潮和新媒体都是新闻学研究的对象，前者属于舆论分析，后者属于媒体功能研究，二者是有密切关系。虽然社会思潮是一定社会阶层、一定利益集团、一定思想代表所发出的比较稳定、系统的思想观点，有小众的认同，但媒体对它的形成、发展、传播有一定的作用。引导媒体识别、分析、判断社会思潮，并加以批判或引导，对巩固主流思想意识有积极作用。西安交大新闻与新媒体学院以敢于探索、敢于担当的学术追求，承担了社会思潮与新媒体这个课题，取得具有理论意义和实践意义的成果。报告的发布和论坛的举行，更是集思广益，听取理论专家和媒体领袖的意见，深化对这一问题的认识，澄清社会思潮中的一些问题，对于舆论生态建设大有好处。

研究这个敏感的课题，我建议大家把握三点：

一是社会思潮是客观存在的，在社会大变革的时期，思潮活跃，思潮迭起，这是正常的。我们梳理它研究它也是必须的。但是今天和五四运动时期不同，我们党有了中国化的马克思主义主流思想和意识形态。所以，我们必须以马克思主义、习近平新时代中国特色社会主义思想为指导，分析批判民粹主义、反全球化等这样一些逆向思潮，重点放在廓清一些错误的思想观点，引导社会主流思想健康发展，为民族复兴凝心聚力。

二是新媒体要把"传播正能量是总要求"贯彻到工作全程中去。新媒体只是技术手段的改变，本身的职责依然是传播主流思想和先进文化，为人民为社会提供有价值有导向的传播服务。因此，不能以新而"新"，传播虚假信息和错误思潮。有担当的新媒体，也要落实意识形态工作责任制，积极批判错误思想观点，决不能给错误信息、错误思潮提供阵地。党的十九届四中全会重提"低俗、庸俗、媚俗"问题，就是要坚决治理网络传播中的"高级黑""低级红"问题，维护良好的舆论生态。

三是新闻教学与研究始终要重视导向问题，新闻舆论和媒体传播是文化建设的重要部分，新闻院系理当担起重任。在新闻舆论战线，必须自觉坚持党管意识形态和媒体，坚持马克思主义在意识形态的指导地位，坚持团结稳定鼓劲、正面宣传为主，唱响主旋律，弘扬正能量。管好用好新媒体，构建网上网下一体、内宣外宣联动的主流舆论格局。建立以内容建设为根本，先进技术为支撑，创新管理为保障的全媒体传播体系，落实互联网管理主体责任，全面提高先进文化传播能力，为更好地构筑中国精神、中国价值、中国力量服务。

以上意见，与我们各位院长、各位媒体的老总们共勉。我也非常愿意分享各位的研究成果和真知灼见，特别是西安交大的课题发布。欢迎大家参加清华大学新闻与传播学院、文化创意发展研究院的学术活动。

预祝发布会和论坛圆满成功，预祝各位同事学术有进、事业有成！

（本文根据清华大学新闻与传播学院院长柳斌杰教授在课题组召开的"首届媒介与社会思潮传播论坛"致辞整理而成）

前　言

本书为2018年度教育部哲学社会科学研究重大课题攻关项目"改革开放40年来大众媒介与社会思潮传播研究（18JZD022）"阶段性成果。

社会思潮总是与社会的剧烈变革、激荡紧密相连，要么是社会思潮影响社会变革，要么是社会变革催生社会思潮。在这个相互影响相互激荡的过程中，媒介特别是新媒体发挥了中介、催生、鼓动、引领的作用。2019年是极不平凡的一年，全球范围重大事件层出不穷，极端社会思潮跌宕起伏，影响巨大。复杂错乱的社会现实，为高校学术研究提出了多角度观察与分析的视角。以往对社会思潮的研究，马克思主义理论学科关注较多，研究较为深入，但从新闻传播学科、从媒体影响角度的研究较少，从跨学科视角的研究更少。因此，研究大众媒介与社会思潮传播成为当下亟待破解的学术问题。

2019年12月21日，由西安交通大学新闻与新媒体学院、西安交通大学社会科学处主办，陕西省网络舆情研究基地、网络舆情科普基地协办的"首届媒介与社会思潮传播论坛"在古都西安举行。来自清华大学、南开大学、武汉大学、西安交通大学、华中师范大学、安徽大学、苏州大学、西北大学、陕西师范大学等一批著名学者与来自传媒实务界的一批精英围绕媒介与社会思潮传播应邀参与主旨演讲、圆桌会议、学术报告等活动。会议的主要成果有两项：一是发布了李明德教授团队年度研究成果"2019年中国社会思潮新媒体传播报告"；二是形成了一批来自全国各地专家、学者撰写的学术成果。会议成果最终集结为《2019社会思潮传播研究报告》一书。

本书分为两个部分：第一部分为中国社会思潮新媒体传播与影响报告（2019），第二部分汇集了2019年大众媒介与社会思潮传播的学术成果。吴德林、李聿哲、刘佳怡、侯淑娟、朱宴婕等同学作了资料搜集和编校工作,特此致谢。

  积跬步以至千里,积小流以成江海。期待 2020、2021 年以至于今后若干年,我们都能推出媒介与社会思潮传播创新性学术成果,为繁荣和发展哲学社会科学做出我们的贡献。

李明德

2020 年 4 月 25 日

目　录

第一部分　中国社会思潮新媒体传播与影响报告（2019）

一　引言 （3）
二　核心概念、评价指标、研究样本、方法和实施 （3）
　（一）社会思潮及新媒体定义 （3）
　（二）评价指标 （4）
　（三）研究样本 （4）
　（四）研究方法 （5）
　（五）调查实施方案及过程 （5）
三　2019年中国社会思潮新媒体传播概况及态势 （6）
四　2019年中国社会思潮新媒体传播热点与焦点：十大社会
　　思潮传播力排行 （8）
　（一）指标体系及研究方法 （8）
　（二）数学模型 （12）
　（三）数据来源 （14）
　（四）调查结果 （14）
　（五）十大社会思潮论争热点及特点 （14）
五　2019年中国社会思潮新媒体传播特点及影响：十大社会
　　思潮典型事件及言论分析 （17）
　（一）进击的民粹主义：隐匿于热点事件的变色龙 （17）
　（二）回应与批判：再度高涨的民族主义 （26）
　（三）"泛娱乐化"思潮：身坚"智"残 （37）

（四）消费主义：全民狂欢 VS 隐形贫困 …………………（44）
　　（五）火药味十足的贸易保护主义：燃起于一场没有
　　　　　硝烟的战争 ………………………………………………（55）
　　（六）容易走向功利拜金的实用主义 …………………………（63）
　　（七）理性与感性交织的女性主义 ……………………………（68）
　　（八）"反思"的科学主义 ………………………………………（78）
　　（九）时隐时现的新自由主义 …………………………………（88）
　　（十）接地气的生态主义 ………………………………………（95）
六　展望及建议 ………………………………………………………（103）
　　（一）中国社会思潮新媒体传播展望 …………………………（103）
　　（二）意见和建议 ………………………………………………（104）

第二部分　年度学术成果

改革开放以来国内社会思潮研究述评 ………………………………（109）
受众如何认知社交媒体场域中的历史虚无主义
　　——基于1934条新浪微博评论的话语分析 …………………（124）
社会主义公共传播体系建构及在社会思潮引领中的意义 …………（142）
大数据时代公众对社会思潮的关注度：基于百度指数的
　　描述与回归 ……………………………………………………（158）
网络语境下媒介使用对社会思潮的代际差异影响研究
　　——基于CGSS2015数据的实证研究 …………………………（173）
新时代社会思潮传播的新特点及有效引领进路 ……………………（197）
镜像・互构・生产：90年代以来中国都市电影中的女性
　　主义实践 ………………………………………………………（209）
改革开放以来重大革命历史题材电影：主题叙事与国家
　　形象构建 ………………………………………………………（221）
外国社会思潮研究的共现网络分析：基于Bibexcel、Pajake
　　和VOSviewer的综合运用 ……………………………………（239）
现实的反思：影视剧"现实主义热"现象探究
　　——以《都挺好》为例 ………………………………………（255）
新媒体环境下主流意识形态传播力提升研究 ………………………（265）

官媒时政新闻接触与民族主义
　　——以政治信任、爱国情怀为中介变量的实证研究 ………… (278)
民族主义与说唱文化本土化发展 ……………………………………… (296)
新媒体环境下社会思潮的传播形态与趋势预测 ……………………… (317)
中国女性主义思潮在微博平台的传播特征及规律 …………………… (335)
社会治理视角下小镇青年网络社会思潮的传播表征
　　及引导方略 ………………………………………………………… (349)
改革开放以来国内社会思潮的研究述评：传播媒介的
　　技术变革对社会思潮的影响 ……………………………………… (366)
"星星之火，何以燎原"：自组织理论视域下网络民族主义
　　行动的形成与衍化 ………………………………………………… (375)
消费主义思潮传播视角下短视频平台的特征与变化 ………………… (391)

第一部分

中国社会思潮新媒体传播与影响报告（2019）

一 引言

2019年，中华人民共和国成立70周年，举行了盛大的阅兵仪式和庆典活动。70年来的巨大成就举世瞩目，民族自豪感引发了民族主义和爱国主义的相关讨论；中央开展扫黑除恶活动，强力打击黑恶分子；"官本位"思想、极端个人主义等错误思潮受到批评。同时，垃圾分类、减税降费等政策引起社会关注，生态主义的浪潮重新涌起，助力国家更好发展；十九届四中全会的召开进一步明确了坚持和完善中国特色社会主义制度、推进国家治理体系和治理能力现代化的总体目标，中国模式论的思潮偶有出现；而香港暴力事件引发国内外讨论，民粹主义、新自由主义的思潮交织其中。对外关系上，中美贸易摩擦吸引世界聚焦；国际舞台上，英国脱欧、中国和所罗门群岛建交、英国死亡集装箱事件、"伊斯兰国"头目巴格达迪被击毙等，都蕴含着社会思潮的暗流涌动。

同时，随着新媒体的快速发展，这些重大事件背后的社会思潮讨论在新媒体空间中既有数量增多的表现，又有影响扩大、风险加剧的趋向。新媒体空间中的社会思潮传播，成为一项非常重要的研究课题。

二 核心概念、评价指标、研究样本、方法和实施

（一）社会思潮及新媒体定义

目前，国内外对于社会思潮的概念界定主要有"社会意识说""思想倾向说"和"思想潮流说"三种代表性观点。

综合文献及实际需要，本研究将社会思潮界定为：特定社会历史环境下，在社会变革或矛盾冲突下自发形成的反映特定群体利益诉求，以一定的社会心理为基础，经过学者、思想家或舆论领袖的自觉提炼总结，以一定理论形态为依托，在传播中获得一定社会群体的认同，进而对社会产生深远影响的一种非主流社会意识。这种社会意识具有随着社会现实的变化而自觉出现或消失的特性，且会在传播过程中与现实情境相结合，对社会事件具有一定催化作用。

关于新媒体，本研究将之定义为伴随虚拟现实、人工智能等技术发

展，适应信息传播与社交需求的具有互动性、社交性以及开放融合特点的一类新兴媒体。所以，所有具有以上特质的媒体都可以被称为新媒体。比如网络媒体、智能手机媒体等技术平台，再比如微博、微信等社交媒体等具体媒体形式也可以被称为新媒体。本研究中具体指微博、微信、移动短视频、论坛、头条、搜索引擎等。

（二）评价指标

社会思潮的新媒体传播，更多体现在线上信息的获取和评论。所以，本研究依据传播的5W模式，即从社会思潮新媒体传播的主体、内容、对象、方式及效果五个维度进行测量，对社会思潮新媒体传播的概况、影响及发展态势进行分析和总结。

（三）研究样本

本课题的研究样本分为研究对象样本和分析对象样本。首先，研究对象样本是2019年度相对活跃的各类社会思潮，研究对象样本主要通过深度访谈和资料搜集获得和确定，经过前期50位专家学者的深度访谈，共获得2019年内18个社会思潮作为研究样本（见表2-1）；其次，分析对象样本主要由典型事件和典型言论组成。典型事件主要通过定性和定量标准相结合的方法获得（见表2-2）。典型言论主要通过关键词搜索获得。经过搜索和确定，共获得18个社会思潮共计90个典型事件和196条典型言论作为分析对象。

表 2-1　2019年新媒体传播的主要社会思潮（排名不分先后）

序号	名称	序号	名称
1	拜金主义	10	历史虚无主义
2	"官本位"思潮	11	贸易保护主义
3	生态主义	12	民粹主义
4	新儒家主义	13	民族主义
5	"泛娱乐化"思潮	14	女性主义
6	实用主义	15	西方多党制思潮
7	"普世价值"论	16	消费主义
8	极端个人主义	17	中国模式论
9	科学主义	18	新自由主义

表 2-2　　　　　　　　社会思潮传播典型事件选取标准

类别	标准概述	具体标准
定性标准	事件具备典型的社会思潮特征，能够反映社会思潮的核心观点	例如民粹主义思潮事件具备典型二元对立的特征
	社会思潮的核心观点经由学者、意见领袖或草根网民的表达，在事件传播中获得一定群体的认同，使得事件话语表达呈现出一定的倾向性	
	社会思潮在传播过程中与现实情境相结合，对社会事件的传播发展具有一定催化作用	
定量标准（影响力）	短时间内，事件在网络上被广泛传播与报道，在网络媒体中引起热议	某一事件在一天内： 1. 在网络上被超过 20 家的媒体报道或转载 2. 在社交媒体平台、短视频平台、内容平台等引发不少于 5000 次的评论 3. 事件关键词登上百度热搜榜、抖音热点榜或微博热搜 （以上三条标准需同时满足）
	长时期内，某一话题（或现象）均保持一定的传播量，引发网民持续性的关注与讨论	2019 年度内，某一话题（或现象）在持续 6 个月以上的时间内： 1. 在社交媒体平台、内容平台等，每月均有文章更新，且文章累计阅读总量或点赞总量达到 5 万 2. 在短视频平台，每月均有相关音视频内容更新，且音视频累计点赞量达到 5 万 3. 百度搜索日均指数达到 3000 （以上三条标准满足其一）

（四）研究方法

为了更精确地描述 2019 年度社会思潮新媒体传播状况，本研究采取质性和量化相结合的研究方法，通过深度访谈、资料收集、数据挖掘等具体方法，并采用 SPSS 等统计软件进行数据处理，实现对 2019 年度社会思潮新媒体传播的精准解读。

（五）调查实施方案及过程

按照前期研究设计，本课题以 2018 年 12 月 1 日至 2019 年 12 月 1 日为时间跨度，通过以下实施过程开展调研及资料获取。

（1）深度访谈：通过线上线下相结合的访谈方式，联系50位专家学者进行调查及意见征集，形成2019年度社会思潮新媒体传播研究样本共计18个。

（2）资料收集及数据挖掘：通过定性和定量相结合的确定标准，获得90个典型事件分析样本。进一步，通过关键词搜索和数据挖掘技术，获得196条典型言论作为分析样本。

（3）数据分析及汇总：通过数据挖掘技术，获得18个社会思潮典型事件和典型言论的信息量和评论量等数据。

三 2019年中国社会思潮新媒体传播概况及态势

2019年中国社会思潮新媒体传播与政治经济社会等国家大事及大政方针协同共振，总体平稳，对政治、经济、社会等积极作用凸显。例如民族主义的高涨、消费主义的盛行、"官本位"思潮的退潮、贸易保护主义的热烈等。但个别社会思潮返潮成为讨论热点，例如新自由主义的异军突起等。

从传播主体和对象来看，2019年中国社会思潮新媒体传播者和受传者主要呈现出年轻化、高学历和平民化的特点。个别社会思潮由意见领袖和精英群体引发和传播，例如贸易保护主义等，说明新媒体空间中的社会思潮更多地影响年青一代，见图3-1。

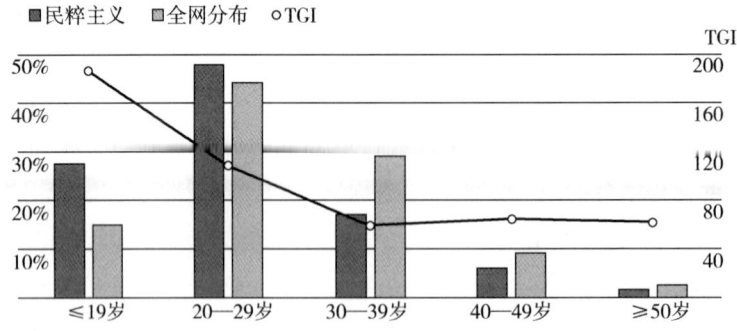

图3-1　2019年中国社会思潮新媒体传播主体年龄分布（民粹主义）

（来源：百度指数）

从传播内容来看，2019 年中国社会思潮新媒体传播内容包含政治类、经济类、文化类和社会类思潮。其中，社会类思潮占绝大多数，例如民粹主义、"泛娱乐化"思潮、女性主义、实用主义、极端个人主义等（见表2-1），说明新媒体用户更多关心和关注自身利益。同时，政治类社会思潮也较多，例如"普世价值"论、西方多党制思潮、"官本位"思潮、中国模式论等，但总体声音较小；内容的倾向度上来说，对错误社会思潮的批判声音较多，例如对极端个人主义、"官本位"思潮、新自由主义的批评等，说明新媒体空间中，热爱国家、关心社会是主流。但同时，泛娱乐化倾向、消费主义表现明显且支持声音占多数表明新媒体用户在内容选择上的轻浅化倾向；另外，从社会思潮传播内容的社会网络结构来看，有些社会思潮形成了同构联动关系，例如：女性主义与民粹主义、"泛娱乐化"思潮等互相联系、互相影响。"曹云金与唐婉离婚"风波，以泛娱乐化形式出现，引发女性主义讨论，最终引申到"中产焦虑"等社会问题；再比如，"香港修宪"事件引发的民粹主义讨论进一步发展成对"香港暴乱"的新自由主义讨论，这需要学界认真分析与研究；同时，个别社会思潮之间有对抗纷争的形态出现，这与改革开放以来的社会思潮传播总体态势有别。例如，民族主义的高涨与新自由主义的网络对抗比较明显；科学主义和"伪科学"思潮的论争比较突出等，见图 3-2。

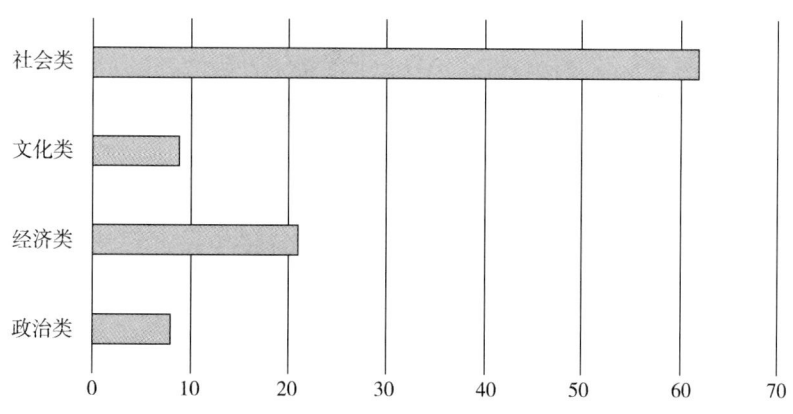

图 3-2　2019 年中国社会思潮新媒体传播内容类别

从传播方式来看，传播所依托的平台有微博、微信、头条、贴吧、知乎、论坛以及以抖音、快手为代表的移动短视频等。其中，突发事件中形成与传播的社会思潮以短视频、微博、微信、头条传播为主；社会思潮典型言论主要集中在微博、微信、论坛中传播，见图3-3。需要注意的是，移动短视频有图有真相的传播方式，构成2019年中国社会思潮新媒体传播的突出形式。

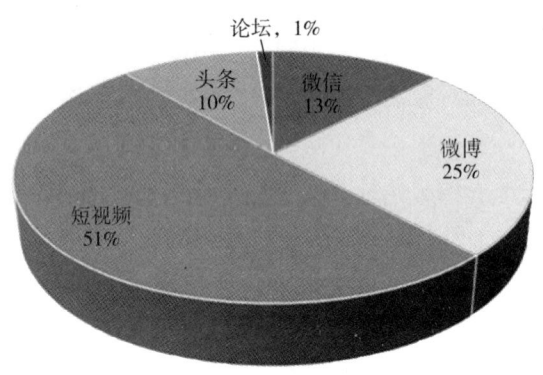

图3-3　2019年社会思潮新媒体传播平台分布

从传播效果及影响来看，在态度层面，大部分社会思潮典型言论的传播都倾向于思潮评价和价值认同。这其中，有对错误观点的批判和对正确观点的支持。可以说，新媒体用户对社会思潮总体比较理性。同时，个别社会思潮已经对新媒体用户的认知和行为产生了重要的影响。例如，"泛娱乐化"思潮在新媒体空间受到追捧，"戏谑化"和"恶搞"等的形式消解用户对于主流价值观的认同；消费主义思潮诱导公众进行非理性、盲目消费的现象在网络空间比较突出。另外，民族主义的高涨并没有掩盖新媒体空间中民粹主义的传播以及新自由主义的反弹。

四　2019年中国社会思潮新媒体传播热点与焦点：十大社会思潮传播力排行

（一）指标体系及研究方法

1. 指标选取原则

（1）现实性原则

本调查着眼于社会思潮在互联网和新媒体平台的传播情况，故在指标设计上要以互联网和新媒体渠道的现实使用情况为依托,以承载社会思潮传播的具体事件和言论为研究内容。

(2) 可操作性原则

社会思潮作为一种非主流社会意识,其内涵意义具有一定的抽象性,要实现对其传播力的准确评估,就要在事件选取标准和指标设计上尽可能地将抽象化的理论概念转化为具有较高可观察性的指标因子,便于测评结果的获取。

(3) 简明实用原则

反映社会思潮传播力的相关因素较为多元,所选择的评估指标不可能面面俱到,因此选取有代表性、可比性、独立性、信息量大的指标,有利于获得高效、系统的评估体系。

2. 具体测量指标

在综合国内外相关研究的基础上,本研究主要从典型案例中社会思潮传播力和典型言论中社会思潮传播力两个类别来确定2019年中国社会思潮传播力。对于社会思潮传播力,分别从认知度、评价度两个维度进行测量。认知度方面,主要从微博、微信等各新媒体平台的信息发布数量确定;评价度方面,主要从微博、微信等各新媒体平台的信息发布倾向度、热烈度等指标进行确定(见表4-1、表4-2)。

表4-1　　　　　社会思潮典型案例网络传播力评估指标体系

评价目标	一级指标	二级指标	三级指标
社会思潮典型案例新媒体传播力	案例传播认知度	微信传播认知度	文章总数
			篇均阅读量
			最高阅读量
		微博传播认知度	发博总数
			原创微博数
			微博评论量
			博主粉丝量
			短视频播放量
		头条传播认知度	文章总数
			篇均阅读量
			最高阅读量
			评论量

续表

评价目标	一级指标	二级指标	三级指标
社会思潮典型案例新媒体传播力	案例传播认知度	论坛传播认知度	发帖总量
			单一ID跟帖量
		短视频平台传播认知度	事件涉及相关视频数量
			评论量
		搜索引擎传播认知度	搜索量
			搜索相关网页数量
	案例传播评价度	微信传播评价度	"在看"量
			点赞（外赞）量
			转发量
		微博传播评价度	正面评论量+评论点赞量
			中性评论量+评论点赞量
			负面评论量+评论点赞量
		头条传播评价度	点赞量
			正面评论量+评论点赞量
			中性评论量+评论点赞量
			负面评论量+评论点赞量
		论坛传播评价度	点赞量
			分享量
			正面帖子量
			中性帖子量
			负面帖子量
		短视频平台传播评价度	点赞量
			正面评论量+评论点赞量
			中性评论量+评论点赞量
			负面评论量+评论点赞量
		搜索引擎传播评价度	正面搜索结果量
			中性搜索结果量
			负面搜索结果量

表 4-2　　社会思潮典型言论网络传播力评估指标

评价目标	一级指标	二级指标	三级指标
社会思潮典型言论新媒体传播力	言论传播认知度	言论数量	评论篇数
			论文篇数
		阅读量	微信公众号阅读量
			博客阅读量
			客户端阅读量
			论文下载量
			论坛发帖量
		评论量	微博、博客评论量
			客户端评论量
			论坛跟帖量
	言论传播评价度	微信传播评价度	"在看"量
		微博传播评价度	点赞（外赞）量
			转发量
			正面评论量+评论点赞量
			中性评论量+评论点赞量
			负面评论量+评论点赞量
		客户端传播评价度	点赞量
			正面评论量+评论点赞量
			中性评论量+评论点赞量
			负面评论量+评论点赞量
		论坛传播评价度	点赞量
			分享量
			正面帖子量
			中性帖子量
			负面帖子量
		短视频平台传播评价度	点赞量
			正面评论量+评论点赞量
			中性评论量+评论点赞量
			负面评论量+评论点赞量
		正负面评论比	微博平台正负面评论比
			客户端平台正负面评论比
			论坛平台正负面评论比
			短视频平台正负面评论比

(二) 数学模型

在指标体系确定的基础上构建社会思潮传播力函数。我们将社会思潮传播力定义为函数 P，进一步把社会思潮的传播力分为社会思潮案例传播力 p1 和社会思潮言论传播力 p2。

关于社会思潮案例传播力 p1，对于它的影响因子 x，主要是分为案例传播认知度和评价度，进一步操作化为微信平台文章总数、文章篇均阅读量、文章最高阅读量、微博平台发博总数等相关因素，建构变量 x1，x2，x3……x40，相对应的：x1 = 微信平台文章总数，x2 = 微信平台篇均阅读量，x3 = 微信平台最高阅读量，x4 = 微博平台发博总数，x5 = 微博平台原创微博数……x38 = 搜索引擎正面搜索结果量，x39 = 搜索引擎中性搜索结果量，x40 = 搜索引擎负面搜索结果量。据此构建社会思潮案例传播力函数：

$$p1 = f(x) = f(x1) + f(x2) + f(x3) + f(x4) + f(x5) + \cdots + \cdots + f(x38)$$
$$+ f(x39) + f(x40) = \ln(x1) + \ln(x2) + \ln(x3) + \ln(x4) + \ln(x5) + \cdots$$
$$+ \ln + \cdots + \ln(x38) + \ln(x39) + \ln(x40)$$

关于社会思潮言论传播力 p2 的计算方法与社会思潮事件传播力 p1 相似，对于它的影响因子 y，主要是分为言论传播认知度和评价度，进一步操作化为社会思潮评论篇数、论文篇数、微信公众号阅读量等相关因素，建构变量 y1，y2，y3……y33，相对应的：y1 = 评论篇数，y2 = 论文篇数，y3 = 微信公众号阅读量……y30 = 微博平台正负面评论比，y31 = 客户端平台正负面评论，y32 = 论坛平台正负面评论比，y33 = 短视频平台正负面评论。据此构建社会思潮言论传播力函数：

$$p2 = f(y) = f(y1) + f(y2) + f(y3) + \cdots + f(y32) + f(y33)$$
$$= \ln(y1) + \ln(y2) + \ln(y3) + \cdots + \ln(y32) + \ln(y33)$$

计算得出 p1 和 p2 后，根据专家意见对其赋权，最终得出社会思潮传播力 P = 0.6 * p1 + 0.4 * p2。

f(x) = lnx 的函数图像如图 4-1 所示：

关于函数建模的选取原则主要依据了自然对数的基本特征和极限的概念。首先，关于自然对数的基本特征。根据函数图像可以看出，f(x) = lnx 的定义域为 (0, +∞)，值域为 (-∞, +∞)。并且，f(x) = lnx 属于单调递增，严格意义上凸的函数。自然对数的定义域是 (0, +∞)，这就满足

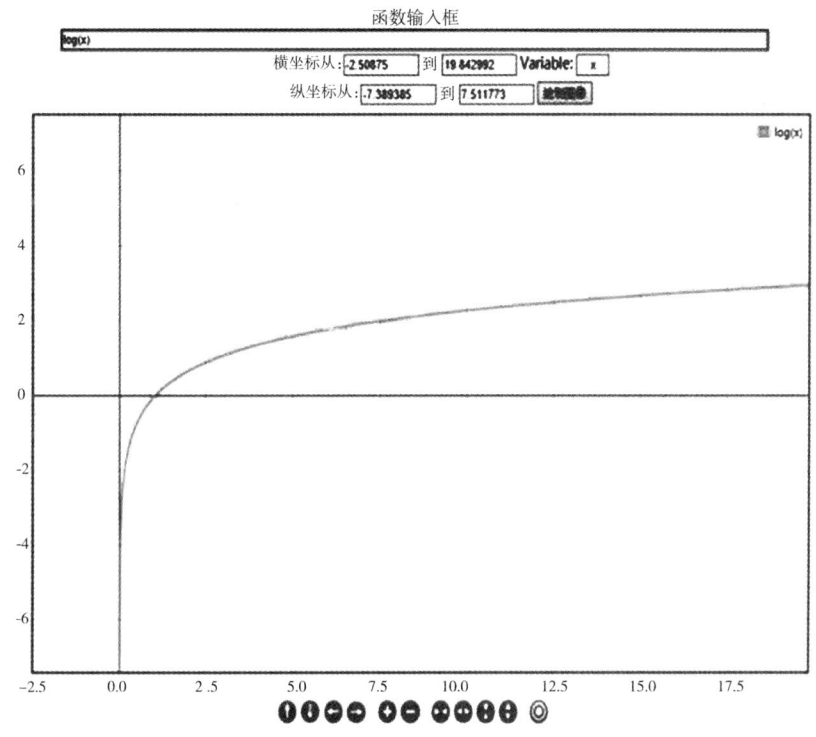

图 4-1　f(x) = lnx 的函数图像

了社会思潮传播力中变量值只取自正实数，没有负数的客观情况。自然对数的值域则大致规定了社会思潮传播力在受到各种影响因子的影响时，可能会出现正面效应，也可能会出现负面效应的情况。此外，自然对数属于单调递增的凸函数保证了结果的准确性和科学性，在复杂的社会思潮传播影响因子的共同作用之下，社会思潮传播量等变量不仅数量巨大而且单位不同，因此简单的累加取和没有办法反映出真实情况。一方面函数 lnx 的单调递增保证了每一个影响因子都有与之唯一对应的影响力，这使得最终的结果准确且不重复；另一方面函数 lnx 属于凸函数保证了它的斜率是不断减小的，即随着影响因子 x_i 数值的增大，社会思潮传播力的数值增长变得更缓慢，这就缓和了由数据量巨大可能带来的一系列误差。其次，关于自然对数的极限。当 x 趋于正无穷时，有 $\lim lnx/x = 0$，lnx 是 x 的高阶无穷小，即 lnx 比 x 更慢地趋于正无穷。这一特点表明，将影响因子 x_i 置于社会思潮传播力函数 P = f(x) 函数中，无论传播影响因子有多复杂，单个数值有多么大，选取范围多么广阔，最终经过运算得出的社会思潮传播力函数 P 都经过了等量缩小，可量化、便于比较研究。

（三）数据来源

本部分研究数据来源主要通过数据挖掘获取。依据社会思潮在新媒体上的传播力评估指标体系（社会思潮事件新媒体传播力+社会思潮言论新媒体传播力），通过专业数据挖掘软件对19个候选社会思潮的相关事件和言论进行数据抓取和测量，测算得出每个社会思潮的事件和言论的传播力指数。

（四）调查结果

根据数据统计结果，本研究最终获得2019年度中国社会思潮新媒体传播力排行（前10）。分别是：民粹主义、民族主义、"泛娱乐化"思潮、消费主义、贸易保护主义、实用主义、女性主义、科学主义、新自由主义、生态主义，见表4-3。

表4-3　2019年度中国社会思潮新媒体传播力排行（前10）

序号	思潮	事件（60%）	言论（40%）	总分（分）
1	民粹主义	377.7115	155.9446	289.0047
2	民族主义	370.5927	165.7684	288.6630
3	"泛娱乐化"思潮	386.3323	129.9969	283.7981
4	消费主义	367.7373	155.5581	282.8656
5	贸易保护主义	358.8215	167.9116	282.4575
6	实用主义	366.3058	130.8474	272.1224
7	女性主义	343.1059	159.9943	269.8612
8	科学主义	357.6814	138.1271	269.8597
9	新自由主义	352.9311	123.9868	261.3534
10	生态主义	377.0433	56.99125	249.0225

（五）十大社会思潮论争热点及特点

2019年，在新媒体空间传播力较强的十大社会思潮总体呈现出与政治经济社会发展同频共振的特点。民粹主义和民族主义总得分较高，生态主义排名进入前十。依托典型事件或案例的社会思潮传播中,"泛娱乐化"思潮讨论及传播最广,这与新媒体空间娱乐至上的特点相吻合;民粹主义次之,这说明公众关心的核心议题主要是国计民生的重大事件。而依托典型言论的社会思潮传播中,贸易保护主义思潮传播最广,这与中美贸易摩擦中舆论战愈演愈烈有关;民族主义次之,说明新媒体空间中关于民族主义的相关议题讨论也较为激烈。同时,在传播内容及具体影响上呈现出一定的论争性特点,具体如下:

1. 民粹主义传播最广,典型事件成为传播引爆点

社会公平正义正日益成为民粹主义关心的问题,并有进一步蔓延的趋势。"涉官""涉警"等事件成为民粹主义的传播引爆点,"北大退档考生"事件、"香港修例风波"等短时间内成为热门事件,为民粹主义传播提供了很好的载体和温床。

同时,从传播倾向度来看,民粹主义思潮负面言论占有一定比例,说明民众对切身利益的不满容易在新媒体空间中进行传播(见表4-4)。

表4-4　2019年度中国新媒体空间十大社会思潮传播倾向度排名

思潮名称	倾向度排名(言论:(正面+中性评论)/负面评论)
生态主义	1
女性主义	2
科学主义	3
实用主义	4
贸易保护主义	5
消费主义	6
"泛娱乐化"思潮	7
民粹主义	8
新自由主义	9
民族主义	10

2. 民族主义负面言论传播成为突出问题

一方面,《流浪地球》《哪吒之魔童降世》等文艺作品深度刻画了民族主义对公众的正面积极影响。同时,新中国成立70周年阅兵等特殊节日也进一步促进了民族自豪感,理性民族主义很大限度地发挥了正面效应；另一方面，网络空间中"日吹""越吹"等不同声音及狭隘民族主义的信息传播较广，造成了民族主义思潮讨论倾向度最为负面（见表4-4），这需要引起相关部门重视。

3. "泛娱乐化"思潮是新媒体空间传播最广、影响最大的社会思潮

不论是微博、微信，还是移动短视频、头条等平台，"泛娱乐化"思潮传播的身影随处可见。马伊琍和文章离婚、向佐和郭碧婷结婚等，明星结婚离婚承包热搜成为新媒体的传播奇景。同时，"戏谑""恶搞"风仍然在新媒体空间随处蔓延；抹黑英雄，诋毁先烈成为"泛娱乐化"思潮负面传播的典型现象，这对社会正面典型的宣传有消解效应，是"泛娱乐化"思潮传播负面影响的最突出表现。

4. 科学主义和"伪科学"传播形成论争

2018年被称为中国科技突破年，2019年，中国的科技发展仍然迅速，5G、区块链等创新技术引起国内外关注。同时，基因编辑婴儿等突发事件引起公众对科学伦理的探讨，进一步促发了科学主义的传播和影响。与此同时，与"伪科学"相关的"AI算命"、"水氢汽车"、"量子波动速读"培训班火爆等事件风靡网络，形成了"伪科学"传播的宏大景象。丁香医生发文打假、"水氢汽车"项目最终下线等，一定程度上既消除了"伪科学"传播的影响，又增强了公众对科学主义的认知和理解，对整个社会有一定的积极作用和意义。

5. 生态主义思潮深入人心

伴随2018年"秦岭违建"事件的进一步发展，垃圾分类等与生态主义思潮紧密相关的典型案例和言论传播影响很大。由于主流媒体的大力宣传和助推，生态主义思潮在各大新媒体平台上传播较广，这是生态主义思潮传播产生较大影响的基础。另外，由于意见领袖的深度参与，垃圾分类等主题在新媒体空间传播较为深入。当然，虽然有对垃圾分类等主题的不同声音出现，但国家强制推行和新媒体用户传播过程中的沉默螺旋效应显现，对生态主义持正面积极态度声音占据主流，使得生态主义思潮的传播从国家意志到个人感知，都获得了较大的认知和理解，生态主义思潮传播效果深入人心（见表4-4）。

五 2019年中国社会思潮新媒体传播特点及影响：十大社会思潮典型事件及言论分析

本研究还借助文献、资料和数据分析，对具体社会思潮传播的特点和影响进行了分析，以下为以十大社会思潮典型事件和言论为例的基本分析。

（一）进击的民粹主义：隐匿于热点事件的变色龙

2019年，民粹主义的热头仍然强劲。无论是在风云动荡的政治选举中，还是在不断反转的舆情事件中，都能瞥见民粹主义的身影。作为一种"薄意识形态"（thin ideology），民粹主义可以被大量的主流左翼或右翼意识形态所补充，从而成为隐匿于不同热点事件的变色龙。在中国社会转型的特殊时期，民粹主义往往持问题导向，以应激性的姿态出现。2019年民粹主义依附的核心议题有社会公平、涉领土完整、女性平等问题。

1. 民粹主义典型案例

（1）案例基本情况

①社会公平问题中的民粹主义思潮

一般来说，国内民粹主义都秉持平民立场，仇官仇富，敌视精英。支持"二元对立"是其典型形态。民粹主义思潮的演进逻辑与中国国内发展的逻辑是一致的，随着社会转型的深入，由分配不公而导致的贫富分化问题，由权力介入而导致的官场腐败问题，使得国内民粹主义对社会公平问题尤为敏感。在2019年，民粹主义的情绪尤为明显的表现在破坏规则文明以及涉官、涉警等事件中。

在全面建设法制社会的背景下，随着网络环境中"Z世代群体"的崛起，主流网民更加重视以法律和公序良俗为基础的规则文明，因而破坏规则文明而引发民粹主义情绪的事件不断增多。

在今年，有关"是否正当防卫"的争论热度空前。2019年1月18日被爆出的河北涞源反杀案成为了此争论爆发的又一重要的舆论场。1月18日，上游新闻刊发报道称，河北省高校一大二女生小菲（化名），2018年寒假在打工期间认识传菜生王某，之后，王某追求小菲遭到拒绝后，多次携带刀具到其学校和家中纠缠，并扬言称如不同意恋爱就杀其全家，小菲多次报警后对方仍不悔改。2018 年 7 月 11 日 23 时许，王某持甩棍、刀具，深夜翻墙闯入小菲家中，被发现后双方发生剧烈冲突，小菲腹部被捅了一刀，小菲父母的胸腹部多处受伤，王某则在三人合力反抗下倒地，被小菲母亲赵印芝用菜刀劈砍头颈，最终死亡。涞源县公安局认为，王某受伤倒地后，赵印芝在未确认王某是否死亡的情况下，持菜刀连续数刀砍其颈部，"主观上对自己伤害他人身体的行为持放任态度，具有伤害故意"。

事件被曝出之后，除了引发对于"正当防卫"再次空前热烈的讨论，涞源县公安局的行为也引发网民相当程度的不满。涞源县公安局官方微博"@涞源公安网络发言人"多条微博的评论区，被愤怒的网民占领，且评论多为呼吁警方放人，网络民粹主义情绪不断滋生蔓延。事实上，有关于"是否正当防卫"之所以能够激起如此热烈的讨论，本质上仍是底层公众呼吁社会公平与正义的"罗宾汉情结"。这也反映出青年群体对破坏社会秩序，危害公共安全行为的零容忍。

同样的情绪也出现在教育领域"北大退档考生"事件中，事情源于 8 月 5 日网友发布的一篇文章《退档是因对考生负责，北京大学给河南专项考生的理由难以让人信服》。文中写到一名理科 538 分的学生，在国家专项计划中被北京大学提档（2019 年河南理科本科一批分数线为 502 分），之后却遭到退档。北京大学在退档理由中写道："高考成绩过低，根据我校教学难度，若录取该生，考生入校后极有可能因完不成学业被退学，本着以人为本，为考生负责的态度，特向贵办申请退档。"

该名考生之所以这个分数也敢报北大，是因为他并非通过本科一批录取，而是走的国家专项计划。国家专项计划是指根据教育部相关政策，定向招收贫困地区学生。国家贫困地区的教育质量与其他地区有所差异，如果以一个标准录取的话，有的考生根本没有机会上名校，所以专项计划的招生一般会比普通招生低几十分左右。尽管北大退档考生也有值得理解的地方，但不少舆论认为，高校可以有招生自主权，但招生自主权是建立在规则之上的，如果仅仅是担心考生没有办法完成学业，这个理由无法让人信服。考生能不能完成学业，是考生自己的事情，我们应该做的是扶持他们，而不是直接拒绝他们。

归根结底，"北大退档考生"之所以能够引起如此广泛地关注，仍然涉及"高考公平"以及是否尊重规则的问题。"北大与网民""考上北大的学生与未考上北大的学生"形成了一个个不同的圈层，以是否公平是否遵守规则以及是否有资格上北大为据点与阵营，展开无法互相理解的攻讦与对立。

除去对于规则和公平的呼吁，网络民粹主义仍然与涉官涉警紧密相关。在"严书记女儿"事件中，一句"你这样对严书记女儿说话是什么意思？"再次引发了网民对于官场等级的不满，在网络"无影灯"的作用下，严书记最终落马。在"甘肃女孩受伤"事件中，不乏"官官相护""团体掩盖"的阴谋论。一方面表明了底层公众对于腐败、等级问题的不满，另一方面也显示了民粹主义情绪对于拉大精英与公众的对立、加剧平民与官警矛盾的消极作用。其仇富、仇官、仇精英情绪带来的负面问题仍值得警惕。

②香港修例风波中的民族主义和民粹主义现象

1997年香港回归之后，恰好遇到东南亚金融危机和全球化浪潮，新自由主义盛行。加上国际政治持续右倾化，从而使得香港右翼民粹主义迅速崛起，右倾势力使用具有诱惑力的宣传和政治动员手段，宣传"港独"、反对新移民，宣扬排外主义。右翼民粹主义总是有意无意将"人民"这一范畴扩大到与"国家"的同源性，这就使得民族民粹主义运动迅速崛起。

民族主义、民粹主义之间具有极为嵌合的政治逻辑。1961年，安格斯·斯图尔特（Angus Stewart）甚至把民粹主义称为"一种民族主义"。

民粹主义具有左翼、中翼和右翼三个派别，其中右翼民粹主义意识形态将普通人民与一伙精英及危险的"他者"相互对立起来。右翼民粹主义还是一种社会运动，强调维护社会普通平民利益而反精英、反权威和反对外来的"他者"，主张可采用各种破坏性的政治手段来达到自身的目的。不仅如此，当前欧美右翼民粹主义还与传统的民族主义相互结合在一起形成了民族民粹主义运动。民族民粹主义与一般民粹主义的区别在于，它不仅是大众与精英之间的对立，而且是反自由主义元素和民族主义元素的叠加。具体来说，它具有排外主义话语盛行、非此即彼的群体对立情绪以及平民至上的沙文爱国主义等特征。在本次香港反修例游行示威中，这种特征表现得更加明显。

这场风波起于香港特区政府为了应对犯罪嫌疑人身为香港居民在台湾杀害女友后逃回香港，无法引渡至台湾受审的窘困，提出了修改《逃犯条例》和《刑事事宜相互法律协助条例》。随后在6月9日，香港示威者以反对港府修例为名，发动第一次大规模示威游行。大批激进分子入夜后集结在金钟海富中心及立法会附近一带不停叫嚣，刻意挑衅警方，破坏手段不断升级。

7月21日晚部分激进示威者围堵香港中联办，向该机构办公大楼门口悬挂的国徽投掷黑色油漆弹，在外墙喷涂侮辱性字句，并试图冲进办公大楼。8月12日，有非法示威者到香港国际机场抵达大厅集会。香港机场管理局被迫启动机场紧急事故应变中心，叫停登机服务。8月13日，内地记者付国豪被示威者非法拘禁殴打，他说的一句"我支持香港警察，你们可以打我了"，将香港修例风波彻底推向了舆论的风口浪尖。

无论是"五大诉求"的提出，还是殴打警察平民、针对内地学生，从中可以看到的是当前的右翼民粹主义已经不仅仅是单纯的大众与精英之间的对立，而是渗透了民族主义元素的非此即彼的群体对立，是一种值得警惕的民族民粹运动。当"人民"与"国家"两个词扩展至同样的位置，运动的危险性也将进一步上升，情绪宣泄与暴力运动也会接踵而至，使得整场民粹主义运动滑向燃烧怒火的失控边缘。

③非理性情绪的宣泄：贬低女性言论反复出现

民粹主义思潮在叙事上的主要特征之一就是简化。也就是说将复杂的事情简化为简单的逻辑，将复杂的人像简化为简单的人群。2019年，尤为明显地表现为在不少事件中所出现的许多贬低女性的言论。典型的如在"重庆保时捷女司机遭掌掴"事件中，围观群众对"女司机"的炮轰，成为民粹主义情绪宣泄的出口，而更加隐形的贬低女性事件更是无处不在。

比如在2019年发生的山东留学生事件。7月11日，一篇题目为《1个留学生配3个学伴 学伴以女生为主》的文章引起了网友的关注，文章提到山东大学在2018年发布的留学生招募学伴项目中，一个留学生配三个学伴，学生以女生为主。

经查询发现，山东大学"学伴"计划于2016年开始实行，2017年为一对一配对，2018年山东大学学伴制度再度升级，采取一个留学生配三个学伴的配置，落选学伴则列入学伴库。随后在网上流传出一份山东大学的寻找学伴申请表，分类细致，从专业、性别、性格，到交友目的（例如：结交外国异性友人）且调查表上写道"……以便为你匹配到心意的学伴"，信息详细到让人误以为是相亲网站的调查表。

虽然对于外国留学生享受着令人瞠目结舌的"超国民待遇"这一现象是值得正视和讨论的，但是一些极端思想和暴行也随之出现。比如那些煽动民粹主义情绪的言论，称"留学生特权"是因为做"奴才"做习惯了。更值得警惕的是，民粹主义情绪与侮辱女性言论的交织，比如有人给参与学伴制度的在校生发上千条骚扰短信，借机侮辱山大女生，披着"痛惜"的遮羞布，肆意讽刺、侮辱、谩骂山大女学伴，上演了又一场网络暴力。这也使得民粹主义同女性主义的论争掀起了另一波舆论热潮。有媒体评论道，"先是有人点燃火苗，然后隐藏在网民里四处点火，接着大家的情绪就被带动起来，思考简单，非黑即白。那些试图劝阻群众保持冷静的，往往被群起而攻之。"

但令人遗憾的是，这种论争的结果真的会使真理越辩越明吗？在"眼球经济"的时代，那些被选择性记忆的，也许往往不是真理，而是谣言、语言暴力以及最刺激神经的事实。据搜狐新闻报道，在随后的山东的某场校招宣讲会上，某位主持人开篇就调侃："山东大学的女生很漂亮，我不由得感叹，山大的留学生真幸福。"虽然这是个别人的个别言论，但不免也反映了民粹主义情绪的最后所走向的一种极为消极的结局。

（2）民粹主义传播情况及影响

多数学者认为，民粹主义作为一种政治哲学或政治语言，其包含的成分非常复杂，既是一种政治心态、一种政治思潮，也是一种运动，同时，还是一种沟通方式、政治策略或动员工具。民粹主义具有独特的传播逻辑，有关民粹主义的定义之间并不是相互排斥的，而是代表了民粹主义的不同方面。将民粹主义定义为一种意识形态，侧重于民粹主义传播的内容（What）；将民粹主义定义为一种风格，侧重于民粹主义传播的形式（How）；而将民粹主义视为一种策略，则侧重于民粹主义传播的动机与目的。

首先，从内容逻辑上来说，网络民粹主义思潮强调平民性，它理所当然地批判与之相对立的权威和精英，诸如专家学者、政府官员等权威或精英阶层的代表。它强调"人民"与"精英"之间的对立，"人民"被松散地构建成一个大的、没有力量的群体，"精英"被构想成一个小的、不合法的强大群体。民粹主义主张代表"人民"，反对阻碍其合法要求的"精英"，并将这些要求作为"人民"意志的表达。除此之外，网络民粹主义基于道德准则构建"内群体"和"外群体"，那些"罪犯、邪恶商人、腐败者"或者与"我们"不持相同意见的人群往往被视为"外群体"而被排除在"内群体"之外。在 2019 年的民粹主义事件中,"对立"与"排斥外群体"是其核心关键词。

其次,民粹主义的传播风格逻辑则指的是,这些表达民粹主义意识形态的信息往往与使用一组具有代表性的风格元素有关。比如网络民粹主义常常采用底层、哄客和对抗三种叙事方式。汤泰景指出民粹主义舆论中具有英雄叙事、悲情叙事和复仇叙事三种模式。此外,戏剧性、道德绑架以及营造对立等,都可以视为民粹主义的传播风格。

归纳而言,其传播风格可以总结为简化、二元对立、情感化。首先,将所有社会关系缩小为公民与精英或者公民和"他人"之间的对立是民粹主义的主要传播风格。他们认为,问题的原因是单一的,可以通过简单的方法加以解决。比如在"山东留学生学伴"事件中,就将国外留学生推向享受"特殊权利"的阶层。其次,在民粹主义事件中,民粹主义者往往将"精英"和"他者"视为有罪的,通过批判性的话语不断进行抹黑。最后,民粹主义者往往依靠情感性的话语,即一种民粹主义情绪,如怨恨、愤怒、惧怕等,以此煽动两极对立。在国内,悲情情绪也往往是诱发民众同情心,进而加剧群体极化的重要情绪。每一个热点事件背后,都有一个颇为悲情的故事。不少媒体或者个人,往往在事件本身的基础上塑造悲情形象,诱发公众同情。比如在"杭州醉驾女司机撞送奶工致死"事件中,被撞送奶工的身世就被不少自媒体用非常煽情的语句不断进行描写,从而诱发公众的"罗宾汉情结",加剧公众的愤怒。

在传播内容与传播风格的共同支持下,网络民粹主义还可以被视为一种行动策略,通过这种策略达到获得权力、合法性和动员的目的。与国外自上而下的政治动员不同,国内的网络民粹主义表现为自下而上的社会动员。但随着网络民粹主义泛政治化倾向的增强,网络民粹主义话语也已经不单纯是某种情绪的宣泄,而是具有明确的目的性,即参与公共政策的博弈。最典型的事件便如今年的香港修例事件,通过形象塑造、情景渲染、谣言构建、戏谑恶搞、话语强占以及人肉搜索等情感动员的方式,动员和整合大量网民制造舆论,介入行政决策的制定过程。

(3)民粹主义思潮产生的影响及进一步发展

首先,就像"幽灵"一样,民粹主义在国际国内的舞台上正在发挥着越来越大的影响力,而媒体对民粹主义的接受或是造成这种现象的原因之一。尽管民粹主义天然地将主流媒体视为"反对派",但其与民粹主义的关系仍然扑朔迷离。有学者指出,媒体在传播民粹主义方面担任着把关人、批判者和传播者的多重角色。有研究指出,媒体民粹主义通过议程设置能够影响受众的政治态度,媒体在传播民粹主义中所发挥的作用不容小觑。值得关注的是,近年来,民粹主义的叙事风格正在逐渐渗透到媒体的报道中。正所谓"每一则新闻背后都有一个悲情的故事",民粹主义情感化、简化的风格逻辑似乎与互联网环境下的注意力经济不谋而合,从而导致新闻报道中民粹化倾向越来越明显,这种现象值得引起重视。

其次,民粹主义与社交媒体环境的联合也是近年来民粹主义思潮勃兴的重要原因。民粹主义与网络传播之间的理论联系早在互联网历史上就已经建立起来,而社交媒体更是民粹主义兴起的天然温床。同时,民粹主义者对社交媒体的运用,也进一步放大了民粹主义所产生的影响。在香港事件中,民粹主义者广泛地利用社交媒体进行情绪宣泄与情感动员,使得更多的民粹主义者互相联结,形成坚固的情感联盟。

因而这也使得民粹主义成为了塑造后真相景观的推力之一。由前文所述,民粹主义可以通过动员舆论而介入公共政策的制定过程,其同时也就成为了一种平衡精英阶层与平民阶层的政治策略。某些政治家在表面上强调平民的价值和地位,实则是对平民阶层进行社会动员以促进政治共同体的形成,"民粹主义"恰恰为政客建构"真相"以实现政治诉求提供了契机。通过"政意"迎合了一定的"民意",激化了"民粹主义",而真正的"真相"却被忽略和埋葬,无视或扭曲事实的谎言和谣言得到广泛传播,"后真相"景观开始形成。

2. 典型社会思潮评论分析

(1) 基本观点及倾向

有关于民粹主义的言论及评论,首先更多集中于对西方民粹主义崛起现状及其所造成的影响的关注。自2016年"英国脱欧"事件开始,民粹主义便如雪崩般在西方国家蔓延开来。不仅国外学术界与媒体界时刻关注着民粹主义对政治生活、社交媒体环境、公众以及国际交往之间的影响,国内众多学者及媒体也密切关注着西方民粹主义崛起的发展过程。在百度新闻中,以"民粹主义"为关键词,按照时间排名进行搜索可以发现,在2019年发表的65篇文章中,有52篇涉及对于国外民粹主义的讨论。主题包括对美国民粹主义的关注,对欧洲民粹主义政党的关注,以及对印度、南非、阿根廷等国家民粹主义发展状态的关注。

国外的民粹主义领袖首先是言论及评论关注的焦点。英国首相约翰逊、美国总统特朗普、阿根廷左翼总统费尔南德等的讲话及政策都是言论关注的重点。参考消息网指出，据英国《卫报》网站3月6日发表文章称，研究显示，20年来民粹主义言论在世界范围内激增。文章称，该报对将近140位世界领导人的讲话进行研究后，首次揭示了20年来民粹主义言论激增的情况。欧洲舆论指出，约翰逊就任英国首相使世界"民粹主义阵营"更加膨胀。《半月谈》指出，近年来，欧洲民粹主义不断高涨，深刻地影响着欧洲政治格局与世界政治走向。其直接原因是金融危机和全球化给欧洲国家带来冲击，而深层次原因则是欧洲内部国家、市场和社会三者关系的调整，以及由之而来的政治和社会组织形态的变化。但也有文章指出，民粹主义在英美的前景看起来已不再诱人，它在全球范围内的活动的确陷入了困境。不过，属于民粹主义的时刻尚未过去。

除此之外，人们还关注民粹主义在世界范围内所产生的影响。北京大学欧洲研究中心主任李强教授指出，衡量民粹主义的影响主要与两个维度的评估有关。其一是民粹主义自身的潜力，其二是与其结合的政治力量或意识形态的强烈程度。此外，民粹主义的影响还与此二者的合适程度以及外在环境的适宜程度有关。

有文章指出，民粹主义已经成为欧美国家的一种"现象级"的思潮，并且有溢出西方国家，向发展中国家渗透的趋势。同济大学马克思主义学院副教授刘骞指出，西方民粹主义对我国的影响首先表现为"民粹主义"对欧洲政局的冲击可以为我们发展与欧洲各国的双边关系提供机遇，对此，我们在战略上应积极谋划。积极营造政治共识的基础上，面对欧洲国家积极寻求更大域外市场的需要，我国更应借机发展同它们的经贸关系。

对于国内的民粹主义，言论主要关注极端民粹主义所造成的负面影响。其中任正非所发表的言论产生了较为广泛的关注和影响。任正非在华为总部接受采访时表示：在最高点上，我们和美国有冲突，但最终还是要一起为人类做贡献。他表示，华为是一家商业公司，提供的是商品，用了喜欢你就用，不喜欢就不用，不能用民粹主义来定义华为。

不少言论对此表示支持，互联网评论家北游指出，民粹国家遭的罪，怪不了别人，都是自己的无脑短视惹的祸，既伤害国家，也伤害自己。

(2) 基于评论的传播态势

民粹主义思潮的典型言论在互联网环境下的传播态势主要表现出以下特征：

从传播主体及传播内容来看，针对国外民粹主义的评价，以主流媒体居多。针对国外民粹主义的发展态势及影响，主流媒体从多个角度进行了探讨。民粹主义作为近年来在全球范围内影响最大的思潮之一，在政治局势、经济局势以及外交领域等多个领域都产生了不小的影响，这使其成为主流媒体探讨国际政治经济形势绕不开的话题之一。

从传播渠道和传播效果来看，社交媒体始终是民粹主义集中讨论的温床。民粹主义的传播实践与互联网尤其是社交媒体的传播逻辑尤为契合，根据数据统计，与民粹主义相关的话题，如"保时捷女车主扇耳光""山大留学生事件""北大退档事件"等都成为了微博、微信公众号关注的热点话题。在民粹主义情绪的加持下，网民观点往往也呈两极化的趋势，加重了互联网空间的戾气。

3. 对策与建议

（1）化解社会矛盾，维护社会公平正义

民粹主义情绪的主要诱因源于对于社会公平正义的追求，因而解决民粹主义负面影响的首要措施就是进一步加强社会公平正义的措施。党的十九大报告中也多次强调要"促进社会公平正义"。社会公平正义不同于民粹主义的"平均主义"，它与"民主、平等"的社会理念密切相关，是基本权利和政治权利的平等。

在移动社交媒体时代，因不守规则而被曝光和谴责的"代价"显著提高，以法律和公序为基础的规则文明在移动舆论场的弘扬，无疑有助于现代社会的有序运转。

（2）发挥主流媒体意见领袖的作用，清朗网络空间言论

非理性表达是民粹主义的主要表现形式之一。针对民粹主义情绪而带来的"戾气"，首先，应该加强网络空间引导，保证舆论导向正确。在新的时代条件下，发挥主流媒体意见领袖的作用，做好包括网络舆论在内的新闻舆论工作，是统一思想，凝聚共识，建设共同精神家园的重要一环。其次，完善网络法律规约，清朗网络舆论氛围。习近平强调，"互联网不是法外之地"，"不能超越了宪法法律界限"。在互联网治理方面，要求我们双管齐下，既要在法律法规上进行科学创新治理，也要使得平台本身充分发挥

自我监督自我净化的机能，从而消解民粹主义情绪带来的戾气。

（3）提高网民素质，强化网民政治参与

目前，我国网民素质还相对较低，媒介素养还没在全民范围内建立起来。针对特定社会舆情事件，政府在各阶段均应及时公布调查结果，并在一定范围内鼓励民众参与讨论传播。民粹式舆论场的生成与发酵主要是民众在互联网中自发聚集讨论特定话题而形成的，且话题参与者通常并非事件当事人或见证者，这样的信息真实性本身就存疑。要推进网络民粹主义治理，就有必要强化网民政治参与，走好网上群众路线。政府可开辟特定渠道，鼓励民众参政议政，让民众对政府的具体政策、措施、法规、行动等有所了解。

（二）回应与批判：再度高涨的民族主义

1. 民族主义思潮网络传播总体态势

根据目前有关民族主义的研究，民族主义是指共同体内部对集体的认同感、归属感的集合，本质上是一种非理性和排他性的情感和意识，缺乏价值内核。这种意识不仅集中于共同体内部对于发展的愿望，也体现在对待其他共同体的态度与原则上。

民族主义思潮对于社会发展来说是一把双刃剑，既具备思想整合、凝心聚力的作用，也存在以"爱国"为旗号煽动民众情绪，导致分裂、动乱和倒退的风险。中国的民族主义目前主张通过现代化的社会发展达到国家独立、自主和自尊的目的。这个主张表现为爱国主义，即理性地认识中国的发展经验和未来前景，坚持从中华民族的根本利益出发制定对策和处理问题，避免情绪化、暴力的行为和空泛、非理性的言论。但同时也存在以爱国主义为幌子，借助社会热点事件危害社会公共安全和舆论稳定的狭隘民族主义倾向。

进入21世纪以来，中国在政治、社会、文化、生活、外交等诸多领域都出现了反映民族主义思潮的事件。随着互联网的发展，从2018年10月至2019年11月，民族主义话语再度高涨，重点关注本国本民族的发展需要，保卫自身利益的同时强化认同感。从全球范围来看，2019年全球经济增速放缓，大国以及阶层之间斗争加剧，全球化模式的捍卫者与反对者之间的较量为民族主义在全世界范围内的崛起提供了事实基础。从国内范围来看，影视作品、特殊节日和突发事件为民众的民族主义情绪提供了现实土壤，民族主义思潮呈现出平稳中夹杂波动的传播态势；其次，民族主义思潮在传播过程中呈现出与其他思潮相互交织的局面，比如民粹主义与民族主义合流，打着爱国主义的旗号的狭隘民族主义，影响社会和谐稳定。同时互联网扩大加快了社会思潮的传播广度和速度，民族主义思潮对政治、经济、社会的影响不断加深。值得警惕的是，民族主义在互联网平台的高涨可能引发其他国家担忧，助长"中国威胁论"，进而为中国和平发展战略带来消极影响。

2. 民族主义思潮典型案例分析

（1）案例基本情况

① 《流浪地球》热映引发民族主义讨论热潮

2019年2月5日，改编自作家刘慈欣的同名小说，由郭帆执导、吴京领衔主演的电影《流浪地球》在全国范围内上映。该片讲述了在生存危机面前，为了拯救地球和人类文明，人类通过在地球表面建造行星发动机的方式，带领地球逃离太阳系寻找新的家园，踏上预计长达2500年的宇宙流浪之旅。电影中传统的家国情怀、父子之情以及科幻背景让影片在上映之后就收获了舆论的关注。

该片上映之后立即引发全民观影热潮。截至2019年2月12日，根据猫眼电影专业版的数据，该片上映90天以来总票房达到46.54亿元，观影人次达到1.05亿。根据腾讯娱乐的报道，2019年3月，《流浪地球》票房收入超过45亿元人民币，在全球超过6.6亿美元，暂时登顶2019年世界年冠的位置。在微信平台上，与《流浪地球》有关的公众号文章共计24824篇，每篇平均阅读量达到17.4次，每篇最高阅读量超过10万次；在微博平台上，与之相关的微博数量为3909条，其中原创微博数量3064条，评论数量达到17093条。该片主演和投资人吴京也因为其参与制作的一系列爱国主义、民族主义电影广受好评而成为微博平台的热点讨论对象，网友们还赋予了吴京"有京无险""惊奇队长"等称号。全网搜索引擎搜索量超过54万次。其在新闻资讯平台"今日头条"上也收获了较高的认知度，其中相关文章总数3276篇，每篇平均阅读量超过1000次，最高阅读量超过3万次。

在正面评价之余，社交网络上也出现一些超出电影本身的质疑和非议。电影上映后，与各大平台近乎一致的普遍好评不同，"豆瓣"平台上《流浪地球》的口碑呈现下滑趋势。网友"东风还又"认为，当下有一部分群体,对于被贴上"爱国""民族骄傲"等标签的事物,表现出了具有强烈针对性的厌恶与仇恨情绪,因而出于单纯的厌恶,这群人自发性地、集体性地、不约而同地对电影进行"差评"。

②《哪吒之魔童降世》热映引发的文化输出讨论

电影《哪吒之魔童降世》是一部对中国传统神话进行改编的动漫电影,因为其出色的票房表现和舆论热度而成为2019年度的现象级电影。影片于2019年7月26日在中国上映。上映10天内票房突破23亿元,获2019年度内地票房榜第三名。8月17日晚22点,《哪吒之魔童降世》累计票房超过了40亿元,成为了中国内地电影历史票房榜上第4部达到40亿元+的影片,也是第一部动画电影。8月31日,《哪吒之魔童降世》票房达46.55亿元,超过《流浪地球》的46.54亿元,位列中国影史票房第二位。截至9月6日,《哪吒之魔童降世》凭借48.66亿元票房成为2019年国内电影票房排名第二,登上国产动漫的巅峰之作。在微博平台上,相关微博数量为2514条,相关短视频播放量超过了900万,短视频的评论量超过了17万次;在微博平台上的文章篇均阅读量达到了94次;在"今日头条"平台上的文章篇均阅读量超过了2000次;全网搜索次数达到295万次。

这部在中国电影史上具有里程碑意义的作品,凭借其独特的精神内核、呈现方式和戏剧效果,引发了社交网络上的热烈讨论。舆论的侧重点由影片本身逐渐延伸到中华文化对外输出的角度。文化是一个民族和国家的精神财富,也是共同体内部共同价值观的体现,承载文化的影视作品在世界范围内得到认可并收获讨论,是激发共同体内部民族主义情绪和思潮生发、传播的现实动员力量。

③巴黎圣母院大火与重建圆明园

巴黎当地时间2019年4月15日下午6点50分左右,法国巴黎圣母院发生火灾,整座建筑损毁严重。2019年4月16日凌晨3时30分左右公布了巴黎圣母院大火救援的最新进展,称火情已"全部得到有效控制,并已部分扑灭"。2019年4月15日晚,法国总统马克龙在教堂前广场发表讲话称,"尽管这场战斗还没有完全获得胜利,但是最坏的情况已经得以避免。"马克龙表示,"我们将重建巴黎圣母院"。2019年4月16日,国家主席习近平就法国巴黎圣母院发生火灾向法国总统马克龙致慰问电,向全体法国人民表示诚挚的慰问。2019年4月19日,法国总统和巴黎市长表彰参与扑救巴黎圣母院大火的消防员。

巴黎圣母院是西方文明的一个典型标志，因为雨果的同名小说而被国人所熟知。事故发生后，立即在社交网络上引起了广泛讨论。在微信平台上发布的相关文章数量达到17938篇，每篇平均阅读量达到14.75次，最高阅读量超过3万次；在微博平台上，与之相关的微博数量为33518条，其中原创微博数量为23574条，评论数量为64987条；相关短视频播放量达到了3884万次。

巴黎圣母院大火在互联网传播过程中勾起了国人对于中国近代史惨痛的集体记忆，进而引发国人心中的创伤感和耻辱感。在此基础上，国人再去看待法国历史遗迹被毁这一事实就会怀有与之前不同的情感，这是导致民族主义在该事件中传播的情感基础。

（2）民族主义在案例中的传播情况概述

①搭载文艺作品，建构传播内容，深化传播效果

《流浪地球》与《哪吒之魔童降世》两个案例由于其性质的相似性，因此其传播情况大体一致，故而一起论述。《流浪地球》热映事件中民族主义思潮在互联网上的传播主要围绕着网民的民族主义情绪和爱国热情而展开，基本属于理性的民族主义思潮范围。两部电影热映案例中的民族主义思潮在电影放映事件中的互联网传播情况，主要有以下特点：

第一，从传播渠道来看，文艺作品正在成为民族主义思潮重要的议题生发器。作为国内首部科幻题材改编的电影，《流浪地球》中体现的人类命运共同体精神、故土情结和奉献精神是对好莱坞科幻电影中个人英雄主义、开辟家园叙事套路的突破。网民在比较中外科幻片的时候通过对《流浪地球》中细节的讨论完成了对其中蕴含的民族主义元素的传播。《哪吒之魔童降世》则是通过对传统神话进行现代化改编，将原有的故事框架与现代精神内核完美融合。同时，这两部电影在上映后取得的良好口碑让国人在面对好莱坞电影与日本动漫制霸全球文化的现状时，内心生发出一种民族自豪感。网民对这两部作品的了解与认可是民族主义思潮得以传播的议题基础和情感基础，并且以电影为主的文艺作品覆盖受众较为全面，为民族主义思潮的进一步传播奠定了群众基础。

第二，从传播内容来看，文艺作品中特定或特殊的文化符号能够激发观众内心的民族主义火花，引发传播热潮。在同一文化传统下，文艺作品在其叙事中运用象征的手法将作品内容与观众的切身体会联系在一起，从

而传递出一种价值观念，从情感层面使观众认同，进而构成民族主义思潮传播的情感和群众基础。《流浪地球》在全球毁灭的宏大叙事中表现出的中国元素都是民族主义的象征，能够引发观众的情感共鸣，促进传播。比如其中灾难场景中的中央电视台"大裤衩"以及东方明珠塔，主角每次启动运输车都会响起的交通安全警告声，以及进入地下城的方式与当下生活方式的相似性，等等。这些熟悉的建筑物和表现方式在影片中充当的不仅是推动情节发展的影视化呈现，更是一种引发观众共情的民族主义符号。这些具备象征意义的符号在某种程度上拉近影片与观众的距离，使观众更容易认同影片中传递的价值观，进而自发地传播价值观以及价值观中内嵌的思潮。

第三，从传播效果来看，带有民族主义色彩的作品容易与同类型或相同性质的作品相联系，形成联动传播效应。《流浪地球》与《战狼》系列相提并论，因为两部影片都是演员吴京主演，并且由于吴京本人的外形特征与近年来的代表作品的原因，他被观众当作娱乐圈中的爱国主义和民族主义的代表。观众会自发地认为有吴京参与的作品都带有民族主义色彩，并且《流浪地球》中蕴含的家园情怀、救世情怀和集体主义精神使观众能够轻易联想起《战狼》系列中表达的爱国主义情怀。《流浪地球》与《哪吒》相提并论是因为两者在某种程度上代表了中国类型电影的新发展，填补了以往中国电影发展历史上的空白。对于观众来说，这一点恰恰体现了中国在世界上正在发挥着独特作用，显示了近几年中国自身实力和国际地位的提升，这能够极大地激发民众心中的民族主义情怀，促使民众自发地为其传播。

②借用历史事件，主导情感取向，实现联动交互传播

巴黎圣母院大火事件在社交媒体上的传播初期体现了围观群众对于历史遗迹被毁的惋惜之情，之后被网友与圆明园事件相联系，传播内容由古迹被毁的惋惜转向对受害国家的冷嘲热讽。在这其中，传播的情感取向产生变化，整体呈现出狭隘的民族主义倾向。从巴黎圣母院大火与重建圆明园事件中可以看出民族主义在此类事件中的传播情况有以下特点：

第一，从传播内容来看，此案例是由于传播内容的转变引起网民情感取向的变化，最终导致民族主义思潮在其中的出现和传播。在这个案例中，最初网民情感取向为同情法国的遭遇。网民由事故联想到名著《巴黎圣母院》，将法国历史遗迹的遭遇与名著人物卡西莫多的经历做类比，

有不少人在社交媒体上发布圣母院的花窗图片，有微博内容称"钟楼怪人在失去了心爱的姑娘后，现在又失去了他的住所"，表达了网民对于失去世界历史文化遗产的痛惜之情。随后电影《爱在黄昏日落时》由于将巴黎圣母院作为男女主人公情感关系的象征而被再次传播，同时白居易的诗句"大都好物不坚牢，彩云易散琉璃脆"也因为其象征意义而在此案例中被广泛传播，再次表达网民对于美好事物逝去的惋惜之情。而当网民将巴黎圣母院的遭遇与圆明园的遭遇联系起来，勾起网民对于"被侵略"的集体记忆时，便出现了对于法国冷嘲热讽的言论，认为这是对法国的因果报应，社交网络上出现"风水轮流转""法国是在自作自受""大英博物馆也应该被烧"等言论。这时，网民的情感取向已经由失去世界文化遗产的惋惜转变为狭隘的民族主义情绪。

第二，从传播范围来看，在传播技术的介入下，民族主义在此案例中实现了国际国内联动传播，历史与现实交互传播。在这个案例中，当下发生在法国的突发事件在新媒体平台上进行传播之后，"法国的历史遗迹被毁"这一事实勾起了网民关于近代史记忆，在互联网的帮助下，网民将英法联军火烧圆明园与巴黎圣母院被烧两件事情进行类比，最终引发了国内关于民族主义的热烈讨论。这恰好符合了传播技术在民族主义思潮传播中的作用。在这个案例中，互联网参与到巴黎圣母院大火的传播事件中，既作为推动其传播的技术因素，又承担了提供公共讨论空间的社会角色，中介并影响了网民对这件事的情感认知和价值判断。由于互联网的虚拟性和超时空性，许多在传统媒体时代囿于时间空间原因没有被联系起来的事件，经过网络传播后被群众加以联系，容易造成影响更为深远的传播事件。

（3）案例传播的影响及进一步发展

面对以上传播案例的情况和民族主义的传播特征，可以预见，民族主义思潮在互联网平台上的发展趋势可能有以下方向：

第一，文艺作品是触发民族主义思潮传播的重要力量，电影及影视剧将会成为民族主义思潮传播的重要载体。从《流浪地球》和《哪吒之魔童降世》两部电影在社交媒体和搜索引擎上的热度可以看出，文艺作品作为民族主义思潮的一种载体，正在发挥推动民族主义被更广泛社会阶层所认同的独到作用。民族主义思潮的情感基础是一种赋予民族成员共同身份认同，并激发他们对民族共同体效忠的集体情感。这种集体情感是民主义之所以能够成为思潮的基础,因为一种思想之所以能够成为被一定群体所认同的思潮,关键在于其主张和观点引发群众的认同和共鸣。文艺作品中对民族意象的影视化表达为民族主义思潮的具象化提供了大量的象征资源,使本身抽象的社会思潮的主张和观念日常化和具象化,更容易与网民的日常生活和自我身份相联系,引发其情感共鸣,使分散的民族主义情绪在互联网平台上集聚,为民族主义互联网传播提供土壤。

第二,借势传播将成为民族主义互联网传播的重要趋势,即搭载某些带有国家民族历史元素的突发事件,在扩大民族主义思潮影响范围的同时占据公众注意力资源。互联网创造了民族主义情绪和观点传播交流的新场域,并且提升了其话语的影响力。当前移动媒介承载了大量来自网民的社会舆论,构成了舆论场的新重心。即使官方代表能够在突发事件的重要节点发挥议程设置的作用,但有心人士往往会借用公共事件制造舆论热点,煽动公众情绪。对于民族主义思潮来说,其搭载的主要事件多为带有国家民族历史元素的突发事件。这些舆论热点会引发两种不良社会影响:一种是容易挤占本就不多的公众注意力资源,将原本用于讨论公共事务的资源用于此,不利于民众培养互联网理性表达和参政议政的能力;另一种是容易将普通民众的民族主义情绪推向高压点,向激进民族主义或狭隘民族主义方向发展。

第三,参与者的情感快速转向凸显民族主义在互联网传播中上层引导功能的局限,民众的情感走向会成为推动民族主义思潮案例传播的重要因素,社会领域的民族主义思潮或事件将更加呈现出自下而上的建构方式。从《流浪地球》和《哪吒》受到观众好评可以看出,文艺作品能够成为现象级作品进行传播的重要原因是它与大众的深层情绪产生共振,这是人们感受、认同和自发传播民族主义的基础。在传统媒体兴盛的20世纪80—90年代,民族主义主要是通过主流媒体自上而下进行建构和传播的。而网络空间内的情感聚集和情感演化成为民族主义传播中的重要动员力量。在互联网环境中,其隐匿性使平台上呈现出的受众情感更为扁平化;而且,在面对外部刺激时,互联网用户会投入更大的情感能量作为回应,且极易产生网络上的群体聚合效应。也正因为情感因素的重要性,一些民族主义思潮传播事件往往起源于社交媒体,并发酵于整个互联网环境中,使得民族主义思潮事件自下而上自发式建构。这一点在社会思潮互联网传播中具有普遍性,并不是民族主义思潮所特有的。

(4) 对策及建议

针对目前国内民族主义思潮案例传播的现状和发展趋势，本研究提出应从以下方面入手，对民族主义互联网传播进行必要的回应和引领。

第一，在传播方式上，重视并运用好文艺作品在传播理性民族主义思潮中的作用。习近平总书记在文艺工作座谈会上的讲话指出："爱国主义是常写常新的主题。拥有家国情怀的作品，最能感召中华儿女团结奋斗。"爱国主义是民族主义中的理性内核，是组成民族精神和凝聚力的重要元素。面对影视作品热映而引发的民族主义思潮传播现象，我们应当做出及时的回应，进一步打造"深入生活、扎根人民"的经典文艺作品，坚持爱国情怀作为优秀文艺作品的文化内核和精神底蕴，运用优秀文艺作品阐释中国精神、展现中国形象。在互联网时代利用文艺作品构建与传播理性民族主义，为建设中国特色社会主义提供精神动力和舆论基础。

第二，在传播效果上，设立民族主义事件应急素材库，在重大节日和国内外突发事件时能够及时预判舆论风向，并做出回应。在互联网时代，古今中外的任何事件都能被一些网民加以联系，挑动起大众敏感的神经，发表一些极端口号，左右网络中不成熟的民意，使一件突发事件在网络强大动员能力的影响之下演化为线上或线下的社会思潮群体性事件。因此，有关部门可以依据以往案例，建立民族主义事件相关素材库，在重大节日如国庆节、建军节等时间节点重点关注互联网中的民意表现，在给予足够言论空间的前提下，对舆论走向进行监督和引导，使互联网环境中的民族主义思潮实现有序、理性传播。

第三，在传播内容上，主流媒体需要转变话语方式，积极运用图像、符号、视频等方式构建互联网中的民族主义，规范并引领互联网空间中基于民族主义的网民的政治参与活动，实现互联网中民族主义传播与网民政治参与的良性互动。民族主义的互联网传播在积极意义上展现了普通民众的爱国情感，是一种对国家发展的民意支持。但事实上，民族主义思潮在互联网上搭载相关事件借势传播时，网民受到相关热点吸引，并不会关注整个事件的来龙去脉以及事实真相，而是根据自身的喜好，发布或传播自认合理的言论。因此，目前民族主义思潮的互联网传播仍旧是网民在民族主义情绪驱动下的一种具有不稳定性的自下而上的传播行为，需要主流媒体用平易近人的内容形式回应网络上非理性、草根化、随意性的民族主义情绪和言论，稳定网络舆论生态，引导网民理性地通过网络表达爱国情感。

3. 民族主义思潮典型评论分析

（1）基本观点及倾向

在 2018 年 10 月至 2019 年 11 月，网络传播中关于民族主义思潮的评论观点主要分为以下几种类型。

第一种是对体现民族主义思潮的文艺作品进行评论，比如《流浪地球》和《哪吒之魔童降世》热映、漫威新片《上气》涉嫌辱华等。这类型的典型评论主要观点分为两派，一派对于文艺作品中蕴含的中国思想和价值观念进行褒扬和赞美，认为中华文化应该并且值得对外传播；另一派则表现出对于西方文明的崇拜和对中华思想文化的自我矮化。这两种观点之间的矛盾表现出民族主义与西方中心主义以及逆向民族主义之间相互拉锯的倾向。第一派观点的代表言论有《人民日报》《经济日报》等主流媒体在影片上映后对其做出的正面、积极评价，认为电影贡献了灾难叙事中的中国价值。网友"星八客"在 9 月对比了 2019 年各个国家的票房冠军后认为，真正抵挡住美国文化入侵的还是亚洲文化。第二派的代表言论主要是各大电影评分网站针对《流浪地球》中的爱国情怀和民族主义而打出的差评，认为该片是借着春节档这一国产电影保护期上映的一部迎合民族主义者的烂片。尤其在以"文艺青年聚集地"为标签的"豆瓣"平台上，部分网友对于贴有爱国主义标签的作品和话题表现出厌恶和仇恨情绪，这些人也获得"战狼 PTSD""洋奴恨国党""慕洋犬"等头衔，而站在他们对立面的则被奉上"小粉红""五毛党""乡土碍国青年"等称号。

第二种是对特殊节日氛围或重要国家、民族事件做出的体现民族主义思潮的评论，比如 2019 年新中国成立 70 周年时有关国庆阅兵仪式和外媒相关报道的评论。这类型的典型评论主要呈现的观点是对中国目前发展状况、取得的成就与未来前景的一种客观、理性的认识，认为人民的获得感、幸福感和安全感来源于祖国的强大，因此国家需要立足已有的成就继续向前发展，表现出理性的民族主义倾向。有网民在观看阅兵仪式后表示国家综合实力的提升带来了国人对自身和国家认同感的提升。人民网在国庆阅兵之后从历史的角度发表评论，认为此次阅兵展现了我国军队的坚定自信。年轻一辈的网民用"阿中哥"称呼祖国，用自己擅长的话语方式表达对祖国的赤诚之情。人民日报也在微博平台开设话题"我们都有一个爱豆名字叫阿中"，阅读量 13.5 亿，讨论量 85.8 万，相关话题"我为阿中哥哥庆生"阅读量超过 1000 万。

第三种是围绕当前国际局势和中国国际地位而展开的体现民族主义思潮的言论。这类型的言论主要针对民族主义中的负面信息如逆全球化进行论辩，认为要以国家合作、多边关系应对狭隘的民族主义。此类言论总体来说属于理性民族主义的范畴。2019 年全球局势进一步复杂化，逆全球化与民族主义合流上升，一些国家和言论表示出的退出国际合作、维护本国利益的观点和立场，在互联网中引起广泛讨论，我国主流媒体纷纷发声，回应与批判舆论生态中出现的狭隘民族主义的萌芽。这类评论主要是从现实出发，阐明逆全球化表面上看是为了规避经济全球化给本国本民族带来的风险，但是实际上孤立发展并不符合历史发展进程的要求，这么做不仅破坏全球经济秩序，而且降低本国民众的福利。总体来看，此类言论是从历史唯物主义视角指出国家合作才是共赢的唯一道路，没有情绪化、非理性和空泛的言辞，表现出理性和开放的倾向。

(2) 基于评论的传播态势

民族主义作为一种"共同体意识"，与传播活动的发展态势密不可分。民族主义思潮典型言论在互联网环境下的传播态势主要呈现以下特征：

第一，从传播主体和传播内容上来看，主流媒体发声较多。与此同时，网络社群也在发表言论方面发挥着重要作用，但其中的内容较少主动体现传播民族主义的意愿。网络上批判狭隘民族主义的言论大多是国家级主流媒体或通讯社发出的，因此，主流媒体是发表民族主义言论的一大阵地。除此之外，年轻网民参与的网络社群也发挥着重要作用。豆瓣和知乎是两个具有一定受教育程度门槛的网络社群，其中的成员大多文化程度较高，也懂得如何利用网络获取信息、表达情感和组织动员。但是，从帖子中所采用的解构化和娱乐化的话语方式以及鬼畜、恶搞的表达方式来看，这一群体发表带有民族主义色彩的言论更多是出于表达自身和建立身份甚至吸引粉丝的目的，带有"仪式感"成分，主观上传播民族主义的意愿较为微弱。

第二，从传播渠道和传播效果上来看，互联网已经成为民族主义传播的重要阵地，并且其组织和动员效果对民族主义网络传播具有重要作用。从"阿中哥"相关话题在微博平台上的高阅读量和参与情况可以看出，互联网媒介使得一些平时较为远离政治的网民群体，如女性，也参与到民族主义的讨论与传播中。此外，网友们通过围绕文艺作品进行讨论以及传播与"阿中哥"相关的内容，在网络中寻找到同类，进而反驳持有不同意见的群体，在这个过程中网民体会到自身的民族意识和民族认同，并且在行动过程中进一步强化了对于民族身份认知。此外，网民由于情感驱动而在互联网中形成了具有较强组织力和行动力的团体，以此进行民族主义的讨论和传播。因此，网络成为民族主义勃兴与演化的重要空间。

（3）影响

第一，粉丝民族主义逐渐成为当前中国民族主义的主要表现形态。根据第44次中国互联网络发展状况统计报告显示，截至2019年6月，10—29岁网民群体占网民整体比重最高，达到24.6%。从言论表现和传播态势可以看出，这一群体以社交媒体为主要的组织和动员平台，在发表与文艺作品或者国家重大事件相关的言论时，更多的是将自身情感或身份诉求投射于"国家"这一他们在内心建构起的客体之上，类似粉丝对于偶像的情感表达。相比于互联网之前的民族主义运动，这种表现形式呈现出娱乐化、戏谑化的表达方式，温和、非暴力的情感取向，带有自我身份表达的意义建构方式的特征，并且以网络社群或者共同话题为纽带进行动员和组织。但由于网络表达方式的娱乐化和戏谑化，民族主义的内涵在网络传播中逐渐泛化，虽然粉丝民族主义的行为客观上强化了民族感情和身份认同，但是主要参与者可能并不认为他们的行为代表了民族主义。

第二，互联网对于民族主义集体运动的重要作用。民族主义2018—2019年在互联网空间中的再度高涨已经表明传播技术对于其产生和发展的重要作用。互联网作为传播技术的重要形式，使中国民族主义网络传播出现了新的表现形式和组织动员方式，同时让原本属于精英阶层的民族主义运动下沉到了更广泛的社会阶层，用粉丝民族主义的面貌吸引更多的人参与进来，以"表达自我"和"获取认同"的形式拓展和深化民族主义的网络传播范围和效果。民族主义传播者对于互联网的极度依赖和信任反映了民族主义在传播技术的帮助下呈现出的自下而上的建构方式，但同时这种现象一定程度上挤占了主流媒体引导民族主义发展和传播主流价值观的传播空间。

（4）对策及建议

针对当前民族主义思潮的典型评论的情况，本研究认为应该从以下方面对其进行回应和引领。

第一，在对待中国民族主义思潮问题上，要用历史的、辩证的方法和态度，既要承认其积极的一面，也要批判其负面效果。民族主义一方面可以促进民族内部凝聚力和民族精神的形成，有利于中国特色社会主义的建设；另一方面，非理性、激进的民族主义具有暴力主义和排外主义的倾向，这种倾向与互联网强大的动员能力相结合，会在很大程度上激化民族情绪，不利于中国进行现代化建设以及融入世界，也不符合中国提出的"人类命运共同体"的要求。在引领民族主义思潮发展问题上，我们要赋予民族主义合理内涵，释放其积极效应，不能任其发展为狭隘的民族主义和极端的民族主义，阻碍中国的现代化建设和良好的国际形象的树立。

第二，对于互联网上出现的民族主义集体行动，引导方式一方面要重新看待参与者，另一方面针对当前民族主义言论和集体运动的倾向采取更适合的途径。首先，对于民族主义集体行动的参与主体即年轻网民，要用生活化的话语方式进行引导，用图片、视频、音乐等强化网民的"集体记忆"，进一步强化国家与民族认同。其次，要立足于当前民族主义网络传播中的表达方式和情感倾向，采取更柔和的引导方式，而不是主流媒体单向灌输。在与网民群体有效沟通的基础上引导民族主义在网络传播中发挥正面效应。

第三，让民族主义在建设中国特色社会主义事业中发挥正面作用，需要国家调控与社会参与两方面有机结合与互动。对于中国而言，民族主义作为承载集体记忆、尊严和认同的重要载体，延续了自近代以来独立、富强的目标诉求，正确地发挥其作用，能够起到促进中国特色社会主义建设的正面作用。为了实现这一目标，从国家层面来说，主流媒体要进一步提升自身影响力，主动占据公众注意力资源与受众市场，提高网民对主流媒体的接触频率；同时避免宏大叙事，采用日常化、生活化的表达方式进行核心价值观的传播。从社会层面来说，互联网公司要承担起相应的社会公共责任，自觉维护和引导旗下网络社群的秩序和氛围，消解其中隐含的负面民族主义情绪，避免其集聚为极端或狭隘民族主义。

(三)"泛娱乐化"思潮：身坚"智"残

1. "泛娱乐化"思潮传播总体概况

"泛娱乐化"是商品经济原则在传媒、教育、政治等多个领域的集中体现，金融和资本的渗透使其程度更加深化。泛娱乐化是资本与娱乐结合的产物，随着强势资本注入、上市运作等操作，娱乐化的范围扩展，程度加深。

"泛娱乐化"思潮的传播指的是传播主体通过各类传播渠道传递"泛娱乐化"，以扩大"泛娱乐化"思潮的影响力，从而进一步增加受众对于"泛娱乐化"思潮的认同。近年来，"泛娱乐化"思潮的传播呈现出蔓延之态，渗透到各行各业中。青年群体是"泛娱乐化"思潮传播和发展的重要载体，新媒体的传播功能和地位更加突出。

出于受众的猎奇窥探心理、消遣放松心理、释放本我心理等原因，"泛娱乐化"思潮的传播，首先借助名人的影响力，扩大其传播范围。当前，明星恋爱结婚等绯闻八卦强势抢占媒体空间，长期占据各大搜索榜单前列，成为热门话题的主体，而严肃新闻被忽视与边缘化，有网友戏称，社会热点只有与明星挂钩才能得到关注。名人明星因其自身的关注度高、粉丝量大，与其相关的娱乐事件较易获得受众的注意力，引发受众大规模讨论。

其次，"泛娱乐化"思潮以文艺作品为载体拓宽其传播场域。2016年至今是中国网络综艺发展的黄金期。在此期间，大投入、精制作的爆款综艺频出，美食类、婚恋类等生活类综艺以及传播中华传统文化的文化类综艺也获得了受众的喜爱。各类型各题材的综艺节目争奇斗艳，抢夺受众，呈现出"万物皆可娱乐化"的趋势。

最后，"泛娱乐化"思潮借助传播媒介，借力社会热点，抢占媒体空间。社交媒体平台的发展为受众表达自身意见提供了广阔的平台，同时也为泛娱乐主义思潮的传播创造了土壤。

2. 典型案例分析

（1）案例基本情况

①明星结婚、离婚承包热搜，今天你八卦了吗？

进入2019年下半年，娱乐圈陷入分手潮。先是宋仲基宋慧乔离婚，导致微博瘫痪；随后李晨范冰冰趁着热度宣布分手。

7月28日，马伊琍和文章各自在微博上公开了两人离婚的消息。演员文章微博发文宣布离婚："吾爱伊琍，同行半路，一别两宽，余生漫漫，依然亲情守候。"随后，演员马伊琍也发文："你我深爱过，努力过，彼此成就过。此情有憾，然无对错。往后，各生欢喜。"

娱乐圈另一对大热情侣向佐和郭碧婷，被网友称作"活在"真人秀里的夫妇。9月10日，向佐和郭碧婷在意大利举行了婚礼。21日，两人在微博官宣，再次成为关注的焦点。向佐发文说：谢谢家人，谢谢朋友，谢谢你们。谢谢"小向太"，一路上有你，才有更多的意义。接着郭碧婷转发并配文：开始人生新的篇章，在这路上把我的手牵好喔。向佐郭碧婷因真人秀《最美的时光》结缘，1月公布恋情，3月求婚成功。之后恋爱、求婚乃至蜜月均暴露在闪光灯下，成为微博热搜的常客，更有网友戏称他们"热搜包年"。

②当恶搞成为流行，是娱乐还是"愚乐"

近年来，互联网上一些编造谣言抹黑英雄、诋毁先烈，或用娱乐化形式贬损英雄的现象备受舆论关注。董存瑞、邱少云等曾激励几代人的英雄人物，成了一些人调侃、恶搞的对象，这样的行为亵渎了为国家和民族献身的英烈，也触碰了人民群众情感的底线。

4月11日，微博知名博主子午侠士和沧州李老板的微博、国内某知名媒体公众号居然在一篇疑似广告营销的帖文中，公然以调侃、恶搞先烈董存瑞的图文进行侮辱，引发广大网友强烈不满。随着网友关注度不断提升，该帖文的配图随后被撤换。

（2）"泛娱乐化"思潮传播概况

从传播技术上看，移动互联网与社交媒体的发展使人们随时随地进行娱乐活动。"泛娱乐化"思潮的发展与移动互联网信息技术支持的直播平台、视频网站、智能推送、移动支付等技术的发展密不可分，使受众随时随地参与娱乐实践成为可能。新媒体技术已成为"泛娱乐化"思潮的推广者和传播媒介。新媒体技术利用动人刺激的声音、迅速转换的图像、富有艺术感染力的色彩等，为我们构造持续感官刺激的幻象世界。

"泛娱乐化"思潮的传播主体呈现年轻化、多元化的趋势。根据第44次网络互联网络发展报告，截至2019年6月，10—39岁网民群体占网民整体的65.1%，其中20—29岁网民占比最高，达24.6%。"泛娱乐化"思潮的传播主体是身为"网络原住民"的90后青年群体。信息与受众的一对多、多对多关系、主客体相互交织的非线性传播是传播主体多元化的具体表现。

"泛娱乐化"思潮的传播内容呈现潜隐化的特点。"泛娱乐化"思潮以网络游戏、选秀综艺、明星隐私、影视动漫、暴力色情等为主要议题，为了吸引受众,新媒体热衷传播明星绯闻和一些讽刺经典、调侃政治、戏说英雄人物的恶搞言论和事件。"泛娱乐化"思潮的话语叙事表现出明显的情绪化叙事特征,不仅消解了事实与观点之间的界限,甚至连事实本身也不再重要,颠覆了对理性、真相这些达成协同认知和价值观共识的基本要素。

"泛娱乐化"思潮的传播结构碎片化,表达具有选择性。娱乐化信息通过社交媒体进行大范围传播,吸引受众的注意力。"泛娱乐化"思潮缺乏系统的思想内容和表达形式,所传播的信息不成体系,即毫无逻辑结构、随意的片段。

消费主义思潮对"泛娱乐化"思潮的传播与发展起到促进作用。在资本主义消费文化的助推下,娱乐超越了自身的界限,全方位地渗透到社会生活各个领域。当下中国,娱乐逐渐显现出"泛娱乐化"倾向,并进而演变为影响力极大的社会思潮。此外,其他社会思潮也以娱乐化为伪装进行传播,将其思想植入娱乐产品中,这些都不利于人们正确价值观的形成,并且消解了主流价值观。

(3)"泛娱乐化"思潮的影响及进一步发展

①影响

在"泛娱乐化"思潮中表现出来的情绪化、轻蔑事实的"后真相"特征,深刻威胁到了以理性对话为基础的健康政治生态。"泛娱乐化"思潮之"泛"在于娱乐的扩大化以及超出娱乐的建设性功能,成为虚假、被动、平庸、遮蔽、控制、默从、偏离等的代名词。任何严肃的题材,从政治到社会文化,都可以被瞬间解构与瓦解。"泛娱乐化"思潮在当下的技术环境下,以更为隐蔽而深入的方式渗透进人们的日常生活。横向维度上,表现为政治、经济、文化、媒体等各个领域的渗透;纵向维度上,表现为"泛娱乐化"思潮对人的思维方式、表达形式和行为模式上的影响。

在网络媒体场域中,"泛娱乐化"思潮的盛行导致网络场域的治理失序,"标题党"哗众取宠,三俗之风盛行。

对于整个社会文化环境来说,"泛娱乐化"思潮以无意识的方式影响着人们的交往方式和思维方式。受众在不知不觉中被卷入"泛娱乐化"思潮之中,形成了全社会贫瘠、碎片化的泛娱乐化文化态势,构造了大众狂欢的景观世界。

从整个社会思想层面来说,泛娱乐主义思潮消解了受众对于主流价值观的认同，消解了民族文化与精神文明。其他社会思潮，如消费主义的思想观念、意识形态裹挟娱乐化的外衣，形成新的变体；耦合的社会思潮侵蚀了受众对于主流价值观念的认同；去政治化的社会思潮使得受众对政治冷漠，弱化受众对于主流价值观的认同。

对于社会个体的公民来说，"泛娱乐化"思潮给人们带来了放纵狂欢之后精神的虚无，理性思维缺乏，人生意义的迷失。首先，"泛娱乐化"思潮侵蚀人们的价值信仰。由于泛娱乐化的戏说、恶搞等方式，使以青年群体为主的受众逐渐丧失对历史的敬畏、对传统文化的尊重以及对英雄人物的敬仰，精神逐渐空虚。对于青年群体来说，他们容易陷入相对主义和虚无主义的价值观危机，造成青年在娱乐狂欢中的精神缺失，从而导致理性缺位。其次，"泛娱乐化"思潮的话语方式容易引起情绪化的表达，容易造成受众对真相的忽视，重构了人们对信息的选择和判断标准。最后，"泛娱乐化"思潮的传播容易造成道德失范，使得受众丧失社会认同感。

②进一步发展

互联网的发展促进了网络综艺节目的流行，良莠不齐的网综一定程度上加剧了泛娱乐化的程度。选秀节目的大量涌现、全民参与的投票制度使大众深度参与娱乐节目。一定程度上，泛娱乐主义思潮呈现出愈演愈烈的发展态势。

娱乐产业的发展、全民娱乐的趋势，使得新闻也呈现出"泛娱乐化"的表征。首先，媒体更加关注社会新闻，新闻"软化"的趋势明显；其次，"标题党"成风，新闻大量渲染细节以此来吸引受众，忽视事实真相；最后，媒体与受众互动加强，媒体采取多种手段"吸粉"。为了吸引受众眼球，诸多媒体采取"新闻事件+读者在线投票"的形式与读者进行互动，甚至开展转发抽奖等活动以获得更高的关注度。

泛娱乐用户指的是在网络K歌、在线音乐、手机游戏、数字阅读、在线视频、短视频、娱乐直播、游戏直播、电影演出9个行业活跃的用户。目前，泛娱乐用户年轻化趋势明显，00后、90后成为泛娱乐用户的主要增量来源；泛娱乐用户内容圈层特征明显，且优质内容和KOL持续刺激泛娱乐用户的付费和持续消费。

目前来看，全民娱乐的态势将会持续发展，"泛娱乐化"思潮依旧将借助移动互联网络渗透到人们生活的方方面面。随着国家加强对社交媒体、视频网站等的审核与管控，在行业主管部门的管理引导下，泛娱乐主义风潮得到一定程度上的遏制。但是社交媒体的蓬勃发展依旧为"泛娱乐化"思潮的滋长提供温床，社会心理的浮躁、社会节奏加快、人们碎片化的阅读习惯都将促进"泛娱乐化"思潮的传播。我国网民规模巨大，不同种类的 App 为人们娱乐提供便利，娱乐形式也越发多样。

（4）对策及建议

思想教育工作者要用马克思主义的科学观点和方法引导受众认清"泛娱乐化"思潮的实质，引导认识其特征和危害，帮助受众甄别娱乐和泛娱乐化的不同。受众同时也应加强马克思主义理论学习，丰富精神世界。

主流媒体要有担当，及时引导和纠偏过度娱乐化倾向，承担起舆论引导的职责。主流媒体应当重视和报道社会关注度高的问题，不能避重就轻，将舆论场拱手相让。当下，"泛娱乐化"思潮的盛行与严肃时政新闻的缺乏密切相关。对于受众关心关注的社会新闻，要深入跟进报道，甚至创造公众讨论的平台，提升受众的社会责任意识。避重就轻会损害媒体自身甚至是政府的公信力，导致受众的流失，让宣传思想工作更难进行。主流媒体有强大的示范作用，在报道评论和节目制作中更要以身作则。

应开展媒介素养教育，提高受众网络媒介素养，充分发挥主观能动性，增强道德约束力，合理利用网络。同时，也应加强对网络意见领袖的引导，以共同建构良好的网络生态。管理者要善于运用网络新技术填补管理漏洞，完善互联网相关法律法规，壮大网络警察队伍。

泛娱乐化将一切公众话语都用娱乐化的方式表达。泛娱乐化给社会生活和公众理性价值观念造成负面冲击。对于泛娱乐化的治理，需要明确泛娱乐化内容界定和题材界限，加强对泛娱乐化市场的整治，出台行之有效的政策法规。同时，媒体需要加强文化自觉、媒介素养、道德自律，以社会共同记忆和基本价值规范为基本出发点。

3. "泛娱乐化"思潮评论分析

（1）基本观点及倾向

学者们对"泛娱乐化"思潮普遍持有负面态度。

商业化操纵的大众传媒及其背后的消费主义意识形态助推了网络文化的"泛娱乐化"。"泛娱乐化"导致的对主流价值话语的消解、主导价值格局的销蚀，在政治上形成了对社会主义核心价值观认同的挑战与冲击。

当下空前繁盛的网络传播时代是"泛娱乐时代"，我们沉浸在电子媒介、网络传播所带来的感性娱乐世界中，也因此一定程度上丧失了理性思考能力而娱乐至死。贾文山认为,"泛娱乐化"思潮把本不该娱乐的事情给娱乐了,产生了不可低估的社会危害。邢国忠指出,在"泛娱乐化"思潮的影响下,青年价值观逐渐显现碎片化、肤浅化甚至低俗化的倾向,产生了精神缺失、道德失范、自我迷失等消极现象。

《解放日报》首席评论员朱珉迕认为,人民需要娱乐,但不只是娱乐,更不是那些会把我们的精神"毁掉"的娱乐。泛化的娱乐,不在正道,也无关多元,而是在不断冲击正常的社会秩序。

(2) 评论传播态势

首先,评论传播数量少。人民论坛将"泛娱乐化"思潮选为2018年国内值得关注的十大社会思潮之一,与其他社会思潮相比,受众对其关注度相对较低,因此,关于泛娱乐主义思潮的评论数较少,大多集中于主流媒体与部分学者,在社交媒体上也未形成规模讨论。

其次,言论内容多指向"泛娱乐化"思潮对大学生为主的青年群体的影响。青年群体的价值观尚未成型,容易受到外部环境的影响,泛娱乐主义思潮容易使得青年群体的价值观发生扭曲,因此,泛娱乐主义思潮对青年的影响成为学者较为关注的议题。

最后,针对"泛娱乐化"思潮的言论与思潮传播平台呈现出分离的特点。当下,泛娱乐思潮的传播主要集中于社交媒体和短视频平台,而针对泛娱乐化现象的相关评论大多集中在主流媒体和学术期刊中,无法到达"泛娱乐化"思潮所影响的广大受众。

(3) 影响

"泛娱乐化"思潮与消费主义思潮相伴而生,其言论的影响与消费主义也有相似之处。从宏观上看,首先,"泛娱乐化"思潮的评论影响范围较小。其次,相关评论不能从根本上影响受众对于泛娱乐主义思潮的认知。当下,"泛娱乐化"思潮渗透到社会生活的方方面面,受众在潜移默化中被其影响,仅靠专家学者的社评言论还远远不够。

从受众层面出发,"泛娱乐化"思潮的言论对于受众的认知和态度方面有一定影响。首先,"泛娱乐化"思潮的相关言论使得部分受众意识到泛娱乐化所带来的消极影响,诸如明星感情相关新闻抢占公众注意力资源,风头盖过真正的社会热点问题,使得人们沦为娱乐的附庸。在社交问答平台上,有用户调侃,如果大家将分析娱乐圈事件的精力用在学术科研中,那大家一定会取得不俗的成果。但是,"泛娱乐化"思潮的相关评论对于受众行为层面影响较小。"泛娱乐化"思潮渗透在社会生活的方方面面，人们不自觉地便陷入泛娱乐化之中，参与泛娱乐化行为。单纯靠专家学者的言论无法从根本上改变受众的泛娱乐化行为。

（4）对策和建议

首先，主流媒体应发挥引导作用，在各大媒体平台培养自己的意见领袖，借助意见领袖的力量，传播正确言论。当前，针对"泛娱乐化"思潮的评论传播范围较小，线上平台多为主流媒体的网站及相关微博、微信账号，可到达的受众较少。鉴于此，为扩大泛娱乐主义思潮正向言论的影响，主流媒体应借力社交媒体、依托短视频等形式，潜移默化地影响受众。

其次，受众应提高自身媒介素养，自觉抵制"泛娱乐化"思潮的侵蚀，接纳吸收有关"泛娱乐化"思潮的正确评论。虽然当下，"泛娱乐化"思潮无处不在，受众应提高信息辨识力，有意识地接受正确言论。

（四）消费主义：全民狂欢 VS 隐形贫困

1. 消费主义思潮传播总体态势

消费主义起源于 20 世纪的美国，伴随着福特主义及"二战"后发达资本主义国家经济复苏而产生和发展。消费主义是在全球化的推广下而扩张的资本主义意识形态，全球化进程和改革开放政策使得消费主义得以传入中国。传统文化中的面子文化，也使得消费主义能够被国人接受和推崇，由此民众的消费欲望不断扩大。消费主义的实质是资本逻辑制造出来的服务与资本逻辑的附属意识，其本质上是一种视消费为人生最高目的的价值观。

消费社会中，人们的消费需求远远超过基本生存需要，大众传播很大程度上刺激了人们的消费欲望。社交媒体成为人们消费欲望生产的载体，广告的大面积投放整合了消费群体，形成消费场域。

消费主义的传播呈现明显的商业取向，主要表现在商家的营销活动以及消费者的消费行为中。商家通过广告，倡导消费主义的生活方式以及价值观念，刺激受众的购买欲望。消费主义在中国的传播呈现出由大城市向中小城市下沉，由高收入阶级向普通收入阶层渗透的趋势。新兴媒介技术与消费生活相互渗透，使被制造出的消费意向以中性的、信息化的方式迅速渗透和传播。

从总体的传播过程来看，消费主义在社交媒体的传播过程中，呈现出日常生活化转向，并采取文化寄生的方式改变了以往直接交锋、鲜明对抗的传播方式，将其价值观转化为人们的日常消费品，从日常生活领域渗入受众的思想观念中，将人们的日常生活场域变为消费主义传播的新聚焦场域。消费主义思潮构建了一套符号影像系统，将其意识形态属性进行通俗性和去政治化的转向，表征为一种流行和时尚的生活方式，勾起人们的幻想和追求欲望。

2. 典型案例分析

（1）2019年2月"猫爪杯"走红

2月26日，星巴克官方发售其2019年樱花主题系列杯，其中一款造型独特的"猫爪杯"赚足了网友们的眼光。这款"猫爪杯"在当日一经发售，就被哄抢一空，甚至有一些顾客因为抢夺"猫爪杯"在星巴克店里大打出手。面对"猫爪杯"爆红的场面，星巴克官方有些始料不及，当日便通过官方微博宣布，"猫爪杯"正在加急补货，并即将登录星巴克天猫官方旗舰店。随即关于星巴克"猫爪杯"的话题在微博、微信等社交平台及以抖音为代表的短视频应用上迅速发酵，连续几日占据微博实时热点排行榜及微信朋友圈，被网友们戏称为星巴克的"圣杯战争"。"猫爪杯"这一网红产品，依托互联网技术被推上舆论的风口浪尖，其背后所承载的消费文化意义已经由相对边缘的网络文化进入到更加广泛的社会文化范畴之中。

（2）哄抢优衣库×KAWS联名款服饰

据《南方都市报》报道，2019年6月3日，日本快时尚品牌优衣库与美国当代艺术家KAWS合作的"KAWS：SUMMER"系列于当日正式发售后，一众年轻消费者早早排队等待开店抢购。根据媒体报道，全国各地都出现了抢购热潮，有人在天刚亮的时候就已经到优衣库门口排队。在抢购过程中，顾客互相争抢撕扯，部分卷帘门和店内模特被损坏，场面一度陷入混乱。

KAWS是美国著名的街头艺术家，后来衍生为他创立的潮流品牌。该品牌最标志性的××图案是KAWS最初在街头涂鸦时使用的，极富叛逆精神和想象力。后来KAWS不断将经典卡通变成拥有"×"形双眼和骷髅头骨的形象，把随性的××涂鸦带到了日本和英国等地，其灵活大胆的风格受到欢迎。

在中国，KAWS 主要是以建筑艺术的形式被熟知。2015 年，KAWS 在上海举行了"KAWS：CLEAN SLATE. 刷新展"。2018 年，KAWS 为长沙 IFS 国金中心开业打造了一对巨型玩偶雕塑，坐落在国金中心顶层，成为网红打卡热门景点。

受到年轻人的喜爱和支持后，KAWS 设计的卡通形象雕塑作品和公仔在巴黎、北京、首尔等地开始展览，成为打卡热门地。从街头海报涂鸦发展到建筑艺术品后，KAWS 也开始与 Dior 等各种大牌推出联名玩偶、服饰，不再是一种小众文化。

本次 KAWS×优衣库合作系列包含了 KAWS 近几年来所推出的一系列经典涂鸦艺术作品，呈现了 KAWS 创作生涯从早期至今广泛的雕塑和艺术作品，分别有 12 款成人装、6 款童装、3 款帆布包。其中近期才发售不久的 Pink BFF Companion 以及 Blue BFF Companion 均涵盖在内。此次联名的将是 KAWS 最后一次与优衣库的合作系列。

（3）借贷校园贷 20 余万元，汉中 21 岁大学生溺亡汉江

据《华商报》报道，陕西航空职业技术学院机电工程学院机电一体化专业的 21 岁大二学生朱毓迪，先后在 10 多个校园贷平台进行贷款，贷款数额达到 20 余万元。因无力还款，朱毓迪于 9 月 2 日自杀身亡。

根据民警调查，贷款用途基本为与同学聚餐及偿还贷款。朱毓迪的父亲提到，在儿子去世后，他还收到多个校园贷平台发来的催款信息，甚至恐吓电话。目前，警方正在对此案做进一步调查。

（4）女大学生卖卵

3 月 19 日，澎湃新闻报道武汉女大学生为偿还网贷所欠下的 6 万元，两次卖卵 29 个。这位武汉女大学生欠了 6 万元的网贷无法偿还，一次偶然的机会，她在学校厕所里看到了"爱心捐卵"的广告，只需交换一些卵子就能获得几万元，让她心动不已。犹豫过后，她联系了对方中介，并且先后两次手术，卖掉了 29 颗卵子。整个取卵的过程完全属于"地下"操作，进行手术的是私人工作室而非正规医院，手术过程中没有采取任何麻醉措施，事后也没有交代注意事项而只是吃一些消炎药或者打点滴。全过程中，中介只是不断劝告她养卵催卵，并且对她的外形、身高、学历严格审核，而对于手术的风险性和本次交易的合法性只字不提。

澎湃新闻暗访全国多地卖卵交易了解到，中介以爱心捐赠作掩护，吸纳女大学生做"志愿者"，并给 2 万元至 5 万元"补贴"。中介称，取卵

由三甲医生操刀,"志愿者"身体受损最高获赔 5 万元。《北京青年报》记者暗访发现,目前仍有多家组织以爱心捐赠的名义招募女性售卖卵子,并给予一定的所谓"营养费",价格从 1 万元至 10 万元不等。据一位中间方工作人员介绍,卵子价格主要依据的是女性学历而定,同时客户也会看重身高长相等。据相关的中介称,目前卖卵者的年龄基本在 25 岁以下,并逐渐呈现低龄化。

(5) 网络热词贩卖焦虑,崇尚消费主义

①隐形贫困人口

隐形贫困人口,指有些人看起来拥有较高消费水平但实际上经常性的入不敷出。所谓"隐形贫困人口"更多是自我消费不节制所造成的——不是没有钱,只是花得多而已。"隐形贫困人口"并非一个严格意义上的学术概念,最早来自网络自媒体和网民的自我调侃,后来表示"感同身受"的网友越来越多,逐渐形成一个新的流行词汇,并引发官媒解读。

"隐形贫困人口"的核心元素是:缺陷的消费者(flawed consumer)——面对消费社会巨大的生产过剩,这些收入水平仅够维持最基本生存需要的穷人,不能恣意购买、无法过多选择,他们辜负了这个 24 小时营业、购物中心林立、处处是导购小姐迷人微笑、遍地是商家促销打折的物质世界。

"隐形贫困人口"用来形容当下的年轻人再恰当不过——他们不是真的没钱,而是赚钱速度远远赶不上花钱速度。《中国青年报》曾经发布过这样一个调查:28.4%的年轻人是月光族,45.4%的人工作两三年要靠父母经济资助。而他们中间很多人,其实都是"隐形贫困人口"。

"隐形贫困人口",大部分人月入一万多元,但在护肤、穿衣、饮食上毫不吝啬——穿着 3000 元的西装,敷着 100 元一片的面膜,吃着来自智利葡萄界的香奈儿,租着 6500 元带落地窗的大房子。所以,所谓"隐形贫困人口"更多是自我消费不节制所造成的——不是没有钱,只是花得多而已。"隐形贫困人口"的这种消费观,与技术革新密切相关;同时,也是全球化带来的"副产品"。

②车厘子自由等于"××自由"

车厘子自由,指购买车厘子时无须为生活开销的钱忧愁的状态。

微信公众号文章《女人财务自由的 15 个阶段,看到最后扎心了》刷屏年轻人的朋友圈。文中将衡量财力的标准以一种当代年轻人最熟悉的方式被分为了 15 个阶段，最基本的是辣条自由，然后是奶茶自由、视频网站会员自由、外卖自由、星巴克自由、车厘子自由、口红自由等。其中车厘子 C 位出道，作为市面上一种偏高端的水果成为了年轻人的一种颇为小资的消费象征。

主流媒体则对网友们的"缺乏车厘子自由"称之为消费升级下的傲娇哭穷。国家统计局公布的数据显示，2018 年全国居民人均可支配收入 28228 元，比上年名义增长 8.7%，扣除价格因素实际增长 6.5%，快于人均 GDP 增速。近年来我国基尼系数总体呈下降趋势，居民收入差距逐步缩小，作为年轻人调侃式财务自由的"车厘子自由"，正是在消费升级的语境中，很多人中高端消费需求正日趋旺盛的反映。

在消费主义的笼罩中，"××自由"成为一种培育消费的绝佳方式。从无稽之谈的"爱马仕自由"，到热度不减的"车厘子自由"，看似是奢侈品到日用品的转向，实则是商家操纵的"精准打击"。在精英阶层的消费力被消耗殆尽之后，不断崛起的中产阶级成为消费主义的下一个目标。此时，消费品顺理成章地从奢侈品变成了"车厘子""香椿"等普罗大众踮起脚尖就够得着的商品。在刺激消费的需求和促销转向的大潮中，象征着刺激中产消费的"××自由"应运而生。对于大众而言，"车厘子"、"香椿"和"荔枝"，要吃也是吃得起的，但又不能那么"自由"地想买就买，"××"与"自由"之间的戏剧性张力也给作为消费者的网友提供了广阔的调侃空间。

"××自由"，一方面是商家制造消费的产物，另一方面也是消费者表达自我的手段。在社会学家保罗福塞尔的研究中，消费品的价值不仅仅在于使用，更在于它是区分人类三六九等的方式，当微博里的网红纷纷发出精致的车厘子美图时，消费者所要昭告天下的，可能不是"车厘子真好吃"，而是"我有钱吃车厘子"了。

在彰显身份外，消费主义不再只是商家单方面的获利工具，在一定程度上也为消费者赋权。"每次付账，都是在为自己喜欢的生活投票"。虽然在车厘子等日用品的消费品中，暂时还未考虑如此严肃的议题，但从思维逻辑来说，如此消费也可理解为消费者在为自己喜欢的生活方式投票。

（6）消费主义在案例中传播情况概述

消费主义在上述事件中的传播者分为两部分。

首先是商家。在优衣库与 KAWS 遭联名疯抢、猫爪杯"一杯难求"

的事件中，商家在消费主义思潮的传播中扮演着重要的角色：星巴克在社交媒体上发布"猫爪杯"相关图片、视频，引起消费者的抢购欲望。饥饿营销是商家销售时的惯用手法，通过限量生产、限时销售等方式制造商品的稀缺感，给商品带来物品本身价值之外的"溢价"。"猫爪杯"一开始就是星巴克2019年推出的春季限量新品，这款双层玻璃杯外贴樱花装饰，倒入液体时可以显现萌萌的3D猫爪形状，正好迎合了当下萌宠"猫IP"的热潮。由于其设计可爱、宣传面广，让很多消费者趋之若鹜，出现了刷屏式购物需求。其次，消费者自身也充当了传播者的角色。消费者接收商家的信息后，出于自身需求在社交媒体上通过转发、点赞等行为，进行二次传播，扩大消费主义信息的传播范围。

从传播渠道上看，大众媒介是消费主义蔓延过程中一股不可忽视的力量。消费主义思潮大多借助新媒体平台进行传播，新媒体的发展为消费主义的传播搭建了践行平台。例如，网络热词"车厘子自由"的爆火，源于一篇名为《26岁，月薪一万，吃不起车厘子》的微信公众号推文，文中写道：

"大城市里的每个人，好像一直在拼命努力赚钱，却始终入不敷出。当然，很多时候不是真的买不起，而是舍不得。没有含着金汤匙出生，没有活在终点线上，没有原始积累，就只能靠自己。衡量利弊，低头看一眼荷包，然后忍住了嘴馋的冲动。忍一忍吧，不差这一口，等有钱了再说。然后我们不断地给自己压力，找到无数坐标系和参考系，对标别人的生活，拼命努力。"

在这篇文章中，作者将购买并食用车厘子上升到生活品质和人生追求的高度，引起青年群体尤其是女性群体的转发，形成刷屏态势。

同样，在正式开售之前，"猫爪杯"就已经在抖音、小红书等应用上"亮相"。一些萌宠视频类网红在抖音等短视频分享平台上发布和"猫爪杯"相关的视频，配以一些能展示出"萌""可爱"等特征的网红滤镜，吸引爱猫群体的注意，引起网友们的围观和互动。

在传播内容上，消费主义善于用简单明快的语言和喜闻乐见的元素将自身进行包装，运用数字技术对社会现象进行图像描述和模型建构，通过符号影像等媒介的暗示来唤起受众的主体性认知，实现其意识形态渗透目的。消费主义在新媒体平台传播时，往往借助新媒体交互式、立体式、个性化和碎片化的特征，将传播内容解构成若干片段并配以诙谐幽默的图片或语言，进行声情并茂的演绎传播。

消费者在消费主义思潮的传播过程中既可能扮演传播者的角色，同时也是传播受众。商家通过社交媒体，将商品信息传递给消费者。消费者接收信息后，出于自身对于该物品的喜爱或炫耀等心理，借由社交媒体转发、点赞、分享等方式，进行二次传播，再次扩大事件的影响力。

最后，消费主义思潮暗含在商品售卖过程中，目标受众大多为女性群体。根据"欲求经济学"理论，媒介的广告、社交媒体的软文、网络意见领袖的示范、他人体验甚至于虚假宣传等都有可能胁迫，甚至主宰人们对产品的需求和消费。当消费文化使用形象、符号和象征性商品唤起人们的梦想、欲望和幻想，人们的心理防线简直是不堪一击的。当下，商家为了扩大利润，增加销售额，在广告宣传中渗入消费主义思潮。例如，2016年天猫"双十一"的口号便是"没有一个姑娘会因为买买买变穷，尤其是漂亮姑娘。"商家广告语对于女性消费心理的精准狙击，使得女性受众在无形中便步入消费主义的泥潭。2019年1月，小红书用户突破两亿，其成功的重要原因便是踩准了女性消费主义爆发的时点。在小红书上，各种消费主义言论层出不穷，从"月薪四千却要买两万的包"到"在上面晒满各品牌各系列的奢侈品"，小红书为不同生活条件的人搭建了一个共享的生活方式标记平台，助长了畸形消费观念。

（7）消费主义思潮影响以及进一步发展

①消费主义思潮传播的影响

工业文明时代，消费主义生活方式占据主流，它主张通过无限度消费物质产品来追求高品质生活。消费主义区别于人的合理消费，它强调物质主义至上，以过度占有和消费物质财富为满足，因而常常造成浪费性消费，包括占用大量物质财富却不使用或很少使用；消费主义强调自我为核心的享乐至上，追求纸醉金迷的生活；消费主义忽视商品的实际效用，将商品当作具有象征意义的符号，在非理性的奢侈消费和炫耀消费中显示等级分化。消费主义逐渐成为一种日常生活方式，具备了广泛的群众基础，构成一种不可忽视的社会力量。

从生态环境的角度出发，消费主义思潮的盛行带来了严重的生态问题。消费主义催生的面子消费，使人们追求高档优质的包装、鼓吹一次性消费、对物品的排他性占有等都对环境产生不利影响。消费主义思潮的传播与发展加速了自然资源的消耗，为人类的可持续发展带来负面影响，破坏人与自然的和谐相处。

从经济角度出发，消费主义的传播对我国经济可持续发展产生不利影响。消费主义中所暗含的消费观，使得人们进行无节制消费，盲目追求面子消费，不利于社会经济的持续稳定发展。

从社会角度来说，消费主义的盛行加重了人与人之间的不公平的现象，对和谐社会的构建造成阻碍。受到消费主义思潮的影响，部分受众虽然经济条件难以达到高消费，却极力追求或模仿高消费群体的生活方式，甚至超出实际经济能力或压抑基本需要的满足，产生观念性高消费，将购买新品、奢侈品等当作身份的象征，从而导致"穷者更穷"的困境，加大社会贫富差距，加重社会不公。

从社会思想层面出发，消费主义威胁我国意识形态安全。消费主义在解构中华民族传统文化的过程中，使人在物欲的消费中不仅抛弃了中华民族勤俭节约、艰苦奋斗的优良传统，诸如国家、政治、道德、民主、文明等观念也被边缘化甚至消解。消费主义思潮扩张到社会生活的各个领域，这种消费文化的确立，使得人们更加注重物质层面的享受而忽视了精神层面的提升，不利于精神文明的建设。

从个人层面上来说，消费主义使人们对自我以外的事情熟视无睹，沉溺于物质欲望和个人的狭小空间里，丧失了对国家、民族、他人的关怀意识和判断政治是非的能力。

②消费主义思潮的一步发展

消费主义在中国的传播可追溯至20世纪20年代。而在当代社会，消费主义呈现野火燎原之势，并愈演愈烈。从商家创造的"双十一"购物狂欢节的成交额逐年上升，到一秒卖出8000个套装、15分钟卖掉1.5万支口红、创造了3秒内卖空10万件商品，一场直播销售额上亿的李佳琦，消费主义思潮不知不觉地与受众的日常生活相伴相随。当下，消费主义呈现出新趋势，即线上线下两线购买、购物社交化、消费体验至上、健身消费提高、拥抱价值经济。

数字化发展激发巨大的消费潜力，并持续影响受众的消费习惯，技术的运用将持续在无形中助长过度消费。随着互联网技术的不断发展，消费渠道更加多样，消费机会无处不在。中国网购用户数近4.6亿，是全球最大的网购人群；同时，中国还拥有全球最大的网购市场规模，线上零售销售总额高达5.6万亿元人民币。《2018中国消费者洞察系列报告——新消

费　新力量》中指出，物联网、自动驾驶汽车/无人机、机器人、人工智能/机器学习、增强现实/虚拟现实、数字追溯、3D打印和区块链八项技术将深入影响零售和消费品行业。数字技术为消费提供便利，在一定程度上也促进了消费主义的传播。首先，物流运输高度便利使得购物更加便捷；其次，基于大数据、云计算及人工智能技术的个性化推荐极大地激发受众的购物欲；最后，移动支付的普及让受众随时随地购物成为可能。技术的广泛运用将助长消费主义的蔓延。

媒介继续盲目迎合消费主义。商家、自媒体等通过社交媒体鼓吹消费主义思想，贩卖焦虑。

从区域上看，消费主义思潮逐渐由大中城市扩展到中小县域。随着中国城镇化进程的加速，消费主义逐渐向中小县城和农村地区传播。部分电商通过"社交+电商"的模式和低廉的价格抢占三线以下城市市场，极大地刺激人们的消费欲望。

（8）对策与建议

从宏观层面出发，思想上，巩固马克思主义意识形态领导权，采用多种手段帮助人们认识消费主义的本质，发现其内在的资本逻辑和潜在的威胁。引导受众辨别合理需求与欲望之间的差别，倡导绿色消费，通过潜移默化的方式影响人们的日常生活实践，帮助人们养成绿色环保的生活方式。

经济上，完善我国基本经济制度和分配制度。学者建议，一方面在初次收入分配领域提高劳动者可支配收入，扩大中产阶层的数量，改善居民的收入状况；另一方面在分配领域完善社会保障体系和福利体系，稳定消费倾向和支出预期。通过税收克服消费主义，征收高额的资源消耗税、奢侈品税、汽车排污税等来倡导有节制的消费，探索中国式绿色税收制度。

从受众角度出发，克服消费主义思潮的负面影响，引导受众树立正确的消费观，需借助移动新媒体的力量。首先，应加强网络思想政治教育，要提高受众的媒介素养，增强受众的信息辨别能力，使其对于消费主义思潮的相关信息主动回避，而对于宣扬正能量的言论积极转发。其次，应加强对大众媒体的监督和管理，坚持党管媒体的原则。主流媒体应发挥其正面积极作用，引领大众传媒的方向。针对消费主义在社交媒体中广泛传播的现状，主流媒体应使用受众喜闻乐见的方式、通过图片、视频等形式积极宣传，既符合中国优良传统文化又符合当代中国国情的正确的消费观。

3. 消费主义思潮评论分析

（1）基本观点及倾向

国内学者对消费主义思潮大多持负面否定态度，围绕消费主义的负面影响展开论述。

主流媒体发布的评论文章多从消费主义与经济发展之间的关系出发。《21世纪经济报道》发表社论认为，过度消费主义不是扩大内需的正道。中国人借贷消费大部分不适用于日常支出，而是属于"过度的不合理消费"，甚至于"面子消费"。在经济转型过程中，应鼓励年轻人合理消费，而不应过度宣扬超前消费。《北京日报》发文指出，消费主义思潮下，人们热衷于以物质花销定义自我价值，但是，真正的精致生活，是不被物质欲望所奴役，是"买得起大牌，也用得惯小物"的从容，是在自身经济实力之上将日子越过越好，而不能让消费主义成为生活之重。武建奇指出，消费主义是消费观念和消费行为的极端主义，是一种极端的消费价值观。拉动经济可以通过刺激消费扩大内需，但绝不要"消费主义"。

学者们对于消费主义的分析多集中于个人和社会两个层面，且大多认为消费主义的负面影响大于其正面效果。郭田勇认为，个体一旦掉进消费主义陷阱，从观念到行为都将超出理性范围。田月容认为，消费主义被意识形态化是资本主义发展的必然结果。这种嬗变使得消费者丧失主体性，忽略精神世界的充实而更多地关注本能欲望，引发个体危机；从社会层面上说，消费主义会降低民族自身的意识形态认同，引发政治危机。针对消费主义的中国形态，赵玲和高品在文章中指出，消费主义一旦在中国蔓延，将会从生活价值观这一隐性层面冲击社会主义意识形态，使得人们患上"消费瘾"，从而导致人们意志消磨、斗志瓦解、浪费社会财富、败坏社会风气。有学者指出，消费主义生活方式的实质是一种异化的、具有破坏性且不可持续的生活方式，是物质主义与经济主义在日常生活中的具体表现。人们在消费主义的裹挟下，人们消费不是为了满足"够了就行"的真实需要，而是为了满足"越多越好"的虚假需要。因此，在消费过程中，消费的本质扭曲，人们将幸福等同于对物质的占有并将其作为实现自我价值的唯一途径，从而将消费活动变为与人的需要目标本身无内在联系的程式化活动。

（2）评论传播态势

首先，主流媒体关于消费主义发表的评论传播范围较小，社交媒体中关于消费主义的言论较容易引起受众的关注和认同。主流媒体诸如《北京日报》《解放日报》等都针对泛娱乐化现象发表评论，但是并未引起社会各界的广泛关注，评论跟帖数较少。微博平台中，部分大V针对当下的消费主义现象发表看法。微博情感博主@花晚来提道："我怀疑根本没有人能在消费主义的浪潮中找到自身真正的幸福。没有精准的欲望，也没有低于预期的价格。'但是不买，日子也不会变得更好。'差不多就是靠这句话支撑着。"该言论得到其粉丝的支持，获得近千点赞。

其次，相对于严肃性评论，贴近受众生活的通俗性言论更易传播，引起受众关注进而引发讨论。

微博用户@少女大师姊发表微博：

"什么是最恶劣的消费主义形式？生孩子。1.需求是被捏造的：你并不真的需要小孩，没小孩不影响你衣食住行。2.符号化，行为和身份绑定：不生孩子被排除在正常人之外，被嘲笑，被打击。3.真特么的贵，绝对的奢侈品，而且是提前消费、分期付款，绝大多数人养了一段时间才发现根本支付不起，最后落下一身债。而资本主义系统得到了充足的新生韭菜。

生了小孩的人不反思这种行为就去批判买口红买键盘的消费主义，那就像澳门豪赌倾家荡产的人去骂打一块钱麻将的人聚众赌博。"

该博主关于"生孩子是最恶劣的消费主义形式"的言论引起广泛讨论，评论量为1003，转发量为3660，点赞数达到了2.4万。社交媒体中，对于消费主义的直接评价并将其与生活的点滴小事相结合，更易得到受众的关注与共鸣

（3）影响

首先，消费主义的严肃言论影响范围较小，社交媒体中拥有较多粉丝的自媒体关于消费主义的言论能够引发较多讨论。在当下众声喧哗的舆论场中，受众注意力是稀缺资源。在消费主义评论的传播过程中，主流媒体针对消费主义事件发表的严肃评论无法吸引受众，学者们针对消费主义的学术性论文由于专业性过强，无法到达大部分受众，因此传播范围受到限制。反观移动新媒体，由于部分大V自身自带较多粉丝，具有较大影响力，且其言论内容通俗易懂，与当下受众的心态与现实生活紧密结合，容

易引起受众的共鸣。同时，出于吸引受众眼球、扩大自身影响力的目的，大V们发布的消费主义相关言论大多具有一定的争议性，因此导致评论区内各种观点交锋，讨论范围进一步扩大。

其次，消费主义言论的传播具有一定时效性。在微博等社交媒体上，消费主义事件较易引发讨论，但是，讨论的热度与事件的热度相伴相生。随着事件热度降低，受众关于消费主义的讨论兴趣也随着减弱，进而将该议题逐渐抛之脑后。

最后，消费主义言论的影响具有双面性。一方面，学者们关于消费主义的认识与讨论能够引起受众对当前自身消费行为的反思，帮助受众树立正确的消费观，促进良好社会风气的形成。另一方面，讨多讨论消费主义的负面影响，而较为忽视其在拉动经济增长方面的积极作用，容易矫枉过正，陷入抑制消费的极端。

（4）对策和建议

首先，主流媒体应转变话语方式，以受众易于接受的方式传播消费主义相关评论。在碎片化阅读的当下，人们缺乏耐心和时间阅读和理解严肃的长篇文章。主流媒体可借助社交媒体，通过短视频、图片等方式，将关于消费主义的正确态度以及正确的消费观放置于日常生活语境，以潜移默化的方式消解消费主义的负面影响。

其次，主流媒体应加强社交媒体的使用能力，培养自己的意见领袖。当下，社交媒体上的信息传播速度快、传播范围广，主流媒体应适应社交媒体的发展趋势，在微博等平台上增强自身影响力以传播正确的消费观。

（五）火药味十足的贸易保护主义：燃起于一场没有硝烟的战争

1. 贸易保护主义思潮传播总体态势

贸易保护主义思潮是基于国际贸易保护行为的思想观点和价值体系。作为一种国家意识形态和理论思想存在由来已久，最早体现于14—15世纪的重商主义学说之中，后期经历了幼稚产业保护理论、凯恩斯主义等理论的发展，逐渐成为资本主义国家奉行的经济思潮。

自2018年中美贸易摩擦以来，特朗普政府单方面在全球范围内随意挥舞贸易保护主义大棒以实现"美国利益优先"，引发其他国家不得不采取反制措施，使得全球关税水平普遍上升，贸易保护主义思潮在全球范围内逐渐抬头。中美贸易摩擦打打谈谈，2019年贸易摩擦不断升级，加征关税的规模越来越大，涉及的产品范围也越来越广，贸易保护主义思潮在全球范围内的传播呈愈演愈烈之势，并与单边主义、霸权主义、极端主义、民粹主义、民族主义甚至恐怖主义等思潮相互联动、交织影响。这不仅加剧了各国之间的贸易冲突，而且对国际社会稳定产生了巨大的冲击，尤其是中美贸易摩擦影响了大国关系建设和全球经济的发展，加速了逆全球化思潮的蔓延和各国民族主义抵制情绪的膨胀，而且给我国主流意识形态建设和社会治理也带来巨大挑战。

2. 典型案例分析

（1）案例基本情况

本年度，贸易保护主义思潮主要借助关税壁垒事件和非关税壁垒事件等载体在新媒体领域内肆意传播。具体如下：

①关税壁垒事件（贸易摩擦）

第一，美方对中方加征25%关税，中美贸易摩擦进入白热化状态。

2018年7月6日，美国政府对340亿美元的中国输美产品加征25%关税。作为反击，中国也对同等规模的美国产品加征25%进口关税，并在北京时间7月6日12:01开始实施。这意味着，迄今为止世界经济史上规模最大的贸易摩擦正式打响。

2019年5月9日，美国政府宣布，自2019年5月10日起，对从中国进口的2000亿美元清单商品加征的关税税率由10%提高到25%。美方上述措施导致中美经贸摩擦升级，违背中美双方通过磋商解决贸易分歧的共识，损害双方利益，不符合国际社会的普遍期待。为捍卫多边贸易体制，捍卫自身合法权益，中方不得不对原产于美国的部分进口商品调整加征关税措施。5月13日，中国宣布从6月1日起对600亿美元美国商品分别加征25%、20%、10%和5%的关税。

第二，美国对华进口约3000亿美元商品加征10%关税，中美贸易摩擦持续升级。

2019年8月15日，美国政府宣布，对自华进口的约3000亿美元商品加征10%关税（不包括此前对中国价值2500亿美元货物已征收的25%关税），导致中美经贸摩擦持续升级，极大损害中国、美国以及其他各国的利益，也严重威胁多边贸易体制和自由贸易原则。美方此举严重违背中美两国元首阿根廷会晤共识和大阪会晤共识，背离了磋商解决分歧的正确轨道。中方将不得不采取必要的反制措施，中方被迫采取反制措施，对美750亿美元商品加征10%、5%不等关税。

②非关税壁垒事件（科技摩擦）

非关税壁垒事件主要指采用非关税壁垒手段限制他国高新技术发展的相关事件。

第一，美国封杀华为事件。

2018年12月1日，孟晚舟在加拿大温哥华被捕，美国向加拿大要求引渡她。2019年5月15日，美国总统特朗普签署一项紧急状态行政命令，禁止美国企业使用对国家安全构成风险的企业所生产的电信设备。5月16日，美国商务部以国家安全为由，将华为公司及其附属公司列入管制"实体名单"。5月20日，谷歌表示将遵从美国政府的命令，尽快切断对华为在多种安卓硬件和软件上的支持，并不再向华为授权提供谷歌的各种移动应用，其他一些美国公司也开始停止对华为的零部件供应。多家美企宣布中止为华为供应关键软件和零部件。

第二，美国制裁大疆、海康威视等企业事件

据CNN报道，当地时间2020年5月20日，美国国土安全部和设施安全局联合发布了一份"警告"，直言中国制造的无人机可能正在向中国制造商发送敏感飞行数据，且政府可以访问这些数据。美方强调，无人机"对组织的信息构成潜在风险"。虽然"警告"中没有言明针对的是哪家无人机公司，但相关数据统计显示，美国和加拿大市场上的无人机有近80%来自大疆，"制裁"对象不言而喻。大疆的创新技术经过全球客户的反复验证，包括美国政府和美国领先企业的独立验证，美国对大疆数据安全性的指责站不住脚。

继华为、大疆之后，美国再度出手制裁中国企业，实体清单阴翳再度蔓延。5月22日，《纽约时报》报道称，美政府将考虑将海康威视列入黑名单，限制其购买美国技术，将其列入美国商务部的"实体清单"，原因是出于对"国家安全"的考量。受此影响，5月22日海康威视开盘后一度逼近跌停。之后股价开始反弹，但仍然维持着超过5%的跌幅。海康威视是全球最大的视频监控产品制造商之一，在国际精尖高科技领域具有一定的影响力，因此也遭美国遏制发展。

（2）贸易保护主义思潮传播情况概述

贸易保护主义思潮在以上事件中表现较为凸显。通过案例分析可知，该种思潮的传播主体主要是美国政客，他们无视 WTO 多边贸易原则，奉行贸易保护主义和单边主义，肆意挑起中美经贸摩擦事件，在全球范围内传播贸易保护主义的情绪，加速了贸易保护主义思潮的传播速度。

该思潮的传播对象主要是中国政界、企业以及普通民众。中国遵循国际贸易多边原则，抵制贸易保护主义思潮，始终坚定"不愿打、不怕打、必要时不得不打"的立场，愿意通过谈判来解决贸易争端，但是面临美国的关税大棒和极限施压，不得不采取同等加征关税的反制措施回应美国的贸易保护主义行为，反制措施表面上看也是贸易保护行为，但实质是为了维护全球多边贸易和维护自身正当利益而进行的反贸易保护主义行为，从一定程度上遏制了美国贸易霸凌主义的快速扩张，抵制贸易保护主义思潮的蔓延。

该思潮的传播内容主要是通过对中方产品加征关税以及采用非关税壁垒等手段打压中国出口贸易及高科技企业。自 2018 年美国挑起中美贸易争端以来，多次对中国产品加征高额关税，且规模越来越大，涉及的产品范围也越来越广，贸易摩擦不断升级；在未达到扼杀中国贸易的目的之后，美国又开始通过封杀、警告等手段打击华为、大疆、海康威视等中国高科技企业，企图阻碍中国经济的发展。

该思潮的传播渠道多元且交叉，主要依靠推特、微博、微信、论坛、客户端等多样化媒介进行多向度交互式传播，并且在新媒体和传统媒体的融合传播下泛滥成灾，对国人的思想产生强烈冲击，甚至许多人产生了抱怨"中国妥协论"的负面情绪。

（3）影响及进一步发展

①社会经济方面

美方单方面挑起的中美贸易摩擦、科技摩擦，很大程度上抑制了世界经济的增长，引发了全球贸易保护主义的浪潮。经济学家普遍认为自由贸易将提高社会的整体福利水平，而贸易壁垒的增加将减少经济总量和国民收入。中美贸易摩擦没有赢家，杀敌一千自损八百，中美经济甚至全球经济都深受影响。

中美贸易摩擦对中国宏观经济影响有限，中国能够抵得住美方的压制，但是对中国经济的负面影响也不可小觑。美国居于全球价值链的中高端，对华出口多为资本品和中间品；中国居于中低端，对美出口多为消费品和最终产品，可替代性强，中美贸易摩擦对国内制造业冲击较为严重。在贸易高压关税下，已完成产品转型升级和品牌坚硬的企业具有充分抗压能力，劳动密集型企业订单大幅下降，利润摊薄甚至为零，筹融资更加困难，开始裁员减产转移；很多中外进出口企业普遍持观望心理，致使外贸中短单总量增长，外贸长单增长明显下降；部分美国公司正考虑或已将工厂迁出中国；等等。

②政治文化层面

上述贸易保护主义思潮案例在不同程度上对我国的政治文化产生了冲击。首先，扰乱人们对社会主义主流政治文化的认知，西方政治文化的迷惑宣扬导致部分民众对本国政治价值扭曲、政治立场不坚定。美国对中国作出"盗窃知识产权""汇率操纵国""不公平贸易"等一系列污名化指责，单方面挑起贸易摩擦、科技摩擦，使部分人对中国的政治文化产生了质疑，影响政治情感和政治判断，社会主义政治立场开始动摇，甚至宣称"中国失败论""中国投降论"等反政治言论，脱离主流政治文化轨道。

③情感行为层面

贸易保护主义思潮的传播引起国内民众情绪的躁动以及行为的转换。由于新媒体门槛较低，用户文化水平参差不齐，对于经济知识掌握不足，所以关于中美经贸摩擦的风吹草动都能够第一时间登上微博热搜，引起网民情绪上的波动和广泛讨论。例如，美国只要放出加征关税的信号，中国股市就会大跌，股市易受股民情绪影响大涨大跌，反过来又会进一步刺激股民情绪的大起大落。受"美国封杀华为"事件影响，民众激起了强烈的爱国情怀，并且将其转换为强大的购买力，掀起了购买华为产品的全国热潮，弥补了海外市场受到的挫折，让华为继续保持了高速的增长。任正非曾说，该事件使华为的员工激发了工作动力和高昂的斗志，从未如此团结过，特朗普对华为的打压，在某些方面对华为是一件好事，让华为人从一些幻想中醒过来，有了强大的危机感，而危机感才是一个公司前进的动力，让华为在当前困难下，创造了更加辉煌的业绩。

④对策及建议

第一，经济方面：

中美贸易摩擦及科技摩擦等相关事件对中国经济产生了一定的影响。在全球化趋势下，中国的崛起势必引起美国的焦虑和打击。中国应该持续深化经济体制改革，推动国内产业结构转型升级，加大改革开放力度，并且坚定中国特色社会主义市场经济机制。从贸易摩擦中吸取经验教训，继续坚持公有制为基础多种所有制经济成分共存，扩大内需拓展国内多元化需求，拉动经济增长，降低对国外资本的依赖；从中美科技战中吸取经验教训，继续坚持创新驱动发展战略，不断提升国内企业创新能力，降低对于国外关键技术的依赖，扩大开放，提升高科技产业发展速度，保障经济高质量发展。通过这些事件，诸多企业认清了自己在全球化市场的竞争力及不足，激发了企业改革和创新的决心和动力。

第二，政治文化方面：

当前我国正处于社会深度转型期，各种利益群体以及各种政治观念一直在博弈，在贸易保护主义思潮的冲击下，面临西方国家对中国政党的污名化指责，部分缺乏政治立场的人深受西方思想蛊惑，开始质疑、批判中国政党。面临这种情况，一方面政府应该积极回应，揭穿美国的污蔑行为，让被蒙蔽双眼的民众看清西方资本主义国家的真实面目；另一方面持续加强政治爱国教育，不断增强民族凝聚力和自信心，让人们拥有更广范围的知情权和参与讨论权，增强制度自信、道路自信、民族自信，坚定走中国特色社会主义道路。

第三，情感行为层面：

针对以上事件引发的国内部分民众负面情绪爆发，官方应该积极回应，主流媒体主动承担起引导舆论回归正轨的职责。传统媒体时代，主流媒体牢牢把握着议题设置的主动权，然而在新媒体时代，传播的去中心化消解甚至抢夺了主流媒体的议题设置主动权。主流媒体如何设置议题以及设置什么议题才能引发舆论关注并且引导舆论，重夺舆论话语领导权，变得尤为重要。政府相关部门和主流媒体应重视民间声音，并且积极回应，通过晓之以理动之以情的方式向民众传达主流意识形态，疏导民众恐慌情绪，引导舆论正确走向，稳定社会秩序。

3. 典型社会思潮评论分析

（1）基本观点及倾向

2018年美国单方面发动中美贸易摩擦、科技战以来，贸易保护主义思潮广泛传播，引起社会广泛关注和讨论。关于贸易保护主义思潮的言论主要集中于微信公众号、微博评论及追评以及网络论坛等新媒体平台，除此之外，诸多关于贸易保护主义思潮的成熟性言论还发表于学术期刊及报纸理论版部分。

在新媒体平台方面，关于该思潮的言论主要分为三大类型：第一类是理性分析贸易保护主义利弊，针砭时弊，提出应对贸易保护主义的建议，这类评论性文章多见于主流媒体以及学者的微信公众号等，如《人民日报》的《十评中美贸易》和清华大学孙立平教授在"孙立平社会观察"公众号上发表的文章《趋势与变化：客观理性的研判中美经济实力的比较及其演变的可能性》等；第二类是普通网友对痛恨美国贸易保护行为的情绪宣泄，多见于微博评论及追评；第三类是"唱衰中国投降论"，多见于微博、论坛等平台，其中不乏所谓的"精英"和"知识分子"甚至"网络意见领袖"，例如中国社会科学研究生院曹教授发微博称，国家利益和人民利益是相对的，中国对美国让步妥协，虽然国家利益有损，但有利于广大人民利益。再比如拥有 131 万粉丝的知名时评人梁宏达在微博上写道："鸡鸣狗盗，挨了打，不反思自己违背契约，却痛心自身不够强壮"，严重误导了民众对中美贸易摩擦的认知和研判。

在学术期刊及报纸期刊方面，通过在知网检索"贸易保护主义""中美经贸摩擦"等关键词，发现贸易保护主义思潮相关文章主要集中在经济、政治等领域，大致分为三类：第一类是贸易保护主义思潮的理论来源及其历史发展，主要以《重商主义就等同于贸易保护吗？——对于重商主义理论的重新解读》等文章为代表；第二类是贸易保护主义的危害以及呼吁抵制贸易保护主义，主要以《贸易保护主义为全球经济敲响警钟》《我们坚决反对单边主义和贸易保护主义》《各国应携手捍卫自由贸易与多边主义》等文章为代表，这类文章多见于报纸理论版；第三类是贸易保护主义的应对措施，主要以《美国贸易保护主义政策对全球价值链的挑战与中国应对》《贸易保护主义对我国的影响及应对措施》等文章为代表，这类文章对贸易保护主义理论研究具有一定的贡献，但是对策建议的可落地性和实践意义有待商榷。

（2）基于评论的传播态势

基于贸易保护主义思潮评论的基本传播态势是：主流媒体的正确引导即强烈抵制贸易保护主义思潮的言论占据主导地位，支持贸易保护主义思潮的相关言论占据次要位置，在新媒体舆论场中与主流声音不断博弈。在主流媒体的强大舆论场引导下，部分声音日渐微弱甚至被淹没，比如针对中美贸易摩擦打不起打不赢的悲观论调，新华社发表了评论《让"投降论"成为过街老鼠》，积极回应负面言论，引导舆论回归正轨。但仍有部分声音依旧活跃在微博等新媒体平台中，其中不乏网络意见领袖大 V 的言论，通过自身原有的影响力蛊惑受众，严重干扰公众社会情绪，在网络平台上产生不良影响。

(3) 影响

发表于新媒体平台的言论传播范围较广，具有一定的阅读量和影响力。由于新媒体传播的去中心化、传播迅速等属性，贸易保护主义思潮的传播泛化、去阶层化，普通民众能够通过微博、微信等渠道参与政治、经济话题的讨论。这种讨论有积极的一面，每个个体都可以为国家的发展建言献策，精英阶层也可以听到来自底层的声音并予以借鉴；但也有消极的一面，由于文化背景、知识水平的差异，网民对待中美贸易事件认识有限，网络上情绪化意见居多，给主流媒体的舆论引导及社会治理带来了挑战。

(4) 对策及建议

第一，加强主流媒体议题设置能力，提升引领针对性。

与中国相比，美国更加擅长"舆论控制"，煽动舆论情绪一直是美国媒体的强项，"舆论控制"水平在一定程度上体现了综合国力的水平。美国"舆论控制"的关键点在于其能够掌握国际舆论话语模式，主动设置议题，抢占舆论制高点，引领受众的注意力和关注点。在贸易摩擦事件演进过程中，很多信息最早是来自特朗普的推特以及美国的主流媒体，比如特朗普在其推特发布"加征高额关税""制裁华为"等话题后，迅速登上国内新媒体热搜榜，成为中国国民关注和讨论的焦点。除特朗普善用推特表达个人情绪和观点之外，白宫的财政部长姆努钦、贸易代表莱特希泽等人也经常在正式或非正式的场合向社交媒体及主流媒体透漏相关信息，使受众获得更多相关信息，从而抢占舆论先机。相比之下，国内通常是官方发言人发布信息，此种做法虽然严谨但略显滞后和被动，未能及时在国际舆论中发声，从而在舆论场中处于被动地位。

面对贸易保护主义思潮的广泛传播，中国主流媒体应该借鉴西方媒体舆论引导经验，加强议题设置能力，全方位掌握话语权，积极抢占舆论先机，增强主流意识形态的辐射面和影响力，净化网络环境，持续挤压贸易保护主义思潮的生存温床，以消解其社会影响力。针对民间舆论的质疑，官方应该及时回应，阻断贸易保护主义思潮的持续发酵与大范围传播。

第二，借助多元化话语体系，提升引领亲和力。

新媒体时代，个人情感、立场等对舆论的塑造起着决定性作用。社交媒体低门槛、快传播的属性以及受众碎片化的阅读习惯使得富有情感的内容更容易得到响应，因此注重国民情感的表达更能引起举国上下舆论的哗然。以中美经贸摩擦中方报道为例，当报道涉及具体的贸易政策和税费调整时，受众的关注度和事件的影响力较低，但如果报道中包含爱国情怀的评论、标题、观点时，往往更能激起受众的某种情感共鸣，从而获得广泛关注，提升舆论引导效果。

因此，为达到与受众情感上的共鸣，主流媒体应该多使用大众喜闻乐见的多元化表达方式，积极融入生活元素，摆脱官方、刻板的腔调。在这方面中央电视台的转型颇为成功，一向官方严肃的《新闻联播》凭借着国际锐评"奉陪到底""令人喷饭""怨妇心态""满嘴跑火车""搅屎棍"等接地气的金句和主播铿锵有力的播报持续多天登上新浪微博热搜，一时间"今天追《新闻联播》了吗"成为热门话题。《新闻联播》对于中美经贸摩擦相关事件的报道激起了全民同仇敌忾、共克时艰的爱国情怀，对内达到了良好的反贸易保护主义思潮的传播效果。

（六）容易走向功利拜金的实用主义

1. 实用主义思潮网络传播总体态势

实用主义发端于19世纪70年代的美国，它的基本观点是认为实践高于一切，获得实际效果是行动的最高目的。2019年，"996"工作制、华为顶尖应届生最高年薪200万元、深圳龙华高薪招聘中小学教师等舆情事件引发人们对于工作薪酬的讨论；4月，杜蕾斯在微博的联名文案因内容被指过于低俗而"翻车"，成为商业广告追逐营销效用的错误示范；此外，大学专业的"冷门"与"热门"之分、职场建议成功学软文风靡新媒体平台等现象，表明追求"有效"成为相当一部分公众的首位诉求。实用主义的实用观念在当今复杂的社会环境下对公众产生了深远的影响，在激发公众立足现实、奋发实干精神的同时，也引发了过于注重效用而忽视社会责任、伦理道德等社会问题。

2. 典型案例分析

（1）案例基本情况

2018年12月至2019年12月在网络上引起较多关注的实用主义思潮舆情事件可以分为薪酬工资类，实用型知识、课程广受欢迎类两大类。

①薪酬工资类

第一，"996"工作制引热议。

2019年3月27日，一个名为"996ICU"的项目在GitHub上传开，程序员们纷纷揭露并抵制互联网公司的"996"工作制度。4月11日，人民日报针对"996"工作制发表评论员文章《强制加班不应成为企业文化》。4月12日，阿里巴巴通过其官方微信号分享了马云有关"996"的一些观点：今天中国BAT这些公司能够996，我认为是我们这些人修来的福报。这个世界上，我们每一个人都希望成功，都希望美好生活，都希望被尊重，我请问大家，你不付出超越别人的努力和时间，你怎么能够实现你想要的成功？此番言论引起网友的热议，当天下午马云更新微博：不为996辩护，但向奋斗者致敬！

第二，华为顶尖应届生最高年薪200万。

2019年7月23日，华为内部一封电子邮件引起热议。邮件中表示，华为要用顶级的挑战和薪酬去吸引顶尖人才，今年将从全世界招进20—30名天才"少年"。同时邮件中显示，华为对8名2019届顶尖博士应届生实行年薪制，其中最低年薪下限为89.6万元人民币，最高上限为201万元人民币。随后"华为顶尖应届生最高年薪200万"话题火爆微博，网友的热烈讨论中表现出用薪酬衡量人才、衡量知识的实用主义倾向。

第三，深圳龙华高薪招聘中小学教师。

2019年9月，深圳市龙华区教育局的一则"有钱、有闲、有尊严"的招聘广告在网络中广为传播。单就年薪来看，本科生26万+，研究生28万+，全日制博士奖励20万元，优秀毕业生奖励3万—8万元，全年带薪休假165天+，丰厚的待遇，引来各方羡慕。

②实用型知识、课程广受欢迎类

第一，大学专业的"冷门"与"热门"之分。

在实用主义思潮的影响下，高校专业有了"冷门"与"热门"的界限，而这种划分往往是以该专业的就业率的高低或者工资收入的高低来判定的。在类似《2019理科专业就业前景排名》这样的专业推荐文章中，经济学、法学、医学、工学等应用类专业颇受青睐，而基础物理、化学等专业推荐率较低。大学生往往轻视理论知识，而重视实用技能。

第二，职场建议、成功学软文风靡新媒体平台。

随处可在朋友圈、公众号、头条号看到类似《从瑞幸咖啡到成功学的秘密》《〈都挺好〉的职场成功学，蔡根花不能不说的秘密》《四个方法让你脱颖而出》等"成功学"标题的文章。以"咪蒙"公众号为代表的许多自媒体号在文章中用诱人的实用主义话语感染着每一个缺乏安全感且不愿独立思考的灵魂。

(2) 实用主义思潮在其中的传播情况概述

实用主义思潮在传播内容上以强调效用为核心，主要表现为在职场领域强调薪酬，在学习教育领域强调有用型知识，在人生追求上强调追求成功。在"华为顶尖应届生最高年薪200万""深圳龙华高薪招聘中小学教师"等几起因为薪酬而引发关注的事件中，获得效用即指获得高薪，招聘单位对于薪酬的宣传及求职者对于薪酬的追求，在传播实用主义思潮核心内涵的同时，也是实用主义思潮广泛传播深入人心的结果。在"996"工作制事件中，获得效用即产出绩效，马云谈"996"工作制时提出"你不付出超越别人的努力和时间，你怎么能够实现你想要的成功"，直接把人生最大的意义单一化为获得成功，而这里所说的"成功"是指一个人作为员工而产出最高的绩效。将大学专业分为"冷门"和"热门"、职场建议等实用型软文风靡网络等事件中，获得效用即获得于我有用的即时性的显性知识，这一类知识可以在短期内变现，成为一个人的技能或一个人未来获得高薪工作的筹码。实用主义思潮的传播主体主要集中在网络媒体、自媒体账号和部分企业，传播对象主要是大学生和青年群体。在以青年群体为主要目标用户群的"得到""喜马拉雅"等应用程序中存在大量"高情商领导力""教你说话""教你理财"等实用型职场攻略、生活知识类课程，受到年轻人的追捧。

(3) 影响及进一步发展

①容易走向拜金主义和功利主义

实践和效用是实用主义思潮的核心内容，这一观念本身并非错误，且在很大程度上促进了崇尚实干的社会氛围的形成。但是当实用主义思潮和一些薪酬类事件的具体要件结合后进行传播时，在实用主义思潮观念的影响下，人们在评价一件事物的时候常常把"有用"放在第一位，而这里的"有用"通常仅指物质价值。在职场薪酬类舆情事件中，"有用"直接简化为高薪，容易造成大学生和青年群体对于高薪的过度追求，而忽视了薪酬指标以外的工作所能产生的社会价值、精神价值，除此之外，还会使部分青年认为知识的价值只能通过高薪来体现，进而将赚钱作为自己学习、工作的目标。实用主义思潮发展到极端容易使人们形成以经济利益作为评判事物唯一标准的思想观念，形成拜金主义和功利主义盛行的社会风气。

②影响社会教育观念

在现代社会，经济、政治、思想观念等方面的变化都会在社会教育领域留下痕迹。在实用主义理念的影响下，根据就业率、毕业薪酬等因素，大学专业有了"冷门"与"热门"之分；根据课程学分的多少、是否影响奖学金评比等因素，大学课程有了"热门课"和"水课"之分；根据能申请多少经费等因素，课题项目亦存在"重要"和"不重要"的区别。当今部分教师和学生把对效用的追求放在第一位，而很少去想如何做些"无用之用"的东西。如此发展下去，或许会造成"冷门类"学科人才的减少和教育质量的下降，甚至使相关学科的学生和教师得不到社会应有的尊重和认可。

（4）对策及建议

①用社会主义核心价值体系引领理想信念

针对实用主义引发的过于追求物质利益的社会氛围，必须要用社会主义核心价值体系引领社会思想观念的塑造，发扬实用主义思潮崇尚实干的积极的价值与意义，消解其负面的功利主义、拜金主义倾向。针对青年群体对于专业、职业选择的现实困惑，要用生动活泼、青年乐于接受的方法进行思想政治教育，促使他们形成正确的价值观念，注重把个人理想和人民幸福、国家富强和民族振兴的伟大事业结合起来，实现个人价值和社会价值的统一。

②关注"冷门"学科建设

在2018年的政府工作报告中，李克强总理强调要"强化基础研究、应用基础研究和原始创新"，基础性学科以及其他冷门学科都需要得到应有的重视，然而当前社会对于基础性研究的重视程度仍显不足，需要进一步加强"冷门"学科的人才培养、师资队伍建设、课程设置、经费支持、政策普及等。同时，也要注重学科知识普及，让公众认识到这些学科的重要性，彻底扭转以经济效益评论学科价值的社会观念。

3. 典型社会思潮评论分析

（1）基本观点及倾向

学术论文方面，2018年12月至今，中国知网共收录了32篇实用主义相关论文，其中9篇发表于核心及以上期刊。发表于学术期刊的论文主题集中在三个方面,《民国实用主义新闻教育思想研究》《知识产权立法的法理解释——从功利主义到实用主义》等论文探究实用主义和教育、法律的交互作用,《实用主义的"古典"分野:在何种意义上?——一个谱系学的考察与回应》《实用主义起源于一场误会吗?——对古典实用主义的产生与内在谱系的历史考察》等论文聚焦于实用主义哲学谱系研究,《论实用主义思潮对当代大学生专业选择的影响》等论文主要探究了实用主义思潮对大学生等群体的影响。

网络评论方面,对于实用主义思潮的评论主要发布于报纸、微信公众号、网络媒体、网络论坛等平台。美国学者陆伯彬的《实用主义外交能让中美再上合作之路》从政治的视角讨论实用主义的意义;《阳明先生的"实用主义"》《朴素的实用主义者宁浩》《阿里与实用主义》等自媒体发表转载的文章解读了名人名企的实用主义;《为什么盛行实用主义的美国,在学校却坚持教学生"无用"的东西?》等文章则对实用主义进行了反思。

(2) 传播态势

学术论文的传播局限在学术圈内。由于实用主义学术论文多为法学、哲学、教育学等领域内的专业文章,传播对象主要是相关研究领域的学者和学生,学术论文的影响力主要体现在学术圈内。

网络评论基于兴趣圈进行传播。大众乐于基于兴趣选择个人感兴趣的信息进行阅读,今日头条等平台定期向用户推送个性化、精准化信息很好地满足了这一需求,例如《它是港八校之一,提倡实用主义,这里的毕业生最受雇主欢迎》等文章得到广泛关注。

(3) 影响

①为正确认识实用主义提供了视角

《为什么盛行实用主义的美国,在学校却坚持教学生"无用"的东西》《坚持规则导向,摒弃实用主义和双重标准》等文章已经开始认识到极端实用主义的负面效应,对实用主义进行了反思,为公众辩证认识实用主义提供了新的视角和启发。

②弘扬了实用主义的方法论意义

《阿里与实用主义》《阳明先生的"实用主义"》等解读名人名企的实用主义网络文章多强调实用主义的方法论意义,一定程度上弘扬了实干精神,但也容易将大众引向功利主义。

（4）对策及建议

①发扬实用主义的正面作用

实用主义讲求行动和效果，强调任何效用的获取都源自人们的实践，在该理论范畴下，有利于使公众养成实效意识，树立实干和进取精神。所以，网络文章在利用理论或热点事件进行实用主义述评时，要使用网民喜闻乐见的语言发扬实用主义的积极意义，警惕走向功利主义和拜金主义的极端。

②加强"无用"之学问的宣传教育

学校应加强对大学生的通识教育和人文教育，注重大学生获取知识的过程教育，加强对大学生的思想教育，尤其要注重克服其以自我为中心和物质利益至上的思维。媒体也应注重对"无用"之学问的宣传引领，为消解实用主义负面影响发挥引领作用。

（七）理性与感性交织的女性主义

1. 女性主义思潮网络传播总体态势

女性主义关注女性在家庭、职场等方面的权益，反对性别歧视，并主张通过公开言论的表达和实践改变性别不平等的现实，互联网的发展为女性主义者搭建了充分表达诉求的空间。2019年初，受到2018年Me Too事件余温的影响，刘强东案网络舆论的翻转延续了反性侵运动，人大代表徐锦庚防治职场、高校、公共交通三领域性骚扰的提案让"反性骚扰"成为年初女性主流话语的趋势；同时，曹云金与唐菀、文章与马伊琍、李晨与范冰冰等明星离婚、分手，引发了女性主义者关于女性是否应该做全职太太、经济独立的争论；7—8月网络短视频中"女性深夜被打"、"萝莉变大妈"和"海清电影节发言"等舆论事件把女性主义的传播推向了高潮；9—10月当当网董事长俞渝和李国庆夫妻两人因经济纠纷在网上开撕，引起了大家对女强人的讨论；11月滴滴顺风车重新上线，规定20：00后不接女性订单的规定，引发了女性主义者对男女平等的热议；11月25日美妆博主宇芽在网上曝光自己被家暴的视频，家暴的话题在网络上频频涌现。在部分网络热点事件中，值得注意的是，女性主义思潮的发展出现了一定极端化倾向，与消费主义、娱乐主义、新自由主义合流，表现为一味追求发动舆论力量，不顾伦理道德，成为部分极端女性主义者狂欢的场域，同时，网络上涌现出"女狗""女拳主义"等新名词，宣扬女性至上等观点，尤其在社交媒体、短视频平台表现较为突出，不利于社会健康稳定发展。

2. 女性主义社会思潮典型案例分析

（1）女性主义社会思潮案例基本情况

2018年11月—2019年11月网络上传播较为广泛且蕴含女性主义思潮的热点事件较为繁多，如果按照主题来进行归纳，主要分为性骚扰事件、女性人身安全、女性婚恋、女性职场事件四大类。

第一类：性骚扰事件

①刘强东事件

2018年9月5日，刘强东在美国被曝因性侵被捕，2019年4月被调查清楚属于栽赃陷害，7月事件发生反转。女性主义者在社交网站上表达出对刘强东人品的不满，认为其即便无罪，但也在婚内出轨，违背了婚姻和爱情。

②防止性骚扰两会提案

2019年3月18日，全国两会期间，全国人大代表、人民日报社山东分社社长徐锦庚提出《关于防治职场、高校、公共交通三领域性骚扰的建议》。微博"马库斯说"在微博首页置顶支持人大代表徐锦庚提出防治职场、高校、公共交通三领域性骚扰的提案，并发起话题"人人多说一句话世界变得更美好"，号召大家留言说出自己被性骚扰的经历。话题转发量达386次，有1140条留言，绝大部分都是关于性骚扰的经历，话题被点赞551次。

③美国名校华裔教授性侵女留学生20年！专挑中国女生殴打威胁

9月16日，CBS晨间节目用将近4分钟的时间报道了一起性侵案件，并更新了案件的最新进展。根据美国媒体报道，对美国伊利诺伊大学香槟分校（UIUC）华人教授Gary Xu提出指控的三名原告之一——中国女留学生Vina Sun最近接受采访时透露，自己曾遭到Gary Xu的侵犯长达两年之久，甚至一度有生命危险。

第二类：女性人身安全

①蒲城女子遭男子殴打抢劫，嫌疑人被抓女子受伤照曝光

8月3日，在陕西渭南一个女子深夜遭陌生男子抢劫殴打，随后，女子被这名男子拖出了监控区，视频传到网络上之后，很多人直接想起了大连女子被打的事件。结合之前的女性受伤事件，女性主义者再次提出社会

治安问题，要求保护女性人身安全。

②章莹颖案结果公布

8月7日，根据持续报道此案的美联社记者从美国伊利诺伊州的皮奥里亚县一所美国联邦法庭传来的最新消息，杀害中国籍留学生章莹颖的美国凶手克里斯滕森（Brent Christensen），已被免除死刑，因为陪审团无法在判处他死刑上达成一致。女性主义者认为对凶手没有处以死刑太轻了，认为凶手是对女性彻底的污蔑和伤害。

第三类：女性婚恋

①曹云金与唐菀离婚事件

8月，曹云金与唐菀在社交平台发表离婚声明。后有报道提到，在离婚现场，曹云金称唐菀结婚后一直没有收入，引起广大女性主义者对女性婚后经济独立，是否做全职太太的讨论。女性主义者认为女性一定要经济独立，要有自己的工作，不能放弃事业做全职太太。

②代孕话题讨论

微博@果子狸7777在微博首页置顶的话题就是"代孕　　大合集"，微博中梳理了关于生育的基本概念，并分析了代孕违法和最具争议的地方是使用他人的子宫。博文中还梳理了30条有关"代孕"的微博链接，以科普代孕的违法性，表明了坚决反对代孕的立场。微博引发了女权主义者的共鸣，获转发1744次，评论810条，点赞2604个。

第四类：女性职场事件

①中年女演员感言事件

FIRST青年电影节闭幕式上，海清在台上发表了一段"中年女演员感言"，主题是中年女演员没有好机会，希望台下导演制片人看到自己和女性同行们。这在社交网络上引起了巨大反响，引发很多女性主义者的响应，要求不仅在演艺圈，在任何职场都要给女性均等的机会。

②2019全球女性创业大会召开

8月28日，2019全球女性创业者大会在杭州举办，主题是"女性创造的世界"。马云参与了大会，并且在会上鼓励女性创业。他认为，一个公司女性比例的大小和这个公司是否可持续成长的能力是成正比的，一家企业应该有一个底线，比如，30%女性高管，要求公司的参与度绝不能低于33%。

（2）女性主义社会思潮在其中的传播情况概述

女性主义社会思潮在以上四类网络舆情事件中表现较为凸显。按照拉斯韦尔的5W传播过程模式来进行简要分析,这四类网络舆情事件的传播者不仅仅局限于女性主义者的网络账号,主要是网络媒体和自媒体账号对热点事件本身进行传播;传播对象主要是广大网民;在内容方面,主要聚焦于反性骚扰、人身安全、家庭地位、职场待遇等;在传播渠道上,主要通过社交媒体和短视频平台,具体借助意见领袖微博大V的社交网络进行扩散以及抖音视频病毒式传播;在传播效果方面,短视频诉诸听觉和视觉的表达方式比单纯的文字图片更直观、更具现场感,更容易打动和感染人,其传播效果较为突出,比如"女子深夜被打""萝莉变大妈""女网红被家暴"等事件都是起源于微博或者抖音短视频平台。据清博大数据统计,在微博平台"海清青年电影节发言:中年女演员,能找到适合自己的剧本有多难?"这条短视频播放量高达15849000次;"女性创业大会,马云称女性应该发挥更大作用,为世界带来更多美好"短视频播放量也达到12246000次,短视频正面评论量和点赞量达568776条;在微信订阅号上,这四类舆情事件阅读量都已过万;评论量最大的是关于女性性骚扰的事件,"美国名校华裔教授性侵女留学生20年!专挑中国女生殴打威胁"这条微博评论量达到12355条,微信评论量11510条。

(3) 影响及进一步发展

① 日益扩大的网络影响

这四类舆情事件都引发了不同范围的网络围观。首先,性骚扰事件在年初引发的讨论较为激烈,一方面是受到2018年Me Too事件的影响,另一方面是两会期间提出了防治性骚扰的提案,从网络舆论提上了法律层面;其次,女性人身安全事件引发了全体网民的关注和谴责,除了对事件本身的关注,网络媒体和意见领袖都从人性角度,表达出对暴力的声讨和对弱者的同情,并且进一步探讨了女子如何防身,避免发生伤害的技巧;女性婚恋,主要聚焦于明星的离婚、分手事件,明星是天然的意见领袖,受到广大粉丝的关注,其婚恋八卦关乎吃瓜群众线上线下的谈资,而且情感事件很容易让网民产生共鸣、代入其中;女性职场方面的舆情事件也是由女明星和名人发起,自身就带有一定流量,容易引发争议话题以及网络媒体和大V追捧。

② 网络影响力是一把双刃剑

这些事件的网络传播产生了一定的正负影响,正面影响主要表现在引发了网民对女性的关注,重新讨论了女性在家庭、婚恋、职场中的地位问题，并且能够激发当代女性正视自身的处境，从而更加努力地去迎接社会的挑战；负面影响主要表现在"田园女权"（伪女权主义者）通过对这些事件过度解读，产生偏激的观点，煽动网民情绪，误导了广大女性。

③全景辐射社会方方面面

在社会转型时期，社会方方面面都正在发生新变化，在这种社会环境大背景下，每个个体和家庭、团体都免不了受到波及和影响，而作为社会意识的社会思潮与现实社会相互影响。

蕴含女性主义思潮的舆情事件对我国社会各个方面都产生了较为深刻的影响。在政治层面，众多女性主义者要求把防治性骚扰以法律的形式确定下来，要求在婚姻中保护女性的权益；在经济层面，这些舆情事件在消费主义的推动下，让女性经济快速崛起，电商平台"6·18""双十一"购物节大部分都是针对女性消费者进行大肆广告宣传和促销，扩大了女性商品市场，促进了女性消费的大幅增长；在文化领域，女性视角的小说、电影、电视剧轮番登场，大女主电视剧《延禧攻略》、《我的前半生》以及今年上映的女性电影《送我上青云》都从各个方面鼓励女性独立、不依附男性、勇敢、追求自我，对广大女性受众起到了激励，同时，也激发了女性意识的觉醒。

④走向成熟的女性主义

女性主义思潮在网络平台上的分化一方面积极推动了广泛的公共议题的辩论，另一方面也考验了个体网民在公众议题参与过程中所体现的公民意识和反思能力。

蕴含女性主义思潮的舆情事件备受网友关注，以后此类事件会传播更加广泛，不仅女性关注，全社会都会加以重视；引发的女性相关话题讨论，也会在网络空间越辩越明；同时，女性主义也会从线上虚拟空间影响到线下现实社会空间，从网络讨论转变为实际行动。

（4）对策及建议

蕴含女性主义思潮的舆情事件所产生的负面影响主要是由"田园女权主义者"（伪女权主义者）对舆情事件的过度解读误导了广大网民。所以对其所形成的负面影响应该从以下三个方面进行引导。

①厘清我国女性主义的真正含义和诉求

我国第一位研究性学的女社会学家李银河认为，真正的女权主义者是在追求男女平等。而女权主义与中国传统社会的冲突是双重的：一重是虚构的冲突；另一重是真实的冲突。虚构的冲突指的是人们假想了女权主义的形象：她是仇恨男人的，与男人为敌；女权主义者都是丑女，都是嫁不出去的老姑娘，个个都被孤独的生活逼得变了态。女权主义中有不同的流派，有激进派，也有温和派；有自由主义女权主义，也有社会主义女权主义；前者更强调起点的公平，机会的公平；后者更强调实质的平等，配额的保障。但是，在观点不同、主张不同的各种女权主义流派当中，却有一点是共同的，那就是主张男女平等。在这个意义上，我国的主流意识形态是女权主义的，因为男女平等是我们的国策；不但绝大多数的中国女人是女权主义者，而且绝大多数中国男人也是女权主义者。从"五四"以来，恰恰是一批男性知识精英首先引介西方女权主义思想进中国，为女性权利代言。所以，女权主义在我国一直是主流意识形态，人们对女权主义的暧昧态度其实是一个虚构的冲突。

另外，由于中国有几千年男权统治的历史，女权主义与中国传统价值的冲突又是真实存在的。比如，仍然若隐若现的男女双重标准；再如人们对成功男人"包二奶"这类丑恶现象私下里的羡慕与嫉妒态度。这样初级的错误也能犯，证明男权制思想还真实地存在着，女权主义还在同我们社会现实生活中的男性沙文主义发生着真实的冲突。

②鼓励真正的女性主义意见领袖发声，传播理智的性别观念

意见领袖是两级传播中的重要角色，是人群中首先或较多接触大众传媒信息，并将经过自己再加工的信息传播给其他人的人。他们具有影响他人态度的能力，他们介入大众传播，加快了传播速度并扩大了影响。草根女性主义博主几乎绝大多数内容都与弱势女性群体有关，主要以男性或社会加诸女性的伤害为主，主要站在弱势女性群体的立场，以抨击态度和愤怒情绪占据主导地位；在部分表达"嘲讽"和"嫌恶"情绪的微博中包含了对被批评者的人身攻击。草根女权博主叙述话语中更倾向于将两性放置于对立地位。所以女性主义草根博主的粉丝众多，能够一呼百应，成为话题传播的关键节点。在网络空间里，有不少优秀的草根女性榜样，她们自信、独立、家庭事业美满，可以多多传播她们的工作、生活理念，让她们在女性群体中树立起意见领袖的形象，从而更容易获得女性网友的认同感，有效传递正能量，引导女性正确认识自己，找准社会定位，促进社会和谐发展。

③主流网络媒体采用更多样的形式进行舆论引导

其一，在日常传播中，主要通过社交媒体、短视频平台多多传播健康向上的女性事迹和观点；其二，以女性故事和言行的形式来感染女性群体，多从女性的立场出发，讨论女性家庭、职场平等、女性健康、女性自我防卫等话题，更容易获得女性群体的认可和信任。

3. 典型社会思潮评论分析

（1）基本观点及倾向

①曹云金与唐菀离婚

李艾观点：都说孩子是爱情的结晶，所以，怀着爱情的结晶，这件事本来就是美满幸福的，比什么收入要美好美满多了，但是，怕就怕怀的时候谈感情，生的时候谈金钱，这不管对男人女人都很可怕。从女人的角度，作为一个刚生完孩子的女性，深深地感受过这中间的不安全感，以及女人在生育这件事的付出要远超男性的事实，钱真的没那么重要，更需要的是孩子他爸的爱与理解。孩子真的不是双方合作的有限公司，各自投入资金分得股份，干不下去就拆伙分钱。

②"萝莉变大妈"事件

舆情和声誉管理顾问燕志华博士观点：整个中国正在成为一个直播的大平台，而绝大多数的主播是"小姐姐"，直播的内容也是对于美色、美声和身体的消费。女性遭遇了前所未有的物化，而且是女性自身主动的迎合式的物化。

眼下娱乐主义和消费主义合流，正崛起为一股话语新势力。消费主义风靡，催生了娱乐精神；普通人精神空虚，或者逃避现实，只能向自娱和娱人买醉，娱乐成为新信仰。

女性主义正遭遇娱乐主义的乱刀。女性被肢解，抽象为大腿、胸部、臀部各种标签和各种曲线，沦为消费砧板上的精品菜色。

③知乎对《为什么压迫女人的制度是合理的》一文的辩证讨论

《为什么压迫女人的制度是合理的》作者认为"男女平等，是历史的重大倒退"，如果制度上遵守男女平等而放任人类利女本能发展，男性在这个男女平等的社会中实际上是面临剥削的，面临压迫的。也因此，制度上男尊女卑可以平衡人本能上的利女，最后使得男性不再面对如今被动的局面。这一观点遭到了女性主义者的围攻。女性主义者认为女性在家庭、职场等方面都是受到压迫的一方。

但是从另一个角度来说，作者论证的为什么要"压迫女性"的观点，或许可以给很多反女权、提倡性别平等的人们一个启发。《为什么压迫女人的制度是合理的》中用了很长的篇幅论证了人类的利女本能，有网友认为比起他提出的要恢复压迫女性的制度来说，这部分讨论显然更有价值。

（2）传播态势

2019年，女性主义思潮在积极宣扬男女平等、争取女性权利的同时，网络空间与现实社会中的女性话题越来越多，女权群体越来越庞大，女性主义开始呈现出新的发展趋势。

①女性主义言论更多聚焦在"婚恋、生育、性骚扰"

从2019年女性主义舆情事件所涉主题来看，其争取的女权有社会公共领域的，也有家庭私人领域的。一方面，随着我国妇女事业的快速发展，男女平等作为基本国策已经获得普遍认可，加之越来越多的女性走向工作岗位，女性的家庭地位普遍得以提高。另一方面，在女性主义者当中，城市中受过较高教育的女性是为女性主义发声的主力，家庭以外的性骚扰、性别歧视等女性权益是她们关注的焦点。

②女性主义同其他思潮形成合流，容易走向极端化

在追求女权过程中，部分女性主义者过于强调女性权利，主张追求完全的独立自由，极易受到其他思潮影响，偏离原本的女性主义逻辑。一是同新自由主义交织，试图获得在政治、经济、社会中的独立身份。但女性主义忽视了其应履行的个体义务，一味强调自由解放，最终变成对男权的逆向歧视。二是与消费主义聚合，一些商家借女权之名，大搞女神节促销，在产品内融入独立女性，并贴上女权标签，以此向广大女性大肆兜售其产品。然而，这种被包装的女性主义只会带来消费的狂欢，而终究成为被资本操纵的消费主义工具。

③女性主义开始表现出政治化的苗头

新媒体为女性主义者诉求表达提供了机会，女性主义思潮在传播形式、传播手段、传播效果等方面都得到极大改善，同时，女性主义的号召力也得到有效提升，女性主义的"运动化"趋势越发显著，有时甚至不惜冲破法律底线，试图通过网络群集等形式对抗国家管理体制，以达到个体或某个组织的个性目标。

（3）影响

第一，评论对"女性主义"思潮传播带来的正面影响

①草根"女性主义者"拥有了更多话语权

马克思认为，手推磨产生的是封建主为首的社会，蒸汽机产生的是工业资本家为首的社会。这说明技术的发展推动了社会进步。由于媒介技术的发展，社交媒体的兴起，微博对女性主义第四次浪潮的传播起到了不可小视的作用。网络社会化媒体具有碎片化、去中心化、多媒体化等特点，所以女性有了更多表达自己观点、态度的机会，同时，在现实社会遇到性别歧视或者权益被侵犯时，会借助网络平台发声，以此来寻求帮助。一些草根女性主义博主会针对性别歧视现象或者对女性的侵害事件进行曝光、转发、评论，还能组织话题引发网络舆论，通过动之以情、晓之以理的话语方式获取网友的认同，从而为现实生活中的女性赢得更多权益。

②激励了广大女性努力实现自我价值

女性主义思潮评论除了抨击性别歧视、传统的男尊女卑观念，同时还鼓励女性追求独立，很多女性在网络空间中找到了同类，在情感中产生深层共鸣，在精神上给予彼此支撑，形成了统一的信念，并能通过行动不断激励彼此通过努力实现经济独立，从而实现自身价值，过上自己想要的生活。这类女性主义评论虽然发布的内容是女性作为弱势群体的一面，但是把女性内心的潜能激发了出来，让女性认识到社会竞争的残酷，反而能更加努力去迎接更大的挑战，获取更大的成就感。而当这些脱颖而出的女性获取了更多的物质和精神财富时，她们会更加关注成长中女性所面临的问题，给予弱势女性群体更多精神能量，客观上带动更多的女性在现实社会中获得成长。

第二，评论对"女性主义"思潮传播带来的负面影响

①言辞刻薄、观点偏激误导网民

在网络空间，女性主义内部存在另一种极端的、异化的女性主义，被戏称为"田园女权主义"，她们打着女性主义的名号，想要享受更多女性权益，实质上却不愿履行相应义务，对男性和女性实行双重标准，是一种自私的表现。她们在网络上充当了"女狗"的角色，常常表达出愤世嫉俗、悲观厌世的态度，对于女性相关的任何事件都要进行犀利的争论，同时在现实生活中又不愿付诸实践改变现状。面对困境，她们甚至表现出厌恶男性、驾驭男性、仇视男性的暴躁情绪，在微博上通过犀利的言论和辱

骂来发泄对现实的不满。

②污名化女权、扰乱思想

在网络空间里，女性主义除了面对外部社会和男性带来的压力，同时还要面对内部"田园女权主义"的曲解。在某些微博热门话题中，"田园女权主义"会表现出对男女两性双重标准的观点。即有中西两套价值观中的权利义务体系，只索要其中的权利，不愿意承担其中的义务。反之，她们以表面的"强悍"掩饰自我"弱化"的内心，认为男性应该履行所有的义务，应把权利让渡给女性。另外，部分男性会针对"田园女权主义"的极端言论进行批驳，同时把这些言论附加在女性主义身上。这不仅误导了其他女性，也混淆了网友的视听，让大家误以为一些极端的、自私的观点就是女性主义本身。这对女性主义是一种极大的侮辱，在思想上，对年轻女性和认知水平不高的网友也是一种严重的误导。

女性主义舆情事件的评论在网络上影响力较大，广大女性网友对站在女性立场说话的这些言论纷纷点赞，而大部分男性网友则处于沉默或者嗤之以鼻的状态。男性与女性往往站在各自立场发表言论，天然形成两大阵营，这样对立的状态，不利于社会和谐发展。男性与女性天生各有不同，都具有独特优势和劣势，应该互相换位思考、优势互补，这样才能促进两性和谐发展，共同推动社会良性、健康发展。

(4) 对策及建议

①主流网络媒体在社会思潮引导中应调整官方思维模式

在网络空间里，人人都有发表言论的权力，一旦极端的女性主义思潮涌现时，经过舆论交锋，会让正确的观点沉淀下来，但是主流媒体也要及时借助社交网络平台进行话题的引导，让消极的社会思潮早点显现其本质，以避免误导更多的网友。更为重要的是在微博热点话题的引导中也要注意表达的方式方法，尽量避免官方思维模式。

第一，理性内容感性表达。

网络空间的话语表达方式应该是符合互联网语境的，针对极端女性主义的言论，主流网络媒体更应调整话语表达技巧。首先，不能只站在对立面对其进行否定和抨击，而要设身处地考虑这部分人群的利益诉求，晓之以理，动之以情，引导网友认识什么是女性主义的真正含义。其次，在日常内容的传播中，应该选择网友关心的话题，适度采用网络流行语，用网友熟悉的话语表达方式，多选取图片、短视频这种费力程度较低的阅读形式，把正确的性别观融入日常内容之中，这样才能与微博网友产生情感共鸣，得到心理的认同。

第二，原创内容与 UGC（User Generated Content）相结合。

女性主义相关的主流媒体要多站在用户的角度，多提供她们需要的权威信息和观点，日常运营中多与粉丝进行留言互动、答疑解惑，充分调动粉丝的积极性。同时，可以设置话题征集粉丝观点，给予她们发声的权力，以达到有效沟通；也可以征集粉丝投稿，讲述她们自身的问题和困境，为她们搭建解决问题的桥梁，为她们排忧解难。在极端女性主义思潮泛滥之时，就能借助粉丝的力量进行有效缓解。

②呼唤理性的态度和观点

目前关于女性的言论主要是女性主义者站在自身的立场思考问题，田园女性主义者和一些商家由于利益和资本的助推，会怂恿女性往极端利己、自私的方向发展，由此无限放大男女两性之间的矛盾和冲突，让女性变得冲动、盲目、自私自利。我们应该鼓励专家学者、网络大 V 理性发声，从而引导广大网友正确认识自己的性别价值，不要在网络的信息茧房里被蛊惑。

③提升网民的网络媒介素养

随着网络社会的崛起，大数据智能推送、信息茧房等现象的涌现，我们在享受互联网技术带来便利的同时，也受到了一些负面的影响。如果长期关注女性主义者的言论，网络上推送的信息就都是站在女性立场发声的观点，久而久之就会被其中极端言辞所左右，形成信息茧房，困在偏激的两性对立思想之中而不能自拔。而网络中的事件和言论不是现实的全部反映，它只是被社交媒体无限放大的一个小点。所以要让广大网民认清网络信息传播的规律和网络言论推送背后的立场，不要被极端的言论所蛊惑，全面提高网友的媒介素养。

(八)"反思"的科学主义

1. 科学主义思潮的网络传播总体态势

科学主义是一个有着多重含义的概念，对科学主义的定义大致分为以下几类：认识论上，科学主义把科学当作唯一的知识、永恒的真理；方法论上，科学主义强调并放大自然科学的方法，认为自然科学方法可以应用于一切领域；价值论上，科学主义认为科学可以解决人类面临的一切问题；学术层面上，科学主义是一种思索科学本质的哲学议题。由此可见，当今学界存在着对科学主义持褒义的、贬义的或中性的不同定义，科学主义及由其形成的科学主义思潮是一个具有争议性的概念，但这些定义有一个共同点，即都表现出人们对于科学的立场和态度。与科学主义相关的一个词便是伪科学，伪科学是指把没有科学根据的非科学理论或方法宣称为科学或者比科学还要科学的某种主张，科学主义是伪科学发生的前提，正是由于人们将科学置于"真理"的地位，一些非科学的主张才要用科学包装自己，进而形成伪科学。本报告所述的"科学主义"思潮，从观念改进的社会价值角度出发，选取蕴含对科学持过度推崇态度的较为极端的科学观念和伪科学的案例和言论为分析对象，以期对社会发展提出建议措施。

2. 科学主义思潮典型案例分析

2018年12月至2019年12月，在网络上引起较多关注的科学主义思潮舆情事件较为繁多，可以分为科学技术的"滥用"类、对科学技术价值的过于推崇类、伪科学泛滥类三大类。

（1）案例基本情况

第一类，科学技术的"滥用"类

①世界首例免疫艾滋病基因编辑婴儿在中国诞生

2018年11月26日，南方科技大学副教授贺建奎团队宣布，一对名为露露和娜娜的基因编辑婴儿于11月在中国健康诞生。这对双胞胎的一个基因经过修改，使她们出生后即能天然抵抗艾滋病。最早转载的人民网深圳频道把它当作了好消息：我们又有了世界第一。然而，舆情在几个小时之后迅速反转，事件引发网民对其科技伦理和项目审批问题的质疑。2019年1月，广东省"基因编辑婴儿事件"调查组表示，该事件系南方科技大学副教授贺建奎为追逐个人名利，自筹资金，蓄意逃避监管，私自组织有关人员实施国家明令禁止的以生殖为目的的人类胚胎基因编辑活动。

②"原谅宝"应用、"算法脱衣"应用开发上线

2019年6月，通过大数据鉴定"渣女"的"原谅宝"应用、借助神经网络技术自动"脱掉"女性身上衣服的"算法脱衣"应用开发上线，"算法脱衣"应用开发者"阿尔贝托"表示他进行这一试验是出于"有意

思"和好奇心。虽然该应用被大多数媒体和网民批评为"技术噱头下的作恶",但仍有一些网民点评此技术"确实牛",透露出其对科技的盲目崇拜,这提醒我们对于把科学技术运用于一切领域的做法必须保持警惕。

第二类:对科学技术价值的过于推崇类

①《流浪地球》作者刘慈欣表示:大灾难中,拯救人类的唯一力量就是科学技术

2019年2月《流浪地球》领跑春节档电影票房冠军,被誉为"开启中国科幻电影元年"的作品。原著小说作者刘慈欣在接受澎湃新闻采访时表示:"从我自己来说,我认为只要科学技术在不断的发展,人类就会有一个比较光明的未来。像《流浪地球》中所遇到的这种大灾难中,能够把人类的种族延续下来,拯救人类的唯一的力量就是科学技术,不会是别的,可以强调人类的集体主义和献身精神,以及勇敢的品质,但这些如果离开了科学技术的发展是没有用的,这些不用我说,都是常识。"刘慈欣的此番言论似乎向影迷、书迷宣告了他的"科学教信仰"。

②电子科技大学副教授因贬低"四大发明"遭停课

2019年6月中旬,电子科技大学副教授郑文锋遭学生举报,称他"四大发明不是实质创新"的说法错误,学校在一个月后作出处理,认定郑文锋有师德失范行为,取消其两年授课资格,并停招研究生。此事件引发极大争议,副教授和举报副教授的学生及各自的支持者之所以会持完全不同的观点,一定程度上是因为他们对"科学""创新"的认知不同,举报副教授的学生以及支持学生的网友,持有一种推崇科学的观念,这种观念根植于对科学的真理性和进步性的信念,故而认为否定四大发明是创新就是否定中国的历史。

③对实证研究方法的推崇

高校的一些人文社科老师在研究和指导学生论文撰写中,过于强调对实证方法的应用,体现出一种弱的科学主义:将科学方法泛化,主张所有的知识都来源于感觉经验,任何未经科学证实的知识都不值得尊重。

第三类:伪科学泛滥类

①"丁香医生"起底权健骗局

2018年12月25日,知名医疗科普号"丁香医生"发布《百亿保健帝国权健,和它阴影下的中国家庭》一文,在网络刷屏引发关注。权健是一家年销售额近200亿元的保健品公司,知名产品有天价鞋垫、负离子

卫生巾和火疗。12月27日，天津市相关部门成立联合调查组对权健集团展开核查，同时京东、天猫已下架权健相关店铺商品。

②南阳水氢车项目下线

2019年5月23日，《南阳日报》头版头条报道：《水氢发动机在南阳下线，市委书记点赞！》报道中"车载水可以实时制取氢气，车辆只需加水即可行驶"的说法引发社会各界质疑。南阳市工信局称项目"尚未认证验收，记者报道有误"。5月27日，工信部回应称"水氢汽车"不能生产、销售、上路行驶，这一由"永动机"式技术引发的事件引起舆论的热烈讨论。11月，因水氢发动机而出名的青年汽车集团宣告破产。

③"AI算命"风靡网络

2019年9月，一种叫作"AI算命"的产品风靡互联网。通过手机上传一张正面照片，给出一些个人信息，短短数秒就能收到面相评分和命运报告，号称"准确率达95%""能看透你的一生"。"AI算命"打着人工智能技术与传统面相学相结合的旗号，在朋友圈刷了屏。

④"量子波动速读"培训班行情火爆

2019年10月，微博上流传出多个某教育机构组织6—10岁儿童进行"量子波动速读"大赛及日常学习的视频，视频中，孩子们围坐在一个房间里不停埋头翻书。课程介绍说此方法可以使孩子用1—5分钟就看完10万字的书。这样的培训班，收费要三万到五万块，行情却十分火爆，利用家长望子成龙的心理收了一波智商税。

⑤西安"喝风辟谷"公司被列入政府补贴名单遭质疑

2019年11月13日，西安曲江新区文化产业发展中心公示了第二季度双创券补贴名单，有网友发现一家名为"西安喝风辟谷国学文化传播有限责任公司"的公司名列其中，并发现该公司多次宣扬辟谷可以减肥、减龄、治疗胃病等，引发质疑。针对"喝风辟谷公司"获双创补贴一事，曲江新区管委会称已介入调查。

（2）科学主义思潮在其中的传播情况概述

科学主义思潮舆情事件的传播主体主要是媒体、知识分子、专家学者、劣质商家等。"贺建奎基因编辑婴儿"事件中，事件由副教授团队发布，人民网深圳频道首先报道传播，报道题目为"世界首例免疫艾滋病的基因编辑婴儿在中国诞生"，描述其为"这是世界首例免疫艾滋病的基因编辑婴儿，也意味着中国在基因编辑技术用于疾病预防领域实现历史性突破",人民网深圳频道在报道中自然而然的把其当作"好消息",反映出背后编辑的"科学等于正确"的认知。此外,以卖货、卖课等经济利益为目的的公司也是科学主义思潮的传播主体,例如权健公司、"量子波动速读"培训机构等公司以"负离子""量子波动"等专业术语包装自己的"黑科技",目的是销售产品和服务;"南阳水氢车"事件中制造出水氢发动机的青年汽车集团亦是看准了国家大力发展能源产业的政策,通过科技项目获取投资;"AI算命"打着人工智能、算命的噱头,诱导用户分享,发展用户吸金才是其真正目的。这些商家披着科学的外衣,利用人们对科学的信任心理,炮制各种伪科学,通过微信公众平台等渠道骗取高额财富。

　　科学主义思潮在传播过程中表现出与其他思潮交叉的特征。"贺建奎基因编辑婴儿"事件传播过程中,很多网民除了表达出对基因编辑技术的推崇,还表达出对于按照人类意愿去挑选优秀基因这一做法的赞成,认为选择编辑人类基因进行疾病预防是无可厚非的,表达出"强者才能生存"的社会达尔文主义思想;调查组对贺建奎的调查结果显示,他为"追逐个人名利"而私自开展此项研究,这表明我国部分科学研究中存在功利主义取向。"高校教师贬低四大发明被停课"事件中,在微博引发网民热烈的讨论,一部分网民认为该教师是通过否定四大发明来批判中国传统文化,还有一部分网民从"科学""创新"的定义出发为该教师辩护,事件传播中涌动着科学主义、文化保守主义、民粹主义的交织。"原谅宝应用""算法脱衣"应用的开发和部分网民对其技术的表扬蕴含着科学主义思潮"认为自然科学方法能够运用于一切领域"的思想观念,其遭到反对的原因有两个,一是该应用涉及侵犯隐私、违反科技伦理道德,二是从幕后技术到应用成品都充斥着对女性的不尊重,引起了女性主义者的声讨。

　　伪科学的传播具有很强的迷惑性,很多伪科学会与真正的科学糅合在一起,利用科学的原理去解释不科学的东西。例如,"量子波动"是物理学上量子的一种状态,但当其用于阅读书本就可以产生量子波动包装速读,就是在利用科学的方法包装非科学的形式,使科学走向伪科学。一些混淆"伪科学"与"真科学"的媒体、官员、明星、网民等群体,由于科学精神的缺失和对科学概念不加辨别盲目信任的心态,在成为科学主义思潮受传者的同时通过转发分享等行为,成为伪科学的传播者。在"南阳水氢车"事件中，南阳政府相关部门人员和《南阳日报》媒体从业人员未能分辨"水变氢"项目存在的伪科学陷阱，无意中成为传播伪科学的主体。

（3）影响及进一步发展

①唯科学主义的观念带来对个人和社会的双重危害

中国传统文化中一直有注重实学的传统。新文化运动时期，"科学"被拟人化为"赛先生"，被赋予救亡图存的意义，这种人格化的意义赋予极易引起对科学的过度崇拜。在当代，虽然科学主义思潮已不是社会的主流思潮，但其一些观点仍然影响着部分大众。依据《人民论坛》问卷调查中心2019年5月的《当前公众的科学观调查研究报告》，约26.64%的受访者表示自己"完全相信科学内容""只相信科学，科学是其唯一的'宗教'和'信仰'"，表示其持"科学主义"或"唯科学主义"的科学观。这种不加怀疑地信仰科学、夸大科学作用的观念，可能会带来很大的危害。南阳市委书记点赞水氢车、西安"喝风辟谷"公司被列入政府补贴名单等事件表明部分政府部门尚且存在对科学的盲目推崇状态，如果不加辨别地推崇科学，极易使政策红利流入劣质企业的腰包。

②没有约束的科技和伪科学的泛滥

某些科学研究正在伤害这个社会，但是很多人没有意识到这件事的严重性。"贺建奎基因编辑婴儿"事件发生后，很多青年学生、学者和专家在为贺建奎鸣不平，甚至有人认为他是当代为科学献身的布鲁诺，这反映了我国科技伦理建制的不完善。此外，当今互联网上充斥着大量伪科学信息，这些伪科学信息就是利用公众对于科学的信任和推崇，运用数据、公式、专利等科学语言将一些错误的或未经证实的理论包装成科学，以达到迷惑公众获取利益的目的。从2016年大学生魏则西因莆田系承包的医疗机构的"高科技疗法"而不治身亡，到2019年权健公司遭"丁香医生"打假，各种所谓的"医疗机构""保健品公司"用"高科技"包装自己的治疗方案和产品，让误信其为"神药"的受害者受到经济上的巨大损失，甚至付出生命的代价。

③舆论反转和伪科学泛滥容易形成科学传播的"塔西佗陷阱"

大量的缺乏基本科学常识、科学理性和科学准则的记者、编辑和自媒体由于缺乏科学素养，在完全相信"科学"内容的观念下误把违反科技伦理和科学常识的"基因编辑婴儿"和"水氢车"当作"好消息"进行报道，造成科技议题的舆论反转。还有一些媒体误把"伪科学"当作"真科学"进行报道，使伪科学深入到社会的各个阶层，引起社会思想和社会心理的混乱。例如一些古装剧中的滴血验亲桥段、小红书等平台上的各种养生变美"安利"，生产传播了大量伪科学内容，造成了伪科学充斥的媒介环境，长此以往媒体会失去自身公信力，陷入科学传播的"塔西佗陷阱"。

④两种文化的冲突融合与科学有着密不可分的关系

鸦片战争之后，西方文明伴随着西方的坚船利炮打开了近代中国的大门，西方科技大规模被引入中国。新文化运动时期，以陈独秀为代表的文化激进主义者对科学价值功能的泛化在一定程度上塑造了科学的绝对权威，他们运用科学来全面、彻底地批判中国传统文化，而近代文化保守主义担心失去中国传统的儒家伦理文化，因而提倡挖掘传统文化中的"现代因素"。这一冲突一直延续到当代，2019年是"五四"运动100周年，8月引爆舆论的"副教授因贬低四大发明遭停课"事件中，涉事教师可能是从西方语境下的"创新"视角来论述四大发明不是创新，而反对他的学生维护的是东方文化下的四大发明，认为维护四大发明的正当性亦是对中国传统文化的维护。事件中交织着以四大发明为争论点的文化保守主义和文化激进主义的交锋，无形中促进了当代东方和西方两种文化的冲突与融合。

(4) 对策及建议

①融通科学主义和人文主义

唯科学主义过于强调科学的进步意义，容易导致科学价值的泛化，使公众认为科学可以应用于一切领域，造成科学的功利主义和实用主义。"贺建奎基因编辑婴儿""算法脱衣"应用上线等事件就是泛化科学价值、忽视对人的关怀的典型例证。消解唯科学主义的重要方法之一是促进科学主义和人文主义的融合。人文主义形成于文艺复兴时期，它关注个人的兴趣、价值观和尊严，注重对人的人文关怀，促进两种主义的融合必须挖掘科学的精神价值和人文价值。实现这一融合必须加强对公众的科学观教育，使公众认识到科学并不是人类对客观存在进行解释的唯一知识体系，自然科学并不比人文科学具有更高的发言权，应当增强对公众的人文教育。

②加强科技伦理规范建设及传播

"贺建奎基因编辑婴儿"事件、"算法脱衣"事件的发生传播表明，基因编辑技术、人工智能技术等前沿科技的迅猛发展在给人类带来巨大福祉的同时，也不断突破着人类的伦理底线和价值尺度。如何让科学始终向善，是需要探究的问题。今年7月24日召开的中央全面深化改革委员会第九次会议审议通过了《国家科技伦理委员会组建方案》，这表明科技伦理建设进入最高决策层视野，成为推进我国科技创新体系中的重要一环。媒体也要从社会责任出发，提高自身对科技伦理的专业认识，评析科技伦理争议事件时遵循传播科技伦理规范，自觉在科学主义思潮引领中发挥积极作用。

③主流媒体和自媒体均要提升科学素养

媒体是培育公众科学素养的重要力量，其对于阻绝或传播伪科学的作用巨大，然而当今的媒介环境中存在着大量由媒体报道传播的伪科学信息和科技新闻的舆论反转，这说明新闻媒体的科学素养亟待提升。2019年6月，中共中央办公厅、国务院办公厅印发了《关于进一步弘扬科学家精神加强作风和学风建设的意见》，意见强调，各类新闻媒体要提高科学素养，宣传报道科研进展和科技成就要向相关机构和人员进行核实，听取专家意见。新闻媒体要从社会责任和职业责任出发，对科技成就做出正确报道。新华社记者调查"美牙"项目、《半月谈》调查神医等媒体主动打击伪科学的调查报道，体现出媒介话语引导的主动性，表现出了主流媒介引领科学主义思潮的正向作用。

④加强商业行业的事前监管

市委书记点赞水氢车、西安"喝风辟谷"公司被列入政府补贴名单等事件表明政府相关部门对伪科学的分辨能力仍需要加强，在政策制定和实施的过程中要更加审慎，避免政策红利流入劣质企业的腰包。同时，"丁香医生"打假权健、"量子波动速读"培训曝光后，相关部门迅速做出调查和回应，值得肯定。但是，如果公司的违法行为是在舆论爆发之前就能得到有效处理，或许可以挽回部分被骗群众的财产损失和人身伤害。提高相关违法行为的违法成本、提高保健品广告宣传的底线、利用大数据等手段加强广告和销售环节的监管力度等措施需要进一步探索。

3. 科学主义思潮典型评论分析

（1）基本观点及倾向

学术论文方面，2018年12月至今中国知网共收录了47篇科学主义相关论文，其中22篇发表于核心及以上级别的期刊，论文内容主要从哲学思想史角度剖析科学主义思潮、学科方法论角度探讨实证方法合理性、反思科学主义等方面展开。其中代表性的论文有从历史的角度探究和评价科学主义思潮的《论五四新文化运动时期的科学主义思潮》，从哲学话语角度体系探讨实证哲学的《哲学话语体系：从思辨哲学、实证哲学到广谱哲学》，主张将科学主义与人文主义相融、构建系统的经济学研究方法体系的《科学，抑或人文？——关于经济学研究方法论的反思》，以及对科学主义思潮和科学有效性进行反思的《再逢文明转型》和《进步、科学精神与科学主义——对科学有效性范围的考察》。

网络评论方面，对于科学主义思潮的评论主要发表于微信公众号、网络媒体、网络论坛等平台，评论多为对科学主义的反对和反思，比较有代表性的有被多家自媒体转载的《我们被科学主义洗脑得多彻底，连拿三炷香都觉得愚昧！》《科学主义泛滥现代文明急需佛法来拯救》《科学史家吴国盛：爱因斯坦是反科学主义者》等文章。需要警惕的是，自媒体平台反对科学主义的文章容易走向推崇宗教、伪科学的极端。

（2）传播态势

学术论文在相关领域内进行深度传播。由于学术论文在获取渠道上的不便捷性、在内容上的专业性和传播方式的单一性，使得大多数的学术论文在大众中的传播力较弱。科学主义思潮论文的传播对象主要是科学哲学、社会学、传播学、马克思主义理论等研究领域的学者和学生。基于学术论文具有交流学术信息、指导课题研究的作用，相关领域的研究者对科学主义思潮论文的研究较为深入，学术论文的引用在一定范围加深了论文的传播深度。

网络评论通过兴趣圈进行较广泛的传播。发表于微信公众号、微博、新闻客户端的科学主义思潮评论拥有百万级的阅读量，传播较为广泛。大众乐于基于兴趣选择信息进行阅读，今日头条等平台定期向用户推送个性化、精准化的信息，在经过用户的转发分享行为，进一步放大了科学主义思潮的话语权和影响力。

（3）影响

①学术论文影响力有限

学者发表于学术期刊上的科学主义思潮相关论文，为大学生提供了较为理性、深入地看待科学主义思潮的角度和认识，但是由于学术论文的传播对象主要是相关领域学者和大学生，具有较大的传播局限性，相关论文最高下载量仅为400余次，传播影响力较为有限。

②自媒体平台的碎片化言论容易引发对科学主义的误解

基于自身关注量和较为开放的传播平台，发表于媒体网站、公众号、论坛等新媒体平台的网络文章拥有较大的阅读量和影响力，但是由于自媒体平台内容质量参差不齐、审查不严格等原因，一些自媒体发表的关于科学主义思潮的文章深度和准确性不足，容易向读者传递偏颇的观点，使读者产生对科学的错误认知，或者将读者引向反对科学的极端。

（4）对策及建议

①重视对学术论文的传播，扩大学术论文的影响力

学术论文一经发表常常束之高阁，影响力只局限在本领域学者和学生之间，要想扩大学术论文影响力，首先需要论文作者和期刊的重视。论文作者可以有意识地使用通俗易懂、有料有趣的语言"重写"学术论文，使用易于网络传播的话语表达学术观点，将论文发表于社交媒体或兴趣网站，使公众能够通过搜索引擎、兴趣网站获取论文观点；学术期刊可以开设自己的新媒体平台，把学术论文通过新媒体传播出去，而不只是将其置于知网等学术文献类网站。扩大学术论文的影响力，可以在较大程度上传播理性认识科学和科学方法的思想，有利于引领科学主义思潮。

②自媒体要增加专业度，正确引领科学主义思潮

由于自媒体网络传播的开放性、交互性、便捷性，使公众可以获得大量关于科学主义的相关文章，但是自媒体提供的信息呈现碎片化和浅层化的特征，对于科学主义思潮认知的深度不够，从而影响公众对于科学主义和科学观的判断。因此，自媒体一方面要加强内容质量和内容审核，提升自媒体整体质量、摈弃唯流量论，净化自媒体空间；另一方面主流媒体要自觉增强自身专业度，培养正确认识和引领科学主义思潮的能力，带动自媒体共同发展，为科学引领社会思潮发挥积极作用。

③创新新媒体环境下的科学传播机制

科学传播是树立公众正确科技观和消解伪科学的重要途径，新媒体为科学传播提供了更加多元化的渠道和形式，新媒体环境下的科学传播应成为防治伪科学的重要阵地。新媒体环境下，科学传播理念需要做出转变，传播内容要更贴近生活，表达方式要更为多样。同时，微博等新媒体能够实时评论的互动性为科学传播提供了良好的与大众交流的平等平台，新媒体应增强对先进科学知识的传播，用正确的科学知识针对性地批判"伪

科学"。

(九) 时隐时现的新自由主义

1. 新自由主义思潮网络传播总体态势

新自由主义思潮是 20 世纪二三十年代形成和发展起来的西方经济、政治思潮。20 世纪七八十年代，伴随着改革开放的深入和中外思想文化的交流，新自由主义思潮流入国内，并且作为一种学术理论和思想观念开始盛行，对学界和业界产生了重要影响。随着西方经济学在我国的发展，新自由主义思潮逐渐跳出学术界，以各种变体形式潜移默化地影响人们的思想意识和生活方式。

该思潮在政治上主张三个"否定"，即否定社会主义体制，否定并抵制政府干预，否定共产党的领导；在经济上主张"三化"，即市场完全自由化、私有化、市场化；在文化上主张个人主义和多元化的意识形态，是保证发达资本主义国家根本利益的工具，对我国的集体主义基本原则和马克思主义为指导的意识形态构成挑战。

一方面，以美国为代表的西方国家打着"自由""民主"的旗号，迫使发展中国家开放市场，为其垄断资本和产业，甚至控制发展中国家市场提供机会；另一方面，随着以中国为代表的发展中国家的崛起，威胁到其全球霸权统治地位，为了维护既得政治经济利益，西方国家开始实行贸易保护主义，逆全球化而行。尤其自 2017 年特朗普上台以来，在全球范围内挥舞关税大棒，发动贸易保护攻势，与其一直主张的新自由主义政策背道而驰。

党的十八大以来，高度重视新自由主义的批判工作，其影响力日渐式微，在没有外部舆情事件的刺激下，其仅作为一种思想潜流以各种变体的形式隐藏于部分知识分子和青年学生之中，时隐时现。但今年 6 月香港发生修例风波事件，新自由主义思潮在此事件的刺激下开始甚嚣尘上，主要关注反政府干预、反社会主义、反中国共产党等议题，并且在美国将中国列为"汇率操纵国"、国内掀起小区改名潮等事件中均有体现。

2. 新自由主义典型案例分析

(1) 案例基本情况

①香港暴乱事件引发舆论持续关注

6 月初，香港因审议《逃犯条例》修正案爆发大规模抗议活动，激进分子借"反修例"为名参与的"和平"游行，几乎以暴力骚乱收场。7月以来，暴力逐渐升级，砖头、铁棍、弓箭、纵火、冲击立法会、伤害警员、损毁国徽等一系列暴力行径，公然挑战中央权威，践踏"一国两制"底线，重创香港"法治"基石，破坏了香港的繁荣和稳定。

在香港暴乱事件中，美国国家民主基金会（美国中央情报局的前线组织）为暴乱分子提供"黑金"支持，美国驻港总领事馆政治组主管朱莉·埃德会见"港独"组织头目罗冠聪、黄之锋等人，美国国务卿蓬佩奥等人会见香港反对派人员、美国副总统彭斯甚至直言将香港暴乱和中美贸易挂钩：若要美国与中国达成经贸协议，北京需要兑现其承诺，包括中国在1984年《中英联合声明》中尊重香港法律完整性的承诺。如果香港发生暴力动乱，达成贸易协议就会难得多。以上种种迹象表明美国把香港视为扰乱中国的突破口，妄图发起分裂中国的"颜色革命"。然而，香港的青年被西方所谓的"民主""自由"所蛊惑，被西方黑势力所利用，成为西方反对社会主义、反对共产党、反对马克思主义的工具。

②"汇率操纵国"事件引发热议

受贸易保护主义和单边主义影响，8月5日人民币离岸、在岸汇率双"破七"，当天美国财政部在特朗普的直接压力下口头宣布中国是"汇率操纵国"。美方不顾事实给中国贴上"汇率操纵国"的标签。这一事件很快登上了新浪微博热搜，引起国内外舆论广泛讨论。专业人士认为，"汇率操纵"有着基本的技术标准，而特朗普基于报复情绪的宣泄，轻易将这一技术问题政治化，大大削弱了美国评判他国货币汇率的客观公正性。然而，还有部分人认为中美贸易摩擦对中国经济产生重要影响，人民币的贬值引发了网民的恐慌情绪，有人担心人民币贬值趋势不可控，有人担心出国留学要多花钱，更有新自由主义者与美国相呼应，借助该事件鼓吹彻底市场化，否认党对经济的领导和政府对市场的宏观调控作用，制造杂音和噪音，企图影响社会主义的方向，从内部西化和分化中国。

③国内掀起小区改名潮事件

今年6月以来，海南、陕西、河北、广东等地开展清理整治不规范地名工作，对居民区、大型建筑物和道路、街巷等地名中存在的"大、洋、怪、重"等不规范地名，进行规范化、标准化处理，引发了舆论大量的反弹声音。比如，某地在不规范地名认定原则和标准中提到，包含外国人名的地名要清理整治，但是反映中外人民友谊的地名除外，举例里提到林肯公寓、马可波罗大厦、哥伦布广场都得改，但白求恩国际和平医院不用。网友质疑，马可波罗是向海外传播中华文化的使者，为什么没反映出中外人民的友谊。还有带有浓厚封建色彩的地名的认定问题，皇帝、帝都、御府、王府都要改，那么北京王府井要不要改。

在各地推进改名工作中，由于标准不统一、含混不清，缺乏令人信服的逻辑等问题，引发了舆论对政府办事能力的怀疑和政府过多干预事务的批判，一时间各地政府被推上舆论的风口浪尖。有人认为，政府主导改名，多此一举，在一些民生问题还没有得到更好解决的情况下，大张旗鼓改名字，很可能会给社会、给老百姓造成一种正事不干、搞表面工程的印象。改名过程中的成本有多少，谁来承担，改名的标准是否合理等，都让人质疑政府办事前是否经过了充分的论证和思考。

（2）新自由主义思潮传播情况概述

新自由主义思潮在以上热点事件中表现较为明显。

从传播内容来看，新自由主义思潮在互联网上的传播主要围绕着反社会主义、反政府干预等内容而展开。香港暴乱事件和美国把中国列为"汇率操纵国"事件具有一定的相似性，都是打着西方"民主""自由"的旗号，公然反对甚至污蔑社会主义制度，利用网络制造负面舆论，认为共产党执政是"一党专政"，是"专制政治"，把中国特色社会主义制度贴上"非民主""专治"的标签等，是自中美贸易摩擦以来西方国家向中国极限施压的方式。香港暴乱事件借助"反修例"之名，反中乱港、搞"颜色革命"；诬陷中国是汇率操纵国事件，假借汇率手段，最终目标是干扰国内经济和政治，阻碍中国发展。而在国内掀起小区改名潮这一起公共事件中，政府的决策和政策实施中确实存在一些问题，由此而引起了社会的广泛讨论，特别是指责政府做事考虑欠佳、过多干预民间生活的声音尤为强烈。

从传播者来看，新自由主义思潮传播主体较为多元化。在前两个事件中，显然都有西方政客背后的鼓动与参与，尤其是在香港暴乱事件中，传播反政府、反大陆的言论者多为受蛊惑的以学生为代表的青年群体，他们心智尚未成熟，对西方的糖衣炮弹毫无抵抗力，对政府和大陆充满了敌意；小区改名潮事件中，传播主体多为活跃在互联网的小区居民，因为涉及切身利益，所以更加关注和积极参与该事件的推进。

从传播渠道来看，新自由主义思潮的传播渠道多元且交叉。主要依靠微博、微信、论坛、客户端等多样化媒介进行多向度交互式传播,并且在新媒体和传统媒体的融合传播下泛滥成灾。以上三个事件都最先登上新浪微博热搜,对国人的思想产生强烈冲击,尤其香港暴乱事件自6月发生以来,持续多日登上热搜榜,引起网友广泛的讨论,并且升级成为网络舆情传播事件。

从传播效果来看,新自由主义思潮借助以上事件尤其是香港暴乱事件实现了传播的裂变,对国人尤其是香港青年人的思想产生严重冲击。美国将中国列为"汇率操纵国"事件破坏了全球关于汇率问题的多边共识,引发金融市场动荡,阻碍国际贸易和全球经济复苏,对国际货币体系的稳定运行产生严重的负面影响。小区改名潮事件的传播损害了政府的形象,危害政府公信力。

(3) 案例传播的影响及进一步发展

新自由主义思潮依托于上述事件的传播,呈现出传播领域广泛化、深层化等特点,对意识形态领域、政治领域、经济领域等均产生重要影响。

在意识形态领域,以新自由主义为主导的社会思潮在当代中国的传播,实际上是西方敌对势力对我国思想文化侵蚀和意识形态渗透并最终到达和平演变目的的手段,严重威胁着我国主流意识形态的安全。到如今,香港诸多青年和学生已经被西方意识形态洗脑,成为西方干预中国内政、分裂中国的棋子。

在政治领域,新自由主义思潮攻击社会主义制度和共产党的领导,以反对政府干预市场之名,动摇社会主义根本政治制度,以自由化、私有化等理论构建西方资本主义国家图景,虚假宣传资本主义在新自由主义理论指导下取得的成就,蛊惑国内民众对西方资本主义国家的向往和憧憬,动摇坚定的社会主义信心。香港暴乱事件至今愈演愈烈,甚至出现了学校全部停课的局面,严重阻碍了香港的繁荣和发展,破坏了"一国两制"政治制度。

在经济领域,新自由主义主张过度私有化和市场机制,减少国家监管和干预,实行自由经营,这无形中加剧了社会的分化。在这种思想下,倘若没有政府的宏观调控,大量社会资源及资本将积聚于强势集团手中,造成公共产品供给缺乏或质量低下,加剧社会各阶层之间的收入差距。社会下层被彻底边缘化,大量的失业和贫困现象难以避免。香港暴乱事件的发生严重影响了香港经济的繁荣与稳定,促使香港经济急剧下滑,大量人员失业，人民生活质量受到严重影响。

（4）对策及建议

在意识形态领域，吸取香港暴乱事件教训，面对西方新自由主义思潮的影响，国家要加强对国人尤其是青少年学生的意识形态安全教育，守好高校意识形态阵地，积极应对新自由主义思潮的挑战。还要认清西方新自由主义思潮的实质。随着西方国家内部政治经济的变迁，新自由主义出现了内生型危机。2008年金融危机过后，西方资本主义国家批判新自由主义思潮的声音越来越多，尤其特朗普奉行贸易保护主义、单边主义等思想，更是与新自由主义背道而驰，新自由主义在西方的影响中出现了衰退迹象。尽管如此，西方国家仍旧打着新自由主义的旗号干预他国内政，国人应该从思想意识里认清这一点，避免陷入新自由主义的陷阱。有针对性地加强国人尤其青少年学生的思想教育工作，用马克思主义世界观、价值观、人生观引导国人认清新自由主义腐朽思想的本质。

在政治领域，加强理论自信、制度自信引领社会主义建设，坚持马克思主义信仰和社会主义制度不动摇，坚持中国共产党的领导不动摇。如今，中国正处在大变革、大发展的新时代，这意味着改革开放40年发展的社会主义初级阶段进入了一个"新的历史阶段"，全面实现社会主义现代化强国，实现中华民族伟大复兴的历史使命，克服中国改革发展的难题，避免新自由主义的理论困境与实践危机，需要我们树立中国特色社会主义道路自信、理论自信、制度自信与文化自信，更需要坚持和不断发展习近平新时代中国特色社会主义思想的科学体系。

在经济领域，夯实意识形态发展的经济基础，坚持公有制为基础。以公有制为主体的所有制，以按劳分配为主体的分配制，为合理的宏观调控奠定了坚实的基础。新自由主义过度美化的私有化和市场化的无限制运行，必然会对我国的经济制度产生动摇。建立中国特色的社会主义市场经济体制过程中，决不能深陷发达国家推行新殖民主义政策的新自由主义理论之中。夯实宏观基础，合理发展市场化，独立自主的推进对外开放。不能因为香港修例风波等事件放缓改革开放和经济发展的脚步，无论从国家层面还是从底层群众层面，都应坚定社会主义必然胜利的信心。

3. 新自由主义思潮典型评论分析

（1）基本观点及倾向

自2018年美国单方面发动中美贸易竞争和今年6月香港暴乱事件发

生以来，新自由主义思潮广泛传播，引起社会广泛关注和讨论。关于新自由主义思潮的言论主要集中于微信公众号、微博评论及追评以及网络论坛等新媒体平台，除此之外，诸多关于新自由主义思潮的成熟性言论发表于学术期刊和报纸理论专栏部分。

在新媒体平台方面，网络传播中关于新自由主义思潮的评论观点主要分为以下四种类型：第一种类型是关于反政府干预的言论，认为政府管得太多，并且管得不合理，例如全国小区改名潮事件中，网上热议较多的是在民生问题还没有得到更好解决的情况下，以封建、崇洋媚外之名大张旗鼓改小区名字，给社会、给老百姓造成一种正事不干、搞表面工程的印象；第二种类型是反社会主义言论，这类主要集中于对香港暴乱事件的评论及追评中，有人认为这是一国两制的失败，是社会主义制度的失败，否定共产党的领导；第三种类型表现为个人主义色彩浓厚，注重个人利益的表达，当个人利益和集体利益冲突时以个人利益为主，深受西方所谓的个人自由主义毒害，歪曲了社会主义所强调的集体主义观念。这三类言论较多体现于新自由主义者发表于新媒体平台的观点之中以及网友碎片化的评论之中。第四种类型为专业人士对新自由主义思潮的解读与批判，这类言论具有一定的影响力和引导力，比如"察网研究"微信公众号经常发布学者关于新自由主义思潮的解读类文章，10月5日发布了《刘国光 杨承训关于新自由主义思潮与金融危机的对话》，从经济学角度解读该思潮。

在学术期刊及报纸期刊方面，通过在知网检索"新自由主义"等关键词，发现近年来新自由主义思潮相关文章主要集中在思潮的来源和梳理、对当代大学生思想的影响及应对、思潮的变迁等领域，虽然言论较为成熟，但下载量阅读量有限，影响的辐射面较有限。

（2）新自由主义思潮言论的传播态势

新媒体时代背景下，各类社交媒体急剧发展，在为公众提供极大便利的同时，也为新自由主义思潮的传播创造了诸多机会，并形成与社会主义主流意识形态和价值观念的直接碰撞。综合来看，新自由主义思潮的传播形态呈现出以下特点：

①新自由主义言论的传播内容趋于"合理化"

新自由主义思潮的言论通常打着"民主""自由""人权"等表面看起来合理的旗号，依托于新媒体平台进行"合理化"传播。一方面，新自由主义者凭借西方的经济、政治优势，宣扬西方所谓优越的民主制度，攻击社会主义制度，弱化民众对国家的归属感和认同感。另一方面，中国正处于社会变革、转型时期，在发展的同时也遭遇一些瓶颈问题，如环境污染等一系列问题，成为新自由主义者攻讦社会主义党政体制的"合理性"借口。

②新自由主义言论的传播方式趋于隐蔽化

新自由主义思潮自改革开放后传入中国，在发展演变过程中积累了丰富的渗透经验，传播方式日趋隐蔽化。新自由主义者通常不会称自己是新自由主义者，而是通过隐蔽的言论表达其观点，潜移默化的腐蚀周围人群。通过曲解国家政策，瓦解人民对国家、对党领导的信任感和认同感，并且针对不同的社会群体采用不同的渗透方式，例如对青少年群体采用教材、讲座等方式进行思想灌输。

③新自由主义言论的传播态势趋于激烈化

新自由主义思潮最早是一种经济思潮，在经济领域反对政府干预、追求市场自由化，而如今已经渗透到政治、文化等多个领域。尤其今年香港暴乱事件发生以来，新自由主义者歪曲真相，言辞激烈地抨击中国没有言论自由、人权自由，不断激化香港房价过高、贫富差距较大等人民内部矛盾，并且将此上升为香港人民和中国共产党的敌我矛盾，以此号召香港民众反对中国共产党领导，反对"一国两制"制度，以达到破坏民族团结、分裂国家主权的目的。

(3) 新自由主义思潮言论的影响

当前新自由主义思潮对我国社会各层面产生了重要影响：

经济上鼓吹完全市场化、私有化，干扰了社会主义市场经济发展方向。"在现今的资产阶级生产关系的范围内，所谓自由就是自由贸易、自由买卖。"新自由主义以市场化、私有化为噱头，宣扬资本主义市场经济运行的合理性，污蔑社会主义市场经济效率低下的原因为政府干预，否定社会主义经济制度。

政治上奉行西方宪政民主制度，影响了社会主义政治制度建设。新自由主义者否定中国政治制度和中国共产党的领导，意图更迭中国政权，变更社会主义制度为资本主义制度，实现西方的人权自由。这种思想的渗透严重干扰了我国改革开放的社会主义方向，动摇了中国特色社会主义政治制度。

思想上宣扬个人主义，降低了公众的集体主义荣誉感。"在新自由主义看来，对个人主义的遵从和奉行，是个人、社会乃至人类生存和发展的最佳选择。"新自由主义所推崇的个人主义思想，与中国传统文化所宣扬的集体主义相违背，集体主义认为集体利益高于个人利益，国家利益高于个人利益，而个人主义认为个人利益高于一切，乃至牺牲他人利益换取自身利益，这种极端个人主义是"以人民大众失去幸福为代价的"。精致的利益主义者越多，社会越不和谐，越存在潜在动乱因子。

（4）对策及建议

①认清新自由主义思潮的本质，抵制其衍生传播

无论是少数极端分子在港煽动的"颜色革命"，还是敌对势力污蔑中国搞"汇率操纵"，都不过是西方霸权势力借助新自由主义，披着"自由""民主"的外衣，妄图在我国社会各领域进行意识形态渗透的卑劣手段而已。新自由主义的实质是资本主义国家通过对"非资本主义国家"进行政治渗透，企图把整个世界纳入国际垄断资本控制下的势力范围的一种理论思潮。

新自由主义思潮在发展过程中，逐渐衍生出历史虚无主义、极端个人主义、享乐主义、消费主义等思潮，并与这些思潮交织影响。在认清新自由主义思潮实质的同时也要认清其衍生思潮的真实面目，并且抵制其在网络平台上的传播，及时揭露、批判隐蔽的思潮。

②加强主流意识形态宣传，牢牢掌握网络舆论主动权

新自由主义思潮对民众的思想、行为产生潜移默化的腐蚀影响，针对新自由主义思潮的隐蔽渗透，必须认清其意识形态中的传播本质，加强马克思主义理论的研究和传播，尤其是马克思主义自由观的传播更应得到大力弘扬，抵制新自由主义思潮扩散。

在新媒体技术时代，人人都持有麦克风和话语权，主流媒体在加强意识形态宣传的同时，还应主动把握网络舆论的主导权，积极引导社会舆论，增强其社会影响力。针对民众关心问题，及时作出回应和引导，挤压新自由主义者的生存空间，传播社会主义核心价值观，巩固社会主义意识形态。

（十）接地气的生态主义

总体态势：2019年是生态主义思潮最接地气的一年，往年的生态主义主要体现在党和政府关于社会主义生态文明建设的政策性文件和言论

中，2019年生态主义思潮的传播与受众生活联系紧密，传播主体更加多元、传播渠道连接社交媒体、传播内容通俗化、传播手段更加丰富，生态主义思潮的传播迈入最"接地气"的一年。央视新闻纪录片对"秦岭违建事件"整治始末的公开，掀开了2019年生态主义思潮传播的第一波热潮，社会主义生态文明观深入人心。上海垃圾分类进入"强制时代"成为2019年生态主义思潮最具代表性的事件，围绕"垃圾分类"这一环保话题，生态主义思潮在社交媒体的推波助澜下走向舆论的风口浪尖。由于"垃圾分类强制化"与人们的生活息息相关，因此在网络上出现了心理上赞成垃圾分类政策，但行为上又担心自己利益受损的"邻避主义"倾向。总的来说，2019年生态主义思潮中社会主义生态文明观的传播影响力继续凸显，邻避主义倾向性凸显，生态中心主义的传播态势总体呈下降趋势。

1. 典型案例分析

（1）案例基本情况

①"秦岭违建"事件

2018年7月以来，"秦岭违建别墅拆除"备受关注。中央、省、市三级打响秦岭保卫战，秦岭北麓西安段共有1194栋违建别墅被列为查处整治对象。2014年3月，秦岭违建别墅破坏生态环境情况被媒体曝光，近4年来，习近平总书记对秦岭违建别墅严重破坏生态问题和秦岭生态环境保护先后六次作出重要批示、指示。2019年1月9日晚，央视播出新闻专题片，讲述秦岭违建整治始末，再次引发舆论的广泛关注。2019年3月15日，西安市人民政府官网上发布关于《西安市秦岭生态环境突出问题整治方案》的通知，随后西安市政府印发《秦岭生态修复工作方案（2019—2021年）》，针对秦岭生态环境现状，实施积极的生态修复措施，恢复并增强秦岭的生态服务功能，实现"山青、水净、坡绿"的目标。

②上海垃圾分类进入"强制时代"

《上海市生活垃圾管理条例》实施，上海垃圾分类步入强制时代。《上海市生活垃圾管理条例》是上海市人大制定的地方法规，该条例已由上海市第十五届人民代表大会第二次会议于2019年1月31日通过，自2019年7月1日起施行，标志着上海垃圾分类在全国率先进入强制时代。然而，面对这一举措，舆论呈鼎沸之势。除了赞同垃圾分类的声音之外，出现了一系列抱怨和辱骂的声音，心理上赞成环境保护政策，但行为上又担心自己利益受损的态度和取向上的邻避主义倾向明显。

③世界环保日，女网红捡垃圾作秀事件

世界环境日，环境保护的议题颇受关注，这也成了有些网红炒作的话题。6月3日，网络主播"cccci 郑家宜"拍摄了一组在北京房山某公园里捡拾垃圾的照片。垃圾遍地和周围绿树环绕的美好形成强烈的对比，一时间引发广泛关注。但没过多久，微博上有自称公园管理处人员的网友"戳穿"了其谎言，称垃圾根本就是该网红自己带来的，摆拍后扬长而去，留下一地狼藉，他还亮出了当时的监控录像。这也将"cccci 郑家宜"推上舆论的风口浪尖。但之后，"房山警方在线"回应称，经现场勘查，主播捡垃圾是假的，"戳穿"主播谎言的管理处网友也是假的，公布的监控录像是 PS 的。事后房山警方联系到涉事网友，对方称是为了宣传世界环境日的"反向宣传"行为。

(2) 生态主义思潮在其中的传播情况概述

生态主义思潮主张人类生存和发展的同时遵循自然生态规律和生态法则，批判无休止的物质增长与高消费，强调更多劳动、更少物品和服务需求的生活方式。生态主义起源于西方，进入我国后表现出了不同于西方国家的、带有中国特色社会主义特征的思潮。具体特征表现在：起点高，创新性强；生态主义与中华传统文化结合；中国在全球生态治理中的地位越来越重。生态主义思潮在我国的代表性观点是正确处理好生态环境保护和发展的关系，坚持以习近平生态文明思想为指导，用社会主义生态文明观凝聚社会共识。

衡量是否为生态主义思潮的标准有三个：第一，心理上赞成环境保护政策，但行为上又担心自己利益受损的邻避主义；第二，超越工业文明，主张回归生态文明和传统文化的生态中心主义；第三，社会主义生态文明观。

从传播主体来看，生态主义思潮的主要传播主体是党和国家政府、领导人及代表国家、政府层面的主流媒体。2019年秦岭违建事件再掀风波的主要由头是2019年1月9日晚，中央电视台播出的新闻专题片《一抓到底正风纪》。这部新闻专题片全面报道了秦岭违建整治始末，传达了党和政府坚持社会主义生态文明观的声音。之后，《陕西日报》也发表评论员文章《整治秦岭违建是全社会共同利益所在》，指出要切实提高政治站位，认真贯彻习近平生态文明思想，深刻践行"绿水青山就是金山银山"

的绿色发展理念,坚决拆除秦岭违建,持之以恒保护好秦岭生态安全屏障。其次,网络意见领袖和网民在传播生态主义思潮中也扮演着越来越重要的作用。在上海垃圾分类事件中,政府部门为了寻求经济发展与生态发展的和谐共生,传递保护生态环境的理念,将《上海市生活垃圾管理条例》等规定通过社交媒体进行传播,政府部门成为该事件的初级传播者。之后,网络意见领袖和一般受众通过对相关规定的自我解读,利用互联网平台发表自己的言论、观点和思想,其中除了赞同的声音之外,也出现了邻避主义的思想倾向。比如某大V教授在自己的微博上暗讽上海垃圾分类管理条例:"当管理者与社会大众拧巴来的时候,无论他多么自信,也最终是个笑话……不仅会消耗巨大的治理资源,而且用运动的方式来提高市民的素质本身恰恰是治理水平低下的体现。"

从传播渠道来看,微博、微信、抖音等社交媒体成为生态主义思潮传播的重要平台,其中微博成为生态主义思潮的核心传播平台。"上海垃圾分类"和"女网红捡垃圾作秀"事件都是以微博为主阵地进行广泛传播的。"上海垃圾分类"连续登顶微博热搜,"上海强制垃圾分类"、"垃圾分类挑战"、"垃圾分类"等话题在微博上热度持续增高,上海垃圾分类的超话阅读量达944.8万+。此外,微信公众号也持续关注上海垃圾分类事件,《南风窗》公众号于2019年6月29日发布题为"被垃圾分类逼疯的上海人"一文,受到舆论广泛关注,而留言中不乏有出现对垃圾分类持怀疑态度的评论,其实质是嫌垃圾分类麻烦,担心自己利益受损的邻避主义言论。

从传播内容来看,生态主义思潮的传播内容以领导人言论、政策规定和大众化解读与评论为主。在"学习强国"平台发布的"习近平论社会主义生态文明建设(2019年)"一文汇总了习近平总书记2019年在各次会议和考察时对社会主义生态文明建设的相关言论,这是典型的对社会主义生态文明观的传播。在上海垃圾分类事件中,宣传内容和形式包括图片、新闻、科普、段子、漫画、短视频、户外广告、周边产品等,其宣传本身就是对生态主义的传播,是我国坚持社会主义生态文明观、主张保护生态环境的重要举措。此外,受众对"上海垃圾分类"的评论也成为重要的传播内容。"我等着罚款吧,实在没脑子干这些事情""非常不现实的措施,垃圾分类的规定时间会严重影响我们的生活""垃圾分类是垃圾处理推卸责任的表现,专业的事就应该由专业的人去做"等邻避主义倾向的言论在社交媒体中广泛传播，进一步扩大了生态主义思潮的传播范围。

（3）影响及进一步发展

无论是秦岭违建事件，还是上海垃圾分类事件，都折射出党的十八大以来国家对中国特色社会主义生态文明建设的决心和要求，对"五位一体"新格局的践行，对建设"美丽中国"任务的履行。秦岭违建事件和上海垃圾分类事件也反映出一般公众对自然环境保护关注度的不断提高，能够将生态文明观践行到自身生活的方方面面。在秦岭违建事件中，人们普遍希望恢复生态，保护环境；在上海垃圾分类事件中，大部分公众能够对这一强制性措施予以支持，这反映了社会公民生态素养的提高、人们环保理念的增强和生态文明理念深入人心。上海垃圾分类事件背后，强制性的政策实施需要社会心理状态与思想的过渡与衔接，这就需要发挥多元主体的传播合力，对我国社会主义生态文明观进行有效传播与舆论引导，对"邻避主义"等不良言论进行及时澄清与释义，使生态文明观深入人心，推动全社会形成良好的生态风气，通过传播与宣传，进一步培育受众、引导受众形成良好的生态情感，肩负起保护生态文明的责任。

（4）对策及建议

从传播者角度，要充分发挥政府、媒体、公民的传播合力，推进社会主义生态文明观深入人心。政府作为生态主义的传统传播主体，要从政策上鼓励和推进相关生态文明政策的普及和阐释，担当好社会主义生态文明观传播的第一责任人。各大媒体要充分利用互联网平台，运用社交媒体，恪守职业道德，培育媒体从业者的生态主义媒介素养，积极传播生态文明相关的政策、知识、文化、道德和理念。在"人人都有麦克风"的时代，一般受众也应当积极配合党和国家相关政策及媒体的宣传，积极传播社会主义生态文明观，在全社会范围内营造人与环境和谐共生的氛围，当好社会主义生态文明观的基层传播者。

从传播内容的角度，要深刻理解社会主义生态文明观的基本内涵，传播内容要适应互联网语境，利用丰富生动的文字、图片、短视频、VR、AR等形式，创新传播内容，拓展社会主义生态文明观的内核，将生态文明建设与群众的日常生活紧密结合，使社会主义生态文明观的传播更加生动、更接地气。另外，对社会主义生态文明观的内容要从全局把握，在宏大的视野中对其内容进行解剖，对"邻避主义""生态中心主义"等西方生态主义思潮中的消极方面做到深刻理解和澄清。

从传播渠道的角度，社交媒体平台已经成为生态主义思潮传播的重要平台。微博、微信、抖音等社交媒体应积极配合各方传播主体对生态文明观的传播，肃清传播平台中与我国社会主义生态文明观不符的错误内容及言论，围绕生态文明建设进行相关的议程设置，实现传播的精准化和效果最大化。

2. 生态主义思潮典型评论分析

（1）基本观点及倾向

2019年对生态主义思潮的正面评论主要集中在对生态主义的理论渊源、产生背景、发展态势等方面的解读。

张云飞认为，生态主义目前呈现出气候资本主义的困局、思辨自然主义的入场、建设性后现代主义的苦行、生态学马克思主义的前行、生态学社会主义的进展等发展态势。徐启瑞则从生态中心主义出发，揭示了生态中心论的理论本质。他认为生态中心主义乌托邦式的理想社会构想，将生态问题看得高于一切，用人与自然的矛盾掩盖了人类社会自身的矛盾，本身带有一定的片面性和盲目性。

此外，2019年习近平在论社会主义生态文明建设中发表了一系列观点。2019年1月16日习近平在河北雄安新区考察时的讲话中强调："先植绿、后建城，是雄安新区建设的一个新理念。良好生态环境是雄安新区的重要价值体现。"4月28日习近平在北京世界园艺博览会开幕式上的讲话中指出："现在，生态文明建设已经纳入中国国家发展总体布局，建设美丽中国已经成为中国人民心向往之的奋斗目标。中国生态文明建设进入了快车道，天更蓝、山更绿、水更清将不断展现在世人面前。"据新华社北京6月3日电，习近平对垃圾分类工作作出重要指示，强调了实行垃圾分类，关系广大人民群众生活环境，关系节约使用资源，也是社会文明水平的一个重要体现。6月5日习近平向世界环境日全球主场活动所致的贺信中指出："中国高度重视生态环境保护，秉持绿水青山就是金山银山的重要理念，倡导人与自然和谐共生，把生态文明建设纳入国家发展总体布局，努力建设美丽中国，取得显著进步。"

此外，结合垃圾分类等事件，也出现了以"邻避主义"为代表的错误言论。微博知名博主@祝佳音关于垃圾分类的言论："我查了一下规定，油漆及油漆容器属于有害垃圾，那么每次在倒垃圾之前，向垃圾袋里倒入一瓶油漆，将垃圾袋变成油漆容器，垃圾袋里的垃圾则因沾染了油漆同时变为有害垃圾，这样就可以直接丢入有害垃圾的垃圾桶了……展现了我的环保理念"，体现了网络大 V 在环保上的极端性和邻避主义倾向。此外，"你是什么垃圾？""被垃圾分类逼疯"等调侃性质的言论居多。针对垃圾分类的偏颇言论主要集中在以下几个方面：过多从资源利用的角度理解垃圾分类（"循环利用、变废为宝才是垃圾分类的核心要义"）、对垃圾分类过程的不信任（"最悲催的事是你分类了，垃圾车来的时候，把所有垃圾混在一起倒。"）、过分强调高端装备的应用、对垃圾分类的复杂程度进行抨击、对垃圾分类本身的不看好等。另外，一些微博大 V，将中国垃圾分类与国外（日本等国家）进行比较，借机指责中国垃圾分类不细致、国家无能力应对等，认为垃圾分类在中国难以推行。

总体而言，2019 年关于生态主义思潮的言论以正面为主，兼有以邻避主义为代表的负面言论。生态主义思潮在中国起点高，创新性强，中国在全球生态治理中的地位也越来越重。只有正确处理好生态环境保护和发展的关系，实现可持续发展的内在要求，坚持以习近平生态文明思想为指导，坚持用社会主义生态文明观凝聚社会共识，中国生态主义才能健康持续地发展，进而引领中国生态文明建设。

（2）影响

2019 年生态主义思潮中的负面言论，对社会产生了多重影响，尤其是围绕"垃圾分类"产生的"邻避主义"言论，极易影响受众识别错误言论的判断力，使一般受众在"邻避主义"的怪圈中越陷越深。所谓"邻避主义"，起初仅指公众基于环境和安全考虑而反对将诸如发电厂、火电站、核电站等有着巨大安全风险的基础设施建于自身周边地区的一种心理反应。后来，"邻避主义"涵盖的范围不断扩大，其目的也从原先的以抵制"危害性"风险为主转变为抵制一切可能"改变现状"的建设和生产。由于"垃圾分类"突然进入强制时代，给自身生活带来了不便，改变了"现状"，使一些人陷入对比、抵制，甚至将垃圾分类极端化的误区。这些偏激和错误的言论，容易汇聚具有相同利益诉求和体悟的受众，加之互联网平台的公共性，随着错误言论的不断交互及"沉默的螺旋"效应，使"邻避主义"的言论呈螺旋状上升，进一步扩大了错误思潮言论的影响范围，许多网民开始盲目跟风，形成错误舆论一边倒的态势，并在一定圈层内形成固化的刻板印象，不利于社会主义生态文明观的进一步传播。

2019年关于生态主义的正面言论以习近平总书记的社会主义生态文明观为代表。习近平生态文明思想的影响是方方面面的，它不仅反映了我国生态文明建设的现实需求，又为我国社会主义生态文明发展指明了道路和方向，是我国生态建设重要的理论根基。以习近平同志为核心的党中央，将生态文明建设与国家经济建设、政治建设、文化建设、社会建设并肩，着力于构建生态文明的"人类命运共同体"，为世界生态文明的发展贡献了宝贵的中国智慧。以习近平生态文明观为代表的生态主义言论，对我国建设成干净、清洁、美丽、和谐、宜居国家，实现人与环境和谐共生、永续发展具有重大影响。

（3）对策及建议

①加强对生态文明建设相关政策的解读与释析

面对以"邻避主义"倾向为代表的错误言论，无论是政府、自媒体平台还是网络意见领袖，都应当加强对相关事件或生态文明建设的有关政策的解读，对政策的具体内容、实施原因、实施方案、具体要求等进行详细释析，对公众关注度较高的问题，不要回避，而要第一时间解决疑虑，跟公众摆事实、讲道理，用正面回应积极引导错误言论，而不是一味地删除评论或封闭账号。对于与公众生活紧密相关的事件，政府要做好保障工作，降低生态建设对公众带来的负面影响，其关键还是要将内容传播出去，使社交媒体成为政府、公众、企业相互沟通的平台。

②传播平台积极培育公众的环保意识，做好环保知识普及

互联网环境下，以社交媒体为代表的自媒体已经成为受众获取信息的重要平台，因此各大传播平台应充分利用自身的传播优势，积极培育公众的环保意识，做好环保知识的普及。相关政府可通过官方微博账号、微信公众号，定时定期发布与环保主题相关的环保知识普及、环保政策解读、环保事件追踪等，对涉及环保的舆情事件，积极做好回应与舆论引导，降低公众对环保政策的理解难度，树立环保与个人息息相关的理念。以抖音、快手为代表的短视频平台，也可以充分利用短视频的形式，进行环保议题的策划，对热点事件予以生动形象的回应与说明，加深公众对生态主义的认知。

③运用互联网思维，创新社会主义生态文明观的传播内容

社会主义生态文明作为人类文明的一种形式，以尊重和维护生态环境

为主旨、以人类的可持续发展为着眼点，从维护社会、经济、自然系统的整体利益出发，尊重自然、保护自然，注重生态环境建设，致力于实现人与自然的协同进化，促进经济社会、自然生态环境的可持续发展。生态文明观包含的范围很广，理论层次较高，一般受众理解起来较为抽象。因此，加强社会主义生态文明观的传播首先要创新传播内容，使传播内容更接地气，与公众生活紧密联系，才能引起公众的关注，使生态文明观深入人心。

互联网背景下，互联网内容的碎片化、社交化、娱乐化改变了以往传播内容的话语结构。因此，创新社会主义生态文明观的传播内容必须适应互联网的语境，改变以往长篇大论式的环保主题宣传，坚持以公众需求为中心，围绕公众感兴趣的话题和形式，挖掘能够引起公众情感共鸣，制造与公众利益生活息息相关的环保策划，打造环保主题的"精品话题"和"线下活动"。另外，要加强与公众的互动，积极回应公众关切的问题，使传播更接地气，赢得人心。

六　展望及建议

鉴于2019年度社会思潮新媒体传播情况及新媒体空间十大社会思潮基本传播状况，我们有必要在以下几方面做好相关工作。

（一）中国社会思潮新媒体传播展望

展望2020年，脱贫攻坚进入验收阶段、全面建成小康社会目标完成在即。同时，经济下行，就业压力加大。另外，2019年底，爱国主义成为党中央的宣传重点。所以，我们预计，2020年中国社会思潮新媒体传播将呈现以下特点：

1. 民粹主义传播依然会成为热点

医疗、教育、住房、就业等民生问题仍然是普通公众最关心的切身问题。在目前这些社会问题没有妥善解决之前，依托这些现实问题所引发的民粹主义的讨论，在新媒体空间中将持续升温。特别是伴随很多突发事件的发生，不同个体、不同群体、群体和个体之间的矛盾将因之发生。

2. 爱国主义与民族主义将相互影响发挥正面效应

随着爱国主义成为党中央的宣传重点，伴随2019年民族主义的高涨，

2020年爱国主义精神将随之升华，成为全民讨论的热点。当然，香港暴乱事件、台湾地方领导人选举等可预计的重大事件，将促进爱国主义和民族主义的合流，促进公众提升民族自豪感，以振奋的精神投入新的建设工作中。

3. "泛娱乐化"思潮在短视频中的传播将更为突出

2020年，随着微信、微博等社交媒体平台短视频功能的进一步开发使用，移动短视频将更为普遍和便捷。"泛娱乐化"思潮将进一步在新的媒体平台和形式中传播，并继续为用户的日常生活增添快乐。

4. 科学主义和"伪科学"论争将成为常态

2020年，随着新媒体的进一步发展，各种以科学之名进行传播的热点事件或言论，将进一步接受全民打假和专业检验。2019年底，阿兹海默症新药涉嫌造假等信息已经在网上受到关注。随着新媒体扩大效应的进一步增强以及假新闻打假风潮的涌起，民众对科学和伪科学传播的讨论将进一步热烈，可以预见，未来科学主义和"伪科学"的传播和论争将成为常态。

（二）意见和建议

1. 警惕民粹主义的论争和传播的负面效应

2019年，民族主义和民粹主义各行其道，少有交叉融合。但是，随着经济下行，民众生活困境所引起的社会风险问题需要引起高度关注。香港暴乱事件就是典型，一旦结合突发事件的发生传播，民粹主义很容易与狭隘民族主义、新自由主义相结合，形成新的舆论热点，对社会心态和经济社会发展带来不好影响。

2. 警惕狭隘民族主义、逆向民族主义的网络传播

2019年，理性民族主义的传播增强了民族自豪感，但同时，狭隘民族主义、逆向民族主义的言论在新媒体空间相伴而生，"美吹""日吹""韩吹"，甚至"印吹"言论总有传播空间，并引起了部分网民的响应。2020年，随着爱国主义精神的广泛宣传和深入传播，"美吹""日吹""韩吹"等相关言论同样不会停歇，他们对自己国家的不信任、不认可和不自信将进一步深入传播，对我们开展爱国主义教育、爱国精神的培养造成一定言论冲击。这就要求在做好正面言论传播的同时，注意负面言论的引导和疏解。

3. 合理引导"泛娱乐化"思潮向善向上

"戏谑""恶搞"是"泛娱乐化"思潮最主要的危害,如何使"泛娱乐化"思潮既发挥娱乐精神,成为民众压力释放的解压阀,又尽量避免过分娱乐化带给社会和普通公众的不良影响,是我们今后要考虑的突出问题。必要的"限娱令"和政策性引导,是规避风险的可能路径。

4. 进一步增强和发挥生态主义、新儒家主义、科学主义等思潮的正面合力

随着中国日益强大,科学创新所带给民众的自豪感和自信心可以成为现代化建设的重要精神力量;同时,新儒家主义、生态主义所带来的文化自信、公民素养的提升,都能为当前经济社会发展提供精神动力。在社会中形成尊重科学、重视传统文化、保护生态环境的良好氛围是社会思潮新媒体传播的实践主题。

第二部分

年度学术成果

改革开放以来国内社会思潮研究述评

刘　焕　李明德[①]

摘要：从演进趋势视角，运用 Citespace 软件对 CNKI 数据库中改革开放以来中国社会思潮研究的相关文献进行系统分析，发现五大研究热点：早期研究多是对社会思潮专著和西方社会思潮的回顾和述评；马克思主义中国化与社会主义核心价值体系构建；社会思潮对大学生的影响与应对；信息化、网络化和经济全球化时代背景下的社会思潮；社会思潮与国家意识形态安全。未来的研究应关注：社会思潮传播的关键影响因素、社会主义核心价值观与各种社会思潮之间的相互作用、社会主义核心价值观与社会思潮的影响与效果等方面，以为实现社会主义核心价值观的引领作用奠定理论基础。

关键词：改革开放；社会思潮；意识形态；社会主义核心价值观

改革开放以来，国内外各种社会思潮诸如民粹主义、历史虚无主义、新自由主义、民族主义、消费主义等跌宕起伏，并随时代变化呈现出不同特征，对社会、政治、经济、文化等产生深刻影响。社会思潮是社会生活的"晴雨表"、社会变迁的"风向标"、社会矛盾的"指示器"，不同时期的社会思潮，都是对其时社会存在的一种主观映照（宫厚英，2016）。改革开放是具有"中国底色"的网络社会思潮（郑雯、桂勇、黄荣贵，2019）。社会思潮是以一定的社会心理为基础，以相应的社会意识形态为理论核心，在一定历史时期具有相当影响的社会意识的活动形态，由社会心理、社会思潮和社会意识三个层次构成，社会思潮处于承上启下的地位

[①] 刘焕，西安交通大学新闻与新媒体学院，副教授。李明德，西安交通大学新闻与新媒体学院，院长，教授。
基金项目：教育部哲学社会科学重大攻关项目（18JZD022）。

(梅荣政、王炳权，2005）。当代社会思潮整体上是健康的、积极向上的，但也存在不和谐思潮潮流的种种挑战，回应和研究是引领的前提（朱士群，2008）。社会思潮因其复杂性和重要性逐渐引起诸多学者的高度关注，已有学者对中国社会思潮研究的知识图谱和研究热点等（李亚员，2015；陈绍辉、王岩，2018）和对社会主义核心价值观的研究进行了述评（顾友仁，2011），但缺乏从演进趋势的视角对改革开放以来中国社会思潮研究的系统梳理。基于此，本文运用 Citespace 工具梳理改革开放以来中国社会思潮研究的整体状况，发现社会思潮研究的热点主题，并提出未来社会思潮研究的方向。

一 国内社会思潮的整体状况

本文样本文献选自中国知网（CNKI），其收录文献的起始年是 1979 年，故选取的样本来源年度限定为 1979 年 1 月 1 日—2019 年 6 月 27 日。因知网里也收录相应的英文文献，本文仅对中文文献进行分析，以"社会思潮"为主题词和篇名，资源类型限定为"期刊"，以所选文献与社会思潮密切性为依据，经笔者手动筛选，共获得有效文献 2171 条，文献年份和数量分布情况如图 1 所示。

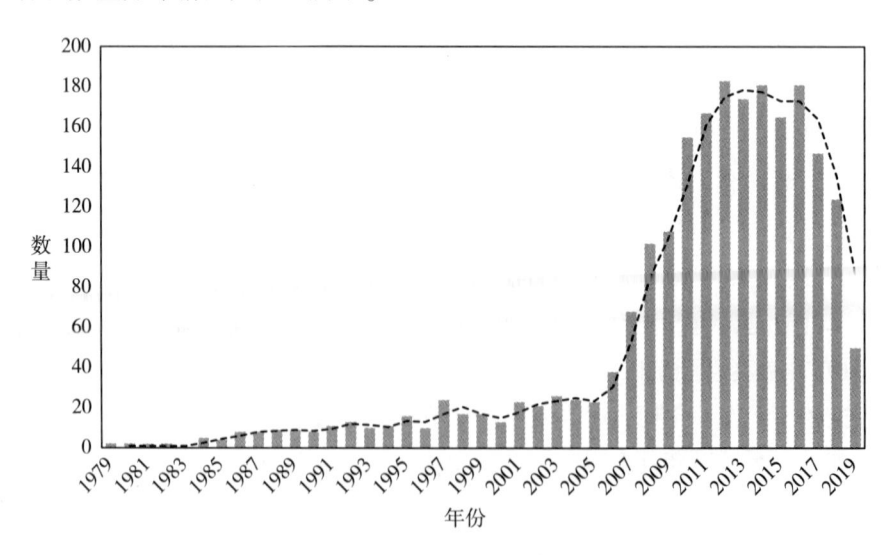

图 1 中国社会思潮文献的年代和数量分布

(一) 国内社会思潮研究的整体状况

社会思潮研究数量整体呈上升趋势,并出现几个研究的高峰。(1) 社会思潮研究的第一个高峰出现在 1997—1998 年,伴随着中国经济、社会机构的变化与政治发展,改革背后的理论基础在 1997 年下半年分化已相当明显,中国的自由派知识分子在 1997—1998 年公开了他们的思想理论纲领,自由主义、新左派、新保守主义三大社会政治思潮开始形成 (许纪霖, 1998)。(2) 社会思潮研究的第二个高峰出现在 2005—2006 年,2005 年是抗日战争和国际反法西斯战争胜利 60 周年,"爱国主义"占据全社会主流话语的首要地位; 2006 年,党的十六届六中全会第一次明确提出"坚持以社会核心价值体系引领社会思潮",这引起学界对社会思潮的高度关注。(3) 自 2007 年,党的十七大进一步提出"积极探索用社会主义核心价值体系引领社会思潮的有效途径,既尊重差异、包容多样,又有力抵制各种错误和腐朽思想的影响"之后,中国社会思潮研究的热度高升不减;同时,"社交媒体"一词自 2008 年成为互联网中炙手可热的话题,社交媒体的快速发展和个人用户呈数量级地增长,使得社交媒体中社会思潮的传播和影响受到学界的广泛关注,使得社会思潮的研究一直保持很高热度。

(二) 国内社会思潮研究的关键词

选择关键词(Keyword)为节点、切片长度(Slice Length)设置为 1,选择标准(Selection Criteria)设置为 Top 50 per slice,即提取每个时间切片排名前 50 的数据来生成关键词,本文仅列出排名前 40 的高频关键词及中心度(见表1)。出现频次较高的社会思潮类型有:新自由主义、历史虚无主义、民族主义、自由主义、实用主义、爱国主义、功利主义、文化保守主义、民粹主义、无政府主义、泛非主义等。

表 1　　　　　　　排名前 40 的高频关键词及中心度

排名	关键词	频次	中心度	排名	关键词	频次	中心度
1	社会思潮	1538	0.67	3	大学生	270	0.06
2	社会主义核心价值观	292	0.15	4	引领	195	0.13

续表

排名	关键词	频次	中心度	排名	关键词	频次	中心度
5	影响	166	0.09	23	青年	28	0.06
6	马克思主义	140	0.16	24	新媒体	27	0.03
7	思想政治教育	109	0.10	25	思想行为	24	0.01
8	对策	106	0.10	26	路径	23	0.03
9	意识形态	88	0.08	27	价值观	22	0.02
10	社会主体核心价值观	84	0.09	28	主流意识形态	21	0.04
11	当代社会思潮	70	0.07	29	特点	21	0.02
12	思想体系	62	0.09	30	多元社会思潮	19	0.01
13	西方社会思想	56	0.02	31	引导	17	0.01
14	引领社会	47	0.08	32	民族主义	15	0.05
15	中华人民共和国	40	0.16	33	思想政治理论课	14	0.02
16	社会主义	39	0.06	34	多元化	14	0.01
17	高校	39	0.03	35	当代中国	14	0.00
18	核心价值体系	36	0.01	36	挑战	13	0.01
19	核心价值观	30	0.07	37	自由主义	13	0.01
20	新自由主义	30	0.06	38	改革开放	11	0.00
21	多样化社会思潮	30	0.04	39	社会主义意识形态	10	0.01
22	历史虚无主义	29	0.09	40	引领社会思潮	10	0.01

基于上述分析检测到26个突变关键词如图2所示。关键词的突变强度和年代分布可用来确定研究的变化趋势，Year代表选取文献的起始时间，Strength代表该关键词的突变强度，Begin代表该关键词突变的开始时间，End代表该关键词突变的结束时间。与表1中的关键词相比较，由图2可以清晰地发现思想体系、五四时期、中华人民共和国、青年、社会主义、中国、社会思潮、引领社会、核心价值体系、有效途径、社会主义核心价值体系、引领、思想行为、大学生、影响、社会主义核心价值观、对策、西方社会思潮、高校思想政治教育、挑战、核心价值观、思想政治理论课、主流意识形态、意识形态、历史虚无主义、新媒体是改革开放来中国社会思潮研究的前26个突变词。近五年，社会主义核心价值观（22.9996，2015—2019）、高校思想政治教育（4.051，2015—2019）、主

流意识形态（5.0468，2015—2019）、意识形态（6.0614，2015—2019）、历史虚无主义（3.9271，2016—2019）、新媒体（8.2622，2016—2019）截至搜索日期热度仍在持续，是未来研究关注的重点。

Top 26 Keywords with the Strongest Citation Bursts

Keywords	Year	Strength	Begin	End	1979—2019
思想体系	1979	20.9611	1985	2006	
五四时期	1979	4.7878	1987	2003	
中华人民共和国	1979	17.6496	1987	2004	
青年	1979	4.0132	1991	2007	
社会主义	1979	5.0259	1997	2009	
中国	1979	3.883	2001	2006	
社会思潮	1979	4.6553	2005	2006	
引领社会	1979	8.0092	2007	2011	
核心价值体系	1979	0.0096	2007	2010	
有效途径	1979	3.967	2008	2010	
社会主义核心价值体系	1979	40.9307	2008	2011	
引领	1979	4.8095	2008	2012	
思想行为	1979	7.3067	2013	2015	
大学生	1979	17.711	2013	2015	
影响	1979	6.7609	2013	2014	
社会主义核心价值观	1979	22.9996	2014	2019	
对策	1979	4.6073	2014	2016	
西方社会思潮	1979	4.0283	2014	2016	
高校思想政治教育	1979	4.051	2015	2019	
挑战	1979	4.0768	2015	2016	
核心价值观	1979	8.2535	2015	2017	
思想政治理论课	1979	3.7665	2015	201	
主流意识形态	1979	6.0468	2015	2019	
意识形态	1979	6.0614	2015	2019	
历史虚无主义	1979	3.9271	2016	2019	
新媒体	1979	8.2622	2016	2019	

图 2　突变关键词图谱

二　国内社会思潮的研究热点

运用 Citespace 软件，以文献题目（Title）为依据，结合高频关键词、突变词图谱得到改革开放以来国内社会思潮研究的不同聚类，依据不同聚类里文献题目（Title）找到对应文献原文并进行阅读、归纳出改革开放以来中国社会思潮的研究热点。

第一，早期研究多是对社会思潮专著和西方社会思潮的回顾和述评。从近代社会思潮的内涵与社会思想的区别、类型、产生渊源、发展历程、时代特征、发展规律和影响等层面系统评价了戚其章的《中国近代社会思潮史》（方园，1995；李侃，1995；刘永光，1995）。俞祖华的《深沉的民族反省》拥有独特视角和新颖观点，该书基于近代中华民族面临着空前严重的民族危机和文化危机的背景，探讨了先进的中国人如何围绕"中国向何处去"的问题，提出了振兴民族文化、挽救民族危机的理论，形成了影响深远的近代社会思潮——改造国民性思潮（傅光中，1997）。改造国民性社会思潮自19世纪末20世纪初形成直至五四新文化运动时趋于高涨；另一学者对这一思潮产生的逻辑进程、社会条件和思想渊源作了详细阐释和评价（周建超，1997）。早期研究亦对自由主义的本质进行了阐释，认为自由主义是资本主义制度确立时期占据统治地位的社会思潮，其哲学基础是"功利主义"，是一种公开表达资产阶级剥削愿望的社会思潮（向荣，1997）。受西方社会思潮的影响，改革背后的理论依据在1997年下半年分化形成了三类比较大的社会政治思潮：自由主义、新左派、新保守主义（许纪霖，1998）。近代东西方文明和中国社会思潮的变动历程从我国书籍引进的历史世态和发展历程可见一斑（许力以，2003）。

为全面贯彻十六大精神，学界注重加强专题社会思潮研究，如个人主义思潮、全球化思潮、民族主义思潮、西方多党制思潮、民主社会主义思潮、自由主义思潮、反腐败思潮等引起学者的高度关注（文小勇，2003）。亦有学者通过评述《问道：改革开放以来的社会思潮与青年思想政治教育研究》指出社会思潮对青年大学生的影响经历了政治、经济、哲学、生活几种途径，具体表现为：哲学思潮引领的社会思潮，存在主义、弗洛伊德、哈耶克与弗里德曼的出现都在一定时期影响了青年大学生的经济、政治和生活视角；经济思潮引领的社会思潮，消费主义、享乐主义通过电影、电视、广告等媒介的传播对青年大学生产生重要影响；政治思潮通过社会事件、学术刊物、讲座等形式传播；以追求自我实现为旨归的新生活方式引领的社会思潮（鲁芳，2014）。上述研究均为后续社会思潮的研究奠定了重要的理论基础。

第二，马克思主义中国化与社会主义核心价值体系构建。社会思潮是意识心态领域的"晴雨表"，建设社会主义核心价值体系是党的十六届六中全会在思想文化建设上的一个重大理论创新，坚持以社会主义核心价值体系引领社会思潮，必须坚持马克思主义的指导地位不动摇，才能更好地尊重差异和包容多样（梅荣政、王炳权，2007）。马克思主义告诉我们，意识形态内部各组成部分之间以及意识形态各要素之间存在"结构与功能"的关联,这是用社会主义核心价值体系引领社会思潮的理论基础和逻辑前提,应通过增强理论吸引力、增强理论共识、建构思想观念整合机制、完善公民认同机制等途径来实现社会主义核心价值观的引领作用(陈秉公,2008)。改革开放的背景下,多样化的社会思潮相互交织,必须从维护文化安全的视角重视对社会思潮的研究与引导,警惕个别社会思潮的影响,提高人们对"社会主义核心价值体系"的认同度(肖浩,2008)。自由主义、新左派和民主社会主义等社会思潮既具有西方思想渊源,亦有其现实社会背景,我们要理性看待社会思潮的影响,坚持和巩固马克思主义在我国社会改革与发展中的指导地位(杨敏,2012)。有学者通过转型过程中俄罗斯社会思潮的演变和产生的对立与冲突,指出在转型时期,必须确立全民族认可的一元的核心价值观,以防止思想混乱和社会动荡(王立新,2010);马克思主义中国化思想形成的学理依据有马克思主义的发展规律与特点、近代中国社会的客观实际和社会思潮演变的脉络走向、"毛泽东思想"的基础地位(孙建华,2011),这为构建我国社会主义核心价值体系奠定了重要的实践基础和理论基础。

近代中国社会思潮、民生问题、"高知群体"和网络文化是构建我国社会主义核心价值体系需要重点关注的思想基础、实践基础、社会群体和重要载体。改革开放以来,对我国产生重要影响的社会思潮有新自由主义、新权威主义、新左派、文化保守主义、新民族主义和民主社会主义(孙晓晖,2012)。马克思主义引领社会思潮是历史的选择(刘汉峰,2012),高擎"引领"的伟大旗帜、正确认识社会思潮、重视社会思潮的引领合力、尊重差异和包容多样、强化"阵地"(媒体)建设和管理、加强马克思主义队伍建设、实现社会主义核心价值体系、引领社会思潮的有效途径(王国敏、周玉,2009;章凤红,2008)。近代中国社会思潮主要经历了经世致用的洋务思潮、变法维新的改良思潮、三民主义的革命思潮、民主科学的新文化思潮以及社会主义思潮的历史演变,在改革开放背景下,必须坚持培育和践行社会主义核心价值观的引领地位(王云鹏、任雪萍,2016)。增强中国特色社会主义理论体系的吸引力、对不同社会思潮加以严格区分以抵制各种消极思想和错误思潮;将解决民族群众的民生问题与推进马克思主义大众化紧密联系起来、把马克思主义融入民族文化之中、融入民族地区基层党员干部的思想和行动中,是引领民族地区社会思潮的重要举措(史成虎、张晓红，2014）。"高知群体"是社会主义核心价值体系引领社会的关键性社会群体，核心是在"高知群体"中建构社会主义核心价值观体系的"高势位"问题（陈秉公、陈卓，2009）。网络文化是社会思潮的重要载体，网络文化转化为网络受众自觉信念体系是实现社会主义核心价值体系有效引领网络文化的重要途径（杨立英，2010）。

第三，社会思潮对大学生的影响与应对。社会思潮在大学校园呈现活跃趋势，大学生成为易受社会思潮影响的群体（王云涛，2014）。高校是思想文化的生产和传播的前沿阵地，社会思潮对高校师生群体核心价值观会产生重要影响，必须用社会主义核心价值观加强对社会思潮的引领（佘双好，2011；陆岩、姜国玉，2011；王芳、邢亮，2008）。当代社会思潮因其复杂多样性、批判反思性、直观现实性、强弱并存性、竞争动态性、影响深远等特点，对在校大学生产生了诸多正面和负面的影响（张蕖，2014；乔丹丹，2011；魏红霞，2008），大学生的思想和行为均带有社会思潮的烙印（郑阳，2011）；其中个人主义思潮对大学生的影响较大，社会环境、政治环境是大学生受个人主义思潮影响最大的物质基础，当代大学生要抵制不良社会思潮的传播与影响（李成桦、董璐婷，2011）。而民族地区大学生对当代社会思潮的整体认知具有浅层性、碎片化特点，对个人主义、享乐主义、消费主义、历史虚无主义、文化保守主义等社会思想的认同度较低，但也存在知行背离的倾向，对中国特色社会主义的总体认同度较高，但对其理论体系的某些核心观点仍存迷惑不解的比例较高（江洪明，2014）。

第四，信息化、网络化和经济全球化时代背景下的社会思潮。信息化和网络时代的到来，各种社会思潮（如个人主义思潮、民族主义思潮、务实趋利主义思潮等）对当代大学生产生了诸如信仰危机、行为和价值观扭曲等负面影响，应通过学习社会主义核心价值观、传统文化和世界文化中的优秀成果、开展实践等途径减少其负面影响（李蔓莉，2011；郑未、张娟、许鹏奎，2012）。进入互联网时代以来，以青年为主体的大众文化大行其道，青年亚文化呈现出更为复杂的特征（李修建，2013）；中国文学潮流与中国当代社会思潮有着同构关系，但随着中国经济社会的转型，当前社会思潮的多元化与网络政治的兴起不断冲击着传统的表达方式（王委艳，2014）。新媒体条件下，社会思潮的传播内容呈现碎片化、传播路径呈现裂变化等特征（安娜、林建成，2016），某些互联网视听平台为吸引眼球导致传播乱象丛生和思想混乱（李明德、朱妍，2019），互联网视听平台中的内容还可以通过微信等社交媒体快速传播，会对主流价值观的传播产生诸多不利影响，建立"社会、微信平台、自我"的传播机制是引导微信中社会思潮传播的重要途径（张静、王欢，2017）。

经济全球化背景下，党员领导干部引领着社会思潮的途径。新常态下，中国经济增长速度换挡、结构调整阵痛和改革攻坚"三期"交汇，各种社会思潮丛生，关注现实利益问题、注重争夺话语权、注重从精英向大众化扩展是社会思潮关注的焦点，不同社会思潮与主流意识形态之间的关系愈加微妙；通常以热点民生问题为切口，彰显其政治主张和政治意图，试图通过影响民众的社会意识以左右中国特色社会主义事业的发展方向（宫厚英，2016）。我国社会思潮具有"问题意识"和多元制衡格局，不同阶层的社会成员倾向于选择不同的社会思潮，这会冲击我国的意识形态安全；在包容中实现统一、在多元中突出主导、在消解中加快建构、在内化中达成共识，是实现我国意识形态的价值整合、价值认同、价值塑造和价值归宿的重要途径（孙晓晖，2014）。

中国特色社会主义和中国梦时代主题和主旋律已然深入人心，但中国社会意识与社会思潮仍然纷繁复杂，在此背景下，党政领导干部要强化直面、研究与引领社会思潮的能力，掌握意识形态工作领导权、强化理想信念与理论武装、坚持党性与人民性的统一、唱响时代主题和主旋律（孔新峰，2014b，2014a）。在党的正确领导下，学习好、宣传好、践行好社会主义法治理念，是引领边疆少数民族地区社会思潮朝着正确方向不断前进的绝佳方法（阮兴文，2014）。当前的社会变革、国内外思想政治斗争、一部分领导干部的能力缺位，使得错误思潮威胁到我国的文化自信，应从坚持马克思主义指导地位、提高领导干部分析和研判社会思潮的能力、坚持文化产品正确的价值取向和强化对网络社会思潮的监管四个方面不断深入坚定文化自信（于建玮，2018）。

第五，社会思潮与国家意识形态安全。社会思潮日益多样且行动性因素增多，各种社会思潮与主流意识形态之间关系愈加微妙，科学认知社会思潮对维护国家意识形态安全具有重要现实意义（解松，2008）。西方社会思潮及历史虚无主义的冲击、国外敌对势力"文化入侵"和"意识形态分化"战略的挑战、社会转型时期国民信仰危机的挑战，严重危及我国意识形态安全，必须以社会主义核心价值体系引领我国意识形态建设

(张骥、张爱丽，2007）。2017年是决胜全面建成小康社会，实施"十三五"规划承上启下的关键时期，国内值得关注的社会思潮有民粹主义、民族主义、生态主义、消费主义、泛娱乐主义、激进左派、文化保守主义、历史虚无主义、新自由主义、普世价值论；积极化解非理性言论、倡导理性爱国、加强重要时间节点前后思潮的监测和研判、处理好思想层面的"统一"和"多元"的矛盾是有效应对社会思潮风险的重要途径（人民论坛问卷调查中心，2018）。党的十八大以来，以习近平为核心的党中央对引领社会思潮做出了卓有成效的理论探索，从意识形态安全的高度重视社会思潮的引领；坚持群众路线，在解决人民群众的思想问题和现实利益中实现引领；正本清源，在推进马克思主义中国化、时代化、大众化中实现引领；尊重差异、包容多样，在凝聚社会共识中实现引领；破立并举，在批判与建构的结合中实现引领；净化网络生态，在依法治网和以德润网的结合中实现引领（赵子林，2018）。

三　结论与讨论

本文从演化趋势的视角综述了改革开放以来社会思潮的研究热点、影响与应对，研究发现了早期社会思潮研究的特征、马克思主义中国化与社会思潮、社会思潮对大学生的影响与应对、网络化和经济全球化背景下的社会思潮、社会思潮对国家意识形态安全的影响等研究热点。研究发现，虽然社会思潮的研究起始较早，但针对社会思潮的理解和影响还处在理论阐释层面；另外，每一种社会思潮的传播规律及其产生的影响具有较大差异，但已有研究对单一社会思潮的内涵、本质和影响的深入剖析和经验研究相对不足。即使有少量实证研究，但多是探析大学生对多种社会思潮的认知态度及其影响的描述性分析（陈埼、林钻辉、周艳华，2013；江洪明，2014）、对国外多种社会思潮的关注度（人民论坛问卷调查中心，2014），缺乏对单一社会思潮的内涵、传播规律及其影响的深入研究。厘清每一种社会思潮的起源、发展规律和影响，研判和防范社会思潮风险对增强意识形态领域主导权和话语权具有重要的现实意义。

基于此，本文给出一个未来针对单一社会思潮的研究框架（见图3），建议未来研究可综合考虑区域资源禀赋、个人特征、社会思潮本身的特点、传播渠道等因素，通过实证研究和理论阐释探析和识别每一类社会思潮传播的关键影响因素、各种社会思潮与社会主义核心价值观的相互作用路径及其影响与效果。未来的研究启示主要有：

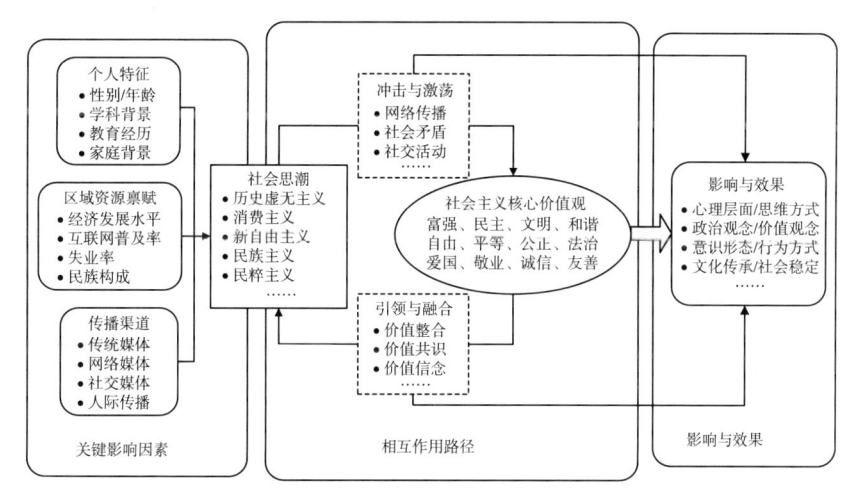

图3　社会思潮的未来研究框架

第一，社会思潮传播的关键影响因素。个人特征及其所在区域的特征等均会对社会思潮的滋生和传播产生重要影响。自媒体的快速发展使得各种错误社会思潮呈现出快速扩散性、政治指向性、现实关联性和行为诱导性等特征，危害了我国社会主义意识形态的权威性、主导权和话语权（易鹏、王永友，2018）。未来研究可实证分析个人特征（人口统计学变量、教育经历、家庭背景）、个人所在区域的资源禀赋（经济发展水平、互联网普及率、城镇登记失业率、民族构成）状况、传播渠道（传统媒体、网络媒体、社交媒体、人际传播）等因素对各种社会思潮传播的影响，进而识别和归纳影响每一种社会思潮传播的关键因素和规律，为扼制负面社会思潮传播提供经验证据。

第二，社会主义核心价值观与各种社会思潮之间的相互作用路径。社会主义核心价值体系与各种社会思潮之间在社会背景、历史进程、社会意识、思维方式、指导思想等方面存在复杂的影响关系（贺新元，2007）。社会主义核心观以自身为基础，通过与其他社会思潮最大限度地建立"价值共识"、与多元化社会思潮进行"价值整合"、运用社会认同机制引导全体社会成员认同社会主义核心价值观并形成"价值信念"，是社会主义核心价值观引领社会的基本方式（陈秉公，2014）。针对其他社会思潮不断涌入的情境,应加强对其他社会思潮的起源、本质和影响的剖析,分析其他社会思潮与社会主义核心价值观之间的根本区别与作用路径;重点探析其他社会思潮通过网络传播、社会矛盾、社会活动等途径对社会主义核心价值观冲击与激荡的路径,以及社会主义核心价值观如何通过价值整合、实现价值共识、增强文化自信、坚定价值信念等路径实现对其他社会思潮的引领与融合,最终实现社会核心价值观引领社会思潮的目标。

第三,社会主义核心价值观与社会思潮的影响与效果。未来研究可重点关注对社会主义核心价值观产生重要影响的某几种社会思潮。首先,厘清每一种社会思潮的内涵、构成要素及其产生的背景,将其对社会主义核心价值观冲击与激荡的路径作为中介变量,研究每一类社会思潮对个人心理层面、思维方式、政治观念、价值观念、意识形态、行为方式等产生的影响;其次,结合中国实际情况,深入剖析社会主义核心价值观的构成要素与不同维度,将其对多种社会思潮的引领与融合路径作为中介变量,分析每一类社会思潮对个人心理层面、价值观念、意识形态、行为方式、社会稳定等产生的影响;最后,以社会主义核心价值观与社会思潮之间的相互作用作为中介变量,分析个人特征、区域资源禀赋状况、传播渠道等对个人思维方式、价值观念、政治观念、意识形态、行为方式等产生的影响。

参考文献

夏银平、林滨、李文珍:《香港青年右翼民粹主义形成内因与意识形态分析》,《当代港澳研究》2017年第4期。

王云芳、焦运佳:《网络空间中民族民粹主义的逻辑机理与类型比较——基于网络"回音室"效应的视角》,《学术界》2019年第4期。

朱鸿军、季诚浩、蒲晓:《后真相:民粹主义的一种社交媒体景观》,《江苏大学学报》(社会科学版)2019年第3期。

鲍常勇:《21世纪以来中国民族主义思潮的新动向及其对中国特色社会主义的影响》,《河南社会科学》2009年第6期。

徐圣龙、胡键:《改革开放以来民族主义的嬗变及其对中国现代化实践的影响》,《江西师范大学学报》(哲学社会科学版)2018年第5期。

马立诚:《最近四十年中国社会思潮》,东方出版社2015年版,第157页。

俞祖华:《近代中国民族主义的类型、格局及主导价值》,《齐鲁学刊》2001年第2期。

王绍光:《民族主义与民主》,《公共管理评论》2004年第1期。

张化冰:《延伸的"想象":网络民族主义的特征及本质》,《现代传播》(中国传媒大学学报)2014年第12期。

郑素侠:《中国网民的民族主义及其影响因素:一个媒介使用的视角》,《国际新闻界》2017年第12期。

陈昌凤:《斜杠身份与后真相泛娱乐主义思潮的政治隐患》,《人民论坛》2018年第6期。

赵建波:《"泛娱乐化"思潮对大学生价值观念的消极影响及其应对策略》,《思想教育研究》2018年第11期。

谭江林、贺小亚:《泛娱乐主义在网络传播中的特点、危害及其应对》,《领导科学论坛》2019年第9期。

师曾志:《警惕泛娱乐化奴役自我》,《人民论坛》2018年第6期。

贾文山:《跳出泛娱乐主义的怪圈》,《人民论坛》2019年第2期。

贾文山:《泛娱乐主义使娱乐成为愚乐》,《人民论坛》2018年第5期。

邢国忠:《泛娱乐主义对青年价值观的影响研究》,《中国特色社会主义研究》2018年第6期。

朱珉迕:《泛化的娱乐,无关"自由"与"多元"》,《解放日报》2018年9月11日。

林于良:《新媒体时代消费主义生活化传播与青年价值观教育》,《山东行政学院学报》2018年第1期。

莫少群:《当代中国的消费主义现象:消费革命抑或过度消费?》,《南京师大学报》(社会科学版)2012年第4期。

陈昕:《救赎与消费:当代中国日常生活中的消费主义》,江苏人民出版社2003年版。

余保刚:《消费主义境遇下我国主流意识形态控制》,《理论导刊》2009年第9期。

张文富:《消费主义在中国的成因、影响及应对》,《理论导刊》2012年第9期。

吴文君:《改革开放四十年来中国消费主义问题研究综述及展望》,《山东青年政治学院学报》2018年第4期。

社论:《过度消费主义不是扩大内需的正道》,《21世纪经济报道》2018年12月13日。

武建奇:《要消费,不要"消费主义"》,《河北日报》2013年2月27日。

田月容:《论消费主义的意识形态化》,《大理大学学报》2019年第5期。

赵玲、高品:《消费主义的中国形态及其意识形态批判》,《探索》2018年第2期。

崔龙燕、石秀秀、黄娟:《对消费主义生活方式的生态批判》,《郑州轻工业学院学报》(社会科学版)2018年第6期。

本刊编辑部：《中美贸易争端：一场难以结束的发展较量——访原国家行政学院副院长韩康教授》，《行政管理改革》2019 年第 9 期。

饶娣清：《论实用主义精神》，《湘潭大学学报》（社会科学版）1994 年第 4 期。

魏迪：《民国实用主义新闻教育思想研究》，《青年记者》2019 年第 20 期。

何鹏：《知识产权立法的法理解释——从功利主义到实用主义》，《法制与社会发展》2019 年第 4 期。

姬志闯：《实用主义的"古典"分野：在何种意义上？——一个谱系学的考察与回应》，《山东师范大学学报》（人文社会科学版）2019 年第 4 期。

徐陶、胡彩云：《实用主义起源于一场误会吗？——对古典实用主义的产生与内在谱系的历史考察》，《中南大学学报》（社会科学版）2019 年第 1 期。

何丹丽：《论实用主义思潮对当代大学生专业选择的影响》，《文化创新比较研究》2019 年第 18 期。

郭庆光：《传播学教程》（第二版），中国人民大学出版社 2011 年版。

卡尔·马克思：《贫困的哲学》，人民出版社 1964 年版。

黄楚新：《女性主义的觉醒与滥觞》，《人民论坛》2019 年第 2 期。

魏屹东：《科学主义的实质及其表现形式》，《自然辩证法通讯》2007 年第 1 期。

田松：《唯科学·反科学·伪科学》，《自然辩证法研究》2000 年第 9 期。

陈志宏、陈永杰：《进步、科学精神与科学主义——对科学有效性范围的考察》，《青海社会科学》2018 年第 6 期。

李丽、李明宇：《现代中国科学观转型的双重语境》，《自然辩证法通讯》2019 年第 10 期。

李思琪：《当前公众的科学观调查研究报告》，《国家治理》2019 年第 21 期。

邢兆良：《伪科学、科学作伪与伪科学思潮》，《上海交通大学学报》（哲学社会科学版）2003 年第 2 期。

李丽、李明宇：《现代中国科学观转型的双重语境》，《自然辩证法通讯》2019 年第 10 期。

谢晓娟、李俊玲：《论五四新文化运动时期的科学主义思潮》，《中国矿业大学学报》（社会科学版）2019 年第 3 期。

苏森：《哲学话语体系：从思辨哲学、实证哲学到广谱哲学》，《自然辩证法研究》2019 年第 9 期。

闻媛：《科学，抑或人文？——关于经济学研究方法论的反思》，《天津社会科学》2019 年第 4 期。

田松：《再逢文明转型》，《科学与社会》2019 年第 1 期。

陈志宏、陈永杰：《进步、科学精神与科学主义——对科学有效性范围的考察》，

《青海社会科学》2018年第6期。

许永华：《新自由主义思潮对高校大学生消极影响的三重维度——兼论有针对性的提高意识形态安全教育》，《教育现代化》2019年第7期。

陈橹：《新自由主义走"下坡路"了吗》，《人民论坛》2018年第2期。

保建云：《西方新自由主义的内生型危机》，《人民论坛》2019年第1期。

《马克思恩格斯选集》第1卷，人民出版社2012年版，第426页。

曹二刚、庞世伟：《当代社会非主流思潮评析》，中国言实出版社2014年版，第29页。

霍布豪斯：《自由主义》，朱曾汶译，商务印书馆2013年版，第96页。

张云飞：《在多元格局中平稳前行的国际生态主义》，《人民论坛》2019年第1期。

受众如何认知社交媒体场域中的历史虚无主义

——基于1934条新浪微博评论的话语分析

黄世威　王玉玮[①]

摘要：社交媒体中盛行的历史虚无主义已经成为影响改革开放和现代化建设的主要危险之一。用户作为社交媒体的主体，究竟如何认知社交媒体场域中的历史虚无主义？本研究从社交媒体微博评论话语文本入手，尝试从恩特曼的话语分析框架来考察微博用户对历史虚无主义的认知与态度，具体分析他们是如何理解历史虚无主义，如何对历史虚无主义进行因果解释、道德评价，以及对历史虚无主义的治理提出了哪些对策。通过对社交媒体用户在现阶段对历史虚无主义认知的检阅，既有助于把握当下社交媒体中历史虚无主义的传播特点与治理难点，从而对历史虚无主义进行针对性的治理；亦能够在治理环节中充分调动用户的"集体智慧"，进而有效发挥用户的"自治"功能，弥补传统治理环节中监管的"缺场"。

关键词：社交媒体；历史虚无主义；话语分析

当前，社交媒体已经成为公众话语实践的主要场域，各种思想多样陈杂、各种力量竞相发声。"主流意识形态与多样化社会思潮长期并存、相互激荡趋势越发显著"[②]。这其中，影响改革开放和现代化建设的主要危

[①] 黄世威，暨南大学新闻与传播学院博士研究生；王玉玮，暨南大学新闻与传播学院教授，博士生导师。
[②] 郭彦林：《当前中国社会思潮的新表现及应对》，《科学社会主义》2018年第5期。

险之一是历史虚无主义。① 习近平总书记曾一针见血地指出："历史虚无主义的要害，是从根本上否定马克思主义指导地位和中国走向社会主义的历史必然性，否定中国共产党的领导"②。因此，能否抵制历史虚无主义思潮事关我国意识形态安全、政权安全、政治安全。

社交媒体用户作为网络中最活跃的传播节点，亦成为历史虚无主义最主要的传播者与受众。在纪念五四运动100周年大会的讲话中，习近平总书记在寄语新时代中国青年时强调要"自觉抵制历史虚无主义等错误思想"。在社交媒体传播场域中，自觉抵制历史虚无主义则对用户提出了更高的素养要求，比如：如何甄别历史虚无主义，采取何种策略抵制历史虚无主义等。因此，厘清社交媒体用户在现阶段对历史虚无主义的认知，既有助于把握当下社交媒体中历史虚无主义的传播特点与治理难点，从而对历史虚无主义进行针对性的治理；亦能够在治理环节中充分调动用户的"集体智慧"，进而有效发挥用户的"自治"功能，弥补传统监管的"缺位"。

要引导大学生理性认识各种社会思潮的主要途径。随着改革开放的不断深入，世界各种思想文化相互交融和不同社会思潮的涌入，人们的价值观容易陷入迷茫，应以社会主义核心机制体系引领当代社会思潮（余德久，2010）。以社会主义核心价值观引领大学生思想政治教育工作是高等教育的重要使命（李前进、陈祝峰，2010）。增强思想政治教育内容的社会现实性和生活化、渗透力、生动性和鲜活力，不断提高思想政治教育队伍建设和创新思想政治教育的方式是增强思想政治教育的吸引力及其对社会思潮影响的重要途径（邱柏生、左超，2010）。加强高校"两课"建设、把社会主义核心价值体系融入校园文化、充分利用网络等媒介宣传社会主义核心价值体系是高校用社会主义核心价值体系引领社会思潮的有效途径（邓海宾，2011）。提高对各种社会思潮批判引导的重要性和紧迫性的认识、加强社会主义核心价值观体系教育、丰富思想政治理论教育渠道、加强社会舆论环境建设等（余双好，2010）。原则上的一元性与多层次性相结合、

---

① 董必荣：《虚幻的构境：历史虚无主义批判》，《毛泽东邓小平理论研究》2013年第3期。
② 中共中央党史研究室：《历史是最好的教科书——学习习近平同志关于党的历史的重要论述》，《人民日报》2013年7月22日。

途径上的灌输性与渗透性相结合、方针上的批判性与建设性相结合是发挥思想政治教育意识形态功能的重要方式（吴秀华，2010）。大学生接触和理解社会思潮的课外渠道多于课内渠道，形式多是碎片化地接触，缺乏系统性地把握，高校思想政治工作宣传应牢牢掌握网络舆论战场的主动权，不断壮大主流思想的舆论阵地（王易，2015），科学引导大学生理性认识各种社会思潮。

一　中西方关于历史虚无主义的研究逻辑

"虚无主义"一词最初是德国哲学家雅各比在1799年《给费希特的信》中使用，他用其来指责康德哲学必然走向虚无主义。① 在此基础上，"尼采首次以虚无主义来命名我们处身其中的历史性现在"②。虚无主义这个名称表示的是一个为尼采所认识的、已经贯穿此前几个世纪并且规定着现在这个世纪的历史性运动，③意味着一切最高价值的自行贬黜，没有目的，没有对目的的回答。④

虚无主义在历史领域的具体表现就是历史虚无主义，其主要特征是"否定"、"怀疑"和"重估"历史。伴随着全球化进程的加快，历史虚无主义已经演变为全球景象。

西方文化语境中并没有"历史虚无主义"这一概念，⑤但是从西方传统史学向现代"新史学"的转型中已经凸显出了学者对其的思考。以兰克为代表的传统史学家主张史学研究应剔除"主体"情感的偏见，追求"还原历史真相"的普遍诉求。19世纪末，传统史学开始遭到新史学的挑战。新史学强调历史是活的、是由人创造出来的，"在解释历史时，自觉承认自己处在'解释的境况'之中，这才是我们研究历史时的正确态

---

① 林峰：《历史虚无主义的根源、困境、工具及克服》，《学术探索》2016年第11期。
② 余虹：《虚无主义——我们的深渊与命运?》，《学术月刊》2006年第7期。
③ 马丁·海德格尔：《林中路》，孙周兴译，上海译文出版社1997年版，第219页。
④ 尼采：《权力意志——重估一切价值的尝试》，张念东、凌素心译，商务印书馆1991年版，第400页。
⑤ 杨龙波、季正聚：《历史虚无主义的流变逻辑及其新表现》，《当代世界与社会主义》2018年第4期。

度"①。新史学强调对历史的综合研究，重视对理论的概括与解释，提高了人在历史研究中的主体性。但是，随着欧洲资本主义进入帝国主义阶段，人们进一步极化了人在历史解释中的主体性，开始颂扬非理性在人类生存和发展中的重要作用，从而出现了否定权威、否定传统以及否定其他有效价值，并集怀疑主义、解构主义、自由主义、颓废主义、历史主义等思想于一身的历史虚无主义思潮，以近代以来的卡尔·波普尔、雅克·德里达、海登·怀特等人为代表。

关于历史虚无主义在中国产生和重新泛起的时间，学界尚无统一的看法。② 但学者们一致认为，五四时期，全盘西化思潮的盛行生成了国人历史观上的"虚无"祸根。陈云在对"四人帮"的极"左"路线进行批判时第一次使用了"历史虚无主义"一词："闭目不理有几百年历史的传统书，是一种历史虚无主义"。不同于西方，"国内所使用的'历史虚无主义'一词是一个特定的政治概念"，主要指中国改革开放和现代转型这一特殊历史时期，受到西方各种思想观念的影响而泛起的，旨在否定中国共产党和新中国历史的错误的政治思潮。历史虚无主义常常会披戴学术外衣、文艺外衣和言论、舆论外衣，③ 进而否定革命运动，颂扬改良运动；否定黄土文明，颂扬海洋文明；鼓吹侵略有功，贬损救亡斗争；颂扬反面人物，抹黑英雄形象。④

在社交媒体成为意识形态斗争主战场的同时，学者们也将目光聚集于此。一部分学者从社交媒体场域中历史虚无主义传播的新特点与应对策略出发，认为社交媒体中的历史虚无主义呈现出传播内容的碎片化与选择性解读、传播形式的隐蔽性与潜隐性影响、传播对象的多元性与话语权分散、传播效果的恶劣性与放大效应等新特点，⑤ 其本质都是为了

---

① 殷鼎：《理解的命运——解释学初论》，生活·读书·新知三联书店1988年版，第167—168页。
② 杨龙波、季正聚：《历史虚无主义的流变逻辑及其新表现》，《当代世界与社会主义》2018年第4期。
③ 关锋：《近年来历史虚无主义思潮的新特点及其批判》，《山东社会科学》2019年第3期。
④ 王斌、张志初：《历史虚无主义的表现、本质、根源及应对》，《湖湘论坛》2017年第2期。
⑤ 仰义方：《新媒体环境下历史虚无主义的传播特点与应对策略》，《思想政治教育研究》2017年第1期。

抹黑党史国史,"搞乱人心,煽动推翻中国共产党的领导和我国社会主义制度"。[①] 对此,有关部门应充分利用互联网等现代传媒占领意识形态领域的新阵地,发挥民间群体的正能量作用,进而完善国家监管体系以及捍卫民族与历史记忆。[②] 值得注意的是,另一部分学者还从微观视角出发,将研究对象聚焦于社交媒体场域中历史虚无主义的某些突出表现与易感人群。比如对"精日"现象的研究[③④]、对青年群体中历史虚无主义问题的研究。[⑤]

文献综述发现,中西方对于历史虚无主义的研究呈现出不同的研究取向,西方将其作为史学思潮中的一种,国内更加注重其在政治上的危害性,从而对历史虚无主义的流变、传播特点及应对措施进行研究。在研究方法上,国内外研究均以思辨研究为主,实证研究还尚属阙如。此外,对社交媒体场域中的历史虚无主义研究还有待深入,对历史虚无主义自上而下的研究视角在社交媒体时代已经暴露出了其局限性。社交媒体具有"参与式文化"的特征,面对历史虚无主义思潮,受众不再是"中弹即倒"的"靶子",而是成为能动的信息生产者、传播者,游弋于各大社交平台。他们抑或扮演着"拆穿者"的角色、抑或成为积极的"举报者"……因此,自下而上厘清社交媒体用户在现阶段对历史虚无主义的认知与态度,才能有助于对这一错误思潮采取更有针对性的应对措施,也能够更大程度地调动社交媒体用户的能动性,以"自组织"的方式弥补传统治理环节中的监管"缺场"。基于此,本研究将采取量化与质化相结合的研究方法,从受众参与的角度对社交媒体场域中的历史虚无主义进行研究。

---

① 中共中央文献研究室:《十八大以来重要文献选编》(上),中央文献出版社2014年版,第113页。
② 王玉玮:《新媒体语境下历史虚无主义的表现形态及其价值批判》,《江西财经大学学报》2017年第1期。
③ 杨金华、黄陈晨:《"精日"现象透视》,《红旗文稿》2018年第17期。
④ 阮博:《爱国主义视域下青年"精日"现象论析》,《中国青年研究》2019年第5期。
⑤ 刘伟兵、龙柏林:《青年群体中的历史虚无主义问题与应对》,《当代青年研究》2017年第1期。

二　样本选择与研究方法

（一）样本采集

新浪微博作为国内用户使用最广泛、最典型的社交媒体之一[1]，相比其他新媒体平台具有更好的开放性与传播能力，已经成为公众网络话语实践的主要场域。因此，本研究以新浪微博评论为研究对象，研究时段选定为2016年10月1日至2019年10月1日。以"历史虚无主义"为关键词，使用新浪微博进行高级搜索，类型选择为"热门"，选择评论量高于300且主题较为集中的微博共计7条，分别涉及"'国家队'反击历史虚无主义""张灵甫被美化为抗日名将""电视剧《巴清传》严重背离史实""电影《建军大业》不符合历史人物形象""历史教科书将'五胡乱华'改为'五胡入华'是否虚无历史"五个话题。在此基础上，通过对7条热门微博评论可读性的筛选，最终得到1934条微博评论作为研究样本。

（二）研究方法

采用量化与质化相结合的方法，在对微博评论内容分析的基础上进行话语分析。先对微博评论样本编码统计，进行内容分析，作为进一步开展话语分析的量化依据。然后在此基础上，结合微博评论文本对微博用户认知中的历史虚无主义进行话语分析。按照恩特曼的研究，话语等的框架主要有四种：界定问题、因果解释、道德评价和处理建议。本文借鉴恩特曼提出的四个维度，考察微博用户对历史虚无主义的认知与态度，具体分析他们是如何理解历史虚无主义，如何对历史虚无主义进行因果解释、道德评价，以及对历史虚无主义的治理提出了哪些对策。

（三）分析单位与类目建构

根据样本具体内容，结合进一步话语分析所要考察的界定问题、因果

---

[1] 刘振声：《社交媒体依赖与媒介需求研究——以大学生微博依赖为例》，《新闻大学》2013年第1期。

解释、道德评价和处理建议四个维度，设定样本考察的分析单位为账号类别、评论主题、对历史虚无主义的风险感知三类。

1. 账号类别

即微博评论用户的账号主体类别。根据账号主页显示的账号归属信息，将账号类别分为四类：①传统媒体账号、②政府及事业单位账号、③企业账号、④个人账号。

2. 评论主题

通过细读微博评论文本，本研究将评论主题归纳为以下七类进行编码：①举报（在评论中举报历史虚无主义现象）、②归因（在评论中对历史虚无主义进行因果解释）、③拆穿（在评论中对历史虚无主义现象进行揭穿）、④段子、⑤抒发情感、⑥辩护（在评论中为历史虚无主义的合理性做辩护）、⑦其他。

同时，根据微博评论内容，将归因对象再次分为七类：①政府、②主流媒体、③自媒体/网络平台、④意见领袖、⑤普通用户、⑥影视文学、⑦其他。

3. 对历史虚无主义的风险感知

借鉴李克特量表对调查者认知的评分设置，通过样本内容并归纳，将微博评论用户对历史虚无主义风险程度感知划分为五类：①危害巨大、②有危害、③危害不确定、④没有危害、⑤十分有益。

三　研究发现

（一）基于微博评论的内容分析

1. 微博评论用户的账号类别分布——传统媒体存在"缺位"现象

在微博评论用户的账号类别上，首先个人账号（82.6%）是主力军，其次是政府及事业单位账号（16.3%），最后是企业账号（1.1%），如表1所示。进一步分析和观察发现，个人账号中，绝大多数账号都是非认证账号（83.2%），由此说明普通网民参与历史虚无主义话题讨论的活跃性较高。政府及事业单位账号中，以各地共青团官方微博（60.7%）、各地反邪教官方微博（32.5%）为主。此外，政府及事业单位账号发布的微博存在"集群效应"，比如在共青团中央发布关于历史虚无主义的推文后，各地共青团官方微博也会纷纷评论并转发。

表1　　　　　　　　　微博评论用户的账号类别分布

用户账号类别	频数	百分比（%）
个人账号	1598	82.6
政府及事业单位账号	315	16.3
企业账号	21	1.1
传统媒体账号	0	0
其他	0	0
合计	1934	100

值得注意的是，传统媒体账号没有参与到关于历史虚无主义的微博评论中，这也在一定程度上说明传统媒体在历史虚无主义的治理环节中没有充分发挥应有的引导作用。进一步结合传统媒体账号发布的微博发现，传统媒体账号会偶尔发布关于历史虚无主义的推文，但在正文当中并无直接标明"历史虚无主义"的字样。传统媒体账号的推文会更注重新闻价值层面的时新性，以报道历史虚无主义相关的最新事实为主，例如《中华人民共和国英雄烈士保护法》的颁布、在公众场合穿日本军服而被刑拘等。

与传统媒体账号相较而言，政府及事业单位发布的关于历史虚无主义的微博更多聚焦于宏观层面的观点与已发生的史实，比如共青团中央发布的"警惕网络历史虚无主义传播的新趋势"，中国历史研究院每日会挑选重要的历史事件发布相关内容。

2. 微博用户对历史虚无主义的评论类型——寻找原因是主流

表2显示，归因（42.9%）成为微博用户对历史虚无主义评论的主要类型。在归因对象上，首先是意见领袖（31.6%）占比最高，其次是自媒体/网络平台（23.4%），影视文学（14.6%）、普通用户（12.7%）、政府（10.7%）紧随其后。

值得注意的是，约1/3（31.4%）的微博评论是在抒发情感，以此表达对历史虚无主义的反对或支持。这也从侧面说明了更多的用户选择较为理性的评论方式。

表 2　　　　　　　微博用户对历史虚无主义的评论类型

评论类型	频数	百分比（%）
归因	830	42.9
抒发情感	608	31.4
拆穿	221	11.4
举报	163	8.4
段子	67	3.5
其他	32	1.7
辩护	13	0.7
合计	1934	100

评论类型为拆穿的微博用户占比 11.4%，细读文本发现，用户拆穿的方式通常为结合史料再加工与在评论中转发链接两种。多数用户采用了结合史料再加工的方式来拆穿历史虚无主义。

归因、拆穿、举报的评论类型占了绝对多数（62.7%），由此也说明微博用户迫切希望能够对历史虚无主义进行治理。与此同时，微博用户也在通过"集体智慧"来自觉抵制历史虚无主义。

从纵向来看，抒发情感的微博评论占比在总体上呈现出逐年下降趋势（见图1），由此反映出关于历史虚无主义的微博评论正在越来越回归理性化，从对虚无主义态度极化的两端逐渐回归到通过理性探讨谋求共识。与此对应的是，归因类评论正在逐年缓慢上升，说明微博评论用户始终都很重视历史虚无主义产生的原因，并且这种关注度还在逐年递增。

3. 微博用户对历史虚无主义的风险感知——存在危害基本达成共识

在对历史虚无主义的风险感知上，历史虚无主义存在危害已经成为了微博用户的共识（见表3）。其中，有 69.9% 的用户认为历史虚无主义有危害，12% 的用户认为历史虚无主义存在巨大危害。此外，还有 17% 的微博用户在评论中没有显露出对历史虚无主义风险感知的倾向。

值得注意的是，有近 1% 的用户认为历史虚无主义没有危害，甚至有

350
300
250
数200
量150
100
50
0
　　2016.10.1—2017.10.1　　2017.10.1—2018.10.1　　2018.10.1—2019.10.1
时间阶段
—— 抒发情感评论数量　·········归因评论数量

图1　抒发情感与归因类评论数量

0.2%的用户认为历史虚无主义十分有益。进一步观察发现，一部分用户是故意以此吸引流量，但是这也在一定程度上说明反对历史虚无主义的网络宣传还需更加深入。

表3　　　　　　　　微博用户对历史虚无主义的风险感知

类型	频数	百分比（%）
危害巨大	231	12
有危害	1353	69.9
危害不确定	329	17
没有危害	17	0.9
十分有益	4	0.2
合计	1934	100

（二）基于微博评论的话语分析

1. 界定问题：关于历史虚无主义"是什么"的话语实践

微博评论看似是碎片化的表达，但如果将其还原到具体的语境中则可以把握完整意义。语言学家将语境分为动态语境与静态语境，"静态语境是能对言语者产生影响的各类背景信息，包括时间、地点、社会环境、文化传统、教育程度、素质涵养等。动态语境则认为双方言语沟通是在实际交流过程中通过认知环境重新建构的,呈现出一问一答的螺旋上升式特点"。① 微博评论用户对历史虚无主义的含义认知是由静态语境与动态语境共同形塑,一方面与后现代主义思潮、深化改革的社会阶段等静态语境相勾连;另一方面又在具体的话语实践中呈现出动态问答并走向"否定之否定"的特征。

从历史维度来看,人们对历史虚无主义"是什么"的认知在不同历史阶段的静态语境中呈现出不同的面貌。19世纪,"中国新知识分子在西方列强侵略与奴役的强烈刺激下感受到旧时代的不足,开始仓促地与旧时代告别"。②"以陈序经和胡适为代表的一批知识分子提出了全盘西化的主张"③,全盘西化也必然否定了本民族的历史与传统文化,这是中国近代历史虚无主义的表征。全盘西化的论调伴随着马克思主义的传播以及新中国成立后马克思主义在中国的根本指导地位的确立而走向沉寂。④ 20世纪70年代末,在改革开放、思想解放的时代潮流下,伴随着对"大跃进""文化大革命"的反思,历史虚无主义借助西方"非毛化"的舆论抬头,这一阶段的历史虚无主义主要是想通过彻底否定毛泽东与毛泽东思想进而从根本上否定中国共产党和新中国的历史。随着改革开放的逐渐深入,"崇洋媚外"之风开始在西方较为发达的物质文明刺激下甚嚣尘上,此时的历史虚无主义主要表现为用西方"蓝色文明"否定中国的"黄色文明",1988年电视系列片《河殇》便是典型的代表。20世纪80年代末90年代初,东欧剧变、苏联解体为历史虚无主义者攻击马克思主义提供了"绝佳"的素材,历史虚无主义在这一阶段主要是大肆渲染马克思主义过时论、社会主义失败论。⑤

---

① 王占馥:《境况语义学导论》,福建人民出版社2000年版,第21—22页。
② 姜义华:《我国近代型知识分子群体简论》,《近代史研究》1987年第1期。
③ 张丽娟、展婷婷:《冲击与回应:新时期历史虚无主义对少数民族大学生的影响与对策思考》,《黑龙江民族丛刊》2017年第4期。
④ 许恒兵:《历史虚无主义思潮的演进、危害及其批判》,《思想理论教育》2013年第1期。
⑤ 竟辉:《改革开放以来中国共产党意识形态工作的创新与经验》,《甘肃社会科学》2019年第2期。

进入新世纪以来，以相对主义、怀疑主义为主要表现的西方后现代主义思潮开始在国内蔓延并试图挑战乃至颠覆主流历史观。与此同时，随着社会转型发展和改革纵深推进，"一些权力利益受损的社会成员在心理上出现对改革不抱乐观和欢迎的态度，以不满、怨恨、怀疑、失望为心理基础散布否定改革开放的虚无主义言论"。[①] 凭借网络平台尤其是社交媒体，以往各种样态的历史虚无主义都在后现代主义思潮与深化改革攻坚期的静态语境中找到了自由发挥的空间。所以，当前微博场域中的历史虚无主义"不再是以往较为'单一性'的主张，而是与不同的主张呈现'合流'之势"[②]，由此形成了微博评论用户对历史虚无主义聚讼纷纭、言人人殊的局面。在微博评论中，一些用户认为应该尊重多元意见表达，随意扣上历史虚无主义的"帽子"将会打压言论自由，由此引发了众多微博用户对历史虚无主义究竟是什么的讨论。比如有评论认为"历史本来就有主观性，所以对历史的质疑并非都是历史虚无主义"，还有的评论认为"当前的历史研究并不能还原历史，只是'想象的历史'，所以一切历史就是虚无主义"。

从动态语境出发，这些围绕历史虚无主义是什么的评论其实也是一个螺旋式上升的过程。从2016年乃至更早的关于历史虚无主义的微博评论中发现，有相当一部分用户在微博评论中认为历史虚无主义"不过是一套扼杀言论自由的说辞"，部分用户甚至极端到号称"现在的历史课本基本都是编造的历史"。随着2017年《中华人民共和国英雄烈士保护法》被提上立法日程、国家网信办相继对网络群组和网络微博客等平台信息服务进行规范以及网络实名制的全面到来，网民对于历史虚无主义的评论也相继开始从情感化的宣泄走向针对"本体论"的理性化讨论。从具体的微博评论来看，从"发问—回答—再发问—再回答"，微博评论用户对历史虚无主义的认识在"越辩越明"，最终达成共识。在"中国反邪教"官方账号发布的"警惕网络空间的历史虚无主义症候"推文中，有用户反问到"请解释一下什么叫'历史虚无主义'，不要拿着'大棒子'到处打

---

① 魏佳：《改革开放以来历史虚无主义泛起的社会心理成因及其对策》，《思想理论教育导刊》2019年第4期。
② 陶鹏：《网络语境下历史虚无主义的流变及其批判》，《中州学刊》2016年第8期。

人",这条提问下方则有45条相关回答,在一问一答中最终达成了共识"历史是严谨的,是需要经过文献以及各种资料严格考证的,胡编乱造的不是历史,是故事"。

2. 因果解释:关于历史虚无主义"为何"形成的话语实践

意见领袖(31.6%)、自媒体/网络平台(23.4%)、影视文学(14.6%)、普通用户(12.7%)、政府(10.7%)依次成为微博评论用户主要的归因对象。结合具体的微博评论文本,可以得到更为深刻的因果解释。

拥有较大话语权的意见领袖通常在网络社会思潮的引领中发挥着重要的作用。然而,一些历史"大V"却大肆贩卖历史虚无主义观点,成为历史虚无主义的理论阐释者和辩护人。正如微博评论所说"一些历史'大V'经常充当历史的发明家,故意散播一些有悖于大众常识的历史知识,已经成为了历史虚无主义的头号传播者"。除此之外,还有一些意见领袖由于疏于核实信息而成为历史虚无主义传播的"帮凶",比如:演员袁立在微博发文"美龄宫项链,蒋公的浪漫",而这实际上是谣言。

自媒体与部分网络平台也成为历史虚无主义的策源地。微博用户在评论中表示,"肆意污蔑雷锋、狼牙山五壮士……自媒体已经成为了历史虚无主义的重灾区,一些自媒体为了吸引流量,将历史断章取义,甚至完全杜撰历史"。还有部分微博评论用户写到"某些历史微信号经常打着普及知识或揭秘的幌子大行历史虚无主义,实际上就是吃'烂钱'的营销号,遇到这种历史千万不要相信"。与此同时,微博评论用户也将目光从自媒体聚焦到背后的网络平台。微博用户"兔小薇"在评论中谈到"历史虚无主义最泛滥的可能就是微信平台,'秘闻'满天飞,而且长辈们都在用微信,很容易受其影响"。用户"麦芽糖糖糖"进一步补充道"网络平台疏于管理,对历史虚无主义容忍度太高才导致假历史充斥网络"。

影视文学作品以其通俗的讲述方式成为大众了解历史的主要渠道之一。然而,一些影视文学作品不惜放弃正确的价值导向去追逐娱乐和利润的最大化,对历史人物和历史事件进行恶搞、"戏说"与解构,比如"抗日神剧"中的"手撕鬼子"、小说《白鹿原》对地主阶级的美化等。微博用户也在评论中表达了对影视文学作品篡改历史的不满之情,用户"陵谷槐"表示,"影视文学作品可以有娱乐,但它们也是文化载体,不能成为虚假文化的宣传工具"。用户"桃之"谈到"我基本上对国内电视剧失去了信心,编剧的脑洞能不能用在该用的地方?最起码要忠于历史吧,随意拆分拼接历史人物和历史事件,真的会误导很多人"。

与此同时,微博评论用户还对历史虚无主义的传播进行自我归因。首先,用户自身缺乏正确的历史观,容易滑入唯心史观的藩篱。微博用户"叶影28066"认为,"很多用户没有掌握历史唯物主义方法,不懂得从整体和联系上去把握历史,进而把历史简单化和碎片化,容易被别有用心的说法带偏"。其次,用户对于"野史""秘闻"的好奇心也促使历史虚无主义有机可乘。用户"西风瘦猫"说到,"怪我们自己的好奇心太强了,总想去看看'非主流'历史,这些虚无主义也正是抓住了我们这样的心理吧"。最后,微博评论用户还将原因进一步归于自身历史素养的缺乏,"我们普通用户对历史一知半解,很难去分辨网上流传的历史,就算有所怀疑,但由于知识面不够,也挺无能为力的"。

还有一部分用户将政府作为历史虚无主义的归因对象。通过细读微博评论发现,这部分用户认为相关部门没有在治理历史虚无主义中发挥有效作用,比如广电总局会审查通过含有历史虚无主义的影视剧、文化主管部门会默许充斥历史虚无主义色彩的文学作品出版等。

3. 道德评价:关于历史虚无主义"有何"影响的话语实践

奥克肖特在《巴别塔》中区分了两种形式的道德:"作为友爱和行为的习惯的道德"与"作为对道德标准的反思应用的道德"[①],"习惯性"道德与"反思性"的区别在于一种规则是否能被反省思考后加以运用。与之对应的道德评价也可分为"习惯性道德评价"与"反思性道德评价"。休谟在《人性论》中极力提倡"反思性道德",并将反思后的道德的"效用性"作为道德评判的标准。[②] 认为真正的德性不仅是给个人带来利益与愉悦感,也会给整个社会带来幸福与满足。

在对历史虚无主义的道德评价上,中国共产党很早就看清了历史虚无主义的反动本质和巨大危害,并对其进行了深刻的"反思性"道德评价。李大钊在反对"全盘西化"时指出:"宇宙的进化全仗新旧二种思潮,互相挽进,互相推演,缺一不可"。[③] 毛泽东向全党发出了贯彻历史主义的

---

① Oakeshott M, The tower of Babel, *Cambridge Journal*, 1991(2).
② 王腾:《从"理性认识"到"意识呈现":休谟道德哲学建构的情感逻辑》,《西南大学学报》(社会科学版)2015年第4期。
③ 李大钊研究会:《李大钊全集》(第3卷),人民出版社2013年版,第431页。

号召:"我们是马克思主义的历史主义者,我们不应当割断历史"。① 邓小平强调:"每个党、每个国家都有自己的历史,只有采取客观的实事求是的态度来分析和总结,才有好处"。② 习近平在全国党史工作会议上明确指出:"历史虚无主义以所谓'重新评价'为名,歪曲近现代中国革命历史、党的历史和中华人民共和国历史"。③

相较而言,网民对于历史虚无主义的道德评价经历了长期的"习惯性道德评价"才过渡到"反思性道德评价"。网民最初对历史虚无主义的评价为基于网络"狂欢"式的"习惯性道德评价",这种道德评价的准则主要是能否满足个人本能式的快乐感与有用性。在快乐原则与有用法则主导下的"习惯性道德评价"中,多数网民对历史虚无主义进行不加思考式的点赞,并将由此习得的虚假历史当作"人无我有"的"社交货币"。由此也刺激了各大网络平台历史营销号的疯狂生长,并将一些虚无主义者称为"史上最牛历史老师"。"这些评判表面上看起来是道德评判,实质上不过是伪装下的基于自我利益的评判"。④

"成熟的道德评价应该从'普遍视角'出发,将所有可能受影响的因素都考虑在内"⑤,这是一种超越个人利益的"反思性道德评价",亦是从"自发"到"自觉"的道德评价过程。2013 年,《炎黄春秋》原执行主编洪振快发表多篇文章贬低丑化狼牙山五壮士形象,掀起网络热议。在此之后,网上出现了对其他革命烈士如邱少云、董存瑞、黄继光等的所谓"揭秘",抹黑和恶搞革命烈士竟然成风。最典型的莫过于 2015 年 4 月加多宝与微博大 V"作业本"通过侮辱先烈邱少云的方式进行营销炒作。随后,"狼牙山五壮士"两名幸存者的后人及邱少云家人先后对侮辱烈士的行为进行起诉并获胜。在这一连串的历史虚无主义事件与持续的讨论中,网民逐渐开始道德反思进而意识到历史虚无主义可能会伤害被污蔑对象的家属及民族情感,比如有评论写到"英雄烈士是民族精神的象征,否定英雄烈士不仅会

---

① 毛泽东:《毛泽东选集》(第 2 卷),人民出版社 1991 年版,第 534 页。
② 邓小平:《邓小平文选》(第 3 卷),人民出版社 1993 年版,第 272 页。
③ 央广网:《习近平:历史不可虚无》[EB/OL],(2016-10-20)、(2019-11-12), http://news.cnr.cn/native/gd/20161020/t20161020_523210292.shtml。
④ 迈克尔·弗雷泽:《同情的启蒙——18 世纪与当代的正义和道德情感》,胡靖译,2016 年版,第 51 页。
⑤ 迈克尔·弗雷泽:《同情的启蒙——18 世纪与当代的正义和道德情感》,胡靖译,2016 年版,第 51 页。

让烈士家属寒心,也会让民族失去精神脊梁"。值得注意的是,2019年"香港修例风波"进一步推动了网民对历史虚无主义道德评价的全面反思,网民纷纷在评论中表示"对中国历史教育的长期缺失造成香港学生缺乏历史感、文化观和爱国心,这在一定程度上助长了今日之'乱象'"。

结合微博评论样本来看,绝大多数用户(81.9%)都已认为历史虚无主义存在危害,但用户对于历史虚无主义危害大小的感知有所不同。进一步分析发现,认为历史虚无主义危害较小的用户通常是将历史虚无主义的影响置于个体维度,认为历史虚无主义会给自身与他人带来错误的历史知识,抑或是损害某些历史人物或历史事件的真实性。认为历史虚无主义危害巨大的用户则是将历史虚无主义的影响置于更宏大的视角中,上升到整个民族和国家的角度来看待历史虚无主义的危害性。比如微博用户"此心未央"认为"历史虚无主义这也是颜色革命的一种方式,否定历史就是否定整个民族的过去"。微博用户"慕文程"写到,"灭国先灭史很有道理,利用人都喜欢看八卦小道野史的心理,造谣发明历史,借机传播自己的歪理邪说,混淆视听。让大众自我怀疑接受的正统历史教育,从而否定现存的一切"。

还有一部分用户(17%)认为历史虚无主义的危害不确定,即从其微博评论中无法察觉到对历史虚无主义的态度倾向。一方面可能因为其已经意识到危害性,只是在微博公共场域中扮演了"沉默者"的角色;另一方面则可能因为其确实还处于态度模棱两可的状态。但是通过其他用户在评论中对历史虚无主义危害的阐释抑或是接受到更多关于历史虚无主义危害的宣传,他们对于历史虚无主义的危害感知也许就会更强。

此外,1%的用户认为历史虚无主义没有危害甚至十分有益,比如微博评论"对自己有利的就是历史,对自己无利的就是虚无历史"、"说真话的反而被贴上历史虚无主义的标签"等。此部分评论占极少数,但也能起到蛊惑人心的作用。观察发现,虽然这种美化历史虚无主义的评论下面也有部分支持者,但更多的用户则通过诉诸理性或感性的方式澄清此种错误观点。

4. 处理建议:关于历史虚无主义"如何"治理的话语实践

用户对于历史虚无主义"如何"治理的评论呈现出两个特征:第一,要求对主要群体与重点领域进行专项治理;第二,提倡多方共同治理,但治理主体应有主次之分,即构建"政府主导、多方参与、有效互动"的协同治理模式。

正如前文统计数据所显示,意见领袖、自媒体与网络平台已经成为历史虚无主义传播的主要群体与重点领域。所以，历史虚无主义的治理首先应该聚焦于重点群体与领域。微博评论用户对此也提出了相应的治理措施，比如"应该对散布历史虚无主义的'大V'建立黑名单制度"、"要逐步完善舆情检测预警系统，对意见领袖与自媒体传播的历史虚无主义及时进行拦截与澄清"、"网络平台不能仅仅作为信息的聚合者，还应该积极扮演好监管者的角色，以营造更好的网络生态。"奥斯特罗姆夫妇认为，公共事物的治理应该摆脱市场或政府"单中心"的治理方式，建立政府、市场、社会三维框架下的"多中心"治理模式。① 也有学者认为应该构建以政府为主导、多元主体共同参与的多边主义治理模式。多元主体包括政府、私营部门、民间团体和国际组织，甚至包括互联网用户。② 在微博评论中，用户认为历史虚无主义传播的原因具有多样化的特征，其实已经反映出公众对于多方参与治理体系的需求。

历史虚无主义的多方参与治理模式强调政府宏观管理功能、网络平台自律功能、网络用户和社会第三团体（包括媒体及其他具有监督功能的个人、社会团组织、机构等）监督功能的统一。政府及相关部门负有宏观管理、引导的职责。当前，我国《宪法》第1条、《民法通则》第101条、《民法总则》第185条、《中国共产党纪律处分条例》第46条等都对历史虚无主义做了不同程度的规定，《中华人民共和国英雄烈士保护法》则进一步将《民法通则》中的"英烈保护条款"细化。但是，社交场域中的历史虚无主义存在多种形态，部分评论认为"仅对英烈保护进行专门立法未必能够对其他类型的历史虚无主义进行有效治理，所以政府及相关部门应该采取专项治理行动"，比如"进一步加强历史虚无主义专项立法"、"增强历史文化专项教育"、对历史虚无主义泛滥的平台开展专项审查，"开设专门账号以抢占新媒体高地"等。网络平台对用户担负日常管理、引导的责任，微博用户认为"平台应当对重点账号内容进行人工审查"、"及时删除涉及历史虚无主义的不当言论"等。网络用户和社会第三团体对历史虚无主义行为有及时反馈、监督的责任。在微博评论中，用户会发挥自身能动性，以"集体智慧"对历史虚无主义进行拆穿、举报。

---

① 埃莉诺·奥斯特罗姆：《公共事物的治理之道：集体行动制度的演进》，余逊达译，上海译文出版社2000年版。
② 郑文明：《互联网治理模式的中国选择》，《中国社会科学报》2017年8月17日。

与此同时，从微博评论的账号主体来看，传统媒体存在"缺位"现象，正如微博用户"一只柠檬"所说，"主流媒体肩负着引导舆论的重任，对于历史虚无主义现象，主流媒体应该及时发声予以澄清。"

四 总结与讨论

本文以新浪微博中关于"历史虚无主义"的评论为分析对象，检阅了受众是如何认知社交媒体场域中的历史虚无主义。定量的内容分析发现：首先，个人账号是历史虚无主义相关微博评论的主力军，其中绝大多数账号是非认证账号，传统媒体账号存"缺位"现象。其次，在微博用户对历史虚无主义的评论类型中，寻找原因成为主流。其中，意见领袖、自媒体与网络平台成为用户归因的主要对象。最后，在风险感知上，历史虚无主义存在危害基本已经成为微博用户的共识。

定性的话语分析从更深层次揭示了微博用户对历史虚无主义的感知。本文结合恩特曼的话语框架分析理论，从界定问题、因果解释、道德评价和处理建议四个方面对微博评论进行分析。研究发现，在界定问题上，微博评论用户对历史虚无主义的含义认知是由静态语境与动态语境共同形塑，一方面与后现代主义思潮、深化改革的社会阶段等静态语境相勾连；另一方面又在具体的话语实践中呈现出动态问答并走向"否定之否定"的特征，最终获得对历史虚无主义的正确认识。在因果解释上，用户不仅会将历史虚无主义泛滥的原因归结到诸如意见领袖、自媒体/网络平台、影视文学等外因上，也会积极从自身寻找内因，主要体现在：没有树立正确的历史观、好奇心驱使和历史素养的缺失。在道德评价上，认为历史虚无主义危害较小的用户通常是将历史虚无主义的影响置于个体维度，认为历史虚无主义危害巨大的用户则是将历史虚无主义的影响置于更宏大的视角中，上升到整个民族和国家的角度来看待历史虚无主义的危害性。除此之外，还有一部分用户认为历史虚无主义的危害不确定、没有危害甚至十分有益，但此部分用户的态度也可能会在动态讨论或加强相关宣传时发生改变。在处理建议上，一方面，用户要求对主要群体与重点领域进行专项治理；另一方面，用户也提倡多方共同治理，但治理主体应有主次之分，即构建"政府主导、多方参与、有效互动"的协同治理模式。

社会主义公共传播体系建构及在社会思潮引领中的意义

牛耀红[①]

摘要：借鉴美国社会学家布洛维对于社会学分工的标准将传播学划分为专业的、政策的、批判的、社会的四个维度，重点阐释了公共传播学的内涵。本文认为应当建立社会主义公共传播体系，这种体系覆盖了城乡社区、县市乃至国家等不同层次，通过建立各级公共传播平台为公众表达和沟通提供了重要渠道。社会主义公共传播体系将有利于公众表达，能够成为社会的"减压阀"；有利于促进干群交流，达成共识，化解矛盾于基层；能够促使传播学者走向公众。最终在社会思潮引导中发挥作用。

当前，有关社会思潮的研究成果较为丰富，但是一直没有达成一致定义。由于考察社会思潮的角度不同，因此形成了不同的定义。目前，主要分为社会意识说、思潮倾向说、思潮潮流说等多个维度。社会意识说认为"社会思潮是社会流行性的社会意识现象，是一种以时代为背景、以社会为场所、以群体为主体的社会意识的运动形式。"[②] 思潮倾向说认为"社会思潮是指社会上某种思想的流行、某种理论的传播、某种心理的共鸣。以一定范围内广泛流行的社会心理为基础，以相应的思想体系为代表的思想倾向。"思想潮流说认为"社会思潮，一般是指在一定时期在某一社会得到广泛传播，对社会生活具有某种影响的思想趋势或思想潮流。"[③] 上述不同阐释都在不同程度上对社会思潮进行了概括。但是这几种定义均涉

[①] 牛耀红，西安交通大学新闻与新媒体学院，讲师。
[②] 刘建军：《论社会思潮的发生、发展与消退》，《学术月刊》1995年第2期。
[③] 刘京生：《当代社会思潮的主要特征》，《理论前沿》1999年第19期。

及社会思潮的主体：群体、社会；社会思潮扩散过程：传播、流行。因此，我们可以看到不论社会思潮是社会意识或者是思想潮流均是典型的群体传播，即思想在社会群体中的传播。

社会思潮本身应该是一个中性概念，但是确实存在正确错误之分、主流和非主流之分。如果从国家治理角度考察，那么必然涉及如何有效避免错误思潮的影响，然后树立主流意识形态的主体地位。从社会思潮与主流意识形态的不同关系出发，可将社会思潮划分为"支撑类的社会思潮、中立的社会思潮以及对抗的社会思潮"[1]。社会思潮是社会意识形态的反映，现实社会生活的复杂性决定了社会思潮的复杂性，因此不能将"社会思潮"窄化为"错误社会思潮"来理解。不过社会思潮研究的一个核心内容是主流意识形态如何整合和引领多样化社会思潮的问题。上述已知社会思潮是一个群体传播问题，即如何促使公众接受主流意识形态，以及如何避免错误社会思潮的影响。因此，公众是社会思潮传播中非常重要的传受主体，即公众即是社会思潮的接受者，又是社会思潮的传播者。因此，这同公共传播就具有了某种勾连。本文将社会思潮放置在公共传播的框架内开展研究，探讨如何构建公共传播学以及公共传播体系应对社会思潮问题。

一　传播学的分工

按照美国社会学家布洛维的观点，社会学在四种类型的知识中存在着对立性的互相依赖：专业的、批判的、政策的和公共的。按照这种划分标准可以将社会学分为专业社会学、批判社会学、政策社会学和公共社会学。布洛维认为范畴是社会的产物，社会学劳动的范畴化，重新定义了我们认识自己的方式。皮埃尔·布迪厄称之为分类斗争（classification struggle）。对于社会学的分工，可以从两个维度展开"社会学是为了谁和为了什么"。"社会学为了谁"可以划分为社会学的目的是为了学术听众，还是为了非学术听众。"社会学为了什么"可以分为"工具性知识"还是"反思性知识"。"工具性"知识多指确定性知识，主要指具有某种目的指

---

[1] 谢成宇：《当前我国社会思潮与国家意识形态安全研究》，《华中师范大学》2014年第2期。

向性的知识，比如科学研究获得的知识或者政策制定过程中需要的知识。反思性知识则是通过批判获得的知识。我们借鉴布洛维的划分标准则可以将传播学划分为专业传播学、政策传播学、批判传播学、公共传播学。

首先，区分公共传播学和政策传播学。政策传播学是一种为某个目标服务的传播学，它的目标是由一个客户定义。政策传播学的目标就是为客户遇到的传播学难题提供解决方案，一般这类政策传播更多的是通过一个合同来规定传播学研究者的具体任务，政策传播学的研究者要为出资人和赞助者提供解决方案。这类出资人既可以是政府机构，也可以是商业机构。比如政府为了获得如何建构和提升城市形象，即可通过合同协议方式，委托传播学者进行研究。另外，商业机构也是政策传播学的重要购买者和推动者。比如在公关行业中，经常可以遇到一些商业机构向传播学者或者是媒体研究机构购买咨询服务的案例。

公共传播学则是在传播学者和公众之间建立起一种对话关系，双方可以就达成或者未达成的目标以及方案进行沟通。公共传播学中，讨论经常包括并非由双方自动共享的价值或者目标。因此，互惠或哈贝马斯称为的"沟通行动"，往往很难达成。尽管如此，公共传播学的目标仍然是发展出这样的对话。

专业传播学为整个传播学提供真实、可检验的方法，积累的知识，定向的问题以及概念框架。如果整个社会学缺乏以上概念、方法等基本知识，那么政策传播学、公共传播学就不可能存在。专业传播学不是政策传播学和公共传播学的敌人，而是它们存在的必要条件——为政策传播学和公共传播学提供合法性与专业基础。专业传播学将严格按照西方实证社会科学展开研究，每一项研究将具备范式、理论、假设、数据、论证、结论等不可缺少的环节。专业传播学者通过严格的程序得出这个领域的核心知识。专业传播学可以划分为诸多领域，每个领域又可以生产出众多知识。专业传播学有时并不以具体的实用目的生产知识，可以是仅仅为了生产知识而生产知识，即将知识生产本身作为一种目的。

批判传播学的角色是对专业传播学生产的知识进行审视，发现专业传播学中忽略的一些问题。比如早期的传播学研究中对于女性、种族问题的忽视。这些问题常常是专业传播学很少关注的问题，却是对于社会的公平、公正、稳定具有重要影响的维度。因此，我们也可以说批判传播学是专业传播学的良知。批判传播学是专业传播学在为学术问题展开研究中督促其开阔视野，关注更多维度的灯塔。因此，我们可以看到批判传播学的价值所在，它能够有效地促使社会科学研究在自身轨道演进过程中关注更多被主流传播学界忽视的维度。

当然，上述对于传播学的分工并不是铁板一块，泾渭分明。其实专业传播学、政策传播学、批判传播学和公共传播学之间本身具有很多交叉。比如专业传播学研究中即具有批判特性，传播学经典的"涵化研究"，最初仅仅是一项有关暴力与社会认知的实证研究，随着研究深入逐渐转化为批判大众媒介对于主流社会的维护，逐渐显现出了批判的特性。另外，政策传播学的研究本身也可以推动公共传播学研究，比如政府资助的有关社交媒体对于公众影响的研究，本身也会促使公众的激烈讨论。不过，布洛维对于学科的划分确实对于我们理解一个学科具有重要借鉴意义。如此，我们不仅可以迅速划分出不同研究问题的归属，同时有利于我们认清研究领域的属性。比如，我们对于公共传播学的深入探讨就有利于我们以更加全面的视野看待公共传播学，因此这将有利于传播学者更好关注公众，并且参与到促进公众的事业中。

二 传播学的公共转向

传播学的诞生并非以公众为目的，而仅仅将公众作为手段。西方传播学中的受众研究对受众展开了丰富研究，但是这些研究的目的只是更好地"控制受众"。拉扎斯菲尔德进行的"伊里研究"是为了更好地为美国政治选举服务，霍夫兰的"耶鲁研究"是为了更好地鼓舞美军士气，服务于美国的战争目的。广告、营销等相关研究则更多是为了经济主体服务，研究如何让公众接受广告信息并做出购买行为。显然，我们可以看到公众在整个传播学研究中居于"工具性"目标，早期传播学研究中很少将公众作为目标，研究公众如何更加有效地参政议政或者避免公众接受虚假信息。当然，随后学者意识到了传播学对于公众的忽视，逐渐关注受众的主体性，比如西方出现的公众新闻。虽然公众新闻依然处于西方政治传播体制内进行的传播改革，但是我们可以看到作为主体性的公众逐渐开始显现。发展传播学研究中的"参与式传播"范式也逐渐开始关注公众，虽然无法完全获得自主性，仅仅处于"参与"状态，但是我们确实看到了公众的身影。新媒介是促使公众主体性增强的关键性技术因素。随着移动互联网发展,公众不再是被动的公众,而成为具有极强参与特性的公众。大众时代结束,公共传播时代开启。

三 公共传播学的类型辨析

传播学基本概念的术语系统中,公共传播(Public Communication)是一个颇显另类但极具拓展潜力的概念指称。就构词形制而言,它与自我传播、群体传播、跨文化传播、健康传播、大众传播、网络传播等同属高阶位的传播类称表述,但到目前为止,其意指仍然是漂移、疏散的,专门讨论公共传播的专著以及将其内涵固定化的研究范例都明显不足。① 不过,笔者认为对于任何概念我们不能为之下一个本质性的定义,我们很难也不应该为一个事物给予一个确切性的概念。比如如何定义"传播",这样一个对于传播学者非常熟悉的概念。不管我们按照何种方式定义均会漏掉一部分现象。因此,我们对于公共传播将采用话语分析的视角对其进行定义。目前,按照不同的类型,公共传播可以分为以下几种类型:

一是作为大众传播的公共传播:"公共传播"一词较早地出现于丹尼斯·麦奎尔的著作《麦奎尔大众传播理论》。"在一个整合协调的现代社会,经常会存在一个庞大的,通常是依靠大众传播的公共传播网络"。这种公共传播网络包括"新闻与信息的传播、各种广告、民意的形成、宣传及大众娱乐等"。此处所指公共传播几乎等同于大众传播,没有特别鲜明的含义。作为媒介研究的重要理论问题,公共传播被正式提出是在20世纪80年代。斯代佩斯在《作为公共传播的大众传播》一文中提出,"作为公共传播的大众传播"就是为了"探寻公众如何接近并使用媒体,公共信息和知识应该如何传播和扩散的问题"。可以看出,此说旨在将公共传播从大众传播中"分离"出来,以此凸显大众传播的公共属性,即大众传播应主要面向公众传播公共信息和知识,而不仅仅是用于宣传和大众娱乐。但对于何谓公共传播,斯代佩斯也没有给出明确定义。②

二是将"公共传播"当作公共关系的职能拓展或某种"移情"。所谓职能拓展,是指公共关系不应仅效忠于政府、企业等雇主的利益,而且要

---

① 冯建华:《公共传播的意涵及语用指向》,《新闻与传播研究》2017年第4期。
② 冯建华:《公共传播的意涵及语用指向》,《新闻与传播研究》2017年第4期。

借由公共传播在公共空间开展的良善表达和行动兼顾或服务于公共利益。譬如，陈先红认为，公共关系应当追求组织利益、公众利益和公共利益的平衡统一，最终建立信任和谐的生态关系。① 这一看法实际上是在公众的权利意识不断觉醒和公共利益的重要性持续提升的情况下，公关界对自身功能和合法性的修补与拓展。譬如，Jacquie L'Etang 认为，一旦公共关系放眼于国家交往层面的公共传播，公关界就能求得自我意识和关于学科假设的反思性认知。所谓移情，是指公关界试图用公共传播这个中性、甚至带点褒义色彩的概念，来替代公共关系尴尬的学术地位和业界"污名"。众所周知，公共关系在学术上一直处于边缘地位，在实践领域时常声名狼藉。无论中外，公关总是与操纵、欺诈、消声、权力寻租等负面想象联系在一起。事实上，国内一些高校将公共关系（专业）、公关研究机构更名为公共传播系（专业）、公共传播研究所（中心），多与此有关。然而，公关说到底仍属雇主本位的传播行为，不管它许诺怎样的开放性和平等性，公共传播都只能作为其复合功能的一个面向而存在。②

三是多元主体的公众传播，胡百精认为诸多视角基本上仍坚持单一主体论或曰传者本位，强调特定主体（政府、企业、媒体、社会组织、公益机构、传播学界等）应在新的传播生态和社会情境下放开眼量，关切、参与公共问题的解释和解决；多主体、多中心问题则被忽视，即使潜隐着多元化主张，亦不过是站在特定主体的立场上谈论如何处理传者与多样利益相关者之间的复杂关系。而多主体、多中心正是今日传播生态的基本境况，也是公共传播概念得以成立的现实前提之一。③ 此提法显然同传统的大众传播模式有着显著差别，这种模式是数字化媒介发展的创新模式。显然，这种多元主体的公众传播同大众媒体单一中心的传播模式更能体现当前的传播情况。

那么到底哪种才是真正的公共传播，我想仁者见仁、智者见智。但是，我们可以排除公益传播或者公关传播这两种类型，因为这两种类型依然处于大众传播研究的范式中，并没有过渡到当前的公共传播实践中。随

---

① 陈先红：《以生态学范式建构公共关系学理论》，《新闻大学》2009 年第 4 期。
② 胡百精：《公共传播研究的基本问题与传播学范式创新》，《国际新闻界》2016 年第 3 期。
③ 胡百精：《公共传播研究的基本问题与传播学范式创新》，《国际新闻界》2016 年第 3 期。

着数字媒介的发展，公众将作为非常重要的主体参与到各类传播中。因此，我们提及的公共传播更多强调多元主体传播，其中公众是作为非常重要的参与主体被强调。同时，笔者认为按照布洛维的方式，传播学者面向公众的传播也应该是公共传播的一种方式，鉴于随着社交媒体发展，传播学者不应该仅仅停留在学术研究的象牙塔中，而应该更多强调社会责任感，参与到公共传播的实践中。尤其是本文关注的社会思潮传播不仅涉及群体、公众，同时也是一项涉及公共知识分子、传播学者的复杂传播行为。因此，本文的公共传播将这类行动式传播纳入到公共传播学视野中。

四 社会主义公共传播体系的建构

本文对于公共传播的定义分为两个层次，一是强调对于多元主体参与的传播类型，这类公共传播勾连了传播与民主的意涵；二是按照布洛维对于公共社会学的定义路径延伸的公共传播，即强调传播学者要参与社会公共事务以及影响公众。首先，社会主义公共传播体系的建构必然要体现社会主义民主特性，即当前强调的人民性以及民主协商等机制都是社会主义民主的体现。社会主义民主不仅仅体现在人民代表的选举上，还应体现在日常的民主协商过程中。其实社会思潮的传播本身体现了公众参与政治的诉求，只是当前我国还没有建立和完善制度化的民主表达机制，因此就会出现公众利用互联网等新媒介进行过激话语表达的情形，当前的网络民粹主义就是公众对于民主表达不畅通的一种迂回路线。其次，社会主义公共传播体系中传播学者不应仅仅是研究者，还应该是社会舆论的建设者。正如马克思在《关于费尔巴哈的提纲》中曾提及"哲学家的任务不仅仅是解释社会，重要的是改造世界。"因此，对于传播学者同样如此，我们不应该仅仅是解释传播现象，同时要积极引导社会舆论，成为以社会主义核心价值观为指导，积极参与各类公共舆论引导的传播学者。这类职责就类似于公共知识分子。比如美国社会学家米尔斯就认为所有的社会学家都应该成为公共社会学家，虽然此类观点有失偏颇，但是我们可以看到米尔斯认定的社会学家所应承担的社会责任。因此，作为传播学者同样是研究社会传播现象的学者，随着各类公共事件的发生以及社会思潮的蔓延，退守到象牙塔内研究专业的传播学已经不符合当前的传播学研究，同时也是推卸传播学者社会责任的表现。因此，笔者认为应该建立以人民为中心的社会主义公共传播体系，可以有力促进国家治理体系和能力建设的现代化，促使社会主义理念深入人心，锻造最广大人民群众对党和国家认同的社会基础，同时也是城乡协调发展和民族地区协调发展的重要组成部分。社会主义公共传播体系如何体现为最广大人民服务、为最广大人民所用，这是根本所在。

社会主义公共传播是由华东师范大学吕新雨教授提出，吕新雨认为社会主义公共传播可以分为四个部分，其中第一部分是处理数字经济，去面对数字经济带来的挑战，也就是处理平台作为传播渠道和主流媒体作为内容生产渠道的矛盾。第二部分是思考以社会效应和经济效应能够协调发展为基础，融媒体发展时代下的主流媒体如何构建的问题。她提出为此要创新传播手段，达到新闻舆论的四个能力——新闻舆论的传播力、引导力、影响力和公信力；传播力她认为可以解释成技术手段，而引导力则要做到价值观念的引领，党的领导能不能获得认同则是新闻舆论影响力和公信力的能力。第三部分是乡村振兴，社会主义公共体系需要为乡村振兴服务。发挥公共传播体系的服务与引导作用，巩固基层政权，完善基层民主制。她认为第四部分就是为东西部区域协调发展服务，在提到如何做到让各民族像石榴籽一样紧紧抱在一起时，吕新雨认为只有依靠传播的力量，没有传播的力量各民族就会散落成一粒粒的籽。

吕新雨教授提出的社会主义公共传播体系建构可以说涵盖了当前我国公共传播的需求，是一种按照当前需求设定的传播体系构建。但是也存在一些问题，比如这个体系的逻辑并不强，比如面对数字经济的挑战、融媒体时代下主流媒体的影响力建构、服务于乡村振兴、协调东西部发展之间没有逻辑关系。既然是一个传播体系，则一定要体现其内在逻辑性。笔者认为可以按照社会主义传播基础设施的建设、社会主义公共传播的研究、社会主义公共传播体系的引导3个方面进行构建。其中社会主义公共传播基础设施建设则从物质层面考察，可以考虑建立社区以及县市一级的公共领域，如此可以有效满足公众信息获取和交流需求，同时也是社会主义民主参与的体现。笔者近几年一直研究社区传播，在城市和乡村中均发现了很好的社区媒体或者平台，这些社区平台成为了当地社区的一个公共领域，公众不仅可以获取信息，而且公众之间可以交流，同时平台中也设置了与上级部门沟通的渠道，比如书记信箱。群众就可以通过在平台中写信同上级部门沟通，部分地区还为领导回复书记信箱设立了制度，因此形成了较好的干群沟通机制，成为了社区治理现代化的重要途径。笔者研究的"为村"公共平台目前在全国1.2万多个村庄开通，申请开通"为村"平台的村庄数量也在逐年增加。每个村庄设立一个社区平台就使得每个社区有了公共交流的空间，这使得很多矛盾处理在社区。当然，社区平台的建立对基层党委和政府也提出了更高的要求，这就要求基层各级党委和政府重视群众的话语表达、做好舆情应对措施，更为重要的是要真正为群众办实事。另外，我国很多城市都曾经开展过社区媒体的试验，当然多数以失败告终。这主要是当时社区报的建设主要是在都市报转型框架下开展。其实，社区媒体的建构不应放置在商业媒体维度考虑，而应该放置在基层治理这个层次考察。笔者在北京昌平区回龙观调研回龙观社区网时发现，这个最早以买房卖房论坛起步的社区媒体却吸引了回龙观社区大量群众参与。随着网站的发展，还吸引了社区居委会等多个部门进驻网站，通过建立网络沟通渠道为公众提供服务。回龙观社区网还通过组织各类活动吸引公众的参与，对于北京回龙观社区这样一个以非北京籍居民居多的社区而言，这样的一个社区平台建构了很多北漂一族的精神家园。社区是整个社会的细胞和基础，很多重大公共事件均发轫于社区。因此从最基层的城市和乡村社区出发，引导舆论是一个有效的做法。（1）社区平台的建构以及良好的回应机制的建立将为公众的话语表达提供良好途径，如此不仅可以实现社会主义民主，同时也可以将矛盾化解在基层。因此，这是社会主义公共传播体系建构的最重要同时也是难度最大的环节。（2）地市一级网络平台的建构。刚才我们提及的社区平台的建构已经基本实现，而且正在大面积推广，而地市一级网络平台的建构则较少有成功的案例。其中"沈阳新社区"算是一个相对比较成功的案例。这个平台设置了政府办公服务大厅以及社区交流平台。居民既可以预约办公，同时也可以在平台中进行交流。不过由于这个平台针对整个沈阳市，反而交流活跃度不高，相比以城乡社区构建社区平台而言，这类以整个城市建构的社区平台并没有形成良好的沟通机制。不过，随着居民对于线上办事以及交流的认同度逐渐增强，相信这类公共传播体系也必将会发挥作用。（3）全国性的公共论坛。相比城乡社区平台以及地市一级平台，全国性的公共论坛是最早建立的公共传播体系。曾经风靡一时的强国论坛、天涯社区都是非常重要的公共传播体系，也在社会舆论引导和社会思潮传播中发挥了重要作用。以上三个方面是社会主义公共传播体系基础设施建设的内涵。

(一) 社会主义公共传播研究体系

社会主义公共传播体系基础设施建设是基础，这是实现人民性、促进协商民主的根本所在。但是对于如何有效建设社会主义公共传播体系的建设则需要我们开展深入研究。当前，公共传播虽然作为一个重要的学术领域正在被中国传播学界引进研究，但是总体而言，受制于我国传统的以大众媒体研究以及宣传引导思路的影响，公共传播的研究依然有很多不足。目前，应该从两个方面展开研究，首先是研究传统大众媒介的公共性，这是传播与公共性的一个重要维度。数字媒介时代以前，传播的公共性主要体现在大众媒体传播中。比如，多年前曾经出现的公共新闻实践就是大众媒体实现公共性的重要体现。虽然，随着移动互联网发展，大众媒体的影响力逐渐式微，但是在舆论引导力以及新闻生产方面依然占据优势。因此，对于大众传播如何实现公共性依然是重要的研究领域。其次是重点研究新媒介的公共性。当前，数字媒介的参与式传播是传播公共性的最好体现。正如前文所述，公共传播更多指向的是以多元主体参与的公共性，而其中尤其以公众的参与为重要标准。这就要求我们对数字媒介时代的公共传播进行深入研究。只有深入开展公共传播研究才能更好地建设社会主义公共传播体系并且有效促进社会主义民主实践，最终才能更好地进行舆论监测乃至社会思潮的引导。

(二) 社会主义公共传播引导体系

本部分介绍的社会主义公共传播引导体系更多指的是传播学者、思想教育体系工作人员积极参与公共传播的维度。正如米尔斯认为所有社会学家都应该成为公共学家，都应该积极主动参与社会运动和实践，推动社会发展和进步一样，我们认为传播学者也应该积极参与社会实践活动、公共事件的引导。社会思潮产生有很多原因，其中精英的参与是非常重要的因素。比如20世纪80年代盛行的民族虚无主义社会思潮就是从高校兴起。民族虚无主义与文化反思有关，是对劳动群众命运和知识分子命运的反思，是"反思文学"作品的两大题材。这两大题材的作品对于纠正"左"的错误，拨乱反正，做出了贡献。但是，两者都存在着过多地，甚至彻底地否定过去的片面性。这种缺点，为后来文化反思中的虚无主义作了铺垫。一些高校和文化部门工作人员打着"文化反思"的旗帜，否定中华民族传统文化，鼓吹全盘西化。民族虚无主义思潮的鼓吹者通过在有影响的刊物上发表文章、出版书籍、在高校和其他文化场所做演讲、拍摄电视电影等方式传播自己的思想。较有代表的是1986年，民族虚无主义者在上海某高校发表演讲，公开声称中国的出路就是全盘西化。1988年有一部电视纪录片在全国热播，该片展现这样一个图景：中国五千年的历史同黄土、黄水和黄皮肤联系在一起。这段历史黯淡无光，它最终导致了中国的贫穷与落后。"黄河的死亡"，中国文化的衰落不仅是注定的，而且是万劫不复的。他们用"黄河命定要穿过黄土高原，黄河最终要汇入蔚蓝色的大海"这样的话语表明中国唯一的出路是全盘西化，无条件地接受西方资本主义文化模式。该片以电视的形式展播，对于并不完全了解中国历史和中国传统文化的青年大学生来说具有较强的煽动性。[①] 通过对民族虚无主义社会思潮的描述我们可知，高校、文化部门工作人员等社会精英在社会思潮传播过程中会发挥重要作用。如果积极引导，群众则会理性看待社会问题，如果推波助澜，群众则会受到误导。因此，我们认为社会主义公共传播体系的建设中传播学者不能仅仅是一位学术专业的研究学者，而应该成为一个能够积极参与社会思潮引导，树立社会主义核心价值观的积极参与者。首先，作为一名传播学者，我们首先应该确立正确的价值观，我们不应该成为错误社会思潮的传播者；其次，传播学者参与社会思潮的引导可以在课堂中，让更多学生正确看待各类社会思潮；最后，作为一名传播学者，我们应该成为同错误社会思潮做斗争的行动者。如果有能力，我们应该成为一名具有社会主义核心价值观的公共知识分子，面对错误社会思潮我们应该敢于亮剑，敢于斗争；面对中性社会主义思潮，我们要善于引导和疏通。

传播学者的公共面向要求传播学者走出书斋参与行动，这种范式并非完全来自社会学家布洛维。"认识世界"与"改造世界"的命题来自马克思的《关于费尔巴哈的提纲》第11条"哲学家们只是用不同的方式解释世界，而问题在于改造世界"。传播学者也在践行这样的公共行动。中国的传播学者在对发展传播学反思和批判基础上，逐渐形成了以关注社会公正，注重理论与行动相结合为特征的传播行动主义的学术领域。中国社会科学院新闻与传播研究所的卜卫研究员就

---

① 邓卓明：《社会思潮专题研究》，中国社会科学出版社2012年版，第102页。

是一个重要代表。2007年，她的研究团队开展了一项新的研究项目"边缘群体与媒介赋权——中国流动人口研究"。该研究项目是源于对1999年以来多国合作的互联网研究的讨论和反思。卜卫研究员认为，传播学研究特别是传播新技术研究容易以国际（主要是欧美国家）流行的新技术和新媒体等概念以及学术讨论为中心，使我们只看到有关新媒体普及的乐观数据，却遮蔽或偏离了中国社会转型中的本土的核心问题，忽略了研究不同群体如何使用媒体及其赋权的重要议题，对公众特别是边缘群体对媒体的认知及使用过程与推动社会变革的关系缺少实证和系统的分析。在反思过程中，卜卫研究团队尝试与工人NGO合作或与当地政府机构合作发展了诸多地方行动传播，力图通过对地方行动传播的研究发展关于行动的知识和理论，使研究结果能够有效地应用在社会实践中，在推动社会变革中发挥作用，即"改造世界"。行动传播主义有三个重要特征：（1）研究主题关注"社会公正"，（2）理论与实践相结合，（3）与社会中边缘群体建立伙伴关系以共同从事行动。[①] 行动传播研究的这三个主要特征就同社会思潮传播有某种内在契合。比如社会思潮传播中很多缘起于社会中的不公正问题和现象，尤其是那些长期得不到解决甚至得不到回应的社会问题，这就容易导致一些公众以激进的方式促成或者参与社会思潮。而行动传播研究则首先关注"社会公正"，为了促进社会公正而开展行动，为了弱势群体能够获得应有权利而行动。因此，这类学者参与的行动传播研究本身具有化解矛盾，将问题解决在基层的作用。其次，传播学者掌握了舆论引导、监测、社会思潮引导的理论知识，他们比其他知识分子掌握了更多的新闻、传播、舆论应对技巧，因此传播学者参与社会思潮引导则具有一定的优势。再次，传播学者同边缘群体共同行动是有效化解矛盾的方式，很多弱势群体之所以最终以激烈的方式参与各种公共事件，其实并非需要政府做出怎样的救济，有时仅仅是希望得到有关部门的回应。传播学者对弱势群体的关注将是一种积极的回应，是一种提供底层群众话语表达出口的重要途径。

[①] 卜卫：《"认识世界"与"改造世界"——探讨行动传播研究的概念、方法论与研究策略》，《新闻与传播研究》2014年第12期。

五 社会主义公共传播体系在社会思潮引导中的意义

研究社会思潮，一个核心的内容就是研究社会思潮和主流意识形态的关系，在明确二者关系的基础上正确处理这种关系，加强主流意识形态对各种社会思潮的引领。① 社会思潮多样化是历史发展的必然趋势，它不以人的意志为转移。尤其是改革开放以来的社会转型时期，更是各类社会思潮多样杂呈、汹涌激荡的时期，社会思潮对主流意识形态的主导地位始终存在冲击和挑战。马克思曾指出："如果从观念上来考察，那么一定的意识形式的解体足以使整个时代覆灭。"② 因此，我们应该深入研究社会意识形态的产生、传播、引导规律。习近平在全国宣传思想工作会议上强调指出："建设具有强大凝聚力和引领力的社会主义意识形态，是全党特别是宣传思想战线必须担负起的一个战略任务。"③ 处在新时代的今天，国内外形势深刻变化，意识形态领域斗争依然复杂，马克思主义这一指导思想面临着多元社会思潮的挑战和冲击。在这一背景下，有效引领社会思潮就成为了当前十分重要的工作。本文提出了通过建设社会主义公共传播体系以更好地加强主流意识形态地位，并做好社会意识形态引领工作。

（一）社会主义公共传播体系构建了公众表达的"减压阀"

社会思潮是在一定社会历史环境中，以人们的社会心理为基础，以某种思想理论为支撑，以动态形式反映一定阶级、阶层或不同社会群体的理想、愿望、利益、要求并在传播中产生较大影响的思想潮流。④ 社会思潮是一个极为复杂的综合概念，政治、经济、文化、社会、教育等各类动因均会引起社会思潮，但是社会思潮的群体性以及社会性决定了其与传播和表达有着密切关系。社会思潮的形成与发展需要具备一定的群体基础，只有那些能够支配人心的社会思潮才能广泛流传，没有社会群体的认可、接受与传播，就无法构成社会思潮。那么我们就要追问那些能够支配人心的

---

① 邓卓明：《社会思潮专题研究》，中国社会科学出版社 2012 年版，第 63—64 页。
② 马克思、恩格斯：《马克思恩格斯文集》第 8 卷，人民出版社 2009 年版，第 70 页。
③ 习近平：《举旗帜聚民心育新人兴文化展形象　更好完成新形势下宣传思想工作使命任务》，《人民日报》2018 年 8 月 23 日。
④ 邓卓明：《社会思潮专题研究》，中国社会科学出版社 2012 年版，第 8 页。

社会思潮如何成为潮流。相关研究发现，除了社会深层次原因外，与公众在面临各类问题时没有一个良好的制度化表达机制有很大关系。由于受"防民之口胜于防川"传统思想的影响，很长一段时间内我国处置群众的表达时，总是以"堵"为主。事实上，如果为公众提供一个正常的表达渠道，很多问题就可以得到缓解，群众的负面情绪就可以得到缓和，从而不至于形成负面的社会思潮。

社会主义公共传播体系建设中城乡社区的基层设施建设是重要组成部分。而这恰恰可以将矛盾化解在基层。因此，社会主义公共传播体系实际上成为了公众表达的"减压阀"，公众在反映了问题以及疏解了情绪以后，反而容易形成更加理性的观点。当然，我们认为社会主义公共传播体系的建设更多为探讨问题、交流观点提供一个公共空间，绝不会给错误的社会思潮提供传播的温床，对于带有阶级性质的反动社会思潮，要给予严肃批判。在我们社会主义国家中，不能允许反动社会思潮随意传播。至于大量的不属于这一类的错误思潮，则应采用引导的方法，使正确的思想在理论斗争和实践中逐渐战胜各种错误思潮。[1] 那么如何引导，首先就要给公众一个表达的机会。笔者在对社区层面的公共传播体系考察中发现，不论是在城市还是在乡村中，公共传播平台中只有极为少量的情绪化表达，更多的是比较理性的表达。因此，社会主义公共传播体系将会构建公众表达的"减压阀"，通过将问题解决在表达层面而化解社会思潮的形成。

（二）社会主义公共传播体系有利于促进干群交流，通过对话促进共识

社会思潮作为一种特殊群体意识，不可避免地带有某种政治倾向性。从社会思潮产生的历史条件和思想倾向看，它总在一定程度上代表着一定的阶层利益。改革开放以来，我国的政治、经济、文化实现了跨越式发展，但是发展过程中依然涌现出了很多问题，贫富差距加大、公职人员贪腐严重等问题被群众诟病，如果长此以往，就会形成群众对国家的认同度降低，最终形成错误的社会思潮。那么，除了从根本上解决这些发展中的问题以外，如何建立有效的干群沟通关系同样重要。上述论及了社会思潮

---

[1] 邓卓明：《社会思潮专题研究》，中国社会科学出版社2012年版，第183页。

形成中的表达问题，我们在调研中也发现，表达能够缓解公众的焦虑、不满、痛苦情绪，但是公众更多希望的是"有回应"，即政府部门以及干部应该对公众反映的问题有所回应，不论通过回应能否解决问题，但是有效的干群交流本身就是缓解基层矛盾的重要方式。因此，"谁来倾听"就成为了社会思潮应对中亟须解决的难题。因此，建立高效的制度化回应机制将势在必行。笔者在对城乡社区公共交流平台调研中发现，那些在网络社区平台中能够很好维护"书记信箱""政务公开""财务公开""党务公开"，能够及时回复线上问题，并且开展线下回应的社区，均表现出了良好的公共绩效。通过公共传播体系促进干群交流也是达成共识的重要途径，也是将各类问题化解在基层的重要方式。

（三）社会主义公共传播体系有利于发挥公共知识分子社会思潮引导作用

传播学者不仅要研究传播现象，还要深入公众中参与推动公共传播实践，这也是社会主义公共传播体系的重要维度。社会思潮传播不仅涉及公众，知识分子、教师、意识形态工作人员等都是社会思潮传播中的重要组成部门，其中传播学者应是社会思潮传播中的重要引领者。正如米尔斯认为所有社会学家都应参与到社会变革一样，每一个传播学者都应该成为社会思潮引领的承担者。社会思潮一般存在于两大领域：一是学术理论领域；二是社会生活领域。[①] 我国将繁荣发展哲学社会科学作为建设中国特色社会主义的一项重大任务，提倡不同的学术观点、学术流派争鸣和切磋，提倡说理充分的批评和反批评。这就为社会思潮在高校的传播提供了广阔的空间，也增加了马克思主义在学术理论领域应对的难度。因此，传播学者应该积极承担应有责任，传播学者是高校中掌握传播规律的重要群体。而且传播学者还承担着培育新闻记者、宣传工作等岗位的重要职责，因此，传播学者应当实现"公共"转向，不能简单将自己仅仅认为是一个专业理论的研究人员，而应该将自己定位为一名公共传播学者。这就要求传播学者在加强理论研究的同时，应该承担公共传播学者应该承担的任务，主要包括以下几项：①在新闻传播教学中以社会主义意识形态为引领，主动宣扬社会主义核心价值观，对学生表现出来的错误意识形态应及

[①] 邓卓明：《社会思潮专题研究》，中国社会科学出版社2012年版，第183页。

时纠正；②传播学者应该走出书斋，参与体现社会公正的公共事务，比如关注弱势群体、边缘地区的社会发展，等等；③传播学者应该成为一个具有社会主义核心价值观的公共知识分子，应该在媒体中成为培育理性公众的重要知识分子群体。

大数据时代公众对社会思潮的关注度：基于百度指数的描述与回归

朱多刚[①]

摘要：利用百度指数搜索平台采集了2011—2018年8种主要社会思潮的785万余条数据，以探究公众对各类社会思潮的关注度及其时空变化特征。研究发现，公众对民粹主义的关注度最高，其次是宪政思潮、民族主义、历史虚无主义、新自由主义、普世价值论、民主社会主义和新左派。同类社会思潮关注度在省级层面具有趋同性，而不同思潮的关注度存在地区差异。在此基础上，本文进一步对基于百度指数的社会思潮关注度和媒体提及率进行基于时间序列回归的格兰杰因果检验。研究表明，近8年社会思潮在互联网媒体中的提及率显著影响人们对其关注度，但宪政思潮、民族主义和新自由主义的关注度与媒体提及率之间不存在这种关联。本文最后总结了中国社会思潮关注度形成的原因和特征。

关键词：大数据；社会思潮；关注度；百度指数

一 大数据时代的社会思潮研究

社会思潮是人类社会特有的现象，也是一个历久弥新的话题。近些年来，各种社会思潮涌现不断，对当前中国社会、政治和经济等领域产生了

[①] 朱多刚，西安交通大学新闻与新媒体学院副教授，研究方向：新媒体用户行为、网络大数据分析。

基金项目：本文系教育部哲社重大攻关项目"改革开放40年来大众媒介与社会思潮传播研究"（项目编号：18JZD022）的阶段性成果之一。

重大影响,也引起了国内各个学科学者的高度关注,例如马克思主义理论(程恩富,2013)、哲学(邹诗鹏,2012)、社会学(韩克庆[①],2014)、政治学(周敏凯[②],2012;陈秉公,2008)、历史学(朱汉国[③],2013;王加丰[④],2011)和新闻传播学(陈龙[⑤],2012)等。各领域学者关注社会思潮的定义、起源、演变、形成原因和影响后果,采用的主要方法是思辨、历史分析、案例分析和小规模抽样调查等,在社会思潮研究方面积累了较为丰富的文献。总体来说,目前采用的主要方法有着明显的局限性:研究者对于社会思潮的历史演变难以有整体性把握,研究者所得出的结论高度依赖于所占有的历史资料以及对于史料的理解和解读,当很多相关的史料没被纳入研究者的视野时,所得出的结论可能会存在偏颇。正是因为这样,基于实证分析的社会思潮研究还不多见。这种状况的形成,当然最主要的原因在于数据与方法的限制,即研究者很难找到社会思潮及其演变历史的数据库。

"大数据"尤其是网络搜索大数据的出现,为开展相关的社会科学研究提供了前所未有的机遇。目前,谷歌、百度、腾讯等互联网公司都推出了多种大数据统计分析工具,例如,谷歌的百万图书数据库、谷歌趋势分析;腾讯的微信指数;百度的百度指数等。而且,学者们已经开始使用这些大数据平台开展研究,如有学者利用谷歌百万图书数据库开展了针对学科发展史、城市影响力传播、文化史以及社会观念变迁等问题的一系列研究,试图探索大跨度历史现象的发展轨迹和变动规律(陈云松[⑥],2015;陈云松等[⑦],2015;龚为纲、罗教讲[⑧],2015;柳建坤、陈云松[⑨],2016;

---

① 韩克庆:《延迟退休年龄之争——民粹主义与精英主义》,《社会学研究》2014年第5期。
② 周敏凯:《现当代西方主要社会思潮》,中国社会科学出版社2012年版。
③ 朱汉国:《当代中国社会思潮研究》,北京师范大学出版社2013年版。
④ 王加丰:《1800—1870年间法国社会思潮的冲突与整合》,《中国社会科学》2011年第5期。
⑤ 陈龙:《民粹主义与新媒体事件的表述偏差》,《新闻与传播研究》2012年第6期。
⑥ 陈云松:《大数据中的百年社会学——基于百万书籍的文化影响力研究》,《社会学研究》2015年第1期。
⑦ 陈云松、吴青熹、张翼:《近三百年中国城市的国际知名度:基于大数据的描述与回归》,《社会》2015年第5期。
⑧ 龚为纲、罗教讲:《大数据视野下的19世纪"海上丝绸之路"——以丝绸、瓷器与茶叶的文化影响力为中心》,《学术论坛》2015年第12期。
⑨ 柳建坤、陈云松:《公共话语中的社会分层关注度——基于书籍大数据的实证分析(1949—2008)》,《社会学研究》2018年第4期。

Chen & Yan[①], 2016); 也有基于百度搜索指数数据库对政策议题的公共关注度（孟天广，2019）、禁烟政策（Huang 等[②], 2013) 和疾病传播 (Liu 等[③], 2016) 进行了研究; 还有一些学者利用自己编写的网络爬虫软件, 在微博平台上抓取博文内容对"改革开放"的网络论争与议题演进展开研究（郑雯等[④], 2019)。从以上学者利用大数据进行社会科学研究的努力尝试来看, 大数据方法的采用目前已经变成了可行的研究途径, 本文就尝试利用百度指数大数据对社会思潮展开系统分析。

具体来说，本研究试图以百度搜索指数数据库为主要数据来源, 以改革开放以来产生重大影响的 8 种社会思潮为研究对象, 利用网络搜索行为数据对公众关注度进行测量, 试图考察特定时空环境下社会思潮关注度的地域分布和时间变化趋势, 同时还进一步考察了媒体提及率与关注度的内在关联。本文是移动互联网时代对社会思潮关注度进行大数据测量和分析的首次尝试。

二 概念及测量

（一）社会思潮

社会思潮是特定社会历史背景下, 建立在一定的社会心理基础之上, 具备某种相应的理论形态, 并在一定范围内具有相当影响力, 能带有某种倾向性的思想潮流或趋势。段忠桥[⑤]（2001）在《当代国外社会思潮》一书中总结了九种社会思潮: 未来主义、新自由主义、后现代主义、后殖民主义、分析的马克思主义、生态社会主义、女权社会主义、市场社会主义

---

① Chen, Yunsong, and Fei Yan, "Economic performance and public concerns about social class in twentieth-century books", *Social science research*, 59, 2016, pp. 37–51.

② Huang, Jidong, Rong Zheng, and Sherry Emery, "Assessing the impact of the national smoking ban in indoor public places in China: evidence from quit smoking related online searches", *PloS one* 8.6, 2013, e65577.

③ Liu, Kangkang, et al, "Using Baidu search index to predict Dengue outbreak in China", *Scientific reports*, 6, 2016, pp. 38–40.

④ 郑雯、桂勇、黄荣贵:《论争与演进: 作为一种网络社会思潮的改革开放——以 2013—2018 年 2.75 亿条微博为分析样本》,《新闻记者》2019 年第 1 期。

⑤ 段忠桥:《当代国外社会思潮》, 中国人民大学出版社 2001 年版。

和第三条道路；马立诚①（2012）在《当代中国社会八种思潮》中总结了邓小平思想、老左派、新左派、自由主义、民主社会主义、民族主义、新儒家和民粹主义八种思潮。房宁②（2006）将影响当代中国的思潮分为：自由主义、民族主义和"新左派"三大社会思潮。还有专门研究某一种社会思潮的，也有学者研究三大社会思潮、五大社会思潮、六大社会思潮、七大社会思潮，等等。根据以往学者对社会思潮的划分，并考虑到中国从改革开放以来的政治社会历史背景，我们主要关注 8 种思潮类型，即民粹主义、民族主义、新自由主义、民主社会主义、普世价值论、历史虚无主义、新左派和宪政思潮。这 8 种社会思潮在改革开放以后都不同程度地出现过，并且在某一时期某种社会思潮可能会占据主导地位，对我国经济、社会和政治等方面都产生过重大影响。我们要重点考察在移动互联网时代，民众对这 8 种社会思潮的关注度如何。

（二）社会思潮的关注度

现有文献大部分基于一种主观思辨或限于问卷调查等传统抽样方式研究公众对社会思潮的关注度。例如人民论坛课题组连续多年开展对国内社会思潮关注度的跟踪调查，主要通过多轮次公众问卷调查并组织相关领域专家学者研讨，从而得出年度社会思潮关注度调查报告（人民论坛特别策划组③，2018；潘丽莉、周素丽④，2016）。虽然这种抽样调查能够测量出民众对各类社会思潮的关注度，但存在两个明显的局限：一是抽样样本的代表性和覆盖率问题，这是传统调查都存在的局限；二是不能够进行固定样本的纵观调查，不能够从历时的变化角度对社会思潮关注度进行研究。总体上，现存文献对社会思潮关注度的研究既缺乏时间维度上的历史回顾，也没有全国性的系统分析和测量。本文将借助百度搜索指数这一大数据平台，来弥补这一研究的薄弱环节。

我们认为，在一个具有足够规模、跨度和代表性的百度搜索引擎平台

---

① 马立诚：《当代中国八种社会思潮》，社会科学文献出版社 2012 年版。
② 房宁：《影响当代中国的三大社会思潮》，《复旦政治学评论》2006 年第 0 期。
③ 人民论坛"特别策划"组：《国内社会思潮——基于 2017 及当前的分析研判》，《人民论坛》2018 年第 6 期。《2013—2015：近三年民粹主义的年度表现特征》，《人民论坛》2016 年第 13 期。
④ 潘丽莉、周素丽：《2015 值得关注的十大思潮调查报告》，《人民论坛》2016 年第 3 期。

中,某一种社会思潮在某一段时间跨度内被搜索的频次可以代表该思潮在该时段内的被关注度。该测量方法的严密性和合理性在于:第一,截至2018年12月,中国网民规模达到8.29亿,人们已经非常习惯于使用网络搜索引擎检索自己感兴趣的话题。因此,网络搜索数据平台是用来研究关注度的最佳数据库;第二,百度是网民使用率最高的搜索引擎,超过95%的网民使用百度搜索引擎作为其第一选择。只要我们使用的搜索引擎平台具有足够的规模、跨度和代表性,我们就可以认为人们的搜索次数能够近似地反映对某一事物的关注度,甚至能够折射出某种社会心态或社会趋势。因此,我们使用百度搜索指数来衡量人们对社会思潮的关注度。具体来说,百度指数是以网民在百度中的搜索量为基础,以关键词为统计对象,科学分析并计算出各个关键词在百度网页搜索中搜索频次的加权。

(三) 社会思潮的媒体提及率

与基于搜索引擎平台的社会思潮关注度相比,媒体提及率所捕捉的主要是新闻。因此,媒体提及率受新闻规律的影响显然更大,其变化起伏更为剧烈,内容覆盖较之百度搜索平台也更为狭窄。不过,当某一时间段重大舆论事件或历史事件对某一社会思潮产生影响时,媒体在竞相报道这些事件之时也会连带对某一思潮大量提及,此时媒体对思潮的提及与否就会对社会思潮关注度产生重大影响,甚至成为主导。这也正是本文关注媒体提及率的缘由:我们试图分析2011年1月1日到2018年12月31日,社会思潮的媒体提及率与公众对思潮的关注度之间是否存在紧密联系。

由于2010年以来,以互联网为代表的新媒体占据主导的地位,而本文关心的是2011年以来人们对社会思潮的关注度,因此,本文中的"媒体"是指互联网等新兴媒体。我们使用百度指数中的媒体指数测量媒体提及率:百度媒体指数是以各大互联网媒体报道的新闻中,与关键词相关的,被百度新闻频道收录的数量,采用新闻标题包含关键词的统计标准。

三 数据来源与研究策略

我们使用百度搜索指数平台作为公众对社会思潮关注度测量和社会思潮提及率测量的来源数据库。百度指数是百度以网民海量搜索数据形成的数据分享平台。自2006年开始提供PC端搜索指数，2011年1月开始提供移动端搜索指数。截至2019年7月，百度指数的主要功能模块有：基于单个词的趋势研究（包含整体趋势、PC趋势还有移动趋势）、需求图谱、人群画像；基于行业的整体趋势、地域分布、人群属性、搜索时间特征。

鉴于百度指数自2011年开始提供移动端搜索指数，本文使用2011年1月1日到2018年12月31日的数据作为测量社会思潮关注度和媒体提及率的数据源。包含移动端和PC端，以全面利用网络搜索行为反映关注度。对8种社会思潮关键词进行搜索，可获得网民在某一思潮上的关注热度、变化趋势和空间分布，进而分析其缘由。本研究涉及8种影响极大且经常提及的思潮类型，运用爬虫技术将关键词搜索指数进行抓取。目前共采集到31个省级单位、336个地级市层面8种思潮的日度搜索指数785万余条。以日为单位可以获取社会思潮关注度的历时动态，可对比由于公众的各类感知而导致的时空差异，在此基础上对其进行颗粒度较高的时空差异分析。

四 社会思潮公众关注度的时空分析

通过百度指数搜索，我们采集了2011年1月1日到2018年12月31日"民粹主义""民族主义""新自由主义""民主社会主义""普世价值论""历史虚无主义""新左派"和"宪政思潮"8种社会思潮的日数据。表1为变量的描述性统计和排名情况。

表1　　　　近8年社会思潮关注度排名和描述性统计

排名	思潮类型	指数均值	最小值	最大值
1	民粹主义	664	141	10318
2	宪政思潮	465	114	14049
3	民族主义	375	138	2066
4	历史虚无主义	304	0	7831
5	新自由主义	278	68	890
6	普世价值论	274	70	2911
7	民主社会主义	192	61	2183
8	新左派	157	0	1340

注：数据样本是从2011年1月1日至2018年12月31日的日数据。

从表1的百度指数值来看，"民粹主义"最高，指数均值达到664，

"宪政思潮"次之，指数均值达到 465，其余依次为"民族主义""历史虚无主义""新自由主义""普世价值论""民主社会主义"和"新左派"，其指数均值分别为 375、304、278、274、192 和 157。指数均值大小表明这 8 种社会思潮得到公众的关注度，因此公众对"民粹主义"的关注度最高，对"新左派"的关注度最低。

我们对这八年来社会思潮关注度指标进行分年分析，计算出平均关注度指数来进行排名，以考察社会思潮关注度每年的变化趋势。从图 1 和表 2 中可以看出，公众对社会思潮的关注度呈现出稳中有变的总体特征。2011 年公众最关注的是"民粹主义"，其他七种社会思潮也得到一定程度的关注，从指数均值来看相差并不算太大。而到了 2013 年，"宪政思潮"迅速上升为最受公众关注的思潮，指数均值达到 1161，远高于其他思潮均值指数。2015 年及以后，"宪政思潮"又迅速回落到 2013 年之前的水平，而"民粹主义"又继续成为为最受公众关注的思潮。从以上描述来看，民粹主义和宪政思潮是这八年来公众最为关注的思潮类型，其中宪政思潮呈现出大起大落的特征，而民粹主义一直处于稳步上升的状态。另外六种社会思潮也得到公众不同程度的关注，但这八年来一直没有进入排名第一位，而且从图中呈现的折线图来看，其变化趋势没有呈现出大起大落的特征。

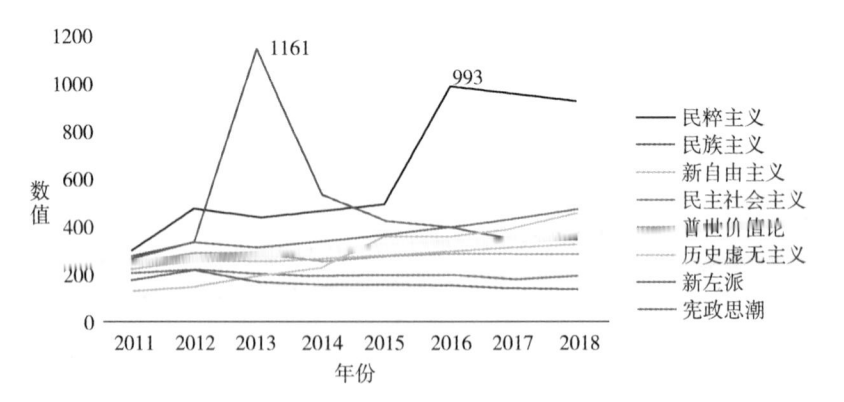

图 1 2011—2018 年 8 种社会思潮关注度（年度数据）

表 2　　　　　　2011—2018 年社会思潮关注度分年度排名

	2011 年	2012 年	2013 年	2014 年	2015 年	2016 年	2017 年	2018 年
1	民粹主义	民粹主义	宪政思潮	宪政思潮	民粹主义	民粹主义	民粹主义	民粹主义
2	宪政思潮	宪政思潮	民粹主义	民粹主义	宪政思潮	宪政思潮	民族主义	民族主义
3	民族主义	民族主义	民族主义	民族主义	民族主义	民族主义	历史虚无主义	历史虚无主义
4	普世价值论	普世价值论	普世价值论	新自由主义	历史虚无主义	历史虚无主义	宪政思潮	宪政思潮
5	新自由主义	新自由主义	新自由主义	普世价值论	新自由主义	新自由主义	新自由主义	新自由主义
6	民主社会主义	民主社会主义	民主社会主义	历史虚无主义	普世价值论	普世价值论	普世价值论	普世价值论
7	新左派	新左派	历史虚无主义	民主社会主义	民主社会主义	民主社会主义	民主社会主义	民主社会主义
8	历史虚无主义	历史虚无主义	新左派	新左派	新左派	新左派	新左派	新左派

　　为了能够更为细致地观察社会思潮公众关注度的变化趋势，接下来，我们根据月度数据将 8 种社会思潮关键词指数制成指数走势图。图 2 显示了 8 种思潮在百度搜索平台上随时间（月份）变化的趋势。图 2 最大的特点就是：公众对社会思潮的关注度呈现出明显的梯次和波动。所谓梯次，是指总体相对高低的层次；所谓波动，是指历史起伏的剧烈幅度。民粹主义和宪政思潮这两类思潮属于第一梯次，而其他六种思潮构成第二梯次。

　　除了梯次以外，图中还有剧烈的波动。从 2011 年 1 月到 2018 年 12 月这 96 个月内，"民粹主义"、"宪政思潮"、"民族主义"、"历史虚无主义"、"新自由主义"、"普世价值论"、"民主社会主义"和"新左派"这八类社会思潮都得到公众不同程度的关注，且"民粹主义"独领风骚，而"宪政思潮"只在 2012 年 11 月至 2014 年 2 月短暂的有所超越。宪政思潮从 2012 年 11 月开始大幅提升，并迅速超过民粹主义，在 2013 年 1 月达到峰值，此后又急剧下落，然后又在 2013 年 5 月急剧攀升，并在 2013 年 8 月又达到一个峰值，此后进入了低潮期。此外，在这些梯次和波动中，尤其是峰值和谷底，都蕴含着大量的历史、政治和社会信息，我们会在下文作进一步的诠释。

　　以上基于百度指数的日度数据、年度数据和月度数据对社会思潮关注度随时间变化的趋势进行了描述，下面我们从各省最关注的社会思潮入

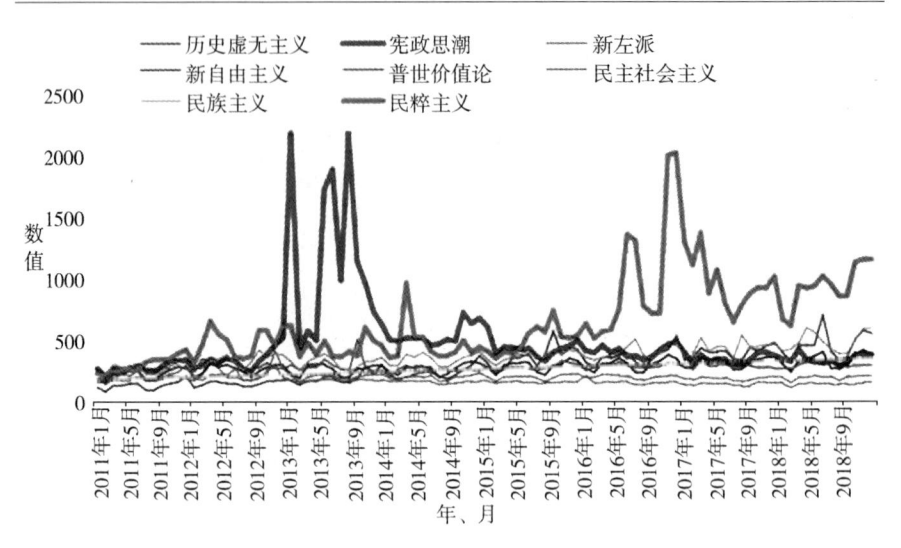

图 2 社会思潮关注度 (2011.1—2018.12)

手,从空间维度考察公众对社会思潮的关注度,以此来考察社会思潮的空间集聚和空间异质性。

从省份差异来看,各类思潮在不同时间段呈现出空间差异。根据表3所示,2011—2018年各类思潮关注度排名前两位的省份是北京和广东。北京居民对"民粹主义"、"新自由主义"、"民主社会主义"、"历史虚无主义"、"新左派"和"宪政思潮"的关注度居全国之首;广东居民更关注"民族主义"和"普世价值论"。另外,近8年社会思潮关注度分省排名显示,排名一直处于前5位的省份都属于东部经济发达省份。从区域分布来看,东中西部社会思潮关注度具有明显的趋同性。如表4所示,东中西部最关注的思潮前三位一直没有变化,分别为"民粹主义"、"宪政思潮"和"民族主义"。就关注强度而言,呈现显著区域不均衡趋势,即东部关注程度最强、西部最弱,中部居中。

表3　社会思潮关注度分省排名 (2011.1—2018.12)

排名	民粹主义	民族主义	新自由主义	民主社会主义	普世价值论	历史虚无主义	新左派	宪政思潮
1	北京	广东	北京	北京	广东	北京	北京	北京
2	广东	北京	广东	广东	北京	广东	广东	广东
3	江苏	江苏	上海	江苏	江苏	江苏	江苏	江苏
4	上海	山东	江苏	山东	上海	浙江	上海	山东

续表

排名	民粹主义	民族主义	新自由主义	民主社会主义	普世价值论	历史虚无主义	新左派	宪政思潮
5	山东	上海	山东	湖北	山东	山东	山东	上海
6	浙江	浙江	四川	上海	浙江	湖北	浙江	浙江
7	四川	四川	浙江	四川	四川	上海	湖北	河南
8	湖北	湖北	湖北	浙江	河南	四川	四川	四川
9	河南	河南	河南	河南	湖北	河南	河南	湖北
10	陕西	陕西	湖南	辽宁	河北	陕西	陕西	陕西

表4　社会思潮关注度分区域排名（2011.1—2018.12）

东部最关注思潮	指数	中部最关注思潮	指数	西部最关注思潮	指数
民粹主义	92	民粹主义	88	民粹主义	56
宪政思潮	70	宪政思潮	69	宪政思潮	42
民族主义	59	民族主义	55	民族主义	34
新自由主义	51	历史虚无主义	45	历史虚无主义	26
普世价值论	50	新自由主义	43	新自由主义	23
历史虚无主义	48	普世价值论	41	普世价值论	22
民主社会主义	31	民主社会主义	24	民主社会主义	12
新左派	15	新左派	8	新左派	4

五　社会思潮媒体提及率及与关注度的关联

为便于和图2的曲线进行比较，我们在图3绘制了8种社会思潮的媒体提及率曲线。不难发现，尽管曲线的变化坡度等与图2大相径庭，但曲线的总体梯次和时段变化则非常接近。例如，无论是在关注度指标还是在媒体提及率指标中，民粹主义的梯次都非常高，在2016年底，民粹主义的关注度和媒体提及率都出现了曲线高峰。宪政思潮在2012年到2013年，也同样出现关注度和媒体提及率的高峰期。

接下来，利用我们的数据，可以对8种社会思潮分别进行关注度与媒体提及率的时间序列回归（双变量）。我们在表5中报告了8种社会思潮关注度的格兰杰因果关系检验。考虑到这8种社会思潮的关注度和提及率

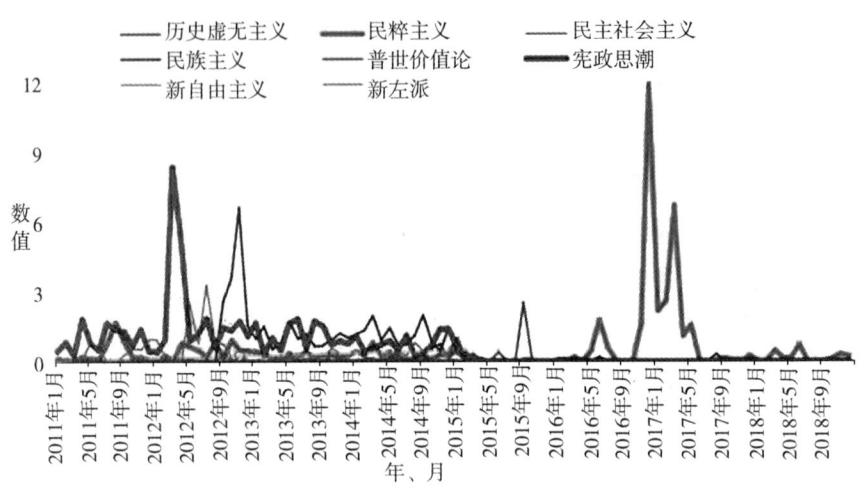

图 3　社会思潮媒体提及率（2011.1—2018.12）

96个月时间序列的稳定性不一，我们首先分别详细报告各序列的平稳性（即是否通过单位根检验）。如果两个时间序列都是非单位根过程，我们直接拟合VAR模型，并进行格兰杰因果测试；如果不是，则对不平稳的时间序列取差分，直至平稳后再拟合VAR模型，进行格兰杰因果检验。在单位根检验中，本文使用迪克—富勒检验（DFGLS检验）和菲利普—帕芬检验（PP检验）两种方法。VAR或VECM的滞后阶数（lag）均根据AIC、BIC和LR等信息标准来联合确定。

表5清晰地展示了8种社会思潮关注度和媒体提及率的关系。无论是历史虚无主义、民主社会主义、普世价值论、新左派，还是持有平民主义立场的民粹主义，它们的关注度都受到媒体提及率的影响。准确地说，早前数月的媒体提及率可以解释对社会思潮的关注度，也即媒体提及率是思潮关注度的格兰杰原因。同时，民粹主义和新左派的关注度与媒体提及率还呈现出双向格兰杰关系。与此形成强烈反差的是，对当前中国政治、经济和社会产生强烈影响的宪政思潮、民族主义和新自由主义，其民众关注度和媒体提及率之间没有显著的统计关联。这可能意味着，公众对这三种思潮的关注度，更多地受到其他因素的影响，而不是通过媒体的中介作用。总体而言，社会思潮中媒体提及率的变化显著影响公众对其关注度变化的比例高达62.5%。我们的假说进一步验证了媒体的议程设置功能，为媒体的议程设置理论提供了更加翔实的数据支撑。

表 5　社会思潮关注度（A）和媒体提及率（Q）的格兰杰检验
（2011.1—2018.12）

	单位根检验		差分单位根检验		格兰杰检验 Q 影响 A	格兰杰检验 A 影响 Q
思潮	A	Q	A	Q	chi2	chi2
民粹主义	平稳	平稳	—	—	5.943*** lag=4	12.199*** lag=4
宪政思潮	平稳	平稳	—	—	0.005 lag=1	0.134 lag=1
民族主义	单位根	平稳	平稳	平稳	1.834 lag=4	1.898 lag=4
历史虚无主义	单位根	平稳	平稳	平稳	2.034* lag=5	1.157 lag=5
新自由主义	单位根	平稳	平稳	平稳	1.161 lag=5	0.736 lag=5
普世价值论	平稳	平稳	—	—	3.093* lag=2	0.494 lag=2
民主社会主义	平稳	平稳	—	—	19.595*** lag=2	1.071 lag=2
新左派	平稳	平稳	—	—	4.184** lag=1	6.256*** lag=1

注：* p<0.1，** p<0.05，*** p<0.01，未标识 * 的表示不显著。

六　社会思潮公众关注度的特征及形成模式

利用百度指数大数据，本文对近 8 年来公众对社会思潮的关注度进行了测量、可视化、排序和时间序列回归分析。由于本文的指标基于百度搜索大数据，因此，它能够较为客观、准确地展示这一时间段内公众对各类社会思潮的关注程度。根据前文的时间序列分析，可以发现，公众对社会思潮的关注度确实会受到当前互联网媒体提及率的影响，这进一步验证了媒体的议程设置理论，为该理论提供了更为翔实的大数据支持。接下来，本文将进一步总结社会思潮公众关注度的特征及形成模式。

（一）特征之一：总体梯次取决于其时代的特殊背景

民粹主义是典型的案例。近年来，民粹主义思潮高涨，俨然已经成为一种全球化现象，2016 年英国公投脱欧和美国大选以及特朗普的上台更是将民粹主义带入到一个关注度高峰期。事实上，民粹主义总是与政党政治紧密地联系在一起的，其核心特征是反对精英贵族政治。另外，民粹主义崛起与经济危机和失业危机也存在明显的关系。2008 年发生了自

1929—1933 年以来全球最严重的金融危机，不到 10 年的 2016 年，民粹主义浪潮在世界各地正在兴起。

（二）特征之二：局部"波峰"受到重大政治事件的影响

社会思潮公众关注度也与当前重大政治事件、公共舆论事件的冲击有着密切的关系，仔细观察各类社会思潮关注度曲线可以发现：曲线的高处和低处总伴有尖锐的起伏和波动，这些波峰与波谷的出现往往与近年来发生的"政治大事件"完美契合。以民粹主义为例，这 8 年来民粹主义的高峰波动期集中在 2016 年底和 2017 年部分月份，而这一段时间恰恰是美国大选的关键时期。再如，宪政思潮的高峰波动期主要集中在 2012 年底和 2013 年，这也正是党的十八大召开的前后时间段。这清楚地表明，公众对社会思潮的关注度，尤其是波峰波谷的出现，直接受到重大政治事件的影响。

（三）特征之三：变迁具有一定的复发性和突发性

从时间的角度看，公众对社会思潮的关注度具有典型的复发性和突发性。所谓复发性，指的是社会思潮在某一年份或月份得到人们较多的关注度，在不久的某段时间还会被大量关注；而突发性是指某种社会思潮关注度在某一天突然达到峰值，这种情况经常是与该类思潮发生的事件紧密相关的。以民粹主义为例，从 2011 年到 2018 年，基本上每年都出现过大规模的波动，而且某些天民粹主义关注度突然就达到顶峰值，这些重要的峰值点背后都有一些相应的与民粹主义相关的事件发生。但这些时间点背后的现象是复杂的，或许是多种因素造成，也或许是在当日之前发生了什么重要事件刺激到了人们的敏感神经，抑或当日前后有重大事件发生而引起了人们的广泛关注，因而造成人们对民粹主义的关注度恰巧集中在了某一天。

（四）特征之四：与区域经济要素和互联网发展水平有密切关系

不论是分省排名还是东中西部排名，都能看出一个基本事实，即经济越发达的地区对各类思潮的关注度也越高，换句话说，公众对社会思潮的关注度与一个地区的经济发展水平也有着十分密切的关系。例如，在社会思潮关注度分省排名中，北京和广东一直处于排名前两位，前五位中都是东部经济发达省份，前十位中也主要由东部省份占据；而在东中西部排名中，东部省份对社会思潮的关注度最高，其次是中部，最后是西部。

除了与经济发展水平有着明显的关系以外，各区域社会思潮关注度可能还与一个地方的互联网发展水平直接相关。在《中国互联网发展报告2017》中，互联网发展指数前两位的是广东和北京，前五位中也同样都是经济发达的东部省份，前十位中只有四川和湖北不属于东部省份；在其他年份的互联网发展报告中，各省互联网发展指数排名差异并不太大。因此，我们有理由相信，各区域社会思潮关注度可能会受到区域经济要素和互联网发展的较大影响。我们会在下一步的研究中，利用面板数据来验证这一假说。

七　结语

近年来，大数据被业界和学界反复提及，但真正利用大数据方法进行社会科学研究还不太多，尤其是针对中国当下的社会思潮大数据研究。究其原因，主要与大数据的采集、获取和分析难度有很大关系。在本文中，我们利用百度搜索指数大数据平台，对近8年来96个月的8种社会思潮进行了关键词检索分析，得到8种社会思潮关注度的分年、分月和分日量化排名。更重要的是，我们进一步利用百度指数中的媒体指数数据库获得了各类社会思潮的互联网媒体提及率指标，并将其与社会思潮关注度指标进行时间序列分析。格兰杰因果检验显示了社会思潮关注度在很大程度上受到媒体提及率的影响。

本文在研究议题、方法和数据方面有以下贡献：第一，利用大数据对当前中国社会思潮进行研究是可行的，本文是使用大数据方法对中国主要社会思潮进行研究的首次尝试；第二，利用互联网平台，从现有的大数据中提取出相关的变量，是当前利用大数据进行社会科学分析的可行途径；第三，除了基本描述与可视化，时间序列分析、面板分析将成为社会科学领域大数据分析的重要方法。当然本文也存在诸多不足之处：第一，社会思潮关注度本身是一个综合性指标，用网民在搜索引擎上对其搜索次数来代表关注度虽然是一种可行的操作方法，但不一定是最准确的测度；第二，尽管互联网的普及率非常高，而且会越来越高，但互联网并非人类表达关注的唯一载体，而目前除了互联网数据，其他可以用来分析人类关注某事物的互动数据极为匮乏；第三，限于时间，我们梳理出的一些现象和规律，有可能只是挂一漏万，甚至以偏概全。在今后的研究中，我们会加强对上述问题的研究和解决。

网络语境下媒介使用对社会思潮的代际差异影响研究

——基于 CGSS2015 数据的实证研究

阳长征[①]

摘要：基于代际差异视角探索了媒介使用行为对社会思潮的影响机制，以传统媒介使用与新媒介使用为自变量，六类社会思潮为因变量，社会责任意识、社会自由意识及社会集体意识为中介变量构建研究理论模型，使用中国综合社会调查 CGSS2015 数据资料，采用有序 probit 模型及 χ^2 检验，并借助 STATA14.0 统计软件对数据进行处理和分析。其研究发现：（1）1920 年至 1979 年出生的公众主要通过对传统媒介的使用，形成了民粹主义思潮倾向。1980 年至 1989 年出生的公众主要通过对新媒介的使用，形成了新自由主义思潮倾向。1990 年至 1997 年出生的公众主要通过对新媒介的使用，强化了新自由主义思潮及新权威主义思潮倾向。（2）媒介使用行为通过"媒介使用行为→社会责任意识/社会自由意识/社会集体意识→不同类型思潮倾向"，该影响路径对社会思潮产生影响，且出生代际在"媒介使用行为→社会责任意识/社会自由意识/社会集体意识"影响路径中存在显著调节效应。最后，对研究结果进行分析和讨论，并指出了研究价值及未来展望。

关键词：媒介使用；社会思潮；代际差异

近年来，随着信息技术的快速发展，各种新媒体不断涌现，多数民众所获取信息和知识很大程度来自网络，使得网络媒体已成为了当下人们进行信息获取及信息传播的一种主要方式。然而，由于互联网与生俱来的开

---

① 阳长征，西安交通大学新闻与新媒体学院副教授。

放性、匿名性以及传播快速等特点,使得网络平台成为了一些不良社会思潮得以滋生和发展的温床,极易成为某些别有用心之徒激化舆论的工具。社会思潮(trend of thoughts)作为人们在某些利益诉求方面所具有的认知及思想倾向,可对政治、经济、社会等诸多方面产生正面或负面影响(陈娜,2018)。[①] 尤其在当前,中国正面临着社会全方面的进一步深化改革,聚积了诸多复杂的社会隐患和矛盾,随之产生的各种社会思潮也交织涌现。其中,一些不良思潮的存在和发展对社会产生了很大风险,它们可利用公共事件进行炒作,甚至传播谣言误导公众,极化人们负面社会情绪,激化社会矛盾及社会公众的非理性行为,从而破坏社会稳定与发展。同时,互联网环境下,各种不良社会思潮的相互裹挟,侵蚀社会公众的思想认知,扭曲人们价值观,进而瓦解社会主流意识形态。而导致该类问题产生的其中一个关键且不可避免的原因是,人们媒介接触和使用对其社会思潮倾向的形成产生了重要影响,进而通过该类行为加以呈现。网络语境下,这些负面现象的出现和凸显,给社会稳定及治理带来了前所未有的冲击和挑战,已成为互联网时代人们高度关注的社会问题(郭明飞等,2014)[②]。因此,在此背景下,公众媒介使用行为对社会思潮影响,已成为学界及业界高度关注的社会问题,本文对此进行研究和探索则具有重要的理论价值和现实意义。

一 理论基础与研究问题

(一)媒介使用行为

为了深入了解媒介使用及社会思潮影响的特征和机理,学术界针对该主题的研究方兴未艾,国内外学者一直从不同视角对此进行研究和探讨。

国内最近有学者从社会文化及幸福感知的角度进行探索,如任迪(2019)等人考察了外国学生媒介使用对中国文化认同的影响,并讨论它

[①] 陈娜:《转型中国的多元社会思潮与媒介表达困境》,《南京社会科学》2018年第4期。
[②] 郭明飞、郭冬梅:《互联网上影响我国主流意识形态建设的社会思潮分析》,《江汉论坛》2014年第3期。

们之间的关系。① 刘鸣筝（2019）研究了媒介使用行为对公众幸福感的影响，发现传统媒体的使用对人们的幸福感存在明显的促进作用，以网络为代表的新媒体在提高人们幸福感层面比传统媒体具有更大效应。② 有学者则探索了媒介使用对环境意识及节日庆祝行为的影响，如孙明源（2019）等人发现公众媒介使用行为影响了它们对环境风险的认知，进而对其环境评估判断产生影响。③ 郭石磊（2018）探究媒介使用情况对西方节日庆祝行为的影响，研究发现媒介使用与西方节日庆祝行为呈明显正向关联。④ 周全（2017）等人研究媒介使用如何左右公众的亲环境意愿，发现媒介使用可强化人们亲环境行为，且传统媒介影响效用大于新媒介影响效用。⑤ 也有学者从政治信任与政治参与的视角进行研究，卢春天（2015）等人发现传统媒介的使用明显促进了中央及地方政府的信任，而新媒介明显地弱化了中央和地方政府的信任，且新媒介影响效用大于传统媒介影响效用。⑥ 曾凡斌（2014）指出媒介使用中形成的新闻接触强化了人们的政治参与意愿，其影响效应产生的关键点是对新闻的接触程度，并非媒介使用时间长度。⑦

国外一些学者从政治参与及自我满足方面展开，如 Boulianne（2015）通过元数据分析发现社交媒体使用和政治参与之间存在正向关系。然而，另一些元数据还表明，社交媒体的使用对参与竞选活动的影响微乎其微。⑧ Seidman 等（2013）考察了大五人格与 Facebook 使用之间的关系，

---

① 任迪、姚君喜：《外籍留学生媒介使用与中国文化认同的实证研究》，《西南民族大学学报》（人文社会科学版）2019 年第 9 期。
② 刘鸣筝、袁谅：《媒介使用行为对公众幸福感的积极作用——基于有序回归的分析和马尔可夫链的预测》，《新闻大学》2019 年第 7 期。
③ 孙明源、王锡苓：《社会变迁视阈下的中国城市居民媒介使用与生态环境认知》，《新闻与传播研究》2018 年第 12 期。
④ 郭石磊：《文化认同视角下的媒介使用与西方节日庆祝行为》，《河南社会科学》2018 年第 5 期。
⑤ 周全、汤书昆：《媒介使用与中国公众的亲环境行为：环境知识与环境风险感知的多重中介效应分析》，《中国地质大学学报》（社会科学版）2017 年第 5 期。
⑥ 卢春天、权小娟：《媒介使用对政府信任的影响——基于 CGSS2010 数据的实证研究》，《国际新闻界》2015 年第 5 期。
⑦ 曾凡斌：《社会资本、媒介使用与城市居民的政治参与——基于 2005 中国综合社会调查（CGSS）的城市数据》，《现代传播》（中国传媒大学学报）2014 年第 10 期。
⑧ Boulianne S., Social media use and participation: A meta-analysis of current research, *Information, Communication & Society*, 2015, 18 (5), pp. 524-538.

认为人们使用媒介其目的之一是以此满足归属和自我表达的需求。[1] 也有学者则从健康传播及信息行为的选择性进行研究，Chou 等（2009）指出参与式互联网和社交媒体带来了通信格局的快速变化，社交媒体的使用对健康传播产生了影响。[2] Robert 等（2008）发现美国青年大量使用媒体，出现"媒体多任务处理"这一日益增长的现象，并同时使用多家媒体。他们花在媒体上的时间比睡觉以外的任何单一活动都多。同时指出，新媒体并未取代旧媒体，而是将它们合作使用。[3] Stroud 等（2008）认为媒介中的某些主题更有可能激发选择性曝光，且政治信仰与他们的媒体曝光有关，人们的政治信仰激发了他们的媒体使用模式。[4]

（二）社会思潮倾向

国内一部分学者从社会思潮的影响因素方面对社会思潮进行探索和研究，李明德（2019）等人认为互联网视听平台使社会思潮的传播呈现出新的特征，阐释并提出了从思想层面入手，立足社会思潮新的传播特点，多方参与、共同引领。[5] 周庆智（2017）研究发现各种形态的民粹主义兴盛与社会权利不平等密切相关，其特征在于它反映了社会的政治含义。[6] 也有一部分学者从特定媒介平台、特定思潮或特定群体的社会思潮特征展开研究，如张静（2017）等人发现微信中的社会思潮具有空前的多样性、多变性、多元共生、相互吸收、更加平民化，且更加重视话语权的争夺，其方式更具隐蔽性和去中心化。[7] 孙晓晖（2014）指出当前我国社会思潮的主要表现为：具有问题意识、多元多变，形成多元制衡格局，且不同阶

---

[1] Seidman G., Self-presentation and belonging on Facebook: How personality influences social media use and motivations, *Personality and Individual Differences*, 2013, 54 (3), pp. 102-407.

[2] Chou W Y S, Hunt Y M, Beckjord E B, et al, Social media use in the United States: implications for health communication, *Journal of Medical Internet Research*, 2009, 11 (4), p. e48.

[3] Roberts D F, Foehr U G., Trends in media use, *The Future of Children*, 2008, 18 (1), pp. 11-37.

[4] Stroud N J., Media use and political predispositions: Revisiting the concept of selective exposure, *Political Behavior*, 2008, 30 (3), pp. 341-366.

[5] 李明德、朱妍:《社会思潮的传播特征及引领——以互联网视听平台为对象》,《北京工业大学学报》（社会科学版）2019 年第 3 期。

[6] 周庆智:《当前中国民粹主义思潮的社会政治含义》,《政治学研究》2017 年第 5 期。

[7] 张静、王欢:《微信中社会思潮的传播方式与传播路径研究》,《思想教育研究》2017 年第 8 期。

层的社会成员倾向于具有不同的社会思潮。① 周志成（2018）等人探索不同群体大学生对社会思潮的知晓度和认同度的影响，呈现出不同的人口学特征。② 也有学者从应对当前社会思潮引起的社会问题进行了对策性研究，如刘波（2019）强调引领社会思潮是一项系统性工程，事关牢牢掌握意识形态工作的领导权和话语权。③ 王平（2019）指出当前背景下，新自由主义、保守复古主义、消费至上主义、虚无主义和新民粹主义五种社会思潮形态具有广泛的影响。④

国外研究则主要集中于两个方面，一方面从特定思潮类型或特定群体的特征展开研究，如 Wang 等（2000）指出生态主义是人类在第二次世界大战后，出现的用以寻找严重生态和生活危机所致的原因和解决方案而发展起来的一种思维方式。⑤ Xu（2000）从学术发展和社会变迁的角度阐述了技术乐观主义思潮，指出 20 世纪前流行的技术乐观主义思潮，是引起非理性应用技术的重要根源。⑥ Yu 等（2009）阐述了 1898 年戊戌变法的思想如何演化为现代中国社会的自由主义、保守主义和激进主义思潮。⑦ Tan 等（2009）根据研究生群体思想政治教育的现状和特点，分析了新时期多元化社会思潮对研究生群体产生的积极和消极影响，并提出了加强研究生群体思想政治教育的相应策略。⑧ 另一方面从如何引领当前社会思潮的层面展开，如 Wang（2011）研究了如何推进马克思主义的主要思想和大众化进程的建设，以及马克思在思想领域的指导地位，并提出主流意识

---

① 孙晓晖：《社会思潮群体性选择差异的实证分析——基于意识形态安全的视角》，《理论探索》2014 年第 6 期。

② 周志成、何侃侃、晏宁：《当代社会思潮对首都大学生的影响及对策研究》，《北京联合大学学报》（人文社会科学版）2018 年第 3 期。

③ 刘波：《新加坡引领社会思潮的经验及启示》，《人民论坛》2019 年第 20 期。

④ 王平：《当前社会思潮的主要形态、渗透逻辑及其应对策略》，《教学与研究》2019 年第 6 期。

⑤ Muhua W, Yule L E., An Introduction to the Ideological Trend in Ecologist Curriculum, *Journal of Liaoning Normal University*（Social Science Edition）, 2000（4）, p.10.

⑥ Feng-zhen Xu., Clarification and Introspection: The Ideological Trend of Technical Optimism, *Academic Exchange*, 2000, 6.

⑦ Zuhua Yu, Huifeng Z., On the Ideological Trend of 1898 as the Shared Headwaters of China's Three Modern Ideological Trends, *Academic Monthly*, 2009, 11.

⑧ TAN J, DU C., The Influence of New Period Social Ideological Trend on Graduate Students Ideological and Political Education and the Countermeasures, *Journal of China Three Gorges University*（Humanities & Social Sciences）, 2009, 2.

形态引领社会思潮的途径。①

总体而言，过去相关研究，虽然已取得诸多成果，但仍存在可提升之处。社会思潮作为人们在某些利益诉求方面所具有的认知及思想倾向，可对政治、经济、社会等诸多方面产生重要影响。在当前网络信息环境下，人们媒介接触和使用对人们的心理及行为模式均产生重要作用，进而影响其社会思潮倾向的形成。同时，代际理论指出，由于差异化的社会和文化环境以及社会经历，从而使得不同的代际有着不同的社会认知和价值观，从而产生不同的社会思潮倾向。然而，针对此，过去研究虽然已有关于媒介使用对公众社会思潮影响而采用质性方法进行探讨，也有文献对特定群体的社会思潮特征进行分析，但总体上采用实证研究就媒介使用对社会思潮影响的研究仍然很少，且从代际差异的视角对此进行研究的相关文献依然缺乏，于是这给本研究的选题及理论框架的构建留下了研究空间。因此，在此背景下，针对过去研究存在的不足，本文将基于代际差异视角探索媒介使用行为对社会思潮的影响机理。其探索问题如下：

研究问题一：网络语境下，媒介使用行为对社会思潮的影响路径及效应如何？

研究问题二：网络语境下，媒介使用行为对社会思潮的影响效应是否存在代际差异？若存在，则具体差异机制如何？

对于上述问题的研究有助于掌握媒介使用行为对社会思潮影响的基本规律，为政府部门及媒体机构的社会治理提供理论指导和依据。

二 数据来源与变量解释

（一）本数据来自中国综合社会调查的 2015 年度数据

中国综合社会调查（Chinese General Social Survey，CGSS）从 2003 年开始进行构建，全面、系统地调查个人、社会、家庭、社区等多个层面的资料数据，涵盖社会、经济、政治、心理等多学科的大量的数据资料。目前，CGSS 数据在国内外具有重要影响，已广泛被国际国内各大高校、科

---

① Yong-gui W, New Changes in Social Trends of Thought and Progress of Strengthening the Construction of the Main Ideological Current, *Studies on Mao Zedong and Deng Xiaoping Theories*, 2011, 5.

研院所、政府机构及企事业单位用于进行科研、教学、决策，已成为探索和研究中国社会重要的数据来源。并于2006年被国际社会调查合作组织（International Social Survey Programme，ISSP）接收为代表中国的会员单位，每年一次，与国际近五十个主要国家一起，就某些重要的社会议题展开共同调查。本次选择采用CGSS2015数据资料，其数据的抽样设计、获取范围、调查过程均具有科学性、权威性和可信度。

（二）变量解释

因变量：

新自由主义思潮倾向：主张维护个人自由，反对国家和政府对社会和经济不必要的干预，强调社会自由的重要性（杨静，2015）。[①] 题项为"您是否同意以下说法——如果有人在公共场所发布批评政府的言论，政府不应该干涉"。新权威主义思潮倾向：在改革中遇到的问题，在现代商品经济秩序和民主政治发展过程中，需要政府的权威和集权，需要建立强有力的有现代化导向的权威政治来协调整合社会秩序，并引导现代化进程（兰华等，2015）。[②] 题项为"您是否同意以下说法——有些政府部门的改革措施和法律相冲突，对于这种改革，值得肯定和支持"。以上两道题项，选项编码分别为：完全不同意=1、比较不同意=2、无所谓同意不同意=3、比较同意=4、完全同意=5。新左派思潮倾向：提倡人民主权原则，重视社会公平正义，支持国家对经济的宏观干预，反对庸俗的自由市场理论，重视工人和农民利益，批判自由主义和经济政治独裁（竟辉，2018）。[③] 题项为"您是否同意以下说法——应该从有钱人那里征收更多的税来帮助穷人"。民主社会主义思潮倾向：反对无产阶级革命，主张在不改变资本主义政治和经济制度，不触动资产阶级根本利益的前提下，实现社会主义（Wittner，2018）。[④] 题项为"您是否同意以下说法——现在

[①] 杨静：《新自由主义"市场失灵"理论的双重悖论及其批判——兼对更好发挥政府作用的思考》，《马克思主义研究》2015年第8期。

[②] 兰华、蒋薇：《新权威主义视角下新加坡公共权力监督制约机制研究》，《山东社会科学》2015年第9期。

[③] 竟辉：《中国新左派思潮的当代解析》，《探索》2018年第1期。

[④] Wittner L., Has democratic socialism a future in American politics?, *Australian Socialist*, 2018, 24 (2), p.18.

有的人挣的钱多，有的人挣的少，但这是公平的"。以上两道题项，选项编码分别为：非常不同意=1、不同意=2、无所谓=3、同意=4、非常同意=5。民粹主义思潮倾向：标榜人民主权的政治体制，总是声称代表人民，极端强调平民群众的价值和理想，把平民化和大众化作为所有政治运动和政治制度合法性的最终来源（Müller，2017）。[①] 题项为"总体来说，您认为政府是否应该或有责任提供以下福利——人人有工作机会"，选项编码分别为：绝对不应该/绝对没有责任编码=1、可能不应该/可能没有责任=2、可能应该/可能有责任=3、绝对应该/绝对有责任=4。

自变量：

媒介使用：测量人们对媒介使用的频率等情况，主要分为传统媒介使用与新媒介使用。其中传统媒介使用主要包括人们对报纸、杂志、广播、电视等传统媒介的使用频率等，题项分别为"过去一年，您对以下媒体的使用情况——报纸"、"过去一年，您对以下媒体的使用情况——杂志"、"过去一年，您对以下媒体的使用情况——广播"、"过去一年，您对以下媒体的使用情况——电视"。新媒介使用主要包括人们对互联网（包括手机上网）、手机定制消息等新媒介的使用频率等，题项分别为"过去一年，您对以下媒体的使用情况——互联网（包括手机上网）"、"过去一年，您对以下媒体的使用情况——手机定制消息"。各题项的选项和编码均分别为：从不=1、很少=2、有时=3、经常=4、非常频繁=5。

中介变量：

社会责任意识：是在一个特定的社会里，个人在心里和感觉上对其他人的伦理关怀和义务（McWilliams，2015）。[②] 题项为"您是否同意以下说法——如果没钱请律师，能够申请获得政府提供的法律援助"。社会自由意识：是指人们可以自我支配，没有外在障碍而能够按照自己的意志而行动，并为自身的行为负责（宋建丽，2018）。[③] 题项为"您是否同意以下说法——在哪里工作和生活是个人的自由，政府不应该干涉"。社会集

[①] Müller J W., *What is populism?* Penguin UK, 2017.
[②] McWilliams A., Corporate social responsibility, *Wiley Encyclopedia of Management*, 2015, pp. 1-4.
[③] 宋建丽：《规范性重构与社会自由——兼论正义范式的当代转换》，《世界哲学》2018年第1期。

体意识：是指集体成员对集体的目标、信念、价值与规范等的认识及认同，表现为成员自觉地按照集体规范来要求自己，个人利益服从集体利益，并有一种责任感、荣誉感和自豪感（辛治洋，2017）[1]。题项为"您是否同意以下说法——为了工作单位，我愿意更加努力工作"。以上三道题项，选项编码分别为：完全不同意＝1、比较不同意＝2、无所谓同意不同意＝3、比较同意＝4、完全同意＝5。

控制变量：

本研究中除了自变量对因变量影响外，仍存在其他变量可改变因变量数值。在模型构建中，需控制该类变量。若不加以控制，自变量与该类变量均会导致因变量数值的改变，从而引起研究结论的偏误。针对社会认知与思潮，除了本文探索的影响因素外，用户的性别、出生代际、教育程度、宗教信仰、婚姻状况、户口类型、社区类型、政治面貌、个人收入及社会保障等人口学统计学变量也是影响社会认知及行为的重要因素（曾凡斌，2019）[2]。因此，本研究将上述变量设定为控制变量，以此对其扰动效应加以控制。

性别：题项为"您的性别"，男性编码为1，女性为2。

出生代际：题项为"您的出生日期——年"，受访者出生年份范围为1920年至1997年，小于1980年编码为1，大于等于1980年且小于1990编码为2，大于等于1990年且小于1997年为3。

教育程度：题项为"您目前的最高教育程度（包括目前在读的）"，没有受到任何教育编码为1，私塾或扫盲班为2，小学为3、初中为4、职业高中/中专/技校/普通高中为5，大学专科（成人高等教育）为6，大学专科（正规高等教育）为7，大学本科（成人高等教育）为8，大学本科（正规高等教育）为9，研究生及以上为10。

宗教信仰：题项为"您的宗教信仰——不信仰宗教"，是为1，否为2。

婚姻状况：题项为"您目前的婚姻状况"，未婚为1、同居为2、初

---

[1] 辛治洋：《从"合作意识"到"集体意识"：当代德育目标的应然转变》，《教育研究与实验》2017年第6期。

[2] 曾凡斌：《媒介使用、媒介信任对幸福感的影响研究：基于CGSS2010调查数据的分析》，《湖南师范大学社会科学学报》2019年第2期。

婚有配偶为3、丧偶为4、离婚为5、再婚有配偶为6、分居未离婚为7。

户口类型：题项为"您目前的户口登记状况"，居民户口（以前是非农业户口）为1、居民户口（以前是农业户口）为2、非农业户口为3、农业户口为4、军籍为5、蓝印户口为6。

社区类型：题项为"样本类型"，城市为1、农村为2。

政治面貌：题项为"您目前的政治面貌"，群众为1、共青团员为2、共产党员为3。

个人年均收入：题项为"您个人去年全年的总收入"，数值介于0至9999990元。

社会保障：题项分别为"是否参与城市/农村基本养老保险"、"是否参加城市基本医疗保险/新型农村合作医疗保险/公费医疗保险"，选项及编码分别为："无法回答"设置为缺失值，参加了为1、没有参加为0、不适用为0。编码时，将该两项数值相加形成新的变量，命名为"社会保障"，两项相加数值为0时，表明没有参加，编码为0；大于等于1时表明已参加，编码为1。

三 数据分析与研究发现

（一）描述性统计

先对媒介使用行为、社会思潮分别与出生代际之间关系进行描述统计分析，统计结果分别如表1媒介使用与出生代际列联表，及表2思潮类型与出生代际列联表所示。

表1 媒介使用与出生代际列联表

媒介类型	出生代际			
	1920—1979年	1980—1989年	1990—1997年	均值
报纸	1.90	1.89	1.86	1.89
杂志	1.63	1.95	2.06	1.71
广播	1.82	1.78	1.69	1.80
电视	4.02	3.65	3.50	3.92
互联网（包括手机上网）	1.88	3.93	4.38	2.37

续表

媒介类型	出生代际			
	1920—1979 年	1980—1989 年	1990—1997 年	均值
手机定制信息	1.46	2.16	2.20	1.62
均值	2.12	2.56	2.61	2.22

表 2　　思潮类型与出生代际列联表

思潮类型	出生代际			
	1920—1979 年	1980—1989 年	1990—1997 年	均值
新自由主义	2.78	2.91	3.63	3.11
民主社会主义	3.41	3.55	3.46	3.47
新左派	3.83	3.01	3.47	3.44
民粹主义	3.48	3.43	3.37	3.43
新权威主义	3.41	3.50	3.59	3.50
均值	3.38	3.28	3.50	3.39

表 1 统计结果显示，1920 年至 1979 年出生的公众主要使用电视来获取信息。1980 年至 1989 年出生的公众主要借助互联网、电视及手机信息来获取和传递信息，其中对互联网的使用最为频繁，其次为电视，次之为手机定制信息。1990 年至 1997 年出生的公众也主要通过互联网、电视及手机信息来获取和传递信息，其中对互联网的使用最为频繁，其次为电视，次之为手机定制信息。

对互联网的使用，在三类出生代际中，1990 年至 1997 年出生的公众对其使用频率最大，均值为 4.38；其次为 1980 年至 1989 年出生的公众，均值为 3.93；而 1920 年至 1979 年出生的公众使用网络较少，均值为 1.88。对电视的使用，在三类出生代际中，1920 年至 1979 年出生的公众对其使用频率最大，均值为 4.02；其次为 1980 年至 1989 年出生的公众，均值为 3.65；而 1990 年至 1997 年出生的公众对其使用的频率次之，均值为 3.50。总体上，1920 年至 1979 年出生的公众主义使用电视；1980 年至 1989 年出生的公众，及 1990 年至 1997 年出生的公众首先使用互联网，其次是电视。

表 2 统计结果显示，1920 年至 1979 年出生的公众主要具有左派思潮

倾向，其次为民粹主义思潮，次之为民主社会主义及新权威主义，而新自由主义思潮倾向较弱。1980年至1989年出生的公众也主要具有民主社会主义思潮倾向，其次为新权威主义，次之为民粹主义思潮，而新左派及新自由主义思潮倾向较弱。1990年至1997年出生的公众主要具有新自由主义思潮倾向，其次为新权威主义思潮，次之为新左派及民主社会主义，而民粹主义思潮倾向相对较弱。

对于新自由主义思潮，在三类出生代际中，1990年至1997年出生的公众产生的倾向最大，均值为3.63；其次为1980年至1989年出生的公众，均值为2.91；而1920年至1979年出生的公众最小，均值为2.78。对于民主社会主义思潮，在三类出生代际中，1980年至1989年出生的公众产生的倾向最大，均值为3.55；其次为1990年至1997年出生的公众，均值为3.46，而1920年至1979年出生的公众与之相当，均值为3.41。对于新左派思潮，在三类出生代际中，1920年至1979年出生的公众产生的倾向最大，均值为3.83；其次为1990年至1997年出生的公众，均值为3.47，而1980年至1989年出生的公众最小，均值为3.01。对于民粹主义思潮，在三类出生代际中，1920年至1979年出生的公众产生的倾向最大，均值为3.48；其次为1980年至1989年出生的公众，均值为3.43，而1990年至1997年出生的公众最小，均值为3.37。对于新权威主义思潮，在三类出生代际中，1990年至1997年出生的公众产生的倾向最大，均值为3.59；其次为1980年至1989年出生的公众，均值为3.50，而1920年至1979年出生的公众最小，均值为3.41。总体上，1920年至1979年出生的公众主要具有新左派思潮倾向，1980年至1989年出生的公众主要具有民主社会主义与新权威主义倾向，而1990年至1997年出生的公众则主要具有新自由主义及新权威主义思潮倾向。

（二）有序 *Probit* 模型构建

为了探索不同媒介使用行为对公众社会思潮倾向的影响，首先对变量间因果关系的显著性及影响效应进行分析。由于各因变量均通过李克特五点量表度量，变量赋值为介于"1"至"5"的次序整数，故选取有序 *Probit* 模型对样本数据进行拟合分析。同时，为了限制"控制变量"的影响，故需将控制变量（性别、出生代际、教育程度、宗教信仰、婚姻状况、户口类型、社区类型、政治面貌、个人年均收入、社会保障）加入方程进行分析。因此，可构建如下模型：

$$Trend_i = \alpha_{i1} * gender + \alpha_{i2} * year + \alpha_{i3} * education + \alpha_{i4} * nonreligion$$
$$+ \alpha_{i5} * household + \alpha_{i6} * marriage + \alpha_{i7} * coummunity$$
$$+ \alpha_{i8} * politstatus + \alpha_{i9} * income + \alpha_{i10} * usenewspaper$$
$$+ \alpha_{i11} * usemagazine + \alpha_{i12} * usetelevision + \alpha_{i13} * usebroadcast$$
$$+ \alpha_{i14} * useinternet + \alpha_{i15} * usemobilephone + \varepsilon_i$$

估计结果如表3所示。

表3　　　　　　　　　有序 Probit 模型拟合结果

解释变量	新自由主义 Coef.	P>z	民主社会主义 Coef.	P>z	新左派 Coef.	P>z	民粹主义 Coef.	P>z	新权威主义 Coef.	P>z
控制变量										
性别	-0.078	0.039	-0.005	0.005	0.039	0.321	-0.014	0.035	-0.060	0.400
出生代际	-0.014	0.035	0.214	0.000	-0.219	0.000	-0.116	0.009	0.072	0.003
教育程度	0.070	0.000	-0.023	0.122	-0.032	0.027	0.028	0.062	-0.007	0.009
宗教信仰	-0.048	0.032	0.097	0.020	0.130	0.038	-0.012	0.843	0.102	0.388
婚姻状况	-0.010	0.002	0.017	0.498	-0.024	0.052	0.030	0.048	-0.023	0.029
户口类型	0.016	0.005	0.031	0.004	-0.008	0.018	0.001	0.070	0.000	0.012
社区类型	-0.053	0.254	0.301	0.000	0.084	0.078	-0.181	0.000	0.019	0.027
政治面貌	-0.162	0.000	0.066	0.047	0.099	0.099	0.010	0.028	0.049	0.417
个人年均收入	0.000	0.012	0.000	0.052	0.000	0.340	0.000	0.012	0.000	0.005
社会保障	-0.044	0.141	0.006	0.008	0.061	0.024	0.054	0.093	0.005	0.038
媒介使用										
报纸	-0.046	0.002	0.034	0.015	-0.038	0.007	0.046	0.021	-0.027	0.024
杂志	0.016	0.507	-0.016	0.092	-0.023	0.758	0.035	0.614	0.003	0.089
广播	-0.026	0.314			-0.015	0.508	0.028	0.001	-0.002	0.151
电视	-0.060	0.001	0.039	0.041	-0.019	0.000	0.058	0.048	-0.057	0.032
互联网（包括手机上网）	0.054	0.000	-0.038	0.033	0.043	0.025	-0.013	0.001	0.042	0.017
手机定制信息	0.034	0.015	-0.026	0.059	0.017	0.000	-0.041	0.403	0.038	0.006
LR chi2(16)检验	171.92		167.45		267.15		105.73		27.63	
Prob>chi2	0.0000		0.0000		0.0000		0.0000		0.0350	

在表3中，为了保证参数的可识别性，已对参数进行了标准化处理。表3结果显示，五个拟合方程的似然比卡方检验的概率 p 值均小于为0.05，达到0.05显著水平，拒绝回归模型无效的原假设，表明该模型构建显著性有效。同时，模型中绝大多数控制变量系数 z 检验的 p 值均小于0.05，表明各方程中控制变量的系数估计值在5%的置信水平下整体上显著，表明控制变量的选取及设置合理。

针对新自由主义思潮，报纸、电视、互联网及手机信息使用对应的拟合系数估计值在5%的置信水平下均通过显著性检验，而杂志及广播使用对应的系数不显著。同时，根据系数的正负性，表明互联网与手机信息使用对新自由主义思潮具有显著正向影响，报纸与电视使用对该思潮则具有显著负面影响。针对民主社会主义思潮，报纸、广播、电视及互联网用对应的拟合系数估计值在5%的置信水平下均通过显著性检验，而杂志及手机信息使用对应的系数不显著。同时，根据系数的正负性，表明报纸与电视使用对民主社会主义思潮具有显著正向影响，广播与互联网使用对该思潮则具有显著负面影响。针对新左派思潮，报纸、电视、互联网及手机信息使用对应的拟合系数估计值在5%的置信水平下均通过显著性检验，而杂志及广播使用对应的系数不显著。同时，根据系数的正负性，表明互联网与手机信息使用对新左派思潮具有显著正向影响，报纸与电视使用对该思潮则具有显著负面影响。针对民粹主义思潮，报纸、广播、电视及互联网使用对应的拟合系数估计值在5%的置信水平下通过显著性检验，而杂志及手机信息使用对应的系数不显著。同时，根据系数的正负性，表明报纸、广播及电视使用对新自由主义思潮具有显著正向影响，互联网使用对该思潮则具有显著负面影响。针对新权威主义思潮，报纸、电视、互联网及手机信息使用对应的拟合系数估计值在5%的置信水平下均通过显著性检验，而杂志及广播使用对应的系数不显著。同时，根据系数的正负性，表明互联网与手机信息使用对新权威主义思潮具有显著正向影响，报纸与电视使用对该思潮则具有显著负面影响。

根据对应系数的大小，总体而言，在六种具体性媒介使用中，电视与互联网使用对新自由主义思潮的影响较大，电视、互联网及报纸使用对民主社会主义思潮的影响较大，互联网与报纸使用对新左派思潮的影响较大，电视、报纸及手机使用对民粹义思潮的影响较大，互联网与手机信息使用对新权威主义思潮的影响较大。

（三）代际差异影响

为了探索媒介的使用行为对社会思潮影响的代际差异，需对各具体性媒介类型的使用行为进行类别提取和划分，以便形成高阶水平的媒介使用类型对社会思潮影响的规律特征。对各媒介进行因子分析，其分析结果如表4所示。

表4　媒介使用类型因子分析

变量	因子1	因子2	共量
报纸	0.73	0.46	0.26
杂志	0.77	0.27	0.33
广播	0.37	0.25	0.80
电视	0.21	-0.13	0.95
互联网（包括手机上网）	0.34	0.69	0.21
手机定制信息	-0.26	0.47	0.70
贡献比重	0.72	0.24	
累计贡献比重	0.72	0.96	

表因子分析结果显示，当提取两个公因子时，可累计解释所有媒介使用行为的96%，其解释比重已超过95%，涵盖了各类使用行为的大多数信息，故可将六种媒介使用行为提取为两种类型。其中，报纸、杂志、广播及电视在公因子1上的负荷大于其在公因子2上的负荷，互联网与手机信息在公因子2上的负荷大于其在公因子1上的负荷。因此，可将公因子1命名为"传统媒介使用"，因子2命名为"新媒介使用"（见表5）。

表5　媒介使用对社会思潮影响的代际差异

思潮类型	出生代际								
	1920—1979年			1980—1989年			1990—1997年		
	Coef.	Std. Err.	P>z	Coef.	Std. Err.	P>z	Coef.	Std. Err.	P>z
新自由主义									
控制变量（略）									
传统媒介使用	-0.181	0.034	0.000	-0.204	0.109	0.063	-0.072	0.084	0.392
新媒介使用	0.011	0.056	0.843	0.326	0.013	0.000	0.082	0.025	0.001

续表

思潮类型	出生代际							
	1920—1979 年			1980—1989 年			1990—1997 年		
	Coef.	Std. Err.	P>z	Coef.	Std. Err.	P>z	Coef.	Std. Err.	P>z
代际差异性检验	Pearson chi2（2）= 50.1593 Pr=0.000 Fisher's exact=0.000								
民主社会主义									
控制变量（略）									
传统媒介使用	-0.014	0.035	0.685	0.040	0.087	0.011	-0.047	0.120	0.696
新媒介使用	-0.059	0.026	0.023	-0.149	0.059	0.011	0.048	0.085	0.573
代际差异性检验	Pearson chi2（2）= 2.4248 Pr=0.297 Fisher's exact=0.300								
新左派									
控制变量（略）									
传统媒介使用	0.023	0.035	0.514	0.113	0.085	0.183	0.009	0.112	0.939
新媒介使用	-0.126	0.026	0.000	-0.166	0.057	0.003	-0.032	0.079	0.684
代际差异性检验	Pearson chi2（2）= 36.3302 Pr=0.000 Fisher's exact=0.000								
民粹主义									
控制变量（略）									
传统媒介使用	0.366	0.016	0.000	0.286	0.017	0.000	-0.089	0.117	0.444
新媒介使用	0.012	0.026	0.657	0.132	0.059	0.024	0.124	0.084	0.140
代际差异性检验	Pearson chi2（2）= 8.1650 Pr=0.017 Fisher's exact=0.017								
新权威主义									
控制变量（略）									
传统媒介使用	0.017	0.063	0.789	-0.271	0.153	0.077	-0.372	0.200	0.063
新媒介使用	0.029	0.046	0.537	0.131	0.027	0.000	0.616	0.033	0.000
代际差异性检验	Pearson chi2（2）= 107.8080 Pr=0.000 Fisher's exact=0.000								

表 5 统计结果显示，针对新自由主义思潮，1980 年至 1989 年出生及 1990 年至 1997 年出生的公众对新媒介的使用促进了该思潮倾向的形成，而 1920 年至 1979 年出生的公众对传统媒介的使用则抑制了该思潮倾向的形成。同时，代际差异的 χ^2 检验 p 值及 Fisher 切确概率均为 0.000，小于 0.05 显著水平，表明媒介使用行为对该社会思潮的影响方向及效应在各代际间存在显著差异。针对民主社会主义思潮，1920 年至 1979 年及 1980 年至 1989 年出生的公众对新媒介的使

用抑制了该思潮倾向的形成，而1980年至1989年出生的公众对传统媒介的使用则促进了该思潮倾向的形成。然而，代际差异的χ^2检验p值及Fisher切确概率均为分别为0.297和0.300，均大于0.05显著水平，表明媒介使用行为对该社会思潮的影响方向及效应在各代际间的差异不明显。针对新左派思潮，1920年至1979年出生及1980年至1989年出生的公众对新媒介的使用抑制了该思潮倾向的形成。同时，代际差异的χ^2检验p值及Fisher切确概率均为0.000，小于0.05显著水平，表明媒介使用行为对该社会思潮的影响方向及效应在各代际间存在显著差异。针对民粹主义思潮，1920年至1979年出生及1980年至1989年出生的公众对传统媒介的使用促进了该思潮倾向的形成，1980年至1989年出生的公众对新媒介的使用也会促进该思潮倾向的形成。同时，代际差异的χ^2检验p值及Fisher切确概率均为0.017，小于0.05显著水平，表明媒介使用行为对该社会思潮的影响方向及效应在各代际间存在显著差异。针对新权威主义思潮，1980年至1989年出生及1990年至1997年出生的公众对新媒介的使用促进了该思潮倾向的形成。同时，代际差异的χ^2检验p值及Fisher切确概率均为0.000，小于0.05显著水平，表明媒介使用行为对该社会思潮的影响方向及效应在各代际间存在显著差异。

针对不同代际的媒介使用者，各系数值的大小关系表明，1920年至1979年出生的公众主要通过对传统媒介的使用，形成了民粹主义思潮倾向，同时也抑制了新自由主义思潮倾向的形成。1980年至1989年出生的公众主要通过对新媒介的使用，形成了新自由主义思潮倾向，同时也对民粹主义思潮及新权威主义思潮倾向具有一定强化作用。1990年至1997年出生的公众主要通过对新媒介的使用，强化了新自由主义思潮及新权威主义思潮倾向。

（四）差异性进一步分析

上述实证结果表明，媒介使用行为对社会思潮具有显著影响，且该影响存在显著代际差异。然而，Giddens等（2017）指出，在社会思潮形成过程中，人们的社会集体意识、社会自由意识及社会集体意识可对人们的社会认知及价值观的形成产生影响。而人们的认知和价值观作为人们社会思潮倾向形成的重要影响因素，社会集体意识、社会自由意识及社会集体意识则会对个体的社会思潮倾向的形成起着至关重要作用①。同时，由于不同代际的个体出生或成长于差异化的社会环境或文化环境，导致了不同代际之间的社会化过程和社会经验较为悬殊，从而使得不同代际的个体有着不同的社会认知、价值观及行为方式。因此，基于上述推理，人们的出生代际可引起不同社会责任意识、自由意识及集体意识，从而对不同类型社会思潮倾向的形成产生影响。

为了探索该影响效应的形成及代际差异的产生，本文将社会责任意识、社会自由意识及社会集体意识作为中介变量引入研究理论框架，构建"媒介使用行为→社会责任意识/社会自由意识/社会集体意识→不同类型思潮倾向"影响路径，且假设出生代际在"媒介使用行为→社会责任意识/社会自由意识/社会集体意识"该影响路径中存在调节作用。

为了验证上述理论结构的合理性，将上述理论结构分为自变量对中介变量的影响及中介变量对因变量的影响两个部分进行实证分析。针对自变量对中介变量的"媒介使用行为→社会责任意识/社会自由意识/社会集体意识"影响路径的构建否合理，且出生代际在该影响路径中是否具有显著调节效应，可构建如下验证模型：

$$Mediator = \alpha * gender + \alpha * education + \alpha * nonreligion + \alpha * household$$
$$+ \alpha * marriage_{i1i2i3i4i5} + \alpha_{i6} * coummunity + \alpha_{i7} * politstatus$$
$$+ \alpha_{i8} * income + \alpha_{i9} * year + \alpha_{i10} * usetraditional + \alpha_{i11} * usenew$$
$$+ \alpha_{i12} * usetraditional * year + \alpha_{i13} * usenew * year + \varepsilon_i$$

其估计结果如表 6 所示。

表 6　　　　　　　　媒介使用对中介变量的影响

解释变量	中介变量					
	社会责任意识		社会自由意识		社会集体意识	
	Coef.	P>t	Coef.	P>t	Coef.	P>t
控制变量						
性别	0.048	0.025	−0.015	0.081	−0.167	0.029
教育程度	0.007	0.018	0.044	0.000	0.074	0.015
宗教信仰	0.029	0.000	0.031	0.004	0.069	0.233

---

① Giddens A, Sutton P W., *Essential Concepts in Sociology*, John Wiley & Sons, 2017.

续表

解释变量	中介变量					
	社会责任意识		社会自由意识		社会集体意识	
	Coef.	P>t	Coef.	P>t	Coef.	P>t
婚姻状况	-0.027	0.289	-0.007	0.027	1.391	0.000
户口类型	-0.034	0.044	0.002	0.000	0.035	0.001
社区类型	0.081	0.006	-0.069	0.008	-0.007	0.042
政治面貌	0.031	0.037	-0.061	0.001	0.411	0.000
个人年均收入	0.000	0.051	0.000	0.027	0.105	0.001
社会保障	0.041	0.000	-0.003	0.000	0.060	0.008
媒介使用						
出生代际	-0.024	0.004	0.078	0.001	0.171	0.001
传统媒介使用	0.190	0.000	-0.095	0.013	0.162	0.012
新媒介使用	-0.014	0.023	0.049	0.000	0.058	0.074
传统媒介使用*出生代际	0.196	0.000	-0.160	0.168	0.333	0.015
新媒介使用*出生代际	-0.261	0.037	0.205	0.007	-0.107	0.039
_cons	2.617	0.000	3.180	0.000	2.715	0.000

根据表6的统计结果，交互项"传统媒介使用*出生代际"及"新媒介使用*出生代际"对应系数，除了在社会自由意识回归方程中未达到0.05显著水平外，在其余方程中均达到显著水平。新媒介使用对应的系数，除了在社会集体意识回归方程中未达到0.05显著水平外，而在其余回归方程中均达到0.05显著水平。传统媒介使用对应的系数在所有的回归方程中均达到0.05显著水平。

上述结果表明，分别存在不同类型媒介使用对社会责任意识、社会自由意识及社会集体意识产生显著影响的回归路径，同时存在出生代际分别在不同路径中具有显著调节效应。因此，"媒介使用行为→社会责任意识/社会自由意识/社会集体意识"影响路径的构建具有合理性，且出生代际在"媒介使用行为→社会责任意识/社会自由意识/社会集体意识"影响路径中存在显著调节效应。

此外，针对中介变量对因变量的"社会责任意识/社会自由意识/社会集体意识→不同类型思潮倾向"影响路径的构建是否合理，可建立如下验证模型：

$$Trendi = \alpha i1 * gender + \alpha i2 * year + \alpha i3 * education + \alpha i4 * nonreligion$$
$$+ \alpha i5 * household + \alpha i6 * marriage + \alpha i7 * coummunity$$
$$+ \alpha i8 * politstatus + \alpha i9 * income + \alpha i10 * socialresponsi$$
$$+ \alpha i11 * socialfreedom + \alpha i12 * socialcollectism + \varepsilon i$$

其估计结果如表 7 所示。

表 7　　　　　　　　中介变量对社会思潮的影响

解释变量	新自由主义思潮		民主社会主义思潮		新左派		民粹主义		新权威主义	
	Coef.	P>z	Coef.	P>z	Coef.	P>z	Coef.	P>z	Coef.	P>z
控制变量										
性别	-0.054	0.146	-0.041	0.000	0.004	0.007	0.028	0.000	-0.057	0.015
出生代际	0.073	0.054	0.068	0.042	-0.096	0.000	-0.018	0.025	0.057	0.039
教育程度	0.080	0.000	-0.024	0.014	-0.030	0.003	0.016	0.009	-0.003	0.012
宗教信仰	-0.048	0.029	0.075	0.067	0.085	0.168	0.021	0.041	0.027	0.357
婚姻状况	-0.020	0.001	0.006	0.007	0.002	0.024	0.030	0.017	0.002	0.022
户口类型	0.033	0.218	0.027	0.024	0.040	0.002	-0.003	0.005	-0.004	0.020
社区类型	-0.045	0.011	0.172	0.000	0.035	0.044	-0.026	0.000	0.051	0.042
政治面貌	-0.191	0.000	0.037	0.034	0.003	0.000	0.018	0.021	-0.009	0.029
个人年均收入	0.000	0.024	0.000	0.000	0.000	0.000	0.000	0.000	0.000	0.000
社会保障	-0.056	0.063	-0.049	0.013	0.055	0.030	0.011	0.043	-0.004	0.008
中介变量										
社会责任意识	-0.090	0.185	0.092	0.001	0.001	0.000	0.026	0.006	0.031	0.017
社会自由意识	0.435	0.000	0.007	0.028	-0.041	0.302	-0.027	0.000	-0.063	0.157
社会集体意识	-0.258	0.079	0.092	0.000	0.124	0.013	0.180	0.000	0.068	0.001
各方程间社会责任意识系数差异性检验	chi2(4) = 20.77　Prob>chi2 = 0.0004									
各方程间社会自由意识系数差异性检验	chi2(4) = 64.77　Prob>chi2 = 0.0000									
各方程间社会集体意识系数差异性检验	chi2(4) = 20.85　Prob>chi2 = 0.0003									

根据表 7 回归方程中各中介变量对应系数及其显著性检验结果，在 0.05 显著水平下，社会责任意识在民主社会主义思潮倾向、左派思潮倾

向、民粹主义思潮倾向及新权威主义思潮倾向的回归方程中具有显著性。且各方程间的社会责任意识系数差异性检验的χ^2检验 p 值为 0.0004，小于 0.05 显著水平，表明社会责任意识对不同类型社会思潮倾向的影响方向及效应存在显著差异。社会自由意识在新自由主义思潮倾向、民主社会主义思潮倾向及民粹主义思潮倾向的回归方程中具有显著性。且各方程间的社会自由意识系数差异性检验的χ^2检验 p 值为 0.0000，小于 0.05 显著水平，表明社会自由意识对不同类型社会思潮的影响方向及效应存在显著差异。社会集体意识在民主社会主义思潮倾向、左派思潮倾向、民粹主义思潮倾向及新权威主义思潮倾向的回归方程中具有显著性。同时，各方程间的社会集体意识系数差异性检验的χ^2检验 p 值为 0.0003，小于 0.05 显著水平，表明社会集体意识对不同类型社会思潮的影响方向及效应存在显著差异。

由上述分析结果可见，分别存在社会责任意识、社会自由意识及社会集体意识对不同类型思潮倾向产生显著影响，表明"社会责任意识/社会自由意识/社会集体意识→不同类型思潮倾向"影响路径的构建具有合理性。

四 结论与讨论

（一）结论

采用中国综合调查数据，基于代际差异视角探索了媒介使用行为对社会思潮倾向的影响，构建理论模型并进行了实证，得出如下研究结论：

第一，1920 年至 1979 年出生的公众主要具有新左派思潮倾向，1980 年至 1989 年出生的公众主要具有民主社会主义与新权威主义倾向，而 1990 年至 1997 年出生的公众则主要具有新自由主义及新权威主义思潮倾向。

第二，在六种具体性媒介使用中，电视与互联网使用对新自由主义思潮的影响较大；电视、互联网及报纸使用对民主社会主义思潮的影响较大；互联网与报纸使用对新左派思潮的影响较大；电视、报纸及手机使用对民粹主义思潮的影响较大；互联网与手机信息使用对新权威主义思潮的影响较大。

第三，1920年至1979年出生的公众主要通过对传统媒介的使用，形成了民粹主义思潮倾向，同时也抑制了新自由主义思潮倾向的产生。1980年至1989年出生的公众主要通过对新媒介的使用，形成了新自由主义思潮倾向，同时也对民粹主义思潮及新权威主义思潮倾向具有一定强化作用。1990年至1997年出生的公众主要通过对新媒介的使用，强化了新自由主义思潮及新权威主义思潮倾向。

第四，媒介使用行为通过"媒介使用行为→社会责任意识/社会自由意识/社会集体意识→不同类型思潮倾向"影响路径对社会思潮产生影响，且出生代际在"媒介使用行为→社会责任意识/社会自由意识/社会集体意识"影响路径中存在显著调节效应。

根据上述研究结论，可形成基于社会嵌入视角下媒介使用行为对公众阶层流动影响的理论结构，如图1所示：

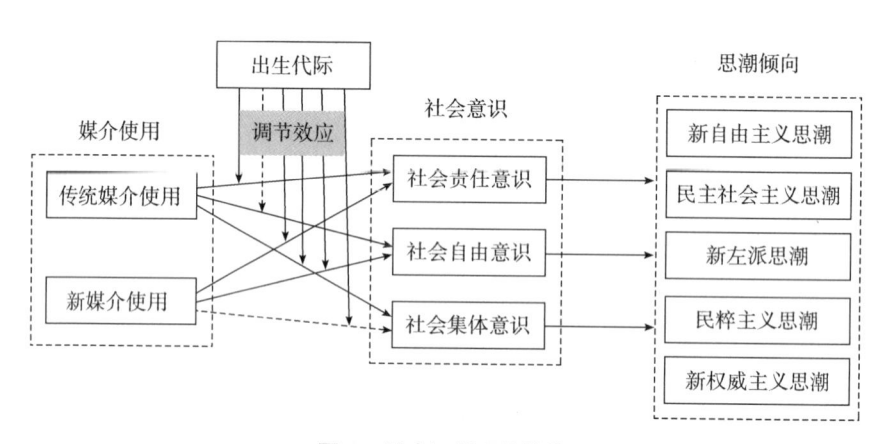

图1　影响机制理论结构

（二）讨论

关于媒介使用对社会思潮产生显著影响，虽然过去尚未有与该研究结论完全一致的研究，但该研究结论与过去相关文献的推演结论相吻合。一方面，培养理论强调，媒体在受众使用过程中对其认知、态度及行为产生潜移默化的影响，具有正面或负面的培养效应，当媒体传播客观或正确的信息时，能对受众认知、态度及行为产生积极的影响；当媒体传播歪曲或错误的信息时，就会对认知、态度及行为产生消极的影响。在媒体对受众的培养过程中,其中主流效应和共鸣效应在新认知形成过程中具有重要作用。主流效应通过受众长时间暴露于媒体,使受众的主观现实更趋向于媒体中的拟态现实;共鸣效应则使受众对媒体中的信息情景产生共鸣,从而得到不断强化和认同(Morgan,2016)。① 另一方面,广场效应强调,因某种目的而形成的群体,总是寻找一些公开场所聚集,在集聚过程中,其中成员的心理会出现变化,即形成某种社会感应。其中,当在场的成员越多而且集群的力量越强时,则成员离开群体的意愿也就越小。在群体聚集过程中,成员易于失去原有意识和认知,并无意识地形成群体思维(王道勇,2015)。② 在网络空间中,人们可根据各自需求而在网络社会中寻找到与之需求一致的群体,并加入其中,从而形成一个虚拟广场。在该场所中,人们通过接触、情绪感染及群体强化过程,在广场效应作用下,从而逐渐将在群体中形成的认知固化为自身在社会生活中的一种思想倾向。

针对网络语境下媒介使用行为对社会思潮的影响效应存在显著代际差异,虽然过去尚未有与之一致的研究结论,但代际理论指出,由于差异化的社会和文化环境,社会中的代际关系具有重要的社会意义和文化含义,从而使得不同的代际有着不同的价值观和行为方式。不同代际也会由于自身身体、心理、角色、社会状态以及社会经验上的差异,而具有不同的认知和行为。不同代际通常会以自己的群体为中心,有着自己的价值观(刘二鹏,2018)。③ 在开放社会或快速变化的时代,因为代际之间的社会化过程和社会经验差别较为悬殊,每个群体中心观点的焦点都存在不同程度的差异性。在不同代际之间会由于认知及价值观之间的差异,人们对同一现象或一系列现象的看法都可能存在不同。然而,社会思维作为人们认知及思想的倾向,往往集中反映特定时代的意识形态,在同一个阶级群体中会因为社会或文化因素,而导致不同代际之间存在思维差异或意识形态的差异。

针对本研究的意义,在当下,由于网络及信息技术的快速发展,人们

---

① Morgan M, Shanahan J, Signorielli N., Cultivation theory, *The International Encyclopedia of Communication Theory and Philosophy*, 2016, pp.1-10.

② 王道勇:《网络社会中的群体心理极化与社会合作应对》,《中共中央党校学报》2015年第4期。

③ 刘二鹏、张奇林:《代际关系、社会经济地位与老年人机构养老意愿——基于中国老年社会追踪调查(2012)的实证分析》,《人口与发展》2018年第3期。

在网络环境下的信息行为特征与传统媒体环境下的受众认知特征已存在很大差异,在形成机理上变得更为复杂,从而使得过去的研究或理论在变量构造及结构分析上需要得以不断更新和完善。该研究探讨了网络语境下媒介使用对社会思潮影响的代际差异,获得了一些新的发现和研究结论,在理论上,可为今后人们对网络用户认知特征、行为规律的进一步探索及理论的构建提供一定的参考和借鉴,亦可为网络环境下的信息行为理论、信息场理论及信息情境理论的进一步深化和发展添砖加瓦。在实践上,研究结论可应用于传统媒体及新媒体信息的构建及监管,加强新闻媒体内容的生产、发布和扩散过程的管理。相关部门或机构可根据媒介使用对社会思潮的影响机制,制定正确、有效的法规政策去引导和规范媒介信息传播,积极影响用户在网络语境下形成正确的认知和态度,从而通过提高公众的社会责任意识与社会集体意识,以此形成有益于社会融合、社会发展的社会思潮。同时,加强信息传播中各个环节的监控和管理,预防和避免出现与社会倡导的核心价值观不相符的价值取向和行为倾向,使网络语境成为一个有益于社会稳定、和谐发展以及受众心理健康的传播环境。本研究虽然已尽量做到使研究设计完善,但由于客观条件限制,仍存在一定局限性。在数据采集上,虽已尽量完善抽样设计及数据采集的各个流程和细节,也已最大可能地扩展数据获取的范围,但因数据采集需要耗费大量的人力和物力,然后由于课题组人力、物力的限制,使得本研究仍存在有待提升之处。在网络抽样调查过程中,受访者存在担心调查者可能是出于某种恶意或探测自己隐私而致使受访率低。因此,在后续的相关研究中,可以考虑在现实人群中进行抽样调查,以提高问卷的回收率和合格率。

新时代社会思潮传播的新特点及
有效引领进路

柴 盈[①]

摘要：新兴媒体出现使得网络信息传播速度加快，国外社会思潮涌入我国。面对纷乱复杂的社会思潮，要注意区分性质区别对待，对积极的社会思潮要加强引导，对消极的社会思潮要认真防范，防止西方的信息霸权渗透和一些错误言论的干扰。创新马克思主义理论体系，更好发挥意识形态的政治功能。坚持党领导新闻媒体，媒体信息要有正确的政治导向，在润物细无声中起到意识形态的教化作用。此外，要尊重文化的多样性，尊重社会思潮的差异性，在与不同社会思潮的沟通、交流中实现平等对话。

关键词：新时代；社会思潮；传播困境；引领

社会思潮是国家政治生活的"晴雨表"，反映了群众社会心理的动向。重视社会思潮的研究，能帮助人们客观、公正地认清各种社会思潮，提高群众敏锐力，同时也有利于执政党了解民众的政治思想状态，有的放矢地加强宣传教育，坚定理想信念，用马克思主义观点对社会思潮进行评判，防止西方不良社会思潮的泛滥。

一 社会思潮的概念和特征

社会思潮是一种社会意识，能借助社会舆论隐蔽地表达政治主张，发挥政治功能。社会思潮近年来也成为关注的热点。为了防范敌对社会思潮的渗透，深化对社会思潮的研究，把握社会思潮的特征，剖析社会思潮的

---

① 柴盈：华中师范大学马克思主义学院2019级博士研究生，主要从事意识形态方面研究。

本质，辨别社会思潮的性质，认清它们的政治诉求，是探析有效引领路径的前提。

（一）社会思潮的概念

思潮，是一种社会中形成的大多数人达成的思想趋势，英语中常用"trend""thoughts"表达，关于社会思潮，有的学者认为是"在社会变革时代（在社会心理演化的基础上），由一定思想理论引领的，反映社会变革发展道路诉求的，影响面很广的思想观念或倾向。"[①] 有的学者指出"所谓社会思潮，一般是指在一定时期内、反映某一阶级或者阶层利益和要求的、得到广泛传播并对社会生活产生某种影响的思想趋势或者思想潮流。"[②] 这是从表面文字含义做的解释。社会思潮的概念，理论上有"综合说"和"中介说"两种观点。普列汉诺夫在《论一元论历史观之发展》提出社会意识包含"社会心理"和"思想体系"。"综合说"提出社会意识以社会心理为基础，以思想体系为支撑，是两者结合的统一体，是社会存在的反映。"中介说"认为社会思潮介于较低层的社会心理和较高层的思想体系之间。王家忠认为"社会思潮是社会意识的一种综合表现形式，它不仅由一定理论形态的思想作主导，同时还交织着广泛的社会心理因素。社会思潮是介乎普通意识与理论意识之间的一种中介意识层次。"[③] 本文赞同"中介说"的观点。"综合说"只是简单认为社会思潮是社会心理和思想体系的杂糅。"中介说"则准确地揭示了社会思潮的内涵，社会思潮处于社会心理和思想体系的中间，充当了社会心理和思想体系转换的中介。

主流意识形态是属上层建筑，是占统治地位的经济基础和政治上层建筑在观念上的反映。社会思潮与主流意识形态的区别在于，主流意识形态形成了系统完善的理论体系，而前文已经论述社会思潮是社会心理和思想体系的结合体。主流意识形态的理性程度更高，反映的是社会存在，即国家的政治、经济制度，而社会思潮只是反映公众对于热点事件的看法。

[①] 林泰：《问道》，中国社会科学出版社2013年版，第4页。
[②] 赵曜：《当代中国社会思潮透视》，《中国社会主义研究》2002年第1期。
[③] 王家忠：《社会思潮的起源、作用及发展趋势探析》，《齐鲁学刊》1997年第2期。

(二) 社会思潮的特征

1. 时代性

梁启超认为"凡'思'非皆能成'潮';能成'潮'者,则其思必有相当之价值,而有适合与其时代之要求者也。"[①] "社会思潮是历史的产物,在一定社会历史条件下形成和传播,也随着社会矛盾运动的发展变化和具体条件的改变经历着产生、发展和消亡过程"[②],跌宕起伏的时代,为社会思潮的产生提供了肥沃的土壤。社会动荡不安的时代,也是各种思想碰撞的时代,人们迫切地需要某种思潮被统治阶级推崇为变革社会的意识形态,因此人们的心理需要和理论准备催生了社会思潮的活跃期。因此,时代的变革就是社会思潮发展的催化剂,加速了社会思潮的萌芽,促进了社会思潮的活跃。

2. 变动性

社会思潮的产生发展会受到环境影响,呈现出高低不平的传播曲线,并不是每一种社会思潮在一定时间都是人们拥簇的主流思潮。大部分社会思潮产生经历了萌芽、发展、高潮、回落的阶段,从初始的酝酿到轰轰烈烈的发展,最后如潮水般消退,但是有些社会思潮会出现反复的特点,在一定时期退出主流舞台后,有合适的土壤又会折返回来,"死灰复燃",重新占领阵地。重新折返后可能导致性质的变化,过去是正确的社会思潮,随着时代的改变,变成错误的社会思潮。有的社会思潮会发生覆盖范围的变化,由小部分群体拥簇变为有更多受众,或者逐渐减少至消退。有些社会思潮已经不适应当今社会的发展,退出了历史舞台。

3. 现实性

社会思潮形成有两种途径,一种就是在实践探索中发展理论,实现社会心理与思想理论的结合,再来影响社会革命。另一种是先利用热点事件或者网络舆论激起民众情绪,再由感性认识上升到理性认识,形成社会思潮后,再指导社会事件。社会思潮属于社会意识,社会存在决定社会意识,但是社会意识也会反作用于社会存在。社会思潮反映一定阶级利益,

---

① 梁启超:《论时代思潮,清代学术概论》,中华书局1999年版,第70页。
② 张骥、赵学琳:《马克思主义意识形态引领社会思潮基本经验研究》,《理论学刊》2009年第4期。

干预社会的走向。不管哪种途径，若社会思潮利用群众的群体力量，可以演化为社会运动、社会变革。一旦群众受到错误社会思潮的影响煽动，不仅危及我国主流意识形态，动摇马克思主义的指导，甚至可能颠覆社会主义制度。

因此，对于社会思潮要持有谨慎态度，用马克思主义主流意识形态引导社会思潮的传播，不要因为错误社会思潮的误导，影响大众的情绪和判断力。通过关注社会思潮的内容和传播，洞察背后群体利益诉求，进行公众心理疏导，防止矛盾激化。

二　新时代社会思潮传播的新特点

社会思潮传播属于人与人之间的精神交往，具有意识形态影响的功能。物质资料生产方式决定了意识形态，传播的内容受与生产力相适应的社会政治制度的影响，并且经济水平也影响着传播内容、传播效果。"在任何国家、任何时代，统治阶级都非常关注社会思潮的传播对主流意识的影响，都会采取各种措施在应对社会思潮的传播中维护主流意识形态的领导地位。"[①] 汉武帝听从董仲舒的建议，实行"罢黜百家、独尊儒术"就是确定以儒家思想为主流思想维持稳定的体现。重视社会思潮的传播状况，把握社会思潮的传播规律，区分不同性质的社会思潮带来的影响，对于积极的社会思潮不能一味抹杀，对消极的社会思潮也不能一味偏袒放纵。积极应对新时代社会思潮传播中带来的负面影响，加大主流意识形态的整合力度。

（一）社会思潮传播的概念

社会思潮的传播指的是把内容直接或者间接地传递给接受者，接受者会二次传播的交流互动的过程，形成一个流动的传播网络。推动社会思潮的传播是一种有意识、有目的的社会活动。"没有思想理论和社会心理一定规模的传播，就不会有思潮的产生，没有传播规模的扩大，就不会有思潮的发展；传播的停止即意味着思潮的衰落。传播贯穿着社会思潮运行的

[①] 邓卓明主编：《社会思潮专题研究》，中国社会科学出版社 2012 年版，第 41 页。

整个过程。"①

(二) 社会思潮传播的方式

传播方式有人际传播和大众传播。人际传播就是通过人们之间口耳传播交换观点的初始传播方式，比如在固定场所交谈、辩论、演讲等传播形式。这种传播方式虽然看似单薄、传播力有限，通过对某事件的解读或者理论阐述，把自己的观点传递给他人，但是这种方式更直接、有力，通过面对面的交流，可以和接收者达成共识，接受者成为媒介，通过同伴之间的影响力继续传播，发展成燎原之势。

大众传播则是借助一些媒介，比如报纸、书籍、电视、网络等载体，以图像、符号等生动形象的间接方式传播。施拉姆说"我们在谈到社会与大众传播的相互作用时，用'革命'这个词并不是偶然的。媒介已经出现，就参与了一切意义重大的社会变革——智力革命、政治革命、工业革命，以及兴趣爱好、愿望抱负和道德观念的革命。"② 网络的兴起，新媒体时代的到来，QQ、微信、微博等App扩大了大众传播的范围。抖音、快手等短视频的出现，斗鱼、熊猫等直播平台的兴起，使一则信息几分钟内就有几十万的点赞数，加快了传播速度和力度，要善于利用这些新兴媒体平台传播主流意识形态。

(三) 社会思潮传播的影响

爱国主义、集体主义等积极的社会思潮对社会发展有促进作用，能够推动社会主义核心价值观的构建，社会思潮中理性部分有助于民族凝聚力的形成，被主流意识形态所推崇。社会思潮之间的碰撞、社会思潮和意识形态之间的摩擦给我国主流意识形态的建设带来了困难，反马克思主义社会思潮的传播给社会发展带来了消极影响。

1. 冲击社会主义制度

非主流社会思潮借助我国社会转型的契机，利用普通群众尤其是大学生辨别意识较弱、感性思维为主的特点，在网络上围绕热点事件，煽动群众，灌输不利于国家政策的观点，错误引导公众心理，动摇人们的理想信

---

① 梅荣政：《用马克思主义引领社会思潮》，武汉大学出版社2008年版，第69页。
② 威尔伯、施拉姆等：《传播学概论》，陈亮等译，新华出版社1984年版，第19页。

念,加剧社会矛盾,并且利用群体的力量,扩大自身影响力,试图影响政治,消解群众对国家意识形态的认同,争夺主流话语权。比如历史虚无主义否定党带领我们推翻压迫、建设社会主义新中国以及改革开放经济快速发展的成就,试图倡导走资本主义道路。中国近代史中维新运动、戊戌变法的相继失败已经证明资本主义道路在中国走不通,但是历史虚无主义否定历史,否定共产党人带领人民艰难取得的胜利,否定社会主义制度。苏联解体正是由于历史虚无主义破坏人们心中共产党人的形象,造成信仰危机,导致共产党丧失执政地位。历史虚无主义打着重新评判五四运动的旗号,实则是西方国家透过文化领域的意识渗透,是对中国实行和平演变的需要。他们鼓吹人权高于主权,打着"人道主义"的旗号,插手别国内政,并且制定针对中国的"人权报告",妄议我国的政治制度,攻击我党政策。

2. 破坏社会风气

一些非主流社会思潮的传播,比如新自由主义思潮主张私有化,强调个人利益,倡导个人主义,否定国家的宏观调控,反对社会主义生产资料公有制和社会主义市场经济,容易在群众中蔓延利己的风气,在社会上产生消极影响。我国是社会主义国家,为了实现共同富裕的最终目标,提倡先富带动后富。这些错误的社会思潮的传播,助长群众对西方价值观的追捧,摧毁人们的信念,造成公众出现信念滑坡。尤其我国处于经济快速发展的时代,若先富阶层只顾追求利益,假货、假药便层出不穷,毒奶粉、假疫苗甚至危及生命安全,这是利益至上、责任意识缺失的体现;后富裕阶层则出现失意、逆反心理,自我放弃、自我麻醉、自我沉沦,甚至走上了违法犯罪道路。民族分裂主义思潮导致疆独、藏独、台独、港独势力抬头,企图分裂国家、破坏民族团结。这些错误的社会思潮腐蚀人们的思想,带来精神污染,人们每天沉浸在庸俗化、娱乐化的思想中,缺少高尚的思想指引,精神世界贫瘠。在这种社会风气下,需要主流意识形态指引非主流社会思潮的发展,坚持社会主义核心价值观,抵制西方错误的社会思潮,防止消极社会思潮的泛滥,警惕对主流意识形态的攻击。

三 新时代引领社会思潮的困境

经济全球化时代,西方的社会思潮也涌入我国。信息借助网络迅速传播，拓宽了思想政治教育的途径，党和国家要树立正面的共产党人形象，扩大主流意识形态的舆论宣传阵地。互联网提供了一个群众发泄情绪、表达看法的空间，也给执政党一个了解民意的渠道。网络中的社会思潮多样化，各种社会思潮碰撞、交融，甚至因不同价值观导致的斗争冲突。因此，需要主流意识形态发声，把握引领社会思潮的主动权，掌握话语权。

（一）西方霸权主义的信息渗透

"信息霸权是指一些国家和组织利用自己特殊的地位和条件，在信息的占有、发布、传播、适用等环节，具有明显的控制权。信息霸权是文化霸权的一种表现形式，是在信息社会推行文化霸权的一种手段。"[①] "西方国家借助在其优势经济基础之上的信息势差，对我国社会主流意识形态进行渗透或控制，甚至利用信息优势和对网络信息的控制权，在网络上散布各种政治谎言和意识偏见，大肆诽谤社会主义制度和国家形象，以达到动摇我国马克思主义在意识形态领域主导地位的目的。"[②] 由于经济水平的差异，发达国家的信息技术水平明显高于发展中国家，西方国家掌握的信息量高于发展中国家，技术的差距导致了网络信息传播的不平等性。以美国为首的西方国家利用网络信息渗透进行价值观输出，传递出资本主义国家优越于社会主义国家的信息，有意识地控制国际媒体和舆论，散布不利于我国的言论，抨击我国社会主义制度。在英国集装箱遇难者 39 人的事件中，英国警方还没有公布调查真相，CNN 和 BBC 等媒体就把箭头直指中国，认为 39 人是中国国籍，并且引导国际舆论，抹黑中国形象。目前，网络信息都是带有意识形态的色彩，尤其是一些流量大 V、公众号、公知错误煽动公众的敌对情绪，因此要注意鉴别信息，防止西方国家的意识形态扩张，防范网络信息霸权。

（二）对意识形态的管控难度增大

市场经济的活跃带来的是人们主体意识的解放。我国加入 WTO、全

---

① 张骥：《马克思主义意识形态引领多样化社会思潮若干问题研究》，人民出版社 2013 年版，第 133 页。
② 李兴平：《当前网络文化与我国社会主流意识形态调试发展的新认识》，《甘肃理论学刊》2013 年第 1 期。

球形成地球村、经济全球化为多样化的社会思潮的传播提供了条件。社会思潮通过网络实现了传播快速、受众多众多元的变化。互联网成为各种意识形态抢夺的阵地。网络的开放型、便捷性、隐蔽性等特点，使得信息传播难以受到国界范围的限制。与传统媒体相比，新媒体时代网络舆情更难以管控。中国网络空间研究院牵头编著的《中国互联网发展报告2019》指出：截至2019年上半年中国网民数量达到8.54亿人，互联网普及率达到61.2%。中国俨然已经成为一个互联网大国。网民数量庞大，素质参差不齐，没有任何互联网准入门槛，不需要身份的认证，造成了庞大信息量的流通难以受到政府管控。甚至有的网络无政府主义者强调网络是独立的空间，反对政府的管控。有些网站为了追求经济利益，以娱乐为主，忽视社会责任，马克思主义意识淡薄，甚至经不起利益诱惑，投入大量低俗广告，破坏网络环境。

此外，网络信息发布的多样性，群众容易受到不良信息的误导。"现代媒体实际上已经成为了政党的最大竞争对手，它们和政党争夺受众，争夺对社会主流意见的主宰权。政党的一些传统政治功能，如宣传功能、教育功能等，已经在媒体的冲击下丧失殆尽。"[①] 以往意识形态的传播是单向度，通过政治宣传、讲座学习等方式的自上而下引导，而网络传播是双向的，导致用主流意识形态说服群众的难度增大，削弱党和国家对信息的管控。

（三）"意识形态终结论""马克思主义过时论"等理论的干扰

在主流意识形态引领社会思潮的过程中，"意识形态终结论""马克思主义过时论"等理论与反马克思主义社会思潮呼应，动摇马克思主义的指导地位，因此要警惕一些错误理论对主流意识形态引导社会思潮的干扰。

贝尔在《意识形态终结》中提到马克思主义作一种"意识形态的偏见"正在瓦解。福山认为冷战的结束意味着历史的终结，历史的终结意味着"人类意识形态发展的终点""找不到比自由民主更好的意识形态了"。"意识形态终结论"是为了"确证西方意识形态的'永恒性'和

[①] 托马斯·迈尔等：《关于媒体社会中政党政治的对话》，《当代世界与社会主义》2000年第4期。

'优越性'。"① 借机吹捧西方制度，鼓吹西方是世界的中心，事实上西方国家自身也向国内民主传递政治思想，通过各种途径强化意识形态控制。

"马克思主义过时论"主张马克思主义不应该成为主导地位，崇尚多种意识形态共同指导的"多元化"，修正马克思主义"儒家化"，甚至提出马克思主义是西方资本主义发展的过时化产物，已经不适应中国社会发展，无法指导中国现代化建设。这些言论别有用心，具有欺骗性和迷惑性，削弱群众的认同感，离散主流意识形态对社会思潮的领导。因此要谨防"意识形态终结论""马克思主义过时论"的陷阱。

四 新时代引导社会思潮的方法

"一个阶级是社会上占统治地位的物质力量，同时也是社会上占统治地位的精神力量。支配着物质生产资料的阶级，统治也支配着精神生产资料。""他们还作为思维着的人，作为思想的生产者进行统治，他们调节着自己时代的思想的生产和分配。"② 西方国家标榜言论自由，但是也对社会思潮进行必要控制，让社会思潮朝着有利于统治阶级的利益发展。我国是社会主义国家，以人民利益为根本出发点，对社会思潮的控制并不是钳制、遏制，而是引领它们向着积极方向发展。

（一）坚持马克思主义意识形态的理论创新

中国共产党是社会主义事业的领导者。党的领导是中国特色社会主义的本质特征。历史实践证明，推翻帝国主义和封建主义、官僚资本主义三座大山，建立新中国，取得社会主义事业的丰硕成果，根本在于党的领导。要坚持"党管意识形态"，既不走封闭僵化的老路，也不走改旗易帜的邪路。中国共产党以马克思主义理论为指导，马克思主义理论保持先进性在于不断推进理论的创新发展。随着时代发展，我国把马克思主义与我国的实际情况相结合，提出了毛泽东思想、邓小平理论、"三个代表"重要思想、科学发展观、习近平新时代中国特色社会主义思想等成果。随着改革开放的继续推进，出现了房价过高、就业难、看病难的现象，一些群

---

① 袁铎：《非意识形态思潮化研究》，中国社会科学出版社2008年版，第97页。
② 《马克思恩格斯选集》（第1卷），人民出版社1995年版，第99页。

众疑虑我们的道路是不是走偏了，国外势力利用群众的困惑心理错误引导，煽动反社会主义的情绪，为社会思潮的传播奠定了社会心理基础。面对这种情况，要向群众解释出现的困难，我们的社会主义道路并不是一帆风顺地到达共产主义，其中会出现曲折，解决困难要有信心。不仅从心理上疏导群众，更要广大党员、群众去贯彻执行党的路线、方针、政策。面对复杂的社会现状，要坚持解放思想、实事求是的思想路线，不断丰富马克思主义的理论内涵，使马克思主义理论深入到群众的生活中，增强马克思主义的感染力、说服力。马克思主义理论创新占据了理论最高点，在与反马克思主义社会思潮博弈的过程中，占有理论优势。马克思主义自身的开放性、与时俱进的品质，使得马克思主义丰富发展和完善，因此要创新马克思主义理论体系，更好发挥意识形态的政治功能。

（二）加强宣传教育

"舆论作为一种公开表达的社会评价，作为社会公众共同的意见和态度，传达着多数人的信念、意志和要求。"[1] 新闻舆论引导社会舆论的方向，在国家的政策宣传、理念传达中起着重要作用，因此，各个国家都重视宣传教育工作。

1. 坚持党管媒体，改进和创新正面宣传，唱响主旋律、弘扬正能量

马克思说"报刊最适当的使命就是向公众公开介绍当前形势、研究变革的条件，讨论改良的方法，形成舆论，给共同的意志指出一个正确的方向。"[2] 给公众提供客观、真实的信息，不能误导公众，避免公众产生焦躁心理。新闻媒体要有自身政治立场，重视政治理论的宣传，拥护党和国家的政策。新闻媒体提供的海量信息不只是呈现信息，也要在信息中表达明确的立场。由于信息传播的广泛、迅速的特点，人们每天被各种信息包围，阅报、上网都受到新闻信息的影响。媒体的观点很容易成为社会主流观点，有利于引导公众认知，营造良好社会风气，起着教化社会成员的积极作用。掌握了新闻媒体，就有了政治生活的话语权。因此，必须坚持党领导新闻媒体、帮助新闻媒体树立正确的思想方向，在全社会进行爱国主义、集体主义的宣传教育，坚定社会主义的共同理想，把马克思主义理

---

[1] 李良荣：《新闻学导论》，高等教育出版社2006年版，第6页。
[2] 《马克思恩格斯全集》（第4卷），人民出版社1995年版，第489页。

论、中国特色社会主义理论深入人心，培育健康的社会心理。

2. 构建网上网下一体、内宣外宣联动的主流舆论格局，建立以内容建设为根本、先进技术为支撑、创新管理为保障的全媒体传播体系

加强党报、电视台等主流媒体的建设，扩大主流媒体的影响力，也要注重主流媒体的创新性和吸引力。《新闻联播》加了主播说联播等节目，拉近新闻联播和公众的距离，主播也成为"网红"。民众对主播的喜欢，更容易接受《新闻联播》的信息，增强了联播的吸引力和感染力。同时要努力建设新媒体平台，央视新闻、《人民日报》等官媒也入驻抖音，利用这些载体做好意识形态的宣传工作，增加与民众互动，了解他们的心理动向，把握舆论的主动权。

3. 完善舆论监督制度，健全重大舆情和突发事件舆论引导机制

每个阶级由于阶级利益、文化素养的差别导致对问题看法不一致，这就导致对于同一事件由于社会成员的心理感受不同而有正反观点，形成社会舆论。面对突发事件带来的负面信息，快速发布信息，提高新闻的时效性。此外，要建立舆情分析机制，研究舆情的发展状况，因势利导，加强对意识形态舆情的研究，增强前瞻性和针对性，妥善处理热点事件。

4. 加强"尊重差异、兼容并包"的文化建设

多样性是人类文化的特征，也是文化成果层出不穷的保证。主流意识形态引领社会思潮必须正视社会思潮的多样性的特征，不能以统一的主流思潮取缔所有社会思潮，压制多元的文化。采取包容的态度承认差异的存在，只有"尊重差异、兼容并包"，才能在坚持马克思主义理论主导下，引领社会思潮的"和而不同"，往健康方向发展。

马克思主义矛盾观认为，矛盾具有特殊性，要具体问题具体分析，辩证地看待多样化的社会思潮。社会思潮种类繁多，对于不同性质的社会思潮采取不同的方法，符合社会主义核心价值的、符合历史发展潮流的进步社会思潮大力支持，保护它们朝着健康有益的方向发展。对于反动、落后的社会思潮不能听之任之，放任发展。比如近年来民粹主义社会思潮抬头，虽然打着"民主与自由"的旗号，但是民粹主义主张的民主并不同于实质的民主。我国以大多数人的利益为出发点，以人民为主体，实行民主协商，民主党派的参政议政，听取多数人的声音，尊重不同的意见，达到共识。这样的民主是融合的，具有包容性。民粹主义把人民看成一个整体，强调集体追求的利益，人民的利益是不受任何约束，具有天然的合法性，甚至凌驾于法律之上，成为了对抗现在体制的工具；民主只是他们笼络群众的噱头，群众正是被激进民主的幌子所欺骗，成为他们反抗政府、发动政治运动的工具。尊重差异并不意味着纵容，注意防范反马克思主义的社会思潮泛滥，提高警惕，尤其要警惕错误思潮是对于国内意识形态的渗透。对于中性的社会思潮，吸收有益合理的部分，为社会主义事业服务。只有在"尊重差异、兼容并包"的同时，通过各种思想、观点之间的对话，才能使人们端正思想，消减错误思潮的负面影响，实现引领社会思潮的任务。

镜像·互构·生产：90年代以来中国都市电影中的女性主义实践

黄 珞 徐 婧[①]

摘要： 女性主义作为一种社会思潮，它是一种特殊的认识论——关乎到一半人类认知世界、理解世界的方式。改革开放后，我国的经济体制、社会结构、文化思想等方面发生着巨大变化。近年来，随着数字技术与网络技术的快速发展，媒介形态的改变与媒介融合趋势对女性主义的传播和发展产生了影响，并呈现出一定特征。本文以20世纪90年代以来的中国都市电影为研究对象，讨论女性主义思想在文本、产业与社会现实之间呈现出镜像、互构以及生产的递进关系，并进一步论证女性主义社会思潮与中国的社会发展、技术革新之间的相关性。

关键词： 中国都市电影；女性意识；女性主义实践；互构；空间生产

女性主义（Feminism）作为一种社会思潮，它是一种特殊的认识论——关乎到一半人类认知世界、理解世界的方式。长久以来，无论在物质生产、社会生活还是文化语境中，男性是秩序与话语的中心，被观看、被支配、被定义成为了女性的既定命运。自启蒙运动开始，"人"的价值被重新评估，被视为"第二性"的女人们逐渐开始觉醒，性别问题也逐渐浮上水面。所谓女性主义，就是要在世界范围内实现男女平等。进一步说，女性主义就是以男女在政治、社会和经济的平等为基础的妇女权利主张。[②] 女性主义的发展可分为两种形态：第一种形态主要表现为女性主义社会运

[①] 黄珞，长安大学文化传媒学院，讲师；徐婧，西安交通大学新闻与新媒体学院，讲师。
[②] ［英］莎朗·史密斯：《马克思主义、女性主义和妇女解放》，金寿铁译，《国外理论动态》2019年第7期。

动（也称为女权运动），先后出现在 19 世纪末 20 世纪初以及 20 世纪 60—70 年代的欧美一些国家和地区。她们通过创办妇女报、参与政治会议等方式在原有的城市公共空间中加入了女性的立场和身份，以社会运动的形式向世界宣告她们的平等诉求，主要体现在经济权、受教育权、选举权、婚姻恋爱自由等生存权上。如果说社会运动总是以胜利或失败作为结束，学术研究则成为了女性主义更为长远的实践之路。第二种形态以第二次女性主义运动（20 世纪 60—70 年代）为起点，出现了从社会运动到理论研究的转向。其中，以西蒙·德·波伏娃、贝蒂·弗里丹、苏珊·桑塔格等为代表的女性主义理论著作影响力较大，她们的主要观点吸收了现象学、存在主义、后现代主义等哲学思想的精神，深刻地影响着中国改革开放以来的文艺创作及批评领域，并一直延续至今。

妇女解放，堪称改变 20 世纪中国的社会思潮之一。[①] 妇女作为无产阶级的生力军，在中国革命运动中发挥了重要作用。如果说新中国成立后的女性地位是通过行政立法手段确立的，那么改革开放以来女性的思想解放则是作为中国社会快速发展的内生动力而客观呈现。然而有趣的是，改革开放带来社会秩序的重建，一开始反而加速了男权的再次确认。女性地位经历着由缓慢而急剧的坠落过程。[②] 但正是由于女性自我认知的匮乏与艰难，催生了中国女性群体在文化领域的创作。女性主义思想可以直接通过社会运动进行表达，也可以通过理论经由媒介进行传播。于是，女性主义在媒介与现实之间的关系就显得耐人寻味。电影作为一门年轻的大众艺术，是女性试图通过文化领域打破性别桎梏的重要媒介。我国自改革开放以来，经济制度发生重要转向，城市化进程加剧，城市规模不断扩张。以中国城市化进程为题材的都市电影成为了近 40 年来中国电影重要的创作来源，银幕上的都市女性形象、都市女性题材创作逐渐进入大众视野。20 世纪 90 年代以来，改革开放进入深水期，市场经济已然复苏。1993 年 1 月，广播电影电视部颁布《关于当前深化电影行业机制改革的若干意见》，改变了计划经济下电影的"统购统销"的局面，电影通过院线进行传播，作为工业产品正式进入到生产流通中来。1993 年以降，"大众"文化的迅速扩张和繁荣大举入侵了社会日常生活。电视机、电影院的数量逐

[①] 冯媛：《以女子立场看五四遗产》，《妇女研究论丛》1999 年第 1 期。
[②] 戴锦华：《昨日之岛》，北京大学出版社 2015 年版，第 105 页。

步增长,"文化"的概念已经渗透在人们的"全部生活要素中"。① 由于经济政策与文化思想在这一时期的巨大转向,90年代以来都市电影中的女性意识与女性主义实践更具现实意义。波伏娃在《第二性Ⅰ》中提出一个立场,在我们定义都市女性主义电影这一研究对象时同样适用:"要廓清女性的处境,仍然是某些女性更合适。"② 因为男性总是"通过描写不同女性之间的差异来表达对女性问题的关注,其价值仅在于解决了将女性问题从男性话语中脱离出来的基本问题;而女性则是从女性更私密层面探究女性内部世界的自我挣扎,是由表层向内层的深层次发展。"③ 因此,本文中我们讨论的女性电影,特指由女性导演或编剧执导、以女性为主要角色或视角,带有明显女性意识的影片。

一 女性意识:电影媒介是社会现实的镜像投影

中国城市电影中的女性形象从未缺席。早在20世纪30年代,就出现了以阮玲玉、黎莉莉等为代表的女性演员,出演了一批以《神女》《都市风光》《新女性》为代表的电影。女性以"备受欺辱""自我牺牲"的形象登上中国电影的历史舞台。在"17年"(1949—1966)的电影中,有不少影片反映了女性作为社会主义革命事业组成部分。它们关注女性劳动者,展现了社会主义初期女性生产生活的图景,如:《女篮五号》(1957)、《红色娘子军》(1959)、《李双双》(1962)等。在这期间,银幕上的女性虽然从家庭空间转而参与到社会空间中来,但性别问题几乎完全被阶级问题遮蔽,女性和男性同样都是无产阶级革命的组成部分,男性与女性的性别差异被弱化。女性社会地位和女性意识之间并非呈现出正相关的关系。改革开放后,中国的政治、经济、文化快速发展,这一问题才得到重新关注。女性意识的逐渐增强,是改革开放后文化思想领域的显著特征。

都市是一个地区经济、文化最为繁荣的聚合空间,同时也是先锋思想发轫和传播的物理场域。伴随着我国改革开放与城市化进程,女性导演与

---

① 戴锦华:《隐形书写:90年代中国文化研究》,北京大学出版社2018年版,第7页。
② [法]西蒙娜·德·波伏娃:《第二性Ⅰ》,上海译文出版社2011年版,第22页。
③ 孟君:《性别叙事:凸显差异的女性书写》,《当代电影》2007年第5期。

女性编剧开始关注都市空间中的女性现实际遇,在文化与历史中追问女性的个体价值。黄蜀芹编导的电影《人·鬼·情》(1987)被称为近代中国第一部真正意义上的女性主义电影。正是因为创作者主观上形成的女性意识,促使她们进行女性主义题材的电影创作,且大都集中在以都市为背景的电影题材中。都市电影中的女性意识是中国社会发展进程中的投影,电影中的媒介空间与现实的社会空间形成一种镜像关系。

(一) 经济独立

恩格斯在《家庭、私有制与国家的起源》中揭示了性别差异的根本原因是经济关系的不对等。[①] 20 世纪 90 年代,改革开放进入深化时期,资本已逐渐苏醒。在经济体制改革的过程中,一大批有胆识的年轻人纷纷选择下海。根据国家人社部统计显示,仅在 1992 年全国公职人员下海人数就达到 12 万之多。孙亚芳、董明珠等知名女性企业家就是在 90 年代选择放弃了稳定的体制工作,投身于市场经济。通过电影《北京,你早》(导演张暖忻,1990)我们可以窥见 90 年代初期女性的经济独立意识:主人公艾红本是一名体制内的公交车售票员,受"下海潮"影响,她多次劝说同在车队工作的男朋友邹永强辞去司机的工作去体制外闯荡;另外,她经同学推荐去外企公司应聘,还结识假新加坡留学生陈明克。最终她选择辞去了公交车售票员的工作,与陈明克结婚,开始了自己的服装生意。电影中的艾红未婚先孕、跳出体制……但她始终明白,人要为自己的选择负责,而经济独立是自我负责的基础。在另一部被译为"Shanghai Women"的电影《假装没感觉》(导演彭小莲,2002)中,经济(物质基础)独立的重要性再一次被佐证。电影围绕着改革开放以来最具时代特征的经济产物——住房展开叙述:阿霞妈妈得知丈夫外遇后提出离婚,母女二人却被其赶出家门。回娘家后却意外遭受冷遇,阿霞外婆的传统观念认为"女人要学会吃亏,不能随便离婚",这迫使阿霞妈妈不得不另谋出路。改嫁后,阿霞妈妈又在重组家庭中受到侮辱……一系列的遭遇让阿霞妈妈逐渐明白,女性的物质(经济)独立,是精神独立的有力保证。影片细致入微地展现了女性的内心情感变化,同时触及与此相关的社会根源性问题。母女二人从到处借宿,到拥有自己的独立住处——这是一个从隶

---

① 马克思、恩格斯:《马克思恩格斯选集》(第四卷),人民出版社 1995 年版,第 71 页。

属关系走向独立主体的过程。影片以母女走进一间属于她们新的住处为结束，这个独立的空间也暗含着女性权利的回归。

(二) 社会空间

弗吉尼亚·伍尔夫（Virginia Woolf）曾在其作品《一间自己的房间》（1928）中描述在当时社会环境下女性的不幸处境，并指出主要原因是由于空间的分散。她认为女性不容易形成结盟的原因是由于她们作为单独的个体分散在无数男性境遇中孤寂地进行着现实抗争。而男性大部分都活跃于汇聚性的公共场合，如政坛、战场等，共同交换对社会的看法并进行有效传播。[①] 在这两种物理空间的背后，是凝聚与分散、主动与被动的生产关系导致的差异。当女性长期生活在分散的、被动的空间中，根深蒂固的传统使大多数女性深信自己属于家庭空间，而非社会空间。这种性别的刻板印象不仅出现在男性中，同时也植根于女性的认知里。中国改革开放后，女性主义思潮通过文艺作品和学术理论进入中国，市场经济体制激活了大量的就业机会，为女性从家庭空间走向公共空间提供了精神和物质上的条件。以20世纪90年代初的电影《女人taxi女人》（导演王君正/编剧乔雪竹，1991）为例，仅从科学家秦瑶和司机张改秀的双女主职业设置就能够看出颠覆传统思维的强烈的女性意识。秦瑶天资聪颖，年轻有为。张改秀性格豪爽泼辣，驾驶技术娴熟。一个是英气十足的青年科学家，一个是刚生产完不久的出租车司机。两人因偶然开启了一段末路狂欢式的女性探索。电影关照了90年代初期不同阶级女性的生存状况：出租车内挂着孩子的照片和安抚奶嘴足以展现张改秀已为人母的一面，但她仍需要通过一份工作来获得更多的报酬。秦瑶呕心沥血的科研成果却被诬陷为利用女色的不劳而获，使得她丢掉工作，事业上停滞不前。在影片的女性视角下，原本处在不同阶层的两位女性打破阶级藩篱并最终站在同一战线。进入21世纪，"妇女生活的领域进一步扩大——从以家庭为主到私人与公共领域并重。"[②] 随着改革开放的进一步深化，都市作为地理标志成为了中国近40年来社会发展最具代表性的成果之一，都市白领作为都

---

① [英] 弗吉尼亚·伍尔夫：《一间自己的房间》，吴晓蕾译，陕西师范大学出版总社2014年版，第57页。

② 李银河：《女性主义》，上海文化出版社2018年版，第3页。

市空间的脑力劳动者，已成为当今备受关注的社会代名词，也成为不少文艺作品的描绘对象。李可的《杜拉拉升职记》是较早反映都市白领生活的畅销书，随后被陆续改编为电影、电视剧、舞台剧等，其中以徐静蕾导演的电影《杜拉拉升职记》（2010）最具影响力。值得注意的是，这部电影中的主人公杜拉拉（徐静蕾饰）以及作为导演的徐静蕾身上有着双重女性意识：首先，杜拉拉有强烈的主体意识，她在事业与爱情中选择事业，经济独立、人格独立是她的生活底线，这与传统意义上的女性形象大相径庭。其次，电影是一门集体艺术，它的创作很难由同一性别构成。当我们将关注点回归到电影生产中便会发现，徐静蕾敏锐的市场嗅觉使得女性参与到电影工业生产流通中，她也因此成为内地首个票房破亿的女导演。女性不仅是电影银幕上被展现的客体对象，而是成为了电影的生产主体。除此之外，电影中杜拉拉跳槽的细节也直接反映了一直以来不少女性在职场的性骚扰遭遇。彼时的网络环境正处于 Web2.0 时代，因此在电影中大量的女性意识是通过杜拉拉在新公司的故事情节得以呈现的。但是，通过它我们或许可以窥见日后在社交媒体上集中爆发的"me too"运动。

二 女性空间：电影媒介、社会生活与网络空间的互构

1970 年，女权主义者凯特·米利特（Kate Millett）在其著作《性政治》中将男权制（父权制）引入女性主义当中来，并且赋予双重含义：第一，指男性统治女性；第二，指长辈（一般指男性）统治晚辈。这个观点是尖锐而犀利的，它跳出了性别对立的思维，而将其放置在社会生活语境中为弱势群体发声。因此，除了女性之外，对社会中弱势群体的关注（如儿童、性少数 LGBT、种族歧视等），实质上都有广义女性主义的倾向。截至 2019 年 6 月，我国网民用手机上网比例高达 99.1%，女性用户占总用户数量的 47.6%。[①] 随着新媒体技术的发展，女性主义在网络空间中逐渐呈现出独特的聚合力。近年来，那些真实存在而不被大众了解的，甚至触及道德伦理最底线的恶性事件，在当今的新媒体时代受到了大众的

---

① 中国互联网信息中心：《第四十四次中国互联网发展状况统计报告》，[2019-08-30]. http://www.cac.gov.cn/2019-08/30/c_1124938750.htm。

强烈关注与讨论：南京火车站养女猥亵事件、滴滴女乘客遇害事件、红黄蓝幼儿园虐童事件……与此同时，女性议题和对弱势群体的关注数量明显增加，越来越多的女性主义创作者直击当下痛点，试图建构出女性主义者理想中的生活图景，并通过虚拟空间影响社会现实。电影作品经由网络的二次传播形成互动空间，女性意识（女性群体）、社会现实、网络空间三者互相建构，极大地拓展了女性意识的传播路径。

以玛丽莲·梦露为代表的经典银幕形象经常被女性崇拜或模仿，但通常被男性视为性感和诱惑，它是一种经男权社会规训和凝视后的"美"的意象。经过社会筛选重新赋值后的"美"带有原罪——"受害者有罪论"。这种论调几乎已经达成一种社会共识，认为受害者（绝大多数是女性）之所以被强奸，甚至被杀害，是由于其穿着暴露、言行轻佻、举止不雅等。电影《嘉年华》（导演/编剧文晏，2017）从某种意义上就是对"受害者有罪论"的有力驳斥。影片以宾馆服务员小米的第三视角围绕女童的性侵事件展开叙述。电影中没有一个镜头展现性侵过程，几乎所有的篇幅都在讲述受害者小文遭遇性侵后经受的二次暴力：同伴父母被金钱收买、医院在媒体面前造假……即便是小文的父母，也因此给小文冠以受害者有罪的结论：小文母亲在得知女儿处女膜破裂后，把她所有的裙子都剪碎，并强行将其头发剪短，认为女儿的遭遇是由于穿衣打扮不检点造成的。小文父亲怯懦的性格使得他没能做出实质性的帮助。反而是律师郝洁、目击证人小米有意识或者下意识的女性立场助力了事件的公正判决。电影中梦露雕像的出现也颇有意味。这个女性意象在影片中反复出现了6次，分别经历了被凝视、被拆解，被挪移的变化。片尾小米在公路上超越了搭载梦露雕像的卡车的部分，是女性实现自我解放的隐喻。当弱势群体遭受暴力侵犯时，施害者绝不是单独的某一人，而是整个社会。导演文晏直接用叙事强化了这一观点。她直言不讳地表示，电影要展现的不是性侵事件的偶然性，而是讨论社会的必然性问题，这部电影可以作为讨论的起点，而不仅仅是大众的情绪宣泄。① 回归社会现实，2017年6月—2019年7月，全国法院共审结猥亵儿童犯罪案件8332件，当前猥亵儿童等性侵犯罪仍处于多发态势。此类事件的性质是极其恶劣的，它包含着成人对

---

① 《豆瓣电影：蜉蝣》，文晏专访，[2017-11-24]，https：//www.douban.com/review/8943118/。

孩童、男性对女性、强者对弱者的三种叠加的欺凌。它们曾真实发生而不被大众所知，而在当下经由电影生产和网络二次传播与大众见面并引发关注与讨论，并取得了一些实质性进展：2017年以来，我国已先后在江苏、广东、浙江、湖北等地设立试点，组建性侵儿童犯罪者信息数据库并向社会公开，通过法律手段保护未成年人的健康成长。

在女性逐渐从家庭空间走向社会空间的过程中，家务（包括生育）与工作之间的矛盾是女性压力的主要根源。现代社会中女性往往都身兼几重身份，一部分是社会职业，即是社会属性；另一部分是母亲，即是动物属性。波伏娃认为，女性受到生物与道德上的双重束缚。"生育的束缚"是阻碍女性步入社会空间的重要原因，而在这重阻碍之外，生育功能还使得女性处于道德上的消极被动地位，她们很难自身创造出超越性的价值来颠覆原有的社会结构。[①] 2016年初，我国全面放开二孩政策开始实行，生养孩子成为了大众热议的话题："要不要生孩子、为什么要生孩子、生完孩子谁来带"……这些在40年前根本不是问题的问题，在当今却成为了大众尤其是女性关注的焦点，这是女性主体意识增强的一个表征。而另一个表征产生在经由媒介（网络虚拟空间）呈现出的女性意识与其受众的互动中。影片《找到你》（编剧秦海燕，2018）中三位女性形象，真实地反映了当下不同阶层女性的现实境遇：朱敏为孩子放弃事业，在老公出轨的情况下，很可能因无经济来源而失去孩子的抚养权；孙芳为了孩子忍受家暴，出卖肉体，但是她无法战胜疾病和贫穷，最终失去了自己的孩子；李捷作为职场母亲，虽然有稳定的经济来源，却无法兼顾事业和家庭，导致孩子丢失。她们深爱着自己的孩子，却遭遇了绝望和挣扎。影片中的"妈宝"丈夫以及婆媳两代人格格不入的思想观念，真实地触动了大众的神经。而"偷拐孩子"的情节设置和杭州保姆纵火案相似度极高，让人触目惊心、唏嘘不已。法国哲学家加里·古廷认为，将波伏娃讨论的女性的生物学问题置于女性主义的争论背景之中大有裨益。换言之，对于这部电影而言，讨论女性生养下一代的问题在某种程度上比讨论该部电影的拍摄制作、演员演技更具现实意义。编剧秦海燕坦言道，她在编写剧本时融入了自己的女性主义观点，丢弃了以往女性贤妻、慈母的标签化印象，而

[①] ［美］加里·古廷：《20世纪法国哲学》，辛岩译，江苏人民出版社2005年版，第214页。

是追求自由、追求两性之间关系的平等。《找到你》一经上映获得2.85亿元的票房收入，随后在视频网站的二次传播中有50.6万人参与讨论，1.1亿次点击量。以电影社区豆瓣电影为例，参与短评的讨论有4.5万，最高话题浏览量达到34.8万。[1] 这些话题大都围绕着现代都市女性在职场和家庭之间的实际矛盾展开讨论，从讨论结果来看，理解和包容占大多数。这也从另一个侧面表明影片内容直击当下社会痛点，并产生共鸣。而社会现实中的一组数据令人意外：试点推行二胎政策到全面放开二胎的六年间，中国人口出生率没有显著上升。其中2016年二孩生育率最高，随后逐年降低。[2] 夫妻双方都是单独的家庭生育二孩的意愿没有显著提高。女性逐渐从"生育工具"到"生育主导"的转变，与媒介中女性现实问题的真实呈现以及受众的重新聚焦与再讨论不无关系。

三 媒介融合时代的女性空间生成及生产

早在信息技术发展起步阶段，就有女性主义者开始关注由信息技术搭载的虚拟空间对女性主义传播与发展的影响。不少女性主义者对于新技术所呈现的新经验抱持乐观的态度。唐娜·哈拉维（Donna Haraway）在1985年提出了著名的"赛博格"（Cyborg）理论。她认为赛博格是"一个控制有机体，一个机器与生物的杂合体。"[3] 它超越了性别、阶级、种族。英国女性主义者赛迪·普兰特（Sadie Plant）在其《论母体：网络女性主义的模拟》（1996）中指出，虚拟技术和女性之间存在着亲和性和共同感。虚拟的空间能够让女性摆脱男性所支配的物质空间的约束。[4] 互联网的出现，打开了第三度空间的大门，男女无论在公共空间（社会空间）还是私人空间（家庭空间），都可以在互联网空间当中找到自己的同盟。网络空间弥合了物理空间中的分散境地，使得具有女性意识的群体更稳固：她们更具聚合力与向心力。

亨利·列斐伏尔在《空间的生产》（*The Production of Space*）中颠覆

---

[1] 数据来源：艺恩数据、爱奇艺、腾讯视频、豆瓣电影。
[2] 国家统计局：《国民经济发展统计公报》，http://www.stats.gov.cn/。
[3] Donna Haraway, *Simians, Cyborgs, and Women: The Reinvention Nature*, London: Routledge, 1991.
[4] Plant Sadie, *On the Matrix: Cyberfeminist Simulation*, London: Sage 1996.

了传统思维对空间的简单化理解，他指出：空间应当成为和时间一样的研究对象。"生产的社会关系是一种社会存在，或者说是一种空间存在；它们将自身投射到空间里，在其中打上烙印，与此同时它们本身又生产着空间。"①在这由媒介形态变革带来的互动关系中，女性主义作为一种社会思潮促进了社会活动和生产实践。媒介融合进一步催化了女性个人意识的觉醒。女性意识从都市向乡村、从个体向群体辐射。具体来说，首先，女性群体参与电影工业的生产过程，并将女性意识植根于电影作品中。其次，电影作为一种大众媒介，经过广泛传播后又将这种女性意识带给更多的观众，同时新媒体创造的互动空间进一步传播了女性主义思想与观念。最后，观众从电影内容与讨论中吸收女性意识，将其带入到现实中来，并影响社会生产生活。女性的现实境遇——女性群体的集体创作——引发大众讨论——影响现实生活——可以视之为女性空间生产的雏形。

不可否认，新的媒介形态让人们快速、高效地获取信息，并参与到社会热点事件和突发事件中来。大众的意见和观点通过新媒体的传播、发酵，短时间内能够形成具有一定影响力的舆论场域。然而正所谓"来得快，去得也快。"经过情绪的宣泄之后，人们很难有一个落脚点或立足点。许多轰动一时的新闻很快会被众人淡忘，而电影艺术在此时开始彰显它的力量。女性主义电影往往并不是先验的，它的创作过程需要一段较长的时间，这是由电影艺术的特殊属性决定的。因此从时间上看，电影总是相对滞后于社会现实，但电影是一个当下的注脚，一个具有持续生命力的空间。在这里，与其说电影与新媒体之间呈现出的是一种媒介融合的态势，不如说电影和新媒体依旧保留了其自身形态却又互相补充。在这个独立而互构的媒介空间中，女性主义正在运用网络信息技术的红利保持发展。正如列斐伏尔形容的那样：空间是生产模式的产物，产生于社会运动的过程中；同时空间又是社会活动演变发生的场所，它可以孕育新的因素从而改变社会进程，塑造现实社会的样貌。②

当女性空间的轮廓逐渐清晰时，它不再仅是主体与客体、自我与他者

---

① H. Lefebvre, English translate by Donald Nicholson-Smith, *The Production of Space*, Oxford: Basil Blackwell 1991.
② 包亚明主编：《现代性与空间的生产》，亨利·列斐伏尔：《空间：社会产物与使用价值》，上海教育出版社 2003 年版，第 50 页。

理论上的辩驳。可以说，女性主义思潮已经实实在在地参与了社会生产，例如在就业问题、职场问题、生育问题等方面，都提出了包含女性立场的新的诉求。即便在电影这个极具性别歧视的行业，越来越多的女性电影从业者仍坚持女性立场，她们用自己的实际行动在电影媒介、社交媒体中参与社会生活，并产生影响。如果说20世纪90年代以来很长一段时间在中国电影从业人员中一种普遍的偏见是质疑"女导演们是否能制作出和男人一样的影片"，那么近年来的电影作品呈现出的女性主义则是从镜像中跳脱出来的先锋姿态。《送我上青云》（导演滕丛丛，2019）是近年来出现的最为大胆的一部女性主义电影。主人公盛男在知道自己患有卵巢癌后，通过一段旅程重新认识自我、发现自我。影片将剧作核心放置在长期以来被避而不谈的女性性体验中。大多数电影中的性与暴力通常都以男性角色或男性视角为主导，而在这部电影中，盛男在得知自己或许即将摘除卵巢不能获得正常性生活后，为了自己完整的人生体验，主动追求性体验和性愉悦。它不需要以男性为参照，也不需要顾虑那些所谓的社会规范。与其说这是一种女性主义凸显的性别倒置，不如说电影只是回归到女性作为单纯个体的生存体验。具体到当前的电影生产，不少女性演员和导演摆脱了银幕中女性被凝视的被动姿态，进而塑造有主体意识的女性形象。

四 结语

正如戴锦华所形容的那样，女性面对的通常是一种镜式生存——这种困境它一方面来自语言和规范的囚牢，另一方面来自自我指认的艰难。[1]中国都市电影中的女性主义与社会现实之间经历了从镜像到互构最后形成空间生产的过程，是理论与实践相结合的过程。

近年来，随着媒介形态的丰富和融合趋势，女性空间得到极大拓展，女性的主体意识增强，女性的现实境遇在逐步发生转变。然而，我们面对技术与网络空间也应保持审慎的态度。有研究者认为，网络空间作为性别认同和政治的新边界，它不会自动改善女性的地位，女性需要以经验、兴

---

[1] 戴锦华：《雾中风景》，北京大学出版社2016年版，第137页。

趣、知识等改变不平等的单向流动，使之成为稳定而持续的生产空间。[①]"五四"时期就有观点指出，女子解放，就是男子解放，同时也是社会解放。[②] 这一观点在 100 年后的今天看来依然保存着其正确的现实意义。只有更清晰地描绘出"女性实在"的轮廓，才能更好地参与到"人类共在"的发展进程之中。

[①] 吴华眉：《网络社会的赛博格女性主义批判》，《当代国外马克思主义评论》2016 年第 232 期。

[②] 广东女子工读互助团：《五四时期的社团》二，生活·读书·新知三联书店 1979 年版，第 486 页。

改革开放以来重大革命历史题材电影：
主题叙事与国家形象构建

张宏邦　陶　艺[①]

摘要：大众传媒具有传播社会思潮的功能，重大革命历史题材电影从诞生之初就承担着弘扬主旋律的使命。本文以改革开放以来的35部重大革命历史题材电影作为研究对象，将其划分为"人物形象"、"重大事件"和"战争战役"三类主题，以叙事学为方法展开研究。研究发现，三类主题电影传递的主要社会思潮包括英雄主义、民族主义和集体主义，协同构建了以"爱国主义"民族精神为内核的国家形象，与改革开放的时代要求相互文。

关键词：革命历史题材电影；主题叙事；国家形象；社会思潮

社会思潮是一种特殊的意识形态形式，是一定历史时期在一定的社会阶级阶层中流行，具有一定的理论作为主导，并通过一定的社会心态、社会行为、观念文化和学术理论而得到显著表现的社会思想潮流的总和。[②] 社会思潮由点及面的流行离不开传播，作为传播社会思潮的工具之一，大众传媒的威力不容小觑。葛兰西在狱中反思无产阶级革命的失败，归纳出文化领导权优先于政治经济力量成为巩固政权合法性的关键。这一理念经由瞿秋白影响到了毛泽东，他提出"文艺为政治"与"马克思主义国家意识形态作为文化组织和管理的标准"等主张。[③] 本尼迪·安德森在《想

[①] 张宏邦，西安交通大学新闻与新媒体学院，讲师、副院长；陶艺，西安交通大学，硕士研究生。

[②] 朱士群：《当代中国社会思潮：回应与引领》，《安徽师范大学学报》（人文社会科学版）2008年第4期。

[③] 黄卫星、李彬：《葛兰西与毛泽东"文化领导权"思想比较》，《清华大学学报》（哲学社会科学版）2012年第3期。

象的共同体》一书中提到，小说和报纸将零散的人们联结成想象的共同体，从而维系民族国家认同。① 在影像媒介的推动下，当代文化开始由印刷文化转向视觉文化。② 与印刷媒体相比，影像叙事的生动性与在场感同观众信息处理框架完美契合，更能做到寓情于理，以情动人。改革开放使得多种社会思潮广泛传播，启蒙主义与宽松体制给予电影创作者较大发挥空间；但与此同时，电影市场也滋生了传播错误思潮与过度娱乐化等问题。为了遏制娱乐化、弘扬主旋律，中央成立了"领导小组"，重大革命历史题材电影的概念也被正式提出。重大革命历史题材电影反映了党史上的重大战役、领袖人物与重要决策，英雄人物与革命领袖成为了该题材电影正面书写的人物主体，他们艰苦奋斗，不畏牺牲，从人民群众中来，到人民群众中去，发挥着传播正确社会思潮的功用。

一 文献综述

（一）电影与社会思潮

电影是传播社会思潮的重要载体。电影传递的社会思潮受社会现实的影响，又能反作用于社会现实。有关电影和社会思潮的研究可分为两类，一是研究某一类型或某一时期电影所传递的社会思潮，二是对电影承载的一种或多种社会思潮进行历时性综述。

就第一类研究而言，后人类主义、存在主义和后现代主义等西方哲学思潮为国内学者关注的重心。孙绍谊认为西方科幻电影呈现的后人类景观在电影制作技术的助推下促使了后人类主义思潮的普及③，罗岗以《神女》为例分析了左翼电影区别于鸳鸯蝴蝶派电影的政治性色彩④。张先云认为中国第六代电影承续了法国新浪潮电影，以纪实手法和人性异化传递

---

① 安德森：《想象的共同体》，上海人民出版社2011年版。
② 丹尼尔·贝尔：《资本主义文化矛盾》，生活·读书·新知三联书店1989年版，第157页。
③ 孙绍谊：《当代西方后人类主义思潮与电影》，《文艺研究》2011年第9期。
④ 罗岗：《左翼思潮与上海电影文化——以〈神女〉为例》，《江西社会科学》2008年第6期。

存在主义思潮。① 目前尚未存在将重大革命历史题材电影传递的社会思潮单独作为研究对象的研究。与之相反，国外学者分别研究了俄罗斯和美国"主旋律电影"中的意识形态。苏珊·拉森认为，后苏联时代的俄罗斯电影将男权与国家权威相结合，有助于重构观众缺失的国家想象，电影所扎根的英雄主义谱系融合并加强了血统、父权和爱国主义等元素。② 弗兰克和马丁反思了美国当代战争电影中将国家存亡置于个人生存之上的新爱国主义，认为它是对主流价值观的颠覆。③ 历史性综述文章多将电影思潮与政治文化背景相结合。张智华探讨了我国现实主义电影思潮的变化与发展，将这一思潮的核心归于对现实的深切关怀和深刻表现。④ 饶曙光和李国聪综述了改革开放以来的电影思潮流变。⑤ 部分综述电影思潮的论文谈到了主旋律电影的意识形态功用。饶曙光认为主旋律电影弘扬的主旋律文化是一种表达国家正统意识形态的文化，并进一步提出电影思潮与体制、政治和社会观念相呼应。⑥

由此可见，电影能够传递某种社会思潮，而主旋律电影传递的社会思潮往往与国家意识形态高度契合，起着塑造国家形象和增进民族认同的作用。

（二）国家形象

1999年，国内学者管文虎首次明确定义国家形象这一概念：国家形象是一个综合体，它是国家的外部公众和内部公众对国家本身、国家行为、国家的各项活动及其成果所给予的总的评价和认定。⑦ 徐海燕赞同"评价说"这一观点，并补充"国家形象绝非国家状况的客观再现"⑧，

---

① 张先云：《存在主义、法国"新浪潮"与中国第六代电影》，《安徽师范大学学报》（人文社会科学版）2011年第2期。
② Larsen S., National Identity, Cultural Authority, and the Post-Soviet Blockbuster: Nikita Mikhalkov and Aleksei Balabanov, *Slavic Review*, 2003, 62 (3), pp. 491-511.
③ Novelli W M A., "Now a Major Motion Picture": War Films and Hollywood's New Patriotism, *The Journal of Military History*, 2003, 67 (3), pp. 861-882.
④ 张智华：《我国当代现实主义电影思潮的变化与发展》，《上海大学学报》（社会科学版）2008年第4期。
⑤ 饶曙光、李国聪：《中国电影思潮流变（1978—2017）》，中国文联出版社2017年版。
⑥ 饶朔光：《论新时期后10年电影思潮的演进》，《当代电影》1999年第6期。
⑦ 管文虎主编：《国家形象论》，电子科技大学出版社2000年版。
⑧ 刘小燕：《关于传媒塑造国家形象的思考》，《国际新闻界》2002年第2期。

由此可见，国家形象具有现实性和建构性。在国家形象的组建要素方面，范红提出，国外学者较为重视一个国家的艺术和人文沉淀，而国内学者似乎更加强调国家的政治体制与经济势力。① 但实际上，民族精神与民族文化的地位在官方和学界双重认可下已显著提升。习近平在十八大报告中指出了文化自信，并指出我们要弘扬以爱国主义为核心的民族精神。程曼丽也提出，国家形象首先是一种主体意识，是国家或民族精神气质中的闪光点。它是在历史文化传统的基础上，融入现代化的要素，经萃取、提炼而成。② 这不仅说明国家形象具有建构性，它同时也具有基于时代变迁的动态性。该学者进一步指出了传媒在形塑国家形象上的重要地位，认为外部公众和国际社会对一个国家的整体印象直接来源于大众传媒的议程设置。③ 大量学术研究正是基于"大众传媒的议程设置"生成，但他们的研究对象主要集中在新闻媒体而不是电影媒介。

电影媒介形塑国家形象的威力不亚于新闻传媒。一方面，新闻重事实，而电影重情感。观看电影实质上是媒介化的情感仪式，创伤记忆在强化历史记忆、红色文化时激发民族自豪感，而技术奇观打造超真实沉浸。另一方面，电影作品的有效到达率更高，观众带着积极的心态在线性时段中接受电影的潜移默化，意义解码的主导型倾向往往多于对抗性。正是基于电影媒介在国家形象塑造上的强大威力，官方权威机构才召开了包括"艺术作品中的国家形象专题讨论会"和"文艺作品中的国家形象"等在内的多次研讨会，共同探讨艺术应该怎样呈现国家形象以及呈现什么样的国家形象。贾磊磊认为，电影叙事体中的国家形象是指一种通过电影的叙事逻辑建构的一种具有国家意义的"内在本文"，一部影片与现实的"接壤"方式，并不在于它非要讲述一个现实的故事，而在于叙事语境与现实语境的"重合"。④ 故事片不仅要客观叙述过去，更是过去和现在联系起来的纽带；重大革命历史题材电影通过唤起、固化和重塑观众集体记

---

① 范红：《国家形象的多维塑造与传播策略》，《清华大学学报》（哲学社会科学版）2013年第2期。

② 程曼丽：《大众传播与国家形象塑造》，《国际新闻界》2007年第3期。

③ 程曼丽：《论"议程设置"在国家形象塑造中的舆论导向作用》，《北京大学学报》（哲学社会科学版）2008年第2期。

④ 贾磊磊：《中国主流电影中的国家形象及其表述策略》，《解放军艺术学院学报》2007年第1期。

忆，激发他们对历史文化与民族精神的认同感。隐喻、转喻等艺术表达的频繁使用令电影叙事包含更多抽象想象，传统基于文章的内容分析只会切断电影塑造国家形象的内在联系性，由此，考察民族精神及其以爱国主义等思潮为内核意义建构为研究者提供了一个相对适合的路径。

（三）重大革命历史题材电影

1987年7月，中央成立"重大革命历史题材影视创作领导小组"（简称"领导小组"），根据《关于设立摄制重大题材故事片资助基金的联合统治》（广发影字〔1987〕72号），重大革命历史题材故事片是指鸦片战争以来，特别是1921年中国共产党成立以来的重大革命斗争为题材的故事影片。[①] 1996年8月，在经历人员变更后，"领导小组"召开第一次工作会议，"重大革命历史题材"被细化为三重内涵：一是我党成立到新中国成立前，党所领导的革命斗争以及解放后某种重大事件，如抗美援朝；二是描写担任和曾经担任党中央政治局常委、国家主席、副主席、国务院总理、全国人大常委会委员长、中央顾问委员会主任、中央纪律检查委员会书记、全国政协主席、中国人民解放军元帅职务的党、政、军领导人生平业绩为主要内容的故事片、电视剧；三是描写真实的历史事件和人物而不是虚构的。[②] 2006年11月，国家广电总局下发《重大革命和历史题材电影、电视剧剧本立项及完成管理规定》，重大革命历史题材电影的概念被聚焦为"反映党和国家领导人生平、业绩、工作和生活经历，反映中国共产党历史、中华人民共和国历史和中国人民解放军历史上重大事件、重要人物和重大决策的过程的电影"[③]。

以重大革命历史题材电影为主题展开的研究相对较少。在中国知网以"重大革命历史题材电影"为关键词进行检索，仅得到论文8篇。研究可分为以下几类：历史发展、叙事嬗变、审美流变。硕博论文共计3篇，高思扬分析了翟俊杰导演的重大革命历史题材电影[④]，涂帆露通过对比时间

[①] 丁亚平、储双月：《重大革命和重大历史题材电影创作的历史、现状及问题》，《上海大学学报》（社会科学版）2015年第1期。
[②] 《"重大革命历史题材影视创作领导小组"工作会议纪要》，《电视研究》1997年第1期。
[③] 国家广电总局：《重大革命和历史题材电影、电视剧剧本立项及完成管理定》2006年第28号。转引自高思扬《翟俊杰重大革命历史题材电影导演研究》，《辽宁师范大学》，2016年。
[④] 高思扬：《翟俊杰重大革命历史题材电影导演研究》，《辽宁师范大学》，2016年。

跨度在20年的3组影片，分析了影片在创作观念与传播策略上的变革。[1]侯陈辉通过对《建国大业》等主旋律电影进行分析，列举大量电影文本例证民族认同的建构过程。[2]

综上所述，中国重大革命提示题材电影研究数量较少，研究对象选择未设立具体标准，"国家认同与意识形态"多作为背景分析而不是主要聚焦点，研究方法上以文本阅读、归纳与演绎和浅层的"表达叙事学"[3]为主。鉴于此，本文将选择获得专业人士与观众认可的影片作为研究对象，采取内容叙事学[4]这一研究方法，归纳重大革命历史题材电影的叙事框架及凸显的多类社会思潮、众多社会思潮如何参与建构国家形象。

二 研究方法

（一）研究对象

早在新中国成立后的17年间，革命历史题材电影已经被搬上大荧幕，以小人物之命运反映革命历史。重大革命历史题材电影的不同在于将大人物形象电影化，并开启探索叙事策略在"伦理性"与"纪实性"[5]同叙事史观在"宏大叙事"与"私人叙事"[6]之间的平衡。1981年，《南昌起义》掀开了重大革命历史题材电影的序幕，随之涌现《西安事变》、《风雨下钟山》、《四渡赤水》和《黄桥决战》等开创性作品。在领导小组成立之后，组长丁峤肯定了领导小组成立四年以来的佳作，它们分别是《开国大典》、《巍峨昆仑》、《百色起义》、《毛泽东和他的儿子》、《大决

---

[1] 涂蛆霄：《当代中国主旋律电影创作观念与传播策略研究》，《南昌大学》，2017年。

[2] 侯陈辉：《影像建构中的民族国家认同》，《海南大学》，2011年。

[3] 表达叙事学以表现形式为主，包括叙述者的表现形式、作为叙事中介的表现材料（画面、词语、声音等），参见安德烈·戈德罗、费朗索瓦·若斯特《什么是电影叙事学》，刘云舟译，商务印书馆2005年版，第10—11页。

[4] 内容叙事学：被讲述的故事、人物的行动及作用、行动元之间的关系。参见安德烈·戈德罗、费朗索瓦·若斯特《什么是电影叙事学》，刘云舟译，商务印书馆2005年版，第10—11页。

[5] 解建峰：《"伦理化"与"纪实性"——1990年代以来革命历史题材电影的叙事策略》，《解放军艺术学院学报》2013年第4期。

[6] 张莹：《革命历史题材电影的历史观探析》，《文艺评论》2014年第1期。

战》系列、《开天辟地》和《周恩来》。①1992年邓小平南方谈话开启了重大革命历史题材电影面向市场发行的机制，1996年长沙会议提出的"九五五〇工程"成功扭转重大革命历史题材电影叫好不叫座的格局。中国艺术研究院影视艺术研究所课题组对20世纪90年代这一题材电影展开为期半年的调查，《七·七事变》、《大转折》系列、《周恩来——伟大的朋友》和《大进军》系列分别位列当年度卖座影片前十（因数据调查困难，该数据为1995—2000年的电影上座情况）。②据研究者合理推测，在1992年至1994年，《毛泽东的故事》和《重庆谈判》获得广大观众认可。21世纪以来，面临好莱坞大片带来的挑战，类型化元素、奇观性技术、全明星阵容等商业性策略的应用推动重大革命历史题材电影走向另一个高潮，出现了《建国大业》《建党伟业》《建军大业》等兼具艺术性与革命性作品。本文将以表1提到的35部影片作为研究对象映射总体特征，选择典型作品加以分析。

表1

上映年份	片名	导演
1981	《南昌起义》	汤晓丹
1981	《西安事变》	成荫
1982	《风雨下钟山》	袁先
1983	《四渡赤水》	谷德显
1985	《黄桥决战》	杨昭仁
1988	《巍巍昆仑》	景慕逵
1989	《开国大典》	李前宽
1989	《百色起义》	陈家林
1991	《毛泽东和他的儿子》	张今标
1991	《大决战之辽沈战役》	李俊
1991	《大决战之淮海战役》	李俊
1991	《开天辟地》	李歇浦

---

① 王志敏：《开拓革命历史题材电影创作的新局面——丁峤同志访谈录》，《北京电影学院学报》1991年第2期。
② 中国艺术研究院影视艺术研究所课题组：《九十年代重大革命历史题材影片创作调查与思考》，《文艺理论与批评》2002年第2期。

续表

上映年份	片名	导演
1992	《大决战3：平津战役》	李俊
1992	《周恩来》	丁荫楠
1992	《毛泽东的故事》	韩三平
1993	《重庆谈判》	李前宽
1995	《七·七事变》	李前宽
1996	《大转折之挺进大别山》	韦廉
1996	《大转折——鏖战鲁西南》	韦廉
1996	《大进军——解放大西北》	韦林玉
1997	《周恩来——伟大的朋友》	宋崇
1997	《大进军——南线大追歼》	赵继烈
1998	《大进军——席卷大西南》	杨光远
2000	《大进军——大战宁沪杭》	韦廉
2003	《邓小平》	丁荫楠
2004	《邓小平·1928》	李歇浦
2007	《八月一日》	宋业明
2009	《建国大业》	韩三平
2011	《建党伟业》	韩三平
2011	《湘江北去》	陈力
2015	《百团大战》	宁海强
2017	《建军大业》	刘伟强
2019	《周恩来回延安》	吴卫东
2019	《古田军号》	陈力
2019	《决胜时刻》	黄建新

需要特别指出，票房对2000年之前的电影参考价值不大。在20世纪80年代和90年代，重大革命历史题材的发行方式分为免费组织群众观看与售票制两种形式，前者在市场经济推动下逐渐向后者过渡。在人们物质生活有待提高且娱乐方式相对单一的情境下，电影受众群体不宜小觑。2000年之后，《建国三部曲》票房破亿元，这标志着重大革命历史题材电影向新主流电影的成功转型。

（二）研究路径

安德烈和费朗索瓦在《什么是电影叙事学》中提到，电影叙事学可以分为表达叙事学和内容叙事学，前者关注人们讲述所用的表现形式，后者关注讲述的故事、人物的行动和作用、行动元之间的关系等。① 内容叙事学起源于热拉尔·热奈特，他将叙事分为叙事、故事和叙述三个层次，叙事对应文本形式，故事对应叙事的对象，叙述对应叙述者叙述某事的行为。② 侯微在博士论文《战争电影与国家认同》中以主题叙事学分析了苏联—俄罗斯战争片的英雄叙事。他借助塞默尔·查特曼的理论，将故事细化为事件（行为和遭遇）与存在（人物和环境），将叙述细化为事件和存在结合起来的方法。③（见图1）

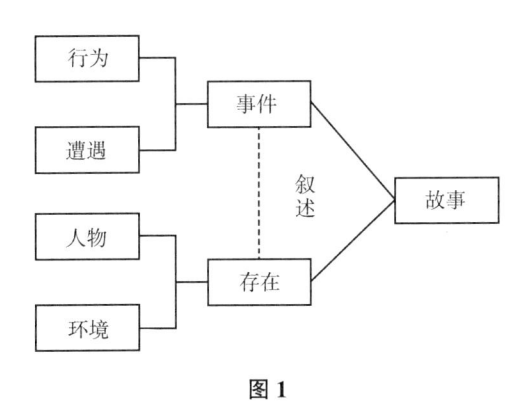

图 1

故事形态学的引入能细化内容叙事学的分析结构。杜晓娜在硕士论文中应用故事形态学的理论分析样板戏的角色类型、功能结构及分类。④ 普罗普是故事形态学的创立者，他以100个俄罗斯民间神奇故事为研究对象，总结出7种恒定角色与31种功能。格雷马斯将普罗普的7种角色归纳成6种角色，提出基于聚合维度的行动元模型与符号矩阵建构。行动元

---

① 安德烈·戈德罗、费朗索瓦·若斯特：《什么是电影叙事学》，刘云舟译，商务印书馆2005年版，第10—11页。
② 徐蕾：《从叙事学到互文性》，中国社会科学院研究生院，2013年。
③ 侯微：《战争电影与国家认同》，复旦大学，2009年。
④ 杜晓娜：《"样板戏"故事的角色类型、功能结构及分类》，复旦大学学位论文，2011年。

模型呈现了6种角色之间的互动关系。符号矩阵由 X、反 X、非反 X 与非 X 构成：X 与反 X 呈现二元对立的关系；非反 X 服从于 X，与反 X 对立；非 X 服从于反 X，与 X 对立。研究试图将二者理论进行结合（见图2）。

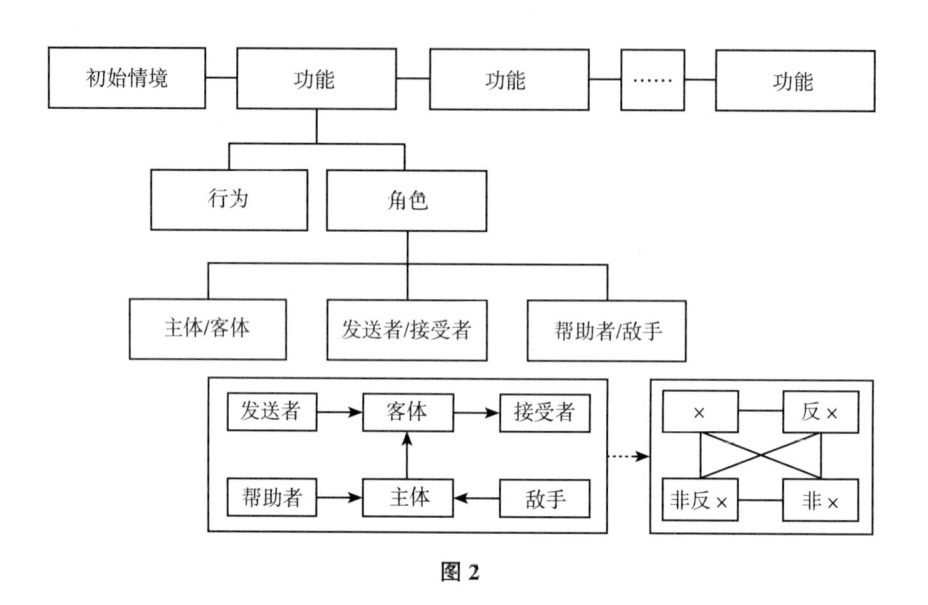

图 2

故事通常以初始情境过渡到功能，功能被界定为"从其对于行动过程意义角度定义的角色行为"，并在分析中将功能拆解为"一个词表达的简略定义"、"功能代码"和"功能性质的简要叙事"三个层面。[①] 在功能与功能之间，穿插着起连接作用的部分，缺乏之于结果的行动意义。在角色这一层面，格雷马斯以"主体—客体"、"发送者—接收者"和"帮助者—敌手"替代了普罗普的"恶棍—劫持者—帮手—公主—派遣者—英雄—假英雄"。行动元理论则概括了六种角色之间的关系，符号矩阵有助于剖析意识形态。

由此，本文的研究逻辑将基于以下结构展开（见图3）：（1）分析初始情境；（2）将电影按主题进行归类，以内容叙事学及故事形态学相关理论加以分析，得出电影建构的国家形象及传递的社会思潮；（3）讨论电影传递的社会思潮如何构建国家形象。

---

① ［俄］普罗普：《故事形态学》，贾放译，中华书局2006年版，第18—24页。

图3

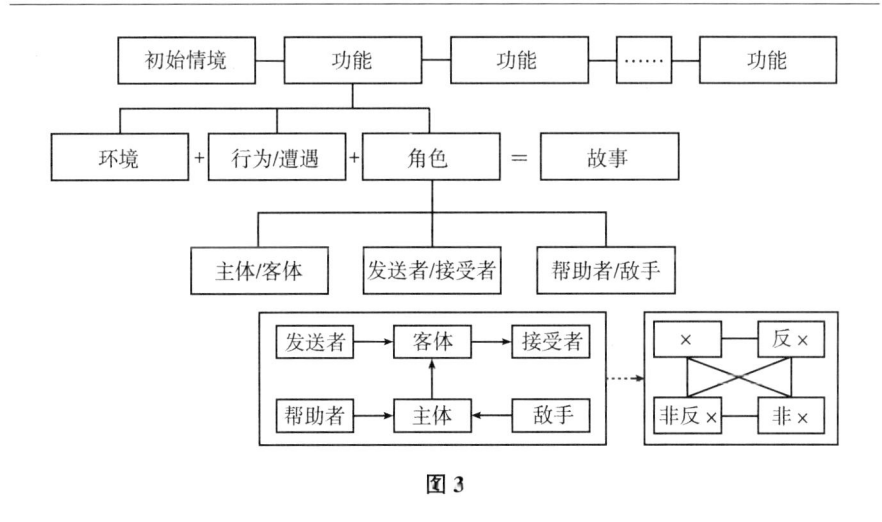

三　研究发现

（一）初始情境

1992年之前的革命历史题材电影有两种初始情境，一是以历史人物展开，二是陈述历史背景。在历史人物中，毛泽东的出场次数最多，其次为周恩来、邓小平等中国共产党领导人。在历史陈述中，解放战争、侵华战争、新中国成立成为了主体内容，且中国共产党的辉煌成就会得到凸显，战争的解放意义略大于伤痛价值。

1992年至2000年的革命历史题材电影出现四种初始情境，一是以历史人物邓小平展开；二是历史陈述，世界反法西斯战争的出现使历史背景更加厚重；三是自然景物，如以海浪拍礁象征解放战争的势不可当，以火车驶来引出日本人策划九一八事件，以雨夜卢沟桥上的狮子预示七七事变；四是普通人生活场景。对比上一时期，领袖人物的出场有所弱化，即使是《周恩来》与《周恩来——伟大的朋友》这两部传记题材电影，也均是以"红卫兵游行"和"普通人坐飞机回国"切入，平民化色彩加强。此外，自然景物的应用也体现了电影的诗意化手法。这一转变不仅是因为电影开始改变说教姿态以争夺市场，更是因为"人民群众创造历史"与"反对个人崇拜"等唯物史观得到强化。

进入21世纪以来延续了20世纪90年代的出场叙事,其中,建国三部曲值得特别关注,它们均是以字幕进行历史陈述,奠定严肃厚重的历史基调。

(二) 形象建构与思潮传播

35部电影按主题归类,可分为战争战役、重大事件与人物传记三类。战争战役类电影包括《巍巍昆仑》、《大决战》系列、《大转折》系列和《大进军》系列等。重大事件类电影包括《开国大典》、《百色起义》、《开天辟地》、《重庆谈判》、《建国大业》、《建党伟业》和《建军大业》等。人物传记类包括《毛泽东和他的儿子》、《周恩来》、《毛泽东的故事》、《周恩来——伟大的朋友》等。

1. 领袖人物:全心全意为人民服务

人物传记类电影所塑造的毛泽东与周恩来国家领导人形象较为典型。人是社会关系的动物,人物形象也经由互动生成。普罗普及格雷马斯的形象界定提供的仅为一种分析视角,电影化的领袖以"变革型"为内核,呈现出"去法理化"与"去魅力化"的特点。

伯恩斯在《领袖论》中提出了变革型领袖这一概念,革命型领袖需要投入、坚定和勇气,或许需要忘却甚至放弃自我,具有强烈的道德原则意识,重视大众需求以争取人民拥戴。[①] 在电影中,毛泽东为了中国前途牺牲了小家,坚持不搞特殊化,让毛岸英埋骨异国。周恩来面临"四人帮"的迫害与癌症折磨之时,依然兢兢业业工作,直到生命最后一刻。对人民群众的重视是共产党维持合法统治的底层逻辑。

法理型领袖与魅力型领袖是马克斯·韦伯在《社会与经济》中提出的两种领袖模式,前者认为领袖不带任何个人情感,严格实行科层化统治;后者认为领袖具有超凡特质,吸引追随者为其着魔。[②] 在《毛泽东和他的儿子》中,毛岸英牺牲在了朝鲜,因为警卫员打扰了他回忆儿子的美梦,毛泽东将怒火发泄在了警卫员身上,但随后很快向警卫员表达歉意。在《毛泽东》的故事中,苏联人逼迫毛泽东饮酒,而毛泽东则借机

---

① [美] 詹姆斯·麦格雷戈·伯恩斯(James MacGregor Burns):《领袖论》,刘李胜等译,中国社会科学出版社1996年版,第203—204页。

② 秦德君:《领袖人格:马基雅维里、马克斯·韦伯、马克思的经典理论解析》,《学习与实践》2006年第3期。

让苏联人吃辣椒，成功挽回了自己的面子，也提出了"中国和苏联各有所长"的智慧感想。在《周恩来》中，面对养女孙维世和战友贺龙的离世，周恩来的面容上是掩饰不住的悲戚、愤怒。在《周恩来——伟大的朋友》中，周恩来也会打趣武松"打虎"与"打店"。领袖不再是高大全的符号，个人情感的融入使得领袖形象呈现出去法理性的特点。领袖形象的"去魅力化"表明领袖不再是高高在上的神，毛泽东扭转不了众人高呼"产量十万亩"的趋势，也无法抗拒死亡带来的生理反应；周恩来面对"文化大革命"也有过迷茫和无奈。他们吸引人民群众的本质不在于非凡超能力，而出于他们全心全意为人民服务的初心。

2. 民族召唤：意识形态"软"传播

在重大事件类电影中，电影的叙事主题可分为建国、建军与建党。主题的多元导致叙事范式难以统一，但同一主题下功能的增减却能反映叙事与社会变迁的互动。

在建国这一主题下，《重庆谈判》可被视为《建国大业》中的一个功能。与《开国大典》相比，《建国大业》增加的重要功能包括"国共重庆谈判""共产党、国民党与民盟互动""民盟内部互动""蒋氏父子互动""共产党拒绝南北分治""蒋介石放弃轰炸北平"，删去的重要功能包括"蒋介石祭祖拜神"与"蒋介石李宗仁暗斗"。民盟提出的"民主统一，和平建国"的口号推动了重庆谈判开展，谈判失败促使民盟支持共产党。共产党与民盟的互动主要体现在"宋庆龄等民盟成员支持共产党"、"双方建立政协并召开会议"和"双方共同商议国歌国旗"这三方面，而国民党与民盟的互动则以迫害与反对为基调。帮助者民盟这一角色的引入强化了中国共产党的广泛民主性，与政协成立70周年这一时代背景相呼应。在"蒋氏父子互动"中，蒋介石的两句话"国民党的腐败已经到了骨子里了"和"划江而治？这个千古罪人我不敢做"颇具深意，前者表明国民党失去统治权是历史的选择，后者则与"共产党拒绝南北分治""蒋介石放弃轰炸北平"一齐强化了民族统一的重要性，与2008年西藏问题相呼应。"蒋介石祭祖拜神"与"蒋介石李宗仁暗斗"的删去弱化了蒋介石形象的丰富性，使其呈现出"认命的末路枭雄"这一形象，从而支撑了"共产党执政是历史的选择"这一主题。

在建军这一主题下，与《百色起义》相比，《建军大业》强化的功能为"战争交锋"，弱化的功能为"国共决策谋略"。一方面，技术的进步造就了电影的奇观化，战斗画面时长比重提升，以呈现逼真细节与宏大场景。另一方面，《建军大业》较少呈现行动背后的权谋因素，降低了观影人看懂电影的门槛，符合当下碎片式与轻松化的文本阅读习惯。

在建党这一主题下，比起《开天辟地》，《建党伟业》增加的功能为"辛亥革命"，强化的则为连接作用部分"伟人爱情"。一方面，电影上映年份正值辛亥革命100周年；另一方面，当时的主人公蔡锷、毛润之等人正处于青年时期，应用爱情与流量鲜肉等类型化元素顺应电影商业化大潮。电影弱化的功能为"陈独秀出入狱"与"三次论战"，文化知识的弱化有助于减轻观众的文本阅读负担。

综合来看，不忘民族危亡始终是这类电影呈现最多的主题。《开国大典》的旁白以"改朝换代"和"民族兴亡"来定义1949年；《开天辟地》与《建党伟业》再现的"五四"运动是对中华民族的反侵略斗争；《建军大业》着重刻画不畏牺牲的英雄主义。此外，建国三部曲选用的演员均是当下知名流量明星，他们具有庞大的粉丝人群。由此可见，当革命历史题材电影从20世纪90年代转入21世纪后，为了赢得市场，传递政治声音，电影叙事策略会发生一定变化，具体表现为传播内容简单化、战争场景景观化以及电影元素类型化。

3. 思潮对立：集体民主与个体集权

围绕共产党阵营与国民党阵营分别生成了两大行动圈，两大行动圈的功能随机组合，辅以起连接作用的部分，共同推动叙事的开展。

在共产党行动圈中，功能包括"共产党获知国民党消息""共产党商议决策""共产党转移""共产党与国民党交锋""共产党撤退""共产党失利"和"共产党胜利"。起连接作用的部分包括"共产党阵营内部互动""共产党与帮手互动"。在"共产党商议决策"功能中，1992年之前以毛泽东为核心人物向周恩来、彭德怀和林彪等人推展，1992年之后以邓小平为核心向毛泽东、刘伯承和周恩来等人推展。"共产党撤退"和"共产党转移"是基于战术需要，"共产党失利"的频次远远低于"共产党胜利"的频次，中国共产党通晓谋略、不畏牺牲、百战百捷成为了战役类电影的叙事主题。在"共产党阵营内部互动中"，领袖与领袖和谐团结，领袖与士兵、士兵与士兵之间的互动逐年增加，多体现"爱兵如友"、"军纪如山"和"互帮互助"等主题。在"共产党与帮手互动"中，人民群众的出场逐渐增加，形象从反映战争残酷的受害者逐渐转向支持革命的帮手。共产党高层一直帮助善待人民群众，而人民群众普遍"欢迎尊敬帮助"共产党甚至"为共产党牺牲"，偶尔也出现对共产党充满误解的情况，但最终以重建信任作为结局。这些起连接作用的部分展现了中国共产党的平等和民主。美国朋友与苏联盟友很少出现，这表明共产党的独立自主。

在国民党行动圈中，功能包括"国民党获知共产党消息"、"国民党商议决策"、"国民党和共产党交锋"、"国民党胜利"和"国民党失利"。起连接作用的部分包括"国民党阵营内部互动"、"国民党与帮手互动"同"国民党与人民互动"。在国外先进技术帮助下，国民党更快获知对手消息，但商议决策往往导致国民党失利的结局。原因可以归为两点，一是蒋介石不考虑实际情况独揽大权瞎指挥，二是将领以个人利益指导行动。起连接作用的部分起到了补充主线的作用。在国民党阵营内部互动中，多方势力相互猜忌争斗，酒桌牌桌舞厅成为国民党交际的场所。"国民党与帮手互动"则展现为"日方为国民党出谋划策"和"美国对国民党从支持转向抛弃"，人民沦为国民党统治受害者，但学生等进步阶层也试图进行反抗。主线与支线交互呈现了国民党内部腐败、军心不稳，外部同帝国主义勾结这一主题。

从《巍巍昆仑》到《大进军——席卷大西南》，在国民党和共产党交锋的战争场景中，个体形象塑造从历史人物延伸至士兵群像，不论是冲锋在前的共产党军队，还是为了保护战友甘愿牺牲自己的普通士兵，均传递出集体英雄主义。

下面以《大决战辽沈战役》作为个案，图4是围绕"锦州会战"而产生的故事。选择该电影的原因在于，国共两大行动圈的出场相当，行动圈内部关系相对完整复杂，人物呈现符合史实。故事发生在解放战争初期，两军进入相持阶段。

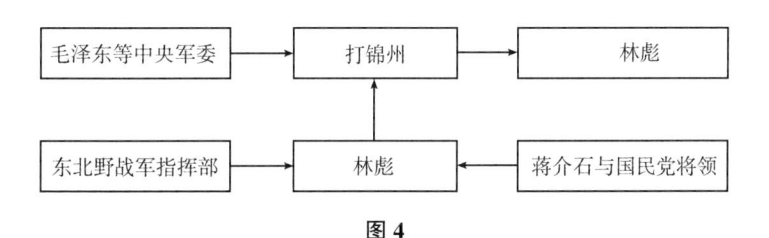

图4

毛泽东等中央军委作为发送者，向林彪传达"攻打锦州"的指令，起初林彪认为攻打锦州不如攻打长春，否定了中央军委与以刘亚楼为代表的东北野战军指挥部的决议，因实际战况受挫与中央再次催促，林彪两次肯定了攻打锦州的决心，在帮助者东北野战军指挥部的全力配合下，战胜了国民党敌手。发送者毛泽东等中央军委充分尊重主人公林彪的决定，这反映了党中央务实民主与允许异见的作风。而蒋介石与国民党将领杜聿明、卫立煌呈现出对立状态：蒋介石高压督战，卫立煌意在固守沈阳而勉强应付，杜聿明推脱接任，国民党内部因利益得失而分崩离析，相比之下，林彪为了大局而愿意牺牲野战军局部利益。此外，"蒋介石与美国大使巴达维的谈话"与"何应钦同冈村宁次的谈话"不仅体现国民党与帝国主义勾结的实质，也从外国人的视角肯定了"锦州"和"英明将领"的重要性，反映了毛泽东对大局的精准把握与党中央将才备出。综上，共产党的团结与国民党的猜忌，林彪的"犹豫—果断"与"卫立煌"的"果断—应付"，毛泽东的"给予林彪选择权"与蒋介石的"高压督战"，反映了国共两党在个体主义与集体主义、集权主义与民主主义上的分歧。图 5 以符号矩阵反映了行动元模型背后的神话意义。

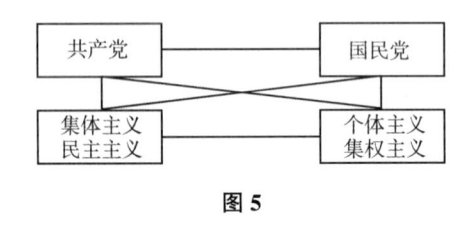

图 5

四 结论与讨论

（一）英雄主义、民族主义、集体主义共塑爱国主义民族精神

三类电影呈现的社会思潮呈现多元化的特质，在变与不变中唤醒观众的红色记忆，从而构建了以"爱国主义"民族精神为内核的国家形象。无论制作技术如何更新、社会观念如何变化，重大革命历史题材电影始终在传递"英雄主义"、"民族主义"和"集体民主"的社会思潮。尽管

2000年之后的电影呈现出"泛娱乐化"思潮，但商业元素的应用符合市场规律，获得了高票房成绩，扩大了主流价值观的传播面。

重大革命历史题材电影实现了集体英雄主义与个体英雄主义的统一。集体英雄主义体现在共产党群像的刻画上；而个体英雄主义集中体现在人物传记类电影中伟大领袖的塑造上。作为两者共同的价值指向，"一切为了群众"赋予了英雄主义革命性内涵。对于受众而言，英雄壮举使其热血澎湃，民族自信高涨；英雄牺牲则再现民族创伤，使国人深刻反思历史。

以抵御外敌侵略为背景的重大革命历史题材电影均体现了民族主义这一社会思潮，其内涵"艰难时刻，民族团结"潜移默化地增强受众的爱国精神。20世纪90年代，民族主义零星见诸时代背景与个别场景，而到了21世纪，《建国大业》将民族主义推到台前。电影对于民族主义的强化具有双重现实意义：政治上，美帝国主义企图煽动民族分裂；文化上，部分国人的身份认同被扭曲，受资本主义社会思潮的影响加深。

集体民主主义体现在中国共产党的组织理念上，党的民主是民主基础上的集中与集中指导下的民主。对外，中国共产党通过对民主党派的统领发挥马克思主义的优越性；对内，领袖给予党员自主权，不搞独裁专政。"中国没有民主"成为外媒抹黑中国的话语，而重大革命历史题材电影从根源上体现了党统治的优越性。

主流意识形态并不是重大革命历史题材电影传播的全部社会思潮，在商业力量介入之后，电影也呈现出"泛娱乐化"倾向。豪华明星阵容有助于吸引年轻粉丝走入电影院，但平均分配的镜头弱化了主线叙述与信息容量；爱情元素与技术特效增强了电影的观赏价值，但观众注意力也会相应从正史偏离。调查报告显示，虽然新近重大革命历史题材的观影人数有所增长，但该题材电影的教育意义不够显著。观影反馈表明，大部分观众无法厘清人物关系与故事脉络，导致观影后无法形成完整的红色党史记忆。重大革命历史题材电影在内容上反而呈现出倒退倾向，如何把握商业的度与如何讲好故事成为当下重大革命历史题材电影应重点探索的方向。

（二）爱国主义民族精神与改革开放时代相互文

改革开放至今已有41年，中国成功改变了贫穷落后的状态，跃升为世界第二大经济体，来到全球舞台中央。但与此同时，全球化也在一定程度上弱化了国人的民族认同，尤其是青年群体。他们的价值观分别由群体本位转向个人本位（1978—1986）、理想主义转向实用主义（1987—1991）、社会主导型转向自我调节型（1992—2006）、多元中交汇理性主义（2007—2018）。① 价值观的多变与多元使得个人观念与国家意志的关系呈现复杂张力态势，而主旋律文艺作品有助于将对抗转化为协商。

毛泽东、邓小平、江泽民、胡锦涛和习近平都在继承上届领导人文艺思想的基础上，始终坚持文艺作品的党性和人民性，对文艺作品的功能与价值进行创新性批示（见表2）。从江泽民开始，文艺作品的重要地位开始显著上升，习近平的"时代前进号角"正是响应了江泽民的"民族精神火炬"，重大革命历史题材电影正是牢牢把握了文艺作品生产的"党性"和"人民性"。但是，电影工作者在适应人民性方面还存在一些不足，没有贯彻落实党对文艺生产的指导思想，如现实主义与浪漫主义的不平衡、集体叙事淡化以人为本，等等。"国—家—人"同构始终是中国人看待世界的维度，如何在家国背景下展现人将成为重大革命历史题材电影的下一个突破方向。

表2

领导人	文艺思想创新
毛泽东	百花齐放，百家争鸣 古为今用，洋为中用 推陈出新，标新立异 取之生活，取之群众 文艺为人民服务，首先为工农兵服务
邓小平	人民需要艺术，艺术更需要人民 解放思想，打破"四人帮"精神枷锁 以社会效益为唯一准则 坚持党的领导
江泽民	文艺是民族精神的火炬 文艺创新，与时俱进 发展先进文化，改造落后文化，抵制腐朽文化
胡锦涛	深入实际、深入生活、深入群众 历史责任：社会进步、以人为本、文化创造、文明道德风尚
习近平	文艺是时代前进的号角 中国精神是社会主义文艺的精神 用社会主义精神和浪漫主义情怀关照现实生活 歌唱祖国，礼赞英雄

---

① 黄英：《改革开放40年青年价值观变迁轨迹及特征》，《中国青年研究》2019年第12期。

外国社会思潮研究的共现网络分析：基于 Bibexcel、Pajake 和 VOSviewer 的综合运用

杨 琳[①]

摘要：为了准确地了解国外社会思潮研究的现状和理论基础，本文运用 Bibexcel、Pajake 和 VOSviewer 软件，对 2014—2019 年 Web of Science 核心数据库中的外国社会思潮研究相关文献进行可视化分析，绘制了关键词共现网络、参考文献耦合网络、参考文献共引网络及参考文献被引作者合作网络。在此基础上，指出要在跨文化环境下尝试对外国社会思潮研究成果进行批判性借鉴；要加强我国国家意识形态安全研究；要深入探索有效发挥社会主义核心价值观引领作用的研究；要不断拓展社会主义核心价值体系对多元社会思潮整合能力的研究以及加强对青年政治引领的研究。

关键词：社会思潮；意识形态；共现网络；聚类

多元社会思潮并存已然是当代社会的样态展现。作为社会生活的"晴雨表"和"风向标"，社会思潮对社会发展起着重大而深远的影响。在各种媒介融合、新兴媒介更迭迅速、互联网通联世界的时代，社会思潮的动荡起伏和激烈碰撞更为突出。面对社会变迁下的复杂社会图景以及随时、持续在线的社会参与模式，分析外国社会思潮研究的现状以及理论基础，以期为我国社会思潮及社会思潮传播研究提供借鉴。

---

① 杨琳，山西旅游职业学院学生处、西安交通大学马克思主义学院博士生。

一 外国社会思潮研究的描述性分析

可视化与序列化的知识谱系能够直观地显示外国社会思潮研究的知识发展情况，为了客观地描述外国社会思潮的研究现状及挖掘研究的理论基础，本文从 Web of Science 核心数据库中选取近 2014—2019 年的英文期刊文献作为研究样本，采用文献计量统计软件 Bibexcel，以及 Pajake、VOSviewer 等可视化软件对样本数据进行了共现网络构建。为了获取较高的查全率和查准率，最终确定检索条件为"Topic：（Social Trends of Thought）"AND"Topic：（Ideology）"AND"Topic：（Zeitgeist）"，选择文献类型为论文（Article），检索时间为 2019 年 12 月 19 日，共获得样本数据 2849 篇（见表1）。

表1　　　　　　　外国社会思潮研究年发文量统计表

年份	发文量（篇）	篇均引用次数	篇均参考文献数	篇均页数	U1	U2
2015	482	9.71	55.89	19.64	0.76	19.28
2016	488	6.59	56.82	18.18	0.93	16.69
2017	530	4.52	57.45	17.96	1.14	13.06
2018	674	2.17	59.93	18.72	1.60	8.33
2019	675	0.69	58.87	18.70	2.55	3.73
总计	2849	4.44	57.96	18.63	1.44	11.72

选取了发文量排名前 10 位的国家进行比对，发现美国（USA）在社会思潮领域的研究成果最多，共发表论文 1285 篇，占到了总发文量的 45.10%；英国（UK）位居第二（10.28%）；德国（Germany）和加拿大（Canada）不分伯仲，发文量均在 100 篇以上，分别占总发文量的 4.32% 和 3.51%（见图1）。

从机构发文的数量来看，纽约大学（New York University）、密西根大学（University of Michigan）、明尼苏达大学（University of Minnesota）的发文量均超过 50 篇（见表2）。同时，比利时（Belgium）的根特大学（Ghent University）和新西兰（New Zealand）的奥克兰大学（The University of Auckland）在社会思潮领域的研究成果丰硕。此外，通过频

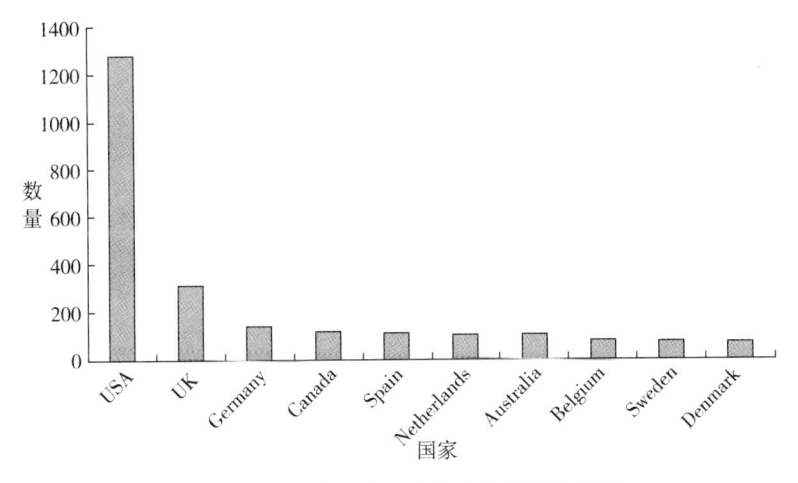

图 1 外国社会思潮研究国家发文量统计图

次分析发现，外国研究社会思潮问题的机构主要来自高校。

表 2　　　　　　　　　　外国社会思潮研究机构发文量统计表

机构名称	国家	总发文量（篇）
New York University	USA	74
Ghent University	Belgium	64
The University of Auckland	New Zealand	62
University of Michigan	USA	59
University of Minnesota	USA	53
University of Amsterdam	Netherlands	52
University of Zurich	Switzerland	49
University of Illinois	USA	49
University of Texas at Austin	USA	44
University of Kent	UK	43
Yale University	USA	42
Universidad de Granada	Spain	39
Stanford University	USA	38
University of Wisconsin-Madison	USA	37
The Ohio State University	USA	36

从论文成果获得的基金资助情况来看，在作为样本数据的 2849 篇文

章中,共有825篇文章获得了基金项目,其中同一基金资助次数在2次以上的共110项,资助次数在3次以上的共43项。美国国家科学基金会(NSF)资助的项目最多,共计79项;加拿大社会科学与人文研究委员会(SSHRC)、英国经济及社会研究委员会(ESRC)、美国国立卫生研究院(NIH)、瑞士国家科学基金会(SNSF)和欧洲科学研究委员会(ERC)对社会思潮研究都提供了不同程度的基金支持(见表3)。

表3　　　　　　　　外国社会思潮研究基金资助发文量统计表

基金名称	国家	资助数量(篇)
National Science Foundation	USA	79
Social Sciences and Humanities Research Council of Canada	Canada	28
Economic and Social Research Council	UK	27
National Institutes of Health	USA	23
Swiss National Science Foundation	Switzerland	18
European Research Council	Belgium	17

二　外国社会思潮研究的共现网络分析

围绕样本数据中的关键词、参考文献耦合、参考文献共引、参考文献被引作者合作等方面的内容进行了文献计量学分析与共现网络构建,明确了近5年来外国社会思潮研究的主要研究议题、研究方法与知识基础。

(一)关键词共现网络分析

在对4316个关键词进行频次统计后,共现次数在10次以上的关键词共33对。使用Pajek绘制外国社会思潮研究关键词共现网络热点图,呈现出6个主要聚类(见图2),表示外国社会思潮研究领域内不同研究主题的组成情况,节点大小与关键词频率呈正相关,连线代表共现次数。

聚类1由政治态度(Political Attitude)、权威主义(Authouritarianism)、保守主义(Conservatism)、自由主义(Liberalism)、道德基础(Moral Foundations)、政治取向(Political Orientation)、政治极化(Political Polarization)、右翼专制(Right-wing Authouritarianism)、社会主导地位

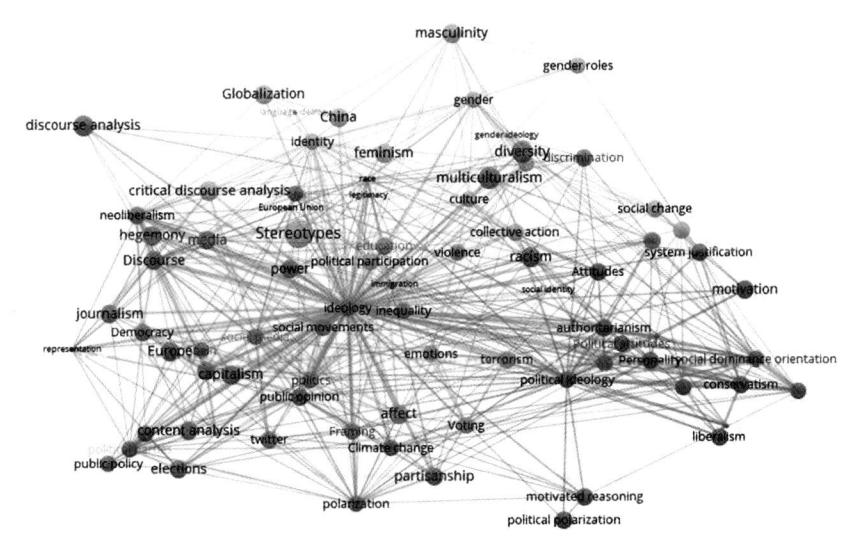

图 2 外国社会思潮研究关键词共现网络聚类图

（Social Dominace Orientation）、系统合理性（system Justification）、价值观（Values）等关键词组成，体现了外国社会思潮研究的政治属性，不同群体的政治意识、政治价值以及政治信仰集合成了特定的政治取向和政治态度。聚类 2 由资本主义（Capitalism）、霸权主义（Hegemony）、民主（Democracy）、话语（Discourse）、社交媒体（Social Media）、新自由主义（Neoliberalism）、民粹主义（Populism）、政治传播（Political Communication）、社会运动（Social Movements）、推特（Twitter）等关键词组成，突出了新媒体时代社会思潮传播的主要内容、传播途径和传播方式。聚类 3 由气候变化（Climate Change）、选举（Elections）、代表（Representation）、党派（Partisanship）、政党（Political Parties）、舆论（Public Opinion）、公共政策（Public Policy）等关键词组成，显示了外国社会思潮研究的现代性与现实性，气候变化、公共政策反映的舆论在一定时期内会对不同政党和党派之间的竞争产生影响。由集体行动（Collective Action）、批判性话语（Critical discourse）、文化（Culture）、女权主义（Feminism）、性别意识形态（Gender Ideology）、性别规则（Gender Rules）、性别歧视（Sexism）、媒体偏见（Media Bias）、全球化（Globalization）、身份（Identity）、语言意识形态（Language Ideology）、政治参与（Political Participation）、宗教信仰（Religiosity）、社会变革（Social

Change)、社会认同（Social Identity）、刻板印象（Stereotypes）等关键词组成的聚类4，反映了外国意识形态研究的能动性与指向性，如注重全球化背景下不同文化间的意识形态模式；对社会性别的二元理解以及不同民族文化条件下的宗教信仰政策等方面的研究。聚类5由歧视（Discrimination）、偏见（Prejudice）、多样性（Diversity）、移民（Immigration）、不平等（Inequality）、合法性（Legitimacy）、多元文化主义（Multiculturalism）、民族主义（Nationalism）、种族主义（Racism）等关键词构成，体现了外国社会思潮研究的历史性与区域性，随着外来移民群体向欧洲的不断涌入，欧洲对多元文化主义的批判与质疑也随之加剧，移民的身份认同和政治差异，不仅体现了其身份的合法性和文化意识的多样性，而且反映了该群体的经济利益与政治权利。聚类6由影响（Affect）、教育（Education）、情感（Emotions）、恐怖主义（Terrorism）、暴力（Violence）、投票（Voting）等关键词组成，体现了外国社会思潮研究的功利性与症候性，面对恐怖主义行为频发的现实困境，学者们在分析意识形态和政治原因的同时，利用意识形态的渗透和积淀作用，充分发挥其教育与情感功能，从而对不利于国家发展的社会思潮进行有目的的影响和引导。此外，聚类中所出现的高频词汇向我们展示了近5年来外国社会思潮研究的主要内容与关注点（见图3），社会思潮的多样化、复杂化时代到来。

（二）参考文献耦合网络分析

基于对参考文献耦合（Bibliographic Coupling）网络的计量统计分析，本研究所选样本共包含194379节点，删除施引文献共引引证文献次数在5次以下的节点后，对剩余的9530个节点进行网络构建。为了呈现清晰的网络共现图，抽取图谱中共现次数在20次以上的128篇文章为对象，共得到3组强耦合文献（见图4）。

在认识论层面上，来自不同学科领域的学者对意识形态研究进行了不同视角的分析与解读，主要集中在政治学、社会心理学和新闻传播学领域。政治学领域的学者们围绕着"政府意识形态与货币政策"[①]"从激进

[①] Senninger Roman, Institutional change in parliament through cross-border partisan emulation, *West European Politics*, 2020, V.43, N.1, pp.203-224.

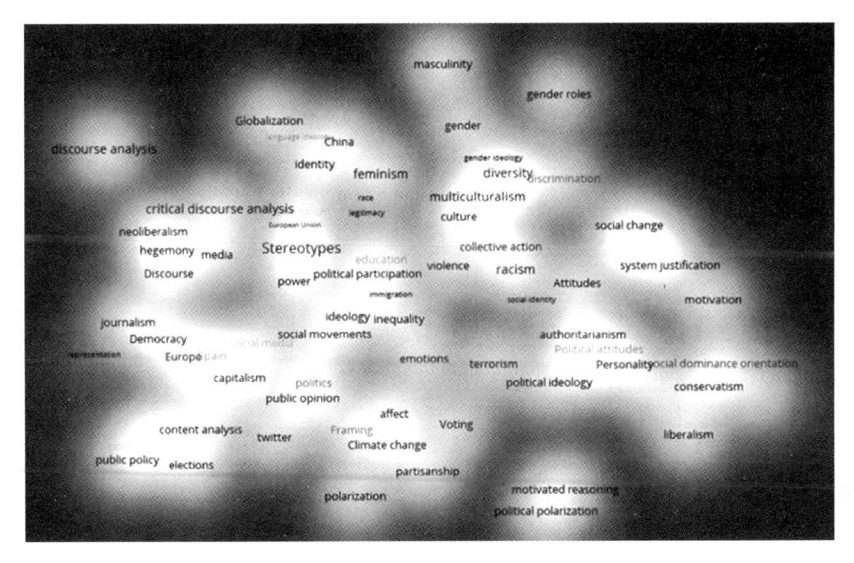

图3　外国社会思潮研究高频关键词热点图

权利到新民族主义"[1]"特朗普时代的保守主义"[2]"文化和经济保守主义的相关性"[3]"新自由主义思想与资本主义社会不平等的正当性"[4]"右翼专制主义与政治塑造对选民选举态度的影响"[5]"新民主国家的威权传统"[6]"专制主义情感和意识形态"[7]"后殖民意识形态的预测能力对双重

---

[1] Parker PD, Bodkin-Andrews G, Parker RB, Biddle NT., Rends in Indigenous and Non-Indigenous Multidomain Well-Being: Decomposing Persistent, Maturation, and Period Effects in Emerging Adulthood, *Emerging Adulthood*, 2019, V.7, N.6, pp.391-410.

[2] Saramifar Younes, Tales of pleasures of violence and combat resilience among Iraqi Shi'i combatants fighting ISIS, *Ethnography*, 2019, V.20, N.4, pp.560-576.

[3] Kantola J., Lombardo EP, Opulism and feminist politics: The cases of Finland and Spain, *European Journal of Political Research*, 2019, V.58, N.4, pp.1108-1128.

[4] Walter N., Cohen J., Holbert RL., Morag Y., Fact-Checking: A Meta-Analysis of What Works and for Whom, *Political Communication*, 2019, V.47, N.6, pp.1283-1302.

[5] Kim J., Luke N, Men's Economic Dependency, Gender Ideology, and Stress at Midlife, *Journal of Marriage and Family*, 2019, V.47, N.6, pp.1283-1302.

[6] Canton-Delgado M., Toyansk M., Jimenez-Royo J., Suspicion and prejudice: The role of ideology in the study of Christian revival among the Roma, *Social Compass*, 2019, V.149, N.5, pp.128-134.

[7] Stewart AL., Leach CW., Bilali R., Celik AB., Cidam A., Explaining different orientations to the 2013 Gezi Park demonstrations in Istanbul, Turkey, *British Journal of Social Psychology*, 2019, V.58, N.4, pp.829-852.

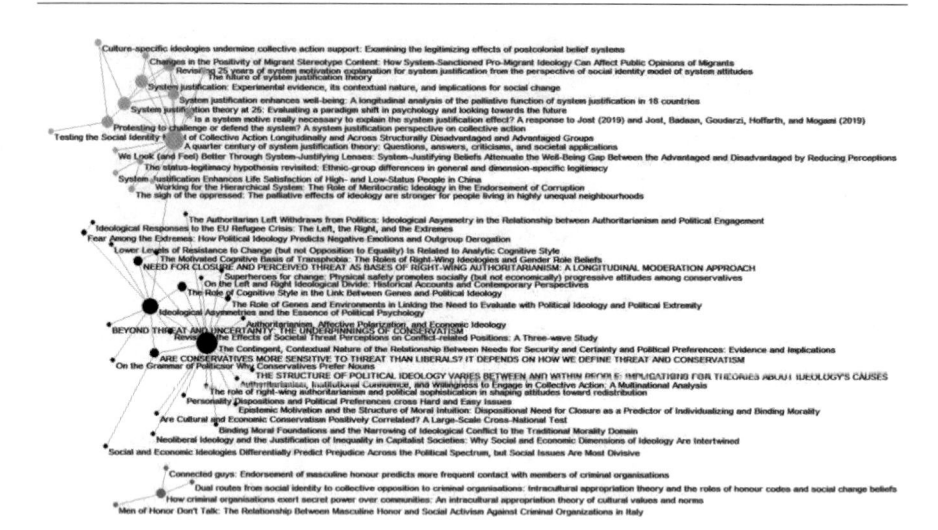

图 4　外国社会思潮研究参考文献耦合网络聚类图

文化政策的支持"①"多元文化的精英统治"②"组织中的多样意识形态"③"威权主义和政治参与意识形态的关系"④"精英主义思想在反腐败中的作用"⑤等议题进行了探讨；社会心理学家们则对"基督教民族主义对美国人在警察对待黑人问题上的影响"⑥"移民与多元文化"⑦"制度公正信念

---

①　Newton HJ., Sibley CG., Osborne D., The predictive power of post-colonial ideologies: Historical Negation and Symbolic Exclusion undermine support for resource-based bicultural policies, *International Journal of Intercultural Relations*, 2018, V. 62, N. 2, pp. 23–33.

②　Vail KE., Courtney E., Arndt J., The Influence of Existential Threat and Tolerance Salience on Anti-Islamic Attitudes in American Politics, *Political Psychology* 2019, V. 40, N. 5, pp. 1143–1162.

③　Potwich K., Gavo., Charcoal, and Cocaine: Al-Shabaab's Criminal Activities in the Horn of Africa, *Studies in Conflict & Terrorism*, 2019, V. 29, N. 5, pp. 698–727.

④　Leaper C., Farkas T., Starr CR., Traditional Masculinity, Help Avoidance, and Intrinsic Interest in Relation to High School Students'English and Math Performance, *Psychology of Men & Masculinity*, 2019, V. 20, N. 4, pp. 603–611.

⑤　Gade EK., Gabbay M., Hafez MM., Kelly Z., Networks of Cooperation: Rebel Alliances in Fragmented Civil Wars, *Journal of Conflict Resolution*, 2019, V. 63, N. 9, pp. 2071–2097.

⑥　Johnson BB., Dieckmann NF., Americans' views of scientists'motivations for scientific work, *Public Understanding of Science*, 2019, V. 29, N. 5, pp. 698–727.

⑦　Rathbun BC., Stein R., Greater Goods: Morality and Attitudes toward the Use of Nuclear Weapons, *Journal of Conflict Resolution*, 2019, V. 29, N. 5, pp. 698–727.

对弱势群体歧视的影响"①"意识形态与道德正当性"②"意识形态作为人格对欧盟国家的支持作用"③"多元文化主义对种族歧视的掩盖"④"右翼意识形态和性别角色信念对恐惧的作用"⑤"情感回应与权威主义"⑥"接受和拒绝意识形态的基础"⑦"移民刻板印象对移民新意识形态的影响"⑧"安全需求与政治偏好"⑨"意识形态的姑息作用"⑩"保守主义与自由主义的敏感度对比"⑪"自恋对社会偏见和右翼权威主义的影响"⑫"认知方式与政治意识形态的关系"等议题进行了分析，他们更注重意识形态问题所产生的社会影响；新闻传播学领域的学者则把研究重心聚焦在"新

---

① Darmofal D., Kelly NJ., Witko C., Young S., Federalism, Government Liberalism, and Union Weakness in America, *State Politics & Policy Quarterly*, 2019, V. 19, N. 4, pp. 428-450.

② Forsberg E., Nilsson A., Jorgensen O., Moral Dichotomization at the Heart of Prejudice: The Role of Moral Foundations and Intolerance of Ambiguity in Generalized Prejudice, *Social Psychological And Personality Science*, 2019, V. 10, N. 8, pp. 1002-1010.

③ Rothmund T., Bromme L., Azevedo F., Justice for the People? How Justice Sensitivity Can Foster and Impair Support for Populist Radical-Right Parties and Politicians in the United States and in Germany, *Political Psychology*, 2019, V. 29, N. 5, pp. 698-727.

④ Thomas EF., Zubielevitch E., Sibley CG., Osborne D., Testing the Social Identity Model of Collective Action Longitudinally and Across Structurally Disadvantaged and Advantaged Groups, *Personality And Social Psychology Bulletin*, 2019, V. 29, N. 5, pp. 698-727.

⑤ Koehler D., Switching Sides: Exploring Violent Extremist Intergroup Migration Across Hostile Ideologies, *Political Psychology*, 2019, V. 149, N. 5, pp. 128-134.

⑥ Li T., Zhu YF., How does China appraise self and others? A corpus-based analysis of Chinese political discourse, *Discourse & Society*, 2019, V. 149, N. 5, pp. 128-134.

⑦ Grazian D., Thank God it's Monday: Manhattan coworking spaces in the new economy, *Theory And Society*, 2019, V. 149, N. 5, pp. 128-134.

⑧ Bunning M., Paternal Part-Time Employment and Fathers' Long-Term Involvement in Child Care and Housework, *Journal of Marriage And Family*, 2019, V. 149, N. 5, pp. 128-134.

⑨ Roos C., The (de-) politicization of EU freedom of movement: political parties, opportunities, and policy framing in Germany and the UK, *Comparative European Politics*, 2019, V. 17, N. 5, pp. 631-650.

⑩ Niemi L., Roussos G., Young L., Political Partisanship Alters the Causality Implicit in Verb Meaning, *Journal of Language And Social Psychology*, 2019, V. 38, N. 5-6, pp. 809-819.

⑪ Miles MR., Haider-Markel DP., Personality and Genetic Associations With Military Service, *Armed Forces & Society*, 2019, V. 45, N. 4, pp. 637-658.

⑫ McDermott RC., Levant RF., Hammer JH., Borgogna NC., McKelvey DK., Development and Validation of a Five-Item Male Role Norms Inventory Using Bifactor Modeling, *Psychology of Men & Masculinity*, 2019, V. 20, N. 4, pp. 467-477.

闻规范对冲突中'他人'的构建"[1]"脆弱国家的新闻媒体格局"[2]、"伊拉克记者对'国中之国'的报道"[3]、"包容性话语与地方媒体报道"[4]、"跨语言和跨视觉模式对意识形态的批判"[5]、"新闻媒体偏好对受众气候观的影响"[6]、"地方媒体权利"[7]和图片新闻中意识形态表征等议题上。

在方法论层面上,学者们对"弱势群体和优势群体对集体行动的社会认同"[8]进行模型构建与测评;使用荟萃分析(Meta-analysis)的方法,分析了"群体间意识形态与种族偏见的关系"[9]以及从"政客与公众在修辞使用中的差异"作为切入点,揭示了"政治沟通与复杂意识形态的关系"[10];使用网络分析(Network Analysis)的方法,对"叙利亚好战分子在叛乱运动中的行为"[11]进行分析;通过对"文化多样性"的探索,

---

[1] Thelamour B., Mwangi CG., Ezeofor I., "We Need to Stick Together for Survival": Black College Students' Racial Identity, Same-Ethnic Friendships, and Campus Connectedness, *Journal of Diversity In Higher Education*, 2019, V. 12, N. 3, pp. 266-279.

[2] Fauser S., Time availability and housework: The effect of unemployment on couples' hours of household labor, *Social Science Research*, 2019, V. 83, N. 3, pp. 572-598.

[3] Hoffarth MR., Azevedo F., Jost JT, Political conservatism and the exploitation of nonhuman animals: An application of system justification theory, *Group Processes & Intergroup Relations*, 2019, V. 22, N. 6, pp. 858-878.

[4] Johnson GE., Adjudicating Executive Privilege: Federal Administrative Agencies and Deliberative Process Privilege Claims in US District Courts, *Law & Society Review*, 2019, V. 53, N. 3, pp. 823-850.

[5] English Ashley, She Who Shall Not Be Named: The Women That Women's Organizations Do (and Do Not) Represent in the Rulemaking Process, *Politics & Gender*, 2019, V. 15, N. 3, pp. 572-598.

[6] Underhill MR., "Diversity Is Important to Me": White Parents and Exposure-to-Diversity Parenting Practices, *Sociology of Race And Ethnicity*, 2019, V. 5, N. 4, pp. 486-499.

[7] Ford Allison., The Self-sufficient Citizen: Ecological Habitus and Changing Environmental Practices, *Sociological Perspectives*, 2019, V. 62, N. 5, pp. 627-645.

[8] Cahan D., Doerr L., Potrafke N., Government ideology and monetary policy in OECD countries, *Public Choice*, 2019, V. 181, N. 3-4, pp. 215-238.

[9] Gotowiec S., When moral identity harms: The impact of perceived differences in core values on helping and hurting, *Personality And Individual Differences*, 2019, V. 151, N. 3-4, pp. 215-238.

[10] Garcia-Sanchez E., Van der Toorn J., Rodriguez-Bailon R., Willis GB., The Vicious Cycle of Economic Inequality: The Role of Ideology in Shaping the Relationship Between "What Is" and "What Ought to Be" in 41 Countries, *Social Psychological And Personality Science*, 2019, V. 10, N. 8, pp. 991-1001.

[11] Adams J., Bernardi L., Ezrow L., Gordon OB., Liu TP., Phillips MC., A problem with empirical studies of party policy shifts: Alternative measures of party shifts are uncorrelated, *European Journal of Political Research*, 2019, V. 58, N. 4, pp. 1234-1244.

进行"多元文化主义量表"的编制和检验①；使用田野调查的方法对"欧洲国家的选民评估领导者特质在投票率方面的作用"② 进行了探索性的研究；使用社会符号学分析方法，对"图片新闻中的意识形态表征"进行探讨；使用多因素分析的方法，从威权主义出发对"个体参与集体行动的意愿"③ 进行研究；使用实验法，通过调节"群体间意识形态和偏见"，分析"影响歧视的因素构成"④。

外国社会思潮研究对于以上议题的探讨，不论在多学科领域具体研究问题上，还是在多元研究方法的选择上，都为我们在该领域的继续研究和探索提供了参考与借鉴。

（三）参考文献共引网络分析

参考文献的共引关系能够帮助我们了解由引证文献与施引文献在共引过程中所构建的知识体系与理论基础。本文选取了共引次数在40次以上的高频文献作为研究对象进行共引关系网络分析（Co-citation Analysis），共形成57个节点，4个聚类（见图5）。

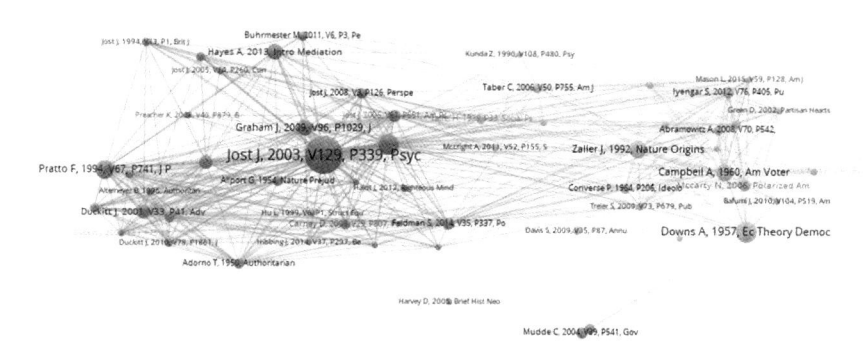

图5　外国社会思潮研究参考文献共现网络聚类图

---

① Bjornskov C., Rode M., Crisis, Ideology, and Interventionist Policy Ratchets, *Political Studies*, 2019, V. 67, N. 4, pp. 815–833.

② Kaur-Gill S., Pandi AR., Dutta MJ., Singapore's national discourse on foreign domestic workers: Exploring perceptions of the margins, *Journalism*, 2019, V. 29, N. 5, pp. 698–727.

③ Scull NC., Alkhadher O., Al-Awadhi S., Why People Join Terrorist Groups in Kuwait: A Qualitative Examination, *Political Psychology*, 2019, V. 33, N. 4, pp. 400–424.

④ Ordabayeva N., Similar but Unequal: Political Polarization in the Effects of Perceived Social Similarity on Support for Redistribution, *Journal of Experimental Social Psychology*, 2019, V. 84, N. 3, pp. 296–315.

在这些高频被共同引用的文章中，约翰·乔斯特（John T. Jost）共有8篇文章被共同引用，成为综合被共引次数最多的学者（共被引700次），其中共被引次数最高的文章为《政治保守主义：作为积极的社会认知》(*Political Conservatism as Motivated Social Cognition*)（共被引231次）。乔斯特整合了保守主义政治倾向的心理根源，提出了动机性社会认知理论。在乔斯特看来，首先，威胁感是导致舆论和意识形态产生的主要因素，不论是现实社会中人们所遭受到的痛苦和压力，还是由遭受痛苦和压力之后所产生的威胁感（Threat）都会导致人们产生一定的心理动机和需求。人们会面临由环境的不确定性和威胁感带来的认知负荷动机（知识性动机）、死亡焦虑动机（存在性动机）和（社会形态变化动机）意识形态性动机，这三种动机的主要功能在于帮助人们管理不确定的环境和消解威胁感，但是，在这三种动机发挥功能的同时，又会提升人们的政治保守主义倾向。其次，抵制变革和合理化不平等现象是构成保守主义者信念（Belief）系统的两个重要特征。一方面，为了满足环境威胁而产生的存在性动机，保守主义者更强调对传统文化和宗教的认同；另一方面，为了满足知识性动机和意识形态动机的需求，保守主义者会更倾向于认可对阶层的划分，同时也反对在低阶层人群中施行福利政策。因此，相较于自由主义者而言，保守主义者表现出了更加结构化和更为持久的认知风格。自由主义者则不同，他们对复杂、新颖的事物更敏感，更喜欢也更能够接受改革与创新。

被共引次数排在第二位的是安东尼·唐斯（Anthony Downs）在1957年出版的著作《民主的经济理论》(*An Economic Theory of Democracy*)（共被引129次）。这一著作也成为日后公共选择理论生发的基础。唐斯认为，理想状态下社会及与其相应的社会政策和实现路径等一系列系统化的思想观念构成了意识形态，具有以下四个特点：第一，由于思想观念会随着社会变迁而发生改变，因此意识形态具有极强的不确定性。也正是由此，一方面，理性投票人不得不通过了解政党的意识形态去获得对各个政党最大限度的了解，以降低他们的信息成本；另一方面，政党很明白意识形态对于选民意味着什么，它们会生产出一系列符合选民需求的意识形态以引导选民投票。第二，意识形态具有趋同性。当各党派在竞争和角逐的过程中发现某一种意识形态具有显著的优越性时，那么不同党派会为了获取更多的选票而表现出一定程度的趋同性。第三，意识形态具有一致性。

理性的政党在制定政策和实施策略时，都会考虑到这些因素会不会与自身的意识形态相契合，显然，与意识形态不相契合的观点会大大降低该政党获得政治支持的机会。第四，意识形态具有稳定性。每个政党都不会轻易否定该政党的政策和行为，它们会根据形势的变化对自己制定的意识形态慢慢进行调整，以获得更多选民的支持。

共被引次数排在第三名的是费利西娅·帕托（Felicia Pratto）于1994年发表的论文《社会支配倾向：预测社会政治态度的人格变量》（*Social Dominance Orientation：A Personality Variable Predicting Social and Political Attitudes*）（共被引112次）。为了解释人类社会普遍存在的群体冲突与群体间不平等现象，以缓解社会偏见与阶级压迫，帕托等人于1993年提出了社会支配理论（Social Dominance Theory）。社会支配倾向（Social Dominance Orientation）是社会支配理论中的核心概念，指个体在群体中对社会平等的偏好程度，与国家意识形态、社会制度和社会政策有着紧密的联系，被认为是对国家意识形态信念系统影响最大的个体变量。帕托认为，与国家意识形态紧密相关的社会支配倾向包括政治保守主义、民族主义、爱国主义以及与群体有关的会扩大阶层差异的信念。而且，社会支配倾向还会影响群体中个体对司法政策的态度和偏好，以及对社会政策和国家意识形态的认可。

（四）参考文献被引作者共现网络分析

遵循作者共被引分析（Author Co-citation Analysis）技术的原则与方法，本文筛选了参考文献中被引次数在100次以上的高频作者进行配对，共得到573对合作关系，为了清晰构建重要作者的合作关系网络，故选择共现频次较高的62对关系数据进行可视化呈现，最终得到7个聚类（见图6）。

参考文献中共现次数最多的被引作者是约翰·达克特（John Duckitt），他与鲍勃·埃特米耶（Bob Altemeyer）同时被其他文献引用215次；与费利西亚·帕托（Felicia Partto）同时被其他文献引用196次；与罗伯特·S.费尔德曼（Robert S. Feldman）同时被其他文献引用166次，与阿兰·范·希尔（Alain Van Hiel）同时被其他文献引用162次；与戈登·霍德森（Gordon Hodson）同时被其他文献引用119次。这些在参考文献中高频出现的被引作者，让我们认识到一个重要问题，那就是外

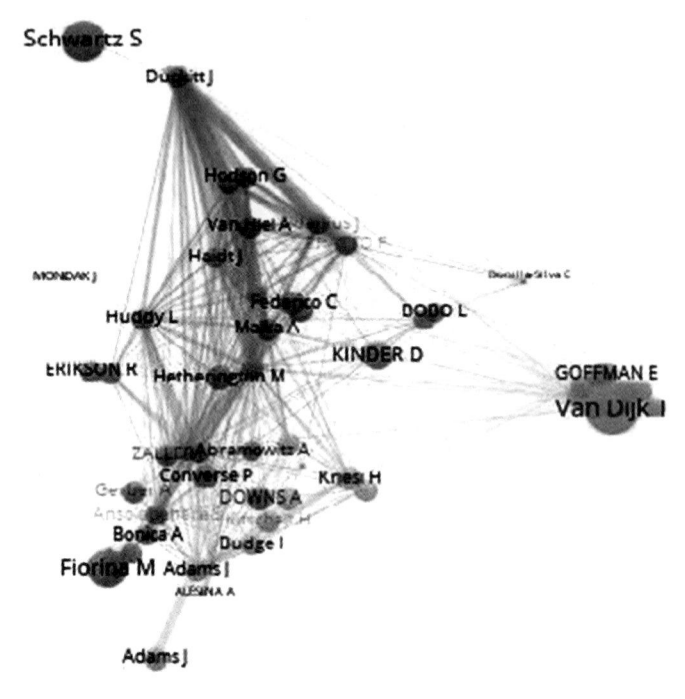

图 6　外国社会思潮研究参考文献被引作者共现网络聚类图

国社会思潮研究中被高频使用的知识基础大部分都来自心理学领域，例如意识形态与偏见的双过程认知动机理论（A Dual-Process Cognitive-Motivational Theory of Ideology and Prejudice）、社会优势取向理论（Social Dominance Orientation）、自我陈述和言语欺骗理论（Self-presentation and Verbal Deception）、人格五因素模型和右翼态度理论（Five-Factor Model Personality Dimensions and Right-Wing attitudes）以及接触假说理论（Contact Hypothesis），这些理论非常值得我国学者在跨文化因素下去借鉴与学习。并且，心理学的相关研究对外国社会思潮研究影响深刻，这或许也是我们可以考虑探索的研究范式与研究取向，以补充我国在社会思潮研究领域的宏大叙事研究偏向。

三　讨论与启示

通过对以上共现网络的构建，我们认为近 5 年来外国在社会思潮领域的研究，不论从研究议题的确定上，还是研究方法的使用上，抑或是知识基础的创生上，都有值得我们借鉴与学习的地方。首先，外国社会思潮研究的议题分布为我们提供了研究视野上的学术参照，尤其是心理学基础上的理论知识，为我们进行理论研究提供了有力地支持。其次，外国社会思潮研究的研究方法较为多元，从微观视角对具体问题解决的实证研究成果丰富，并尝试为国家政策的推行找到解决之道，也为我们进行实践研究提供了参照。最后，外国社会思潮理论研究突出了国家意识形态对政党选举、政党政策推行以及增强政党凝聚力的功能，涵括以某种社会思潮为政党服务的途径、方法和手段等有效策略，对于我国新时代特色社会主义条件下以社会主义核心价值观与主流意识形态引领多元社会思潮具有经验启示价值，如包容性话语媒体报道的观念，强调公众对意识形态接纳的动机，发挥社会优势取向的偏好作用，意识形态本质特征及其凝聚力的获得等，具有积极的借鉴意义。然而，我们不能直接照搬外国的研究成果，要在跨文化环境下尝试对外国社会思潮研究成果进行批判性借鉴。

要加强国家意识形态安全研究。在全球化、扁平化、信息传播即时化的今天，我国面临着复杂、多元社会思潮的冲击与挑战。如果不加强国家意识形态安全的理论及实践研究，牢牢把握主流意识形态的主导性，就容易在发展过程中迷失方向，不利于社会力量的凝聚和国家的稳定。如何在既强调社会主义核心价值观和主流社会思潮主导地位的同时，又尊重当代多元社会思潮并存的多样性特征，这是一个时代课题，需要我们认真研究。同时，在具体的实践层面上，面对多元社会思潮并存的现实境遇，如何应对与引领、如何进行适度有效干预、如何测量干预效果、如何对效果进行评价等实践层面的研究必须引起我们的高度重视，并积极探索实现路径，采取有效措施加以解决。

要进一步明确当代中国社会意识形态中的主导思想，研究和探索如何有效发挥社会主义核心价值观的引领作用。用潜移默化的方式使公众现有的价值观和持有的信念与社会主义核心价值体系及主流社会思潮相统一，促使公众现有的价值评价体系朝着更加积极、健康的方向发展，在社会主义核心价值观及主流社会思潮的引领下达成思想共识。同时，因社会变革而形成的多元思潮并存，是当下社会现实在人们思想认知上的体现，多元社会思潮的碰撞与激荡，以及它们对人们思想的冲击，需要我们不断发挥正确价值的引领作用，构建主流价值引领机制。我们既要有忧患意识，又要有改造意识；既要增强社会主义核心价值观和主流社会思潮的吸引力与凝聚力，又要引领非主流社会思潮为社会主义核心价值体系服务，为推进新时代中国特色社会主义事业获得精神动力。

社会思潮的传播和对整个社会的影响是多面向且复杂的过程，我们应该不断拓展社会主义核心价值体系对多元社会思潮整合能力的理论与实践研究。从多学科视角入手，对不同群体对象采取分层引领的研究范式尝试，利用群体的人格特质、优势品格和认同需求等内在心理机制来影响人们的行为倾向与价值判断，在发挥主流社会思潮引领作用时，促使公众由被动回应变为主动接纳。创新和整合引领方法及宣传方式，使不同群体自然而然地认可和接纳，实现社会主义核心价值体系对多元社会思潮的整合。此外，还要区分不同群体对社会思潮的理解，尤其要加强对青年群体的政治引领，积极发挥舆论和榜样的作用来增加社会主义核心价值体系及主流社会思潮的吸引力、凝聚力和影响力，走好青年群体的群众路线，了解他们的所思所想，将社会主义核心价值体系和主流社会思潮化为他们自发、自主和自觉的价值判断，为社会主义事业培养政治立场坚定的合格接班人。

现实的反思：影视剧"现实主义热"现象探究
——以《都挺好》为例

桑丽君　王晴晴[①]

摘要：近年来，随着各类古装 IP 剧火爆电视荧屏，现实主义题材影视剧也逐渐在荧屏上显露，迎来了一股"现实主义热"，涌现了一大批现实题材电视剧和电影。此类题材影视剧数量虽不断增多，但却鲜有广受大众喜爱的爆款出现，2019 年年初赢得高关注度的《都挺好》就是此类题材影视剧的代表之一。文章以现实题材影视剧《都挺好》为个案，分析了"现实主义热"现象下，现实题材影视剧如何能在与同类题材和其他题材影视剧的竞争中赢得高收视率。现实题材影视剧的崛起和发展，有其自身的客观因素，也深受行业大环境等因素的影响。寻找到一条适合自身发展的路径，是现实题材影视剧在竞争白热化的影视市场中立于不败之地的关键，也是影视行业进行自我创新的一次突破。

关键词："现实主义热"；伪现实；现实题材影视剧；精神文化需求；"奶头乐理论"

一　研究背景

近年来，在古装题材、仙侠题材、抗战题材等电视剧发展火热的影视大环境下，影视行业迎来了一股"现实主义热"，各种现实题材的影视剧

[①] 桑丽君、王晴晴，安徽大学新闻传播学院硕士生。

井喷式发展。其在 2017 年大放异彩,并在 2018 年得以延续,2019 年上半年更是出现了一部爆款原生家庭类现实题材电视剧《都挺好》,这是影视行业面临竞争白热化、内容同质化、题材单一化危机进行的一次自我创新和突破,也是现实题材电视剧发展的一个重要成果。正如《北京日报》的一篇报道所言,"2018 年,现实主义题材终于迎来大爆发。不论是描摹当代中国人的生存状态和心理渴求,还是针对社会问题提出反思,中国电影人纷纷将镜头对准当下,扛起艺术创作者的社会担当。"[①] 现实题材影视剧的发展满足了人民群众日益增长的精神文化需求,既是应对正处于变化中的中国转型需要,也是影视行业进行创新和改革,寻求自我突破的一次蜕变。

二 研究现状

2018 年是中国电视剧发展 60 周年、改革开放 40 周年,也是现实题材影视剧发展的大年。回顾 2018 年,给观众留下深刻印象并饱受好评的现实题材影视剧数量确实不少,如《大江大河》《最美的青春》《正阳门下的小女人》等。近年来,现实题材影视剧数量增加、大剧增多,这得益于影视剧制作精细化、播出渠道多样化、演员选择精心化等多方面因素;同时观众对于现实题材影视剧的需求及期待,影视剧产业上游制作者心态的转变也是重要的影响因素。据《中国电视剧产业发展报告 2019》显示,2018 年生产的国产剧类型中,现实题材占比最大,占全年总产量的 63.19%。其中,都市情感、家庭伦理、生活职场这几个领域尤其受到影视制作人的青睐,也是当前现实题材影视剧涉及的几个主要方向。在 2019 年 3 月 26 日至 28 日的春季"北京电视节目交易会"上,现实题材影视剧仍是占比较大的重要题材类型,《破冰行动》《青春斗》等都是重点剧目。现实题材影视剧在内容上增添了更多生活的味道,因而也加入了更多的人文情怀,可以说现实题材影视剧一定程度上是现实生活的反映,也是现实生活的记录。2018 年 5 月 15 日,国家广播电视总局宣传管理司高长力司长在中国传媒大学发表长篇演讲时提出,广播电视(包括电视

---

① 袁云儿:《行业净化后,电影人的春天不远》,《北京日报》2018 年 12 月 16 日。

剧、网络视听节目等）要勇于"做新时代的记录者、讴歌者与建设者。"①电视作为大众媒体，本身就有很强的公众性和公益性；现实题材影视剧作为以电视为传播平台之一的电视剧，加之影视剧题材本身的特殊性，因而更应该明确自身的角色定位，积极主动承担社会责任，发挥现实题材影视剧区别于其他题材影视剧的优势。

　　现实主义关心现实和实际，是文学批评和文学研究中常见术语之一。包含文学艺术对自然的忠诚和发生于19世纪起源于法国的现实主义运动这两种含义，其根本意义是客观真实地再现社会现实，具有强烈的现实意义。而现实题材影视剧是指：以现实生活中出现的热点问题为背景创作的电视剧类型，其核心特征是扎根于现实生活。② 电视剧《都挺好》是2019年年初具有高收视率和高关注度的现实题材都市情感剧，也是现实题材影视剧的典型代表，于2019年3月1日在浙江卫视、江苏卫视首播，并在爱奇艺、优酷、腾讯视频等网络平台上同步播出。该剧是由东阳正午阳光影视有限公司出品，简川訸执导，姚晨、倪大红、郭京飞、杨祐宁领衔主演的都市情感剧，故事情节围绕"养老""原生家庭""职场"等问题展开和推进。电视剧在首次播出至剧情发展中期，豆瓣评分稳定在8.5分；虽然在大结局播出后评分有所下降，但仍然获得了7.8分的评分。这足以显示出观众对这部现实题材影视剧的喜爱，豆瓣评分前后高低的变化和观众态度的转变展现了剧情发展对观众情绪的深刻影响。电视剧在播出过程中，与剧情相关的话题频繁登上新浪微博热搜榜，精品的节目内容为该电视剧赢得了高关注度和良好的口碑。《都挺好》作为2019年年初现实题材影视剧的爆款，在如今现实题材影视剧竞争激烈的大环境中成功吸引了观众的注意力和眼球，其在众多影视剧中脱颖而出有多方面的因素，也是其他现实题材影视剧学习和借鉴的范本（见图1）。

---

　　① 引自国家广电总局宣传管理司高长力司长于2018年5月15日发表的题为"新时代的记录者、讴歌者、建设者"的演讲。
　　② 朱超亚：《社会心理与电视剧阶层书写倾向——以〈欢乐颂〉、〈小别离〉为例》，数字艺术2018年版，第84—89页。

2019年开春：全国市场现实题材竞争激烈

频道	电视剧名称	时代背景	题材	收视率%
北京卫视	大江大河	当代剧	时代变迁	1.38
湖南卫视	知否知否应是绿肥红瘦	古装剧	历史故事	1.38
中央台八套	姥姥的饺子馆	当代剧	时代变迁	1.31
中央台八套	刘家媳妇	当代剧	农村	1.29
中央电视台综合频道	老中医	年代剧	近代传奇	1.20
湖南卫视	逆流而上的你	当代剧	都市生活	1.17
中央台八套	星火云雾街	年代剧	军事斗争	0.98
中央台八套	上将洪学智	跨越剧	重大革命	0.96
上海东方卫视	大江大河	当代剧	时代变迁	0.95
北京卫视	芝麻胡同	跨越剧	时代变迁	0.93
江苏卫视	天衣无缝	年代剧	反特/谍战	0.92
江苏卫视	江河水	当代剧	当代主旋律	0.89
浙江卫视	天衣无缝	年代剧	反特/谍战	0.86
中央电视台综合频道	启航	当代剧	当代主旋律	0.81
上海东方卫视	幕后之王	当代剧	言情	0.81
上海东方卫视	我的亲爹和后爸	当代剧	都市生活	0.77
浙江卫视	格子间女人	当代剧	言情	0.72
浙江卫视	国宝奇旅	年代剧	悬疑	0.69
中央电视台综合频道	大浦东	当代剧	时代变迁	0.66
江苏卫视	国宝奇旅	年代剧	悬疑	0.65
北京卫视	天下无诈	当代剧	警匪	0.64
北京卫视	幕后之王	当代剧	言情	0.64
中央台八套	暖暖的幸福	当代剧	都市生活	0.55

图1 2019年年初部分现实题材影视剧收视率情况排行表

三 "现实主义热"缘由探究

现实题材影视剧在近些年有了显著的发展，其发生变化的影响因素并非是单方面的，而是多种因素综合作用产生的效果。其中有外部政策环境的变化，也有影视剧创作者自身态度的转变、影视剧拍摄者表达方式的变化等。一部现实题材影视剧在播出后获得高收视率、高关注度成为爆款并非偶然，而是各方共同努力打磨的成果。

（一）政策环境助推创新发展

一方面，自改革开放以来，中国社会发生的巨大变迁给大众社会心理带来了深刻的变化，社会风气随之改变，金钱至上的心理、相互攀比的风气等盛行，阶层分化进一步加强，大众普遍存在着一种焦虑的情绪。同时，社会的发展给大众的生活带来了充足的物质条件，群众物质生活水平的改善和提高，无形中强化了大众对精神文化内容的追求。而从已有的影视行业来看，各类古装剧、仙侠剧、偶像剧横行，充斥的娱乐性内容虽然一定程度上满足了大众的娱乐化需求，但此类影视剧播放结束后极少能引起观众的思考，因而缺乏现实意义。现实题材影视剧紧贴现实生活，取材于现实，相比较而言，更能引起观众的反思，满足其在物质需求之上而日益增长的精神文化需求。电视剧《都挺好》中，有涉及原生家庭和再生家庭对个人影响的成分，这部分故事一定程度上就能深化观众对"家庭"的理解和认识。

另一方面，从2014年开始，广电总局加强了对电视剧总量的控制，电视剧过审率连续三年不足1/3，通过审批的电视剧平均集数连年下降，进而近年来古装剧、IP剧数量骤减，这在客观上为现实题材影视剧的创作制造了一定的条件。古装IP自制剧连续数年发展火热，因而出现题材单一、内容同质化、为追逐商业利益而进行粗制滥造的现象是必然的结果，影视行业面对这样的窘境，拓展影视剧题材方向以寻找新的突破口是一条合理的发展路径（见表1）。正如在2019年上海电视剧制播年会上，东方卫视总监、影视剧中心主任王磊卿表示，2019年中国电视剧将寻找四大剧型的新方向，包括："新献礼剧"、"精纯剧"、中低成本剧以及台网综合剧。其中，大部分题材都将集中于现实题材的创作。[①] 可见现实题材影视剧在已有的繁荣发展现状的基础上，又将会迎来一次大发展和大繁荣。

表1　　　　2015—2018年电视剧申报及审批通过数量情况表

年份	申报公示部数	申报公示集数	通过审批发行总部数	通过审批发行总集数	平均每部集数	通过审批的部数比例
2015	1146	43077	394	16540	42	34%
2016	1207	47760	334	14912	45	28%
2017	1170	46517	314	13470	43	27%
2018	1163	45731	323	13726	42	28%

（二）明晰角色定位承担社会责任

影视剧作为一种精神文化产品，其在制作与播出的过程中，致力于追逐经济效益的同时，也应注重节目播出后所带来的社会效益和精神价值。现实题材影视剧由于其题材种类的特殊性及其与观众联系的密切性，制作方更应该注重节目播出后带来的社会影响。大部分现实题材电视剧最先借助电视作为播出平台，充分利用电视作为大众媒体所具有的"大众性"，来充当大众深入了解和认识现实社会的窗口，其社会价值不容小觑。古装IP自制剧、偶像剧等大都依靠服装、特效、流量小生等来吸引观众注意

[①]　https://www.toutiao.com/a6665109303126393352/。

力，提起观众兴趣。相比较而言，现实题材影视剧不依赖大 IP 和流量明星吸引观众，而是依靠贴近现实生活的故事和曲折动人的情节等打动观众，进而引起观众对现实生活的思考，这恰恰契合了其作为精神文化产品所带来的社会效果。综合而言，现实题材影视剧的"长尾效应"更加突出，节目播出后所带来的后续影响和价值更高于其他类型的影视剧。

也正由于现实题材影视剧更贴近现实生活，并与观众息息相关，因而更能直击观众内心，牵动观众的情绪。观众不但能在影视剧播出过程中获得趣味性和娱乐性，更能在播放结束后，由电视剧内容而引起对现实世界及自身生活的思考。这是现实题材影视剧在与其他题材类型的影视剧竞争过程中存在的天然优势，也是其在发展过程中所应认识到的自身需承担的社会责任。将现实生活以戏剧化的方式演绎出来，使得观众在观看浓缩的几十集剧情中，对现实世界和实际生活有所思考，有所感悟。

影视剧《都挺好》中，涉及了原生家庭对孩子成长的影响、养老问题、职场女性等情节，所有故事情节都与大众的日常生活息息相关，更能牵动观众的心绪。电视剧通过合理的演绎和表达，依故事情节的重要性有所选择的详略表达，戏剧化地表达方式充满了笑点，深刻的演绎又充分表达出了剧中人物的辛酸，使得观众在观看过程中随着情节的发展变化亦喜亦悲。《都挺好》播放结束后，相关情节因其与观众的密切性而更能引起观众的思考，这也是现实题材影视剧在创作中所应注意的，更应立足于现实进而努力为观众起到引导作用，积极主动承担社会责任。该剧播出 20 多天后，编剧王三毛对于网友在网上关于剧情的留言和反映表示，如果这个戏能给有些观众带来解决家庭问题、家庭困惑的启示，自己也表示很欣慰。[1]"争议"和"启发"是王三毛给出的现实题材影视剧的关键词，这恰恰反映了现实题材影视剧对于大众现实生活的反作用和影响。

（三）立足现实激发观众共鸣

艺术来源于生活。现实题材影视剧最大的特点就是立足于现实、取材于现实，这也是此类题材影视剧区别于其他题材影视剧的一大特色。虽说立足于现实，看似题材下可选择的内容广阔，但要在纷繁复杂的现实生活中选择合适的内容，通过表演的方式并在几十集连续剧的时间内加以合理

---

[1] https://www.toutiao.com/a6665109303126393352/。

地表达出来却并非易事。这也是当前许多现实题材影视剧所存在的主要问题，打着"现实主义"的旗帜，实质上所表达的内容远远脱离了现实生活，悬浮于现实之上，其本质上是一种"伪现实"。仅2019年以来，荧屏上出现的现实题材影视剧的数量就不少，但数量上的可观不代表质量上的成功，像《都挺好》这样高收视率、高关注度的爆款影视剧却凤毛麟角。反思其原因，这些影视剧对于现实元素的挖掘及其表达方式是否真正做到了立足于现实、取材于现实，是该影视剧最终能否赢得观众喜爱的一个重要影响因素。

正如著名导演郑晓龙所认为的，"现实主义"是一种创作态度和手法，是相对于脱离社会现实、讲述魔幻故事来说，一种恰恰相反的真实表现手法。这其中需要创作者对生活有所体悟并真心了解，对故事内核和表现手法有所要求，却不应该限定故事发生的背景。① 由此可见，现实题材影视剧创作和表达的关键就在于深刻地体味现实生活，扎根于现实的土壤。《都挺好》中所表达的原生家庭、父母养老等问题都是现实生活中大众所关注和焦虑的，因而更具急迫性，在无形中能引起观众的共鸣和情感上的认同。善于从现实生活中取材并采取合理的方式加以表达，向观众传递关于现实生活的信息从而给观众带来启发是该影视剧取得成功的首要前提。

（四）塑造典型环境和典型人物

"现实题材影视剧"所包含的一个重要的内容就是要善于塑造典型环境和典型人物，通过故事情节的开展向观众展现多层次、立体化的人物形象和具有特色的典型环境。而当前，中国现实主义题材影视剧还普遍存在着典型性塑造不足的问题，人物形象"非黑即白，非好即坏"，无法展现剧中人物有血有肉的鲜活形象；环境的塑造很多也不够具有代表性，甚至明显与现实生活脱节。这些都间接导致了很多现实题材影视剧在播出后，观众并不买账，甚至招致吐槽。而在今年的爆款影视剧《都挺好》中，环境的塑造就比较贴近现实生活，人物形象也并不是单一的，充分体现了人物的多面性和层次化。主要人物的性格特征随着故事情节的推进展现得淋漓尽致，让观众对其中的许多角色是又爱又恨。比如外表强势但内心善

---

① http://sh.qihoo.com/pc/904783073ceb3fad0? cota = 4&refer_ scene = so_ 1&sign = 360_ e39369d1。

良的苏明玉、既是好丈夫又是"妈宝男"的苏明成、孝顺但又好面子的孙明哲,人物形象个个都是鲜活而立体的。以剧中主要人物苏大强为例,剧情的前半部分主要围绕父亲苏大强的"养老问题"展开,其各种"作"的行为让观众觉得又好笑又气愤;大结局部分又致力于体现苏大强的温情一面,通过刻画其对女儿苏明玉及两个儿子的父爱来展现人物多面化的形象。因而综合整部电视剧来看,人物形象就避免了单一化的问题。

四 "现实主义热"现象反思

作为与观众的现实生活联系最为密切,在如今有着大好发展前景的现实题材影视剧,在影视市场竞争白热化的当下,更应该找准自己的发展方向和角色定位,朝着大众所期待的方向发展,为观众提供真正喜闻乐见的影视作品,避免落入发展的"雷区"。

(一)明确"现实题材"内核,避免"伪现实"

现实题材影视剧作为取材于现实,反映现实的影视剧题材类型,其最主要的内涵就是要求创作者对生活有深刻的体悟和明晰的洞察,懂得在复杂的现实生活中有所取舍,合理取材加以表达。但反观当今影视市场的各色现实题材影视剧,并非每部剧的创作都做到了如此。而伪现实题材的影视剧是悬浮于现实生活之上的,对现实生活只是片面孤立的反映,打着"现实题材"的口号,本质上仍是一部偏向偶像剧题材的影视剧。在"现实题材"的对面便是"伪现实题材",二者应当有着明确的界限。但不论是在现实题材影视剧的创作还是拍摄过程中,如果稍有不慎便可能会掉入"伪现实"的误区。因此,一部成功的现实题材影视剧对剧本的创作、拍摄的过程、演员的选择等各个环节都有着极高的要求,只有创作者和制作方真心的投入,才能赢得高口碑、高收视率和高关注度作为回报。

立足于现实、取材于现实,并不是对现实生活中琐碎零星的事情完完整整的复制和照搬,也不是悬浮于现实之上,脱离了现实生活。而是在尊重现实的基础上加上合理的元素使得人物形象更加鲜明,剧情更加吸引人,是对现实生活的一种创新。在电视剧《都挺好》大结局播放结束后,其在豆瓣上的评分却有所下降,不如影视剧播放初期的口碑。许多网友在网上留言,认为大结局不合情理,主要人物苏大强依靠着最后两集就完全

"洗白",跟剧情前期的人物形象和性格特征反差太大,不符合现实生活。但是,正是因为有了最后两集的剧情,才使得"苏大强"这个人物有了更加鲜明的性格特征,避免落入了"非好即坏,非黑即白"的境地。综合整个剧情,"苏大强"的人物形象也不是完完全全地脱离了现实生活,依旧是在尊重现实的前提下,给人物塑造了不一样的形象,形成了依旧在可接受范围内的对比和反差。因而,在塑造人物和推进剧情时要把握好"度",使得"现实"和"伪现实"界限分明。

(二) 发挥引领作用,警惕"奶头乐"现象

20世纪90年代中期,在美国旧金山举行的一个全球500多名经济、政治与精英会议上,美国前总统国家安全事务助理布热津斯基提出了"奶头乐理论",认为在阶级分化的当下,20%的人掌握着财富和权力,剩下80%的人逐渐被边缘化,而要解决"边缘人"不满情绪的方法,就是要占用他们大量的时间,使他们在不知不觉中丧失思考能力。而占用他们时间的方法有两种:一是发泄性娱乐,比如开放色情行业、鼓励暴力网络游戏,鼓动口水战;二是满足性游戏,比如拍摄大量的肥皂剧和偶像剧,大量报道明星丑闻,播放真人秀等大众娱乐节目。而当下,影视市场的竞争逐渐进入白热化,各种质量参差不齐的影视剧似批量化生产的产品般进入大众视线。商业利益的诱惑使得拍摄周期短、质量不合格的影视剧不断进入影视市场;"流量即金钱"的观念使得各种流量小生和"小鲜肉"成为电视节目和各类影视剧的主力,演员的"颜值"似乎比"演技"更受观众欢迎。各种娱乐化的电视节目充斥荧屏,广受各类人群的喜爱,当然其中也包括青少年群体。各种泛娱乐化的综艺节目和影视剧极易对思考不够成熟的青少年产生不利影响,使得他们沉浸于这种泛娱乐化的体验中,而逐渐丧失斗志和独立思考的能力。这种效果类似于一种"麻醉"的效果,在长期的潜移默化中产生影响,并在日积月累中显现出这种影响不利的一面。不仅仅是对青少年,对所有的受众群体都会产生负面影响,最终将不利于整个社会的发展进步。

影视剧作为一种文艺作品和精神文化产品,应当以丰富的内涵对大众起到教化、引领和启迪的作用。现实题材影视剧由于其与大众生活联系的密切性,更应当对观众的现实生活起到一定的指导和启发作用,引领大众对现实生活有所思考,使其以更加积极乐观的态度面对生活。影视剧中所

表达和传递的内容是观众真正所想、所需、所期望的，这才是正确发挥了现实题材影视剧的精神引领作用。正如 2019 年 2 月 27 日至 28 日在北京举办的全国电影工作座谈会上，国家电影局局长指出的，"题材结构不合理，优秀的现实题材作品，尤其是以积极态度关注现实的影片少之又少，应该持续加强。"因而，不单单是现实题材影视剧，而应当是在荧屏上播出的所有题材影视剧，包括各类综艺节目等，作为面向大众的文艺作品，都应当遵守一定的规则和底线，避免节目内容的过度娱乐化而给社会和大众带来不良影响。

五 结语

艺术来源于生活，更高于生活。现实题材的影视剧更应该从平淡真实的现实生活中取材，同时展现时代特色，引发观众对现实生活的思考，做到"想观众之所想，急观众之所急"。除了尽可能反映现实生活，编剧为了能吸引更多观众和阶层的关注，在尊重现实生活的基础上，一定程度上迎合大众，加入一些观众愿意看并且想看到的故事情节和人物设计也是无可厚非的，但立足现实、扎根现实的土壤仍是不可逾越的界限。

现实题材影视剧正处于繁荣发展的初期，其出现和发展既是当今社会发展的需要和人民群众精神文化上的需求；也是影视行业面临竞争白热化、内容同质化、题材单一化困境进行的一次自我创新和突破。面对当下各类题材影视剧竞争激烈的影视行业大环境，对现实题材影视剧而言既是机遇也是挑战，善于把握和利用当下的影视环境，对实现现实题材影视剧的大发展、大繁荣具有重要意义。优秀的现实题材影视剧是对于时代的敬礼和历史的反映，对社会的发展和进步具有重大的意义，无愧于时代和人民的影视作品才是好作品。

新媒体环境下主流意识形态传播力提升研究

李巨星[①]

摘要：在日益复杂的新媒介和舆论环境下探讨如何强化主流意识形态传播力建设，是宣传和介绍社会变化、传播主流旋律的现实需要和客观要求。在阐述新传播形态下主流意识形态传播关系和宣传语态发生的变化与表征的基础上，从主场优势遭消解、边缘化趋势被强化、话语权威被削减、引领力度受减弱等维度，具体分析了主流意识形态传播力建构所面临的现实困境，从创新管理体制、坚持内容为王、转变传播思维、紧抓技术红利等层面，提出了主流意识形态传播力提升的治理路径。

关键词：主流意识形态传播力；变化表征；现实困境；治理路径

意识形态工作是党的一项极端重要的工作。习近平总书记在党的十九大报告中提出："必须推进马克思主义中国化、时代化与大众化，建设具有强大凝聚力和引领力的社会主义意识形态"。[②] 当前我国网民数量达到8.54亿，社会转型期与现代化过程中催生的网络新媒体迅速发展，极大地释放了社会表达，为主流意识形态传播提供了全新时代境遇。但各种思潮与理论杂音也趁机涤荡舆论场，对主流思想、理念的消解作用不断增强，构成了意识形态冲突的全新场域，舆论生态失衡的风险也大大提升。如何在日益复杂的舆论环境下加强主流意识形态传播力建设，为党政方针的有效落实与和谐社会的构建发展提供舆论支撑，为主流意识形态的传播

[①] 李巨星，西安交通大学新闻与新媒体学院，讲师。
[②] 人民网：《习近平在中国共产党第十九次全国代表大会上的报告》，2017-10-28，http://cpc.people.com.cn/n1/2017/1028/c64094-29613660.html。

效果提升施加干预策略,是宣传和介绍社会发展变化、传播主流旋律的现实需要,更是讲好中国故事、提升国家软实力的客观要求。

"主流意识形态传播力"是衡量社会主义意识形态认同感、提升党和政府公信力及影响力的重要指标,指的是"主流意识形态如何借由一系列媒介技术与传播内容的优化选择,实现公众对其核心思想的内化于心和自觉践行的效能"。主流意识形态传播力应当具有一定的"内容指征"、"技术指征"和"效果指征",是"文化魅力的内容层软实力"、"前沿精准的技术层媒介力"以及"高共鸣度的效果层影响力"的综合体现,也更强调"传播效果"与"传播能力"的辩证统一。不同于传统媒体时代把控相对严格下的舆论环境,微博、微信等社会化媒体匿名传播所产生的言论自由及政治参与,让网络成为"一个虚弱的宣传工具,却也是施展阴谋的好地方"。①

特别是网络新媒体勃兴下的舆论生态,更容易出现舆论井喷、众声喧哗的现象,改变了以往主流意识形态的传播环境,对主流意识形态的传播方式和传播效能形成极大冲击,由此导致互联网语境下主流意识形态传播所面临的舆论风险愈加复杂、多样。尤其是不良社会思潮"泛化"传播、自媒体舆论场与传统舆论场的"离心力"深化作用,以及舆论空间内不同文化思想的"交流"日频与"交锋"日甚等,都对普通民众的心智和信念产生或多或少的影响,甚至会"左""右"其意识形态立场,动摇他们对于社会主义主流价值观的共鸣度与认同感,总而言之,社会舆论环境越"复杂",主流意识形态传播力被弱化的风险也越高。

一 加强主流意识形态传播力建设的重要意义

意识形态工作是一项战略工程、固本工程和铸魂工程,尤其是作为"国家信仰体系"的主流意识形态的传播与建设,更是凝聚国家力量、引领思想风尚和提供文化支撑的关键环节。党的十九大以来,习近平总书记多次、反复强调"要牢牢掌握意识形态工作的领导权",意识形态的建设问题直接影响着我国社会主义事业建设。当前我国正处于社会矛盾的集中凸显期和改革转型的关键机遇期,面对日趋激烈的国内外竞争态势与发展

---

① 杨志军:《网络舆论研究的现状和未来展望》,《学习与实践》2011年第4期。

环境，探讨如何架构和彰显主流意识形态传播力的恰切之道，正当其时。

(一) 加强主流意识形态传播力建设是保障国家安全的必然要求

意识形态是稳固党的执政地位、维护社会稳定和实现国家利益重要屏障，苏联解体、东欧剧变的深刻教训早已表明，以文化感召力、价值观影响力为代表的意识形态"软实力"，同样具有颠覆国家政权的巨大力量。[①] 作为国家安全体系的重要组成部分，意识形态安全是指保持主流意识形态不受外界威胁的状态和能力，也始终是我们党和国家长期面临的重大实践课题。特别是对于社会主义的中国来说，自诞生伊始就不断受到各种敌对势力的渗透侵袭，尤其是随着网络信息技术的急速发展和全球化进程的不断加快，我国的社会主义建设和国家安全将面临更加多样和复杂的风险冲击。因此，加强主流意识形态传播力建设，正是抵御西方意识形态侵袭、综合提升国家软实力和顺利推进中国特色社会主义事业开展的必然要求。

(二) 加强主流意识形态传播力建设是维护社会稳定的现实需要

社会的和谐与稳定是人民安居乐业和国家长治久安的重要保证。意识形态作为一个国家和民族的精神灵魂与共同利益的根本反映，具有整合社会资源、教化引导社会成员共同行动的强大感召力。尤其是主流意识形态作为凝聚社会价值共识和精神信仰的主要"承载体"，更是具有协调各方矛盾、团结各方力量共同致力于中国特色社会主义事业建设的巨大引领力。因此，稳定社会秩序的建立与和谐发展氛围的营造，离不开主流意识形态整合、导向作用的发挥。在当前我国改革开放深层次推进和社会转型过程中，主流意识形态传播力的强化，既有利于有效调控各方利益关系，为引导广大群众理解和支持党政方针的落实与部署，提供充分的舆论支撑；又能不断维系、巩固社会主义主流意识形态在公众当中的精神作用力，增强其免遭不良思想文化侵袭的"免疫力"，为社会和谐、国家富强和民族振兴提供持久的精神推动力。

---

① 王永贵等：《马克思主义意识形态理论与当代中国实践》，人民出版社 2013 年版，第 287 页。

（三）加强主流意识形态传播力建设是适应传播环境新变化的客观要求

意识形态工作的重中之重是主流意识形态的建设与传播问题。习近平总书记在党的新闻舆论工作座谈会上明确指出："新闻舆论工作处在意识形态斗争最前沿，做好党的新闻舆论工作事关党和国家前途命运"。[①] 当前移动互联网和新媒体技术的迅猛发展与革新，极大地颠覆了以往的传媒格局和舆论生态，在多维、立体的新媒介环境下，信息的传播主体逐渐转向多元、传播方式趋于隐秘、传播空间十分有限，受众注意力的集聚难度也陡然提升。传播环境的全新变化，对主流意识形态的传播来说是挑战，更是机遇。面对各种网络杂音的袭扰和"西强我弱"的国际舆论格局，如何借鉴和利用好新媒介技术优势，打造一批高影响力、强传播力的主流媒体"传播矩阵"，切实强化主流意识形态的传播力，以更好地讲好中国故事、传递好中国声音，宣介好社会正能量和引导社会舆论正向发展，正是当下须臾变化的媒介环境和复杂舆论生态的客观要求。

二 新媒体环境下主流意识形态传播形态的变化与表征

"传播形态"指的是传播在一定技术环境中的表现形式与情景，它是媒介系统的具像化呈现。[②] 当前以互联网信息技术为依托的各类新媒体发展迅速，不仅为主流意识形态扩大自身影响力、增强自身吸引力提供了全新场域，也在传播载体、传播结构和传播效率等方面极大地改变了主流意识形态既有的传播形态。特别是主流意识形态传播关系和宣传语态的重要变化，更是深刻影响着主流意识形态传播力的有效建构与实现。

（一）从俯视到平视：主流意识形态的传播关系发生重构

构建意识形态是大众传播的重要功能，意识形态与大众传媒始终有着极为密切的天然联系。传统传播框架下，主流意识形态及相关议题的宣介

[①]《习近平谈治国理政》（第二卷），外文出版社 2017 年版，第 327—331 页。
[②] 王君超：《未来传播形态的三个重要维度》，《人民论坛·学术前沿》2017 年第 23 期。

与传播大多以"俯视"的方式，将公众视为单纯的宣传对象，主要依靠高度体制化与机构化的传统媒体组织进行，新闻的生产和信息传播趋于"流水式作业"，此种传播形态下的公众则大多处于"被动接受"地位。然而随着移动互联网技术、大数据挖掘和算法推荐等新媒介技术的迅速发展，各类新媒体平台快速崛起，并通过用户生产、算法推荐及个性化定制等方式迅速走进公众，社会个体参与信息生产和传播的主动性和平等性大大增强。主流意识形态的传播关系也由此发生重构，一方面，大众媒体、机构媒体和个人自媒体平台等开始共同成为信息的生产者和传播者，部分新闻生产和内容呈现的把关权和效果评价权也逐渐向广大受众让渡，主流意识形态的传播也开始尊重和"平视"以往的宣传对象、尊重其独立主体地位，这就在很大程度上改变了信息传播的固有"受传关系"。另一方面，公众的大量参与，也会对各类信息尤其是主流意识形态相关议题在传播中的价值和意义不断进行重塑，特别是基于网络技术支撑的新传播形态下，情感、志趣相投的社会个体会进一步趋于联结，并形成新的网络社群关系。这在一定意义上有利于主流意识形态核心理念进行集中性地传播和强化，但也在一定程度上加大了不同社群间"聚同排异"的可能，容易形成价值观的隔阂，甚至诱发社群分化。

（二）从灌输到对话：主流意识形态的宣传语态发生改变

主流意识形态传播力的实现，是要借由一系列媒介技术与传播内容的优化选择，最终实现广大受众对其核心思想的内化于心和自觉践行。而新的舆论生成机制和传播机制下，网络社群关系的不断发展、社交媒体及各类资讯平台的大肆勃兴，都使得传统媒体时代主流意识形态高普适性、无差别的"灌输式"宣传语态已难以适应时代发展要求。[①] 话语能够表征人们的思想理论与价值观念，天然嵌入并服务于意识形态，话语创新更是意识形态关切的重中之重。[②] 一方面，囿于思维理念、技术创新、受众规模、资本压力及多元媒体行动者的挤压效应，许多传统主流媒体的传播话语陈旧僵化、影响力日渐式微。为此，主流媒体必须紧紧抓住全媒体时代

[①] 张华：《新宣传：新传播形态下的宣传调适与新时代治理术》，《新闻大学》2018 年第 5 期。

[②] 贾鹏飞：《论意识形态话语创新的三重动力》，《理论探索》2018 年第 6 期。

的发展机遇，加快进行新旧媒介技术资源的深化改革与有效整合，建构"封疆拓土"的大传播格局的同时，尤其要根据主流意识形态在传播、实现过程中的多层次需求，适度、适时地转换调整宣传语态，强化主流意识形态的影响力；另一方面，在网络社会的表达和传播中，情感关系信息和基于这种情感关系的场景构建，才是凝聚人心、形成影响力的关键资源所在。新传播形态下移动互联网、社交媒体与资讯平台的应用日益普遍，但公众对于意识形态的探讨和传播却越发趋于"生活化"阐释和"隐晦性"表达，这既是公众意识形态话语表达习惯的日常体现，更是不同群体利益逻辑关系的真实反映，这就要求主流意识形态宣传语态的改变与建构，必须考虑到对大众日常话语潮流"对话式"的紧密贴合的同时，还要兼顾好对公众具象情感利益需求的最大化满足，以变主流意识形态宣传语态的"生硬说服"和"被动接受"为"自觉参与"和"主动传播"。

三 新媒体环境下主流意识形态传播力建构面临的现实困境

"两微一端"、短视频等新兴媒介平台的大肆崛起，不但构成了社会舆论急剧汇聚与扩散的新的"发源地"和"发酵池"，更塑造出一个全新的舆论生态：表达主体自由多元、表达渠道灵活多样、表达结构集成扁平，这对主流意识形态固有的传播范式造成冲击的同时，也在一定程度上使得主流意识形态的传播面临新的舆论风险，不利于主流意识形态传播力、引导力和影响力的建设强化。

（一）西方意识形态强势渗透与主动进攻，消解了主流意识形态的"主场"优势

在网络技术浪潮出现之前，因传播与表达的主体单一、内容精化、方式显性，我国主流意识形态的领导力、话语权和解释力都相对稳固，非主流意识形态的传播与表达边缘化显著，影响力也有限。但是随着以互联网技术为载体的各种新媒体形态在我国裂变式发展，以及社会转型过程中多元化社会结构、碎片化利益关系的不断作用，互联网已成为境外敌对势力对中国进行"西方价值观"输出、"意识形态"渗透以及"和平演变"

的重要载体和"孵化器"。① 美国前国务卿奥尔布赖特（Albright）就曾明确表示："我们要利用互联网把美国的价值观送到中国去。"② 网络甚至被赋予了"扳倒中国"的特殊功能，成为不同意识形态间表达和竞争的"主战场"。

一方面，部分西方国家依托在全球信息化不平衡发展中的技术优势和流量优势，"选择性"地推销蕴含西方价值观念、政治理念及意识形态观念的相关产品，肆意进行文化扩张，意图软化、腐蚀普通民众的思想；另一方面，一些敌对势力也会通过遴选有影响力的网络"公知"、媒体"大V"和网络写手，或者扶植在宗教党派、民族历史等问题上情绪偏激的极端势力，甚至直接通过培养亲西方政治亲信和发展"学生间谍"等方式，就当下我国的时政经济与社会热点问题等肆意炒作，竭力散播谣言，煽动公众负面情绪，以期营造"街头政治"氛围、诱发社会动荡，实现"颠覆政权"的终极目标。2014年香港违法"占中事件"发生后，部分西方媒体似乎看到了"颜色革命"的火苗，不仅以"雨伞革命""香港之春"之名大肆进行片面报道，不惜将个别意见领袖包装成未来的"政治明星"，甚至让他登上《时代》杂志封面，意图诱导不明真相的群众对我国社会主义制度和主流价值理念进行冲撞和抨击。

（二）多元社会思潮与不同价值观念充斥舆论空间，加大了主流意识形态被边缘化风险

随着我国转型期经济体制、社会结构及利益格局的不断深化变革，公众社会意识的活跃性、独立性与差异性趋势也愈发明显。以马克思主义为指导的主流思想舆论在得到巩固的同时，"普世价值""新自由主义"等多元社会思潮趁机激荡社会舆论场、甚嚣尘上，"马克思主义过时论""共产主义渺茫论"等各种非主流意识形态理论也竞相登场、不绝于耳。凡此种种，不仅严重影响了公众之于社会主流价值观念的"入脑""入心"，危害社会稳定，更对主流意识形态的有效传播形成威胁。特别是"互联网+"等新兴媒介技术的急速发展，既支撑了多元社会思潮进行辐射、裂变传播的技术性要求，更拓宽了不同社会思潮进行全民性、个性化

---

① 李艳艳：《如何看待当前网络意识形态安全的形势》，《红旗文稿》2015年第14期。
② 杨军：《互联网已成意识形态交锋的主战场》，《中国社会科学报》2014年4月18日。

传播的话语空间，显著增加了主流意识形态被边缘化的趋势和风险。

可以发现，近年来一些"历史虚无主义""民粹主义"等错误思潮的宣扬者，开始越来越多地采用"隐喻""反讽""戏谑"等粗鄙搞怪、潜隐新兴的表达方式来抢夺舆论话语权，上海男子短视频侮辱"南京大屠杀遇难者"被刑拘、厦大女研究生微博发表"精日"言论被退学等，频频引爆网络舆论场，在一定程度上对社会主流思想意识形成了淡化和消解。与此同时，将热点舆情事件中涉警、涉医、涉政的人物进行"标签化""污名化"处理，也是当前部分意识形态"异见者"搅乱社会舆论的惯用伎俩，"暴走漫画"网络恶搞"革命烈士"、上海"网红莉哥"直播消遣国歌等焦点舆情，也都对主流意识形态工作的管理、领导权威造成一定冲击，加大了主流意识形态对多元社会思潮的引领难度，无益于"晴朗气清"舆论空间的营造。

（三）舆论生态的泛政治化与泛娱乐化倾向显著，削减了主流意识形态的话语权威

舆论生态是社会现实的"反光镜"和"晴雨表"，话语表达更是社会利益关系与权力结构的真实体现。在以党报、党刊、党台和通讯社等为主体的传统舆论场下，主流意识形态往往具有较强的制度性与主体性保障，甚至带有一定的强制性，其话语权威也多由党政宣教部门、传统媒体机构和精英群体掌握。但随着移动互联网的迅猛发展和社会化媒体的普遍应用，主流意识形态固有的话语权威和话语体系正以"后现代主义的方式"被解构和消弭。特别是普通网民之间去中心化、横向平等交流模式的迅速普及，以及社会利益群体和传播社群的进一步区隔，容易导致主流意识形态在传播、下沉和影响过程中的话语权遭到不同程度的分化与消解，并部分逐渐转向活跃在新兴媒体舆论场中的"网络意见领袖"、"媒体大亨"甚至"草根网民"。

当前舆论场中不仅由社会热点事件上升为意识形态论争的频率不断加大，公众舆论的"泛政治化""泛娱乐化"倾向也日益严重。[1] 在少数"有心人士"的参与和煽动下，一些具体、偶发性的社会事件，常常被"上纲上线"到党政体制问题的高度；部分"编排戏谑"党史国史、"低

---

[1] 杨军：《互联网已成意识形态交锋的主战场》，《中国社会科学报》2014年4月18日。

俗娱乐"民族文化的文艺作品也多被广泛传播。种种"舆论乱象"的背后，倒映出的是"别有用心"之人意图分裂社会、谋取私利的不良企图。话语表达反映利益关系，思想倾向折射价值观念，在"后真相"时代情绪化表达的催化作用下[①]，利益关系优先、罔顾情感信念的意识形态纷争时有发生，严重削减了主流意识形态的话语权威。

（四）自媒体"乱象"频发和管理主体"频频失语"，弱化了主流意识形态的引领力度

互联网信息化时代，基于资本逻辑和大数据技术优势的众多新媒体平台发展迅猛，特别是"两微一端""今日头条""抖音视频"等自媒体终端，借助自身算法推荐和效果追踪优势，大肆挤压主流专业媒体生存空间的同时，也逐渐成为社会主流意识形态传播的重要载体。[②] 互联网语境下"谁掌握了网络信息的主导权，谁就掌握了意识形态治理的主动权。"尽管传统媒体也开始"借船出海"进行媒体融合，竭力发展各种新媒体平台、维持自身影响力。但不可否认，在移动互联网技术"洪流"冲击下，党政相关部门及传统主流媒体已不再是意识形态传播的"完全"操控者，特别是一些自媒体"乱象"频发和部分管理主体"频频失语"，更导致严重依赖传统媒体的主流意识形态传播力，日渐式微。

一方面，部分自媒体运营者为吸引网络流量"挟技居奇"，常常通过假新闻炮制、抄袭原创、谣言制造乃至敲诈勒索等方式牟取不当利益，甚至不惜摒弃职业素养和触碰法律红线，导致"乱象"频发。2018年10月以来，国家网信办等主管部门就集中整治了一大批"自媒体乱象"，除了依法依规全网处置了"唐纳德说""野史秘闻"等9800多个自媒体账号，更相继约谈了腾讯微信、新浪微博、今日头条等十几家平台主管企业，要求各主体自纠自查、肃清网络"毒瘤"；另一方面，一些机关组织和政府官员等行政管理主体因"不当言论"而诱发社会舆论争议、损害政府公信力甚至造成公权力信任失灵现象也时有发生：2016年10月云南文山市委副书记因发表关涉苗族同胞不当言论被通报问责，2017年2月云南丽

[①] 张爱军：《"后真相"时代的网络意识形态诉求与纷争》，《学海》2018年第2期。
[②] 张志安、聂鑫：《互联网语境下意识形态传播的特点、挑战和对策》，《出版发行研究》2018年第9期。

江官微与网友互动用词不当导致两官员停职,以及 2018 年 11 月四川广安委副书记因网络舆论而被查落马等,都在很大程度上对主流意识形态的话语权威和引领力度造成弱化和消解。

四 新媒体环境下主流意识形态传播力提升的路径分析

主流意识形态传播力是技术与内容的"综合体",移动互联网的急速发展,不仅从技术层面催生了主流意识形态传播范式的变革,也在话语整合层面加剧了"官方舆论场"和"民间舆论场"的分化,探索主流意识形态如何在复杂的舆论环境下,及时回应舆论"杂音"和引领社会思潮,是关涉新时期意识形态相关工作顺利开展的重大课题。

(一)创新管理体制,加强对主流意识形态传播和治理的"多元化"参与

宣传工作是极具强政治性和广涉及面的系统化工程,需要多方联通、协作参与。互联网语境下,普通公众利用各种新媒体平台进行思想表达和政治参与的"主人翁"地位日益显著,主流意识形态既往以党政部门为单一主体、"居高临下"的管理形态和宣传语态,已难以适应社会发展要求。事实上,2013 年习近平总书记在全国宣传思想工作会议上就对这一问题进行了恰当回应:"要树立大宣传的工作理念,动员各条战线各个部门一起来做,把宣传工作同各个领域的行政管理、行业管理、社会管理更加紧密地结合起来。"[①]"大宣传"的工作理念的提出,就是要在坚持党和政府对意识形态工作治理主体的前提下,更加强调和重视不同群体的多元化参与。尤其是在新传播环境下巩固、提升主流意识形态传播力,更离不开相关管理体制的创新和吸纳多元群体的积极参与。一方面,要在"政策支持"和"制度激励"上进行适应市场发展的深度改革,充分调动各级党政机关、企业组织、社会群众和广大网民等不同群体的主动性,鼓励其积极参与到主流意识形态的传播、管理以及监督等工作中来,努力建构和打造"党委领导、政府管理、企业履责、群众监督、网民自律、奖惩

---

① 《习近平新闻舆论思想要论》,新华出版社 2017 年版,第 200 页。

分明"的"立体式"意识形态管理格局。另一方面,要进一步出台并细化从国家到地方,涉及多领域、多行业的"制度性"政策文本和行业规范,明晰主流意识形态传播等相关工作的责任主体、提升媒体融合与管理工作科学性的同时,更要及时"亮剑"各种媒体乱象、压缩各类谣言生存空间。尤其是党政部门的领导者和企业管理者,更要自觉提升技术治网和领导控网的能力,与广大群众和一线员工既要"键对键",又能"面对面",在经常性参与相关政务或业务的线上、线下互动中,避免因"嘴巴事故"损害自身公信力。

(二)坚持内容为王,注重对主流意识形态传播内容的优化表达和阐释

新媒体环境下"内容为王"的本质并未改变,优质内容依然是维系用户黏性的关键性竞争要素。尤其是网络信息技术大发展背景下,如果没有形成一整套充分适应网络空间特殊语境的主流意识形态传播理论和传播内容,就容易为西方敌对势力侵蚀社会主义先进文化、冲击主流意识形态凝聚力留下漏洞,严重威胁国家安全。习近平总书记指出"新闻舆论工作者要转作风、改文风,俯下身、沉下心,察实情、说实话、动真情,努力推出有思想、有温度、有品质的作品。"互联网语境下的各类新媒体及其从业者,更应当力争成为生产主流、正向新闻内容的排头兵,自觉把深化国家意识形态相关理论的研究和阐释,创新和优化中华优秀传统文化、红色精神、文明历史遗产等众多最能体现社会主义意识形态内涵中枢的内容呈现和话语表达方式等,作为增强主流意识形态感染力、强化其传播内容的核心"落脚点"。一方面,要充分解读和分析主流意识形态相关文本内容,主动引导人民群众切实理解和把握国家意识形态主旨内容的深刻内涵和重大意义,坚定其社会主义信念,避免落入"西方价值陷阱"。另一方面,面对新自由主义、拜金主义、历史虚无主义等反马克思主义和违背社会主流价值观的诸多错误思潮,各方媒体要严守社会职责,敢于发声并及时揭露其丑恶本质,进行充分、有效的舆论斗争和舆论引导,自觉做国家意识形态安全的"守护者"。特别是围绕公众的热点问题,既要讲"怎么看"更要讲"怎么办"[①],深刻披露"别有用心者"扰乱民心的惯用伎

---

① 《做大做强主流舆论——习近平总书记在中共中央政治局第十二次集体学习时的重要讲话引领媒体融合发展新作为》,《新华日报》2019年1月26日。

俩，积极引导公众正面情绪，以减少舆论杂音、增进主流共识和凝聚社会力量。

（三）紧抓技术红利，加快主流意识形态传播方式的"转型升级"

依托人工智能、网络大数据、移动数字技术的新媒介形态，极大改变了过往的媒体传播格局，使媒介生态呈现出全新候症。在强化各类讯息的传播速度、影响力度的同时，也加剧了各色价值观念的活跃程度，成为影响主流意识形态建设与传播的"最大变量"。与此同时，大数据时代，移动可视化、算法推荐等智能技术，"丰富即时""精准预测"等诸多特性，也同样与主流意识形态的多样化培育方式和针对性需求，存在着极强的战略性耦合。为此，新媒体环境下推进国家主流意识形态的时代化与大众化，除了从文化宣传、理论教育等层面进行教育上的悉心培植、文化上的持续熏陶及舆论上的合理引导等方式以外，更要及时推动主流媒体在进行主流意识形态传播、社会新闻生产和主流信息内容分发等方面的技术手段转型升级。一方面要大力鼓励各类主流媒体平台，充分利用好音视频算法、环境交互、大数据分析等"智能技术红利"，加大具有自主知识产权、匹配自身产品的竞争性前沿技术研发力度，积极建立包括各种专业媒体、自媒体和网络平台等在内的主流意识形态综合性"传播矩阵"，以提升主流意识形态的舆论整合力和话语主导力；另一方面要集中整合各种优势资源，通过建构和完善真正"匹配人才能力""适合人才发展""适应市场薪资水准"的福利体系，充分吸引和巩固各类优秀人才资源，以满足主流意识形态传播过程中对形式创新、技术创新和内容创新的长久性需求、维系好主流意识形态凝聚力的持续巩固。

（四）转变传播思维，搭建并完善主流意识形态传播效果评估体系和思潮预警监测机制

新媒体语境下，面对不良社会思潮和西方资本主义价值观的肆意冲击和攻讦，要实现主流意识形态相应的科学引领和有效应对，就必须彻底摒弃传统媒体时代自上而下式的灌输性、硬质宣教思维，在主流意识形态的传播应对逻辑和解决路径上，积极转向"互联网创新"思维、进行平等化交流。一方面，要让主流意识形态由"大众传播"走向"精准传播"。可以充分发挥和利用大数据所体现的"全数据"选择、多样化处理和关联物分析等技术优势，紧抓公众焦点舆论和社会热点舆情、及时观测民众情绪动向，针对不同受众的差异化个体特质，进行"用户画像"和"定制式"的精准传播。特别是对关涉"国家大政方针"的主流信息的传播，不仅要"晓之以理"，更要"动之以情"，在做好主流意识形态的阐释落实工作的同时，也要注意悉心安抚部分群众情绪的暂时性忧虑；另一方面，要搭建和完善主流意识形态的传播效果评估体系、建构不同思潮的预警监测机制。可以借助实地调研的数据采集、技术手段的设计修正以及专家意见的汇总采纳，通过遴选和优化相关的指标构成要素等研究手段，建构一套相对科学系统的主流意识形态传播效果评估体系和社会思潮预警监测机制。也可以培养一批文明守法、爱国诚信、主动维护国家意识形态安全的高素质"红色"网民群体，对网络中发现的危害国家意识形态安全、诱导公众舆论偏离正轨的相关内容，及时进行回应和检举等，都将对有关部门深度监测不同思潮的动态趋势、创新主流意识形态的引领路径和减少意识形态相关决策的试错概率，大有裨益。

官媒时政新闻接触与民族主义

——以政治信任、爱国情怀为中介变量的实证研究

邹 霞[①]

摘要：官媒时政新闻作为个人重要的信息来源，在政治社会化的现代社会对民族主义政治态度的形成具有重要的影响作用，然而之前的研究没有给予足够的重视。本文从构建主义角度出发，以政治信任、爱国情怀为中介变量，研究大众官媒时政新闻接触对其民族主义的影响机制。通过2017年对1759名中国网民的调查分析，研究发现官媒政治新闻接触对其民族主义具有显著正向的影响作用，政治信任和民族主义对官媒时政新闻接触与民族主义具有部分中介作用，其中政治信任是重要的中介变量。以上研究表明，官媒时政新闻接触对大众的民族主义具有一定的"涵化"作用，主要通过政治信任和爱国情怀的中介作用来实现。

关键词：官媒时政新闻；民族主义；爱国情怀；政治信任；思潮

民族主义是中国近代的主要社会思潮之一（刘平，2015）。[②] 改革开放以来，一系列诸如中国驻南联盟大使馆被炸、钓鱼岛被占等事件不断挑起我国民众的民族主义情绪，使得民族主义思潮呈现出新的发展趋势。特别突出的是2019年，美国单方面决定增加对我国贸易税，同时对中国众多高科技公司如华为进行直接制裁，一时间在国内引起极大反响。主张保护本国的经济利益，保护民族企业、积极对抗美国的民族主义思潮在社会上形成一股极大的势力。民族主义思潮的兴起，可以团结国内的力量共同

[①] 邹霞，西安交通大学新闻与新媒体学院讲师。
[②] 刘平：《民族主义思潮研究述要》，《中国文化研究》2015年第2期。

对付国外的反对势力，同时也有其破坏性的一面。因此对当前我国民族主义的研究具有一定的理论和现实意义。

当今已经进入了政治社会化和媒介社会化阶段，倘若不能正视媒介在政治过程中的作用，就很难了解到政治活动的真相（施从美、江亚洲，2017）。① 媒体在政治运动和政治思潮中越发凸显出重要的作用，因此正视新闻媒介在民族主义思潮兴起中的作用具有非常重要的意义。而考虑到我国特殊的媒体环境，官方媒体是我国大众获取时政新闻的最为重要的来源，代表着国家主流意识形态，是党政机关的喉舌。那么我国公民对官媒时事政治新闻的获取对其民族主义是否产生影响，如有影响，那么它们又是如何作用于我国公民的民族主义政治态度的呢？

目前对于民族主义与媒介信息接触的研究已经取得了一定的成果，然而还存在一些不足。综合目前对民族主义与媒介信息接触的研究，首先，当前的研究主要是从宏观的角度研究民族主义思潮，而从微观角度来研究个人层次的民族主义的较少。其次，大部分的研究只考虑到信息接触对民族主义的直接影响，而没有考虑到可能存在的重要中介变量如爱国情怀和政治信任方面的影响。最后，当前的研究主要借鉴多元回归的方式来进行研究，然而对于影响路径和影响机制所知不多。基于此，我们在官媒时事政治新闻接触对民族主义的影响研究的同时，考察爱国情怀和政治信任的中介作用，期望通过这部分研究能够更好地理解当前大众的官媒时政新闻接触对其民族主义的影响机制。

一 研究假设与概念模型

（一）民族主义及其影响因素

长期以来，民族主义是一个较为模糊的概念（刘海龙，2017）②，它主要是指对民族的归属感、感全感、荣誉感以及对民族的一种情感的皈依

---

① 施从美、江亚洲：《政治传播中媒介使用对主流媒体公信力的影响——以政府信任为中介的研究》，《江海学刊》2017年第5期。

② 刘海龙：《像爱护爱豆一样爱国：新媒体与"粉丝民族主义"的诞生》，《现代传播》2017年第4期。

(李红梅，2016）。① 民族主义往往与集体行为和政府政策（如经济保护和文化孤立）以及个人行为（如选举行为、刻板印象等）联系在一起（Balabanis，2001）。② 由于中国近代以来长期受到侵略的历史，因此民族主义往往交织着爱国主义情怀，这跟我国的特殊国情有关。但有必要把民族主义和爱国主义情怀进行区分，爱国主义情怀主要是指承诺为国家作出牺牲的准备，而民族主义则是承诺加上排斥他人，是对他人的敌意而作出的牺牲意愿（Druckman，1994）。③ 随着社交媒体的快速发展，一个不容忽略的事实是越来越多的人参与到政治讨论和政治行动中来，但是又杂糅着对现实社会的不满，因此形成了一种复杂的民族主义。我国民族主义思潮往往是克制而冷静的，它在引导我国迈向民族复兴和国家兴盛方面具有非常重要的作用（潘亚玲，2008）。④

针对民族主义，学界进行了不同角度的研究。其一是从历史学和政治学角度剖析民族主义。部分学者针对民族主义结合国内的特殊国情进行了一定解读，如李红梅（2016）将民族主义分为官方民族主义、大众民族主义、政治民族主义和消费民族主义四个部分来进行研究，并提出网络民族主义是官方和民间因素的一种结合体。⑤ 其二是从人的天性来分析民族主义，这一研究认为人的民族主义是第一性的、天性的。人以自己本族的血缘、语言以及文化、宗教等为第一要义。安东尼（2016）提出民族主义与社会生物学有关，民族和族裔的自然性是因为它们血缘群体扩大，因而具有更大的相似性和适应性。⑥ 其三是从构建主义来研究民族主义的形成，相较于前两种研究，构建主义认为民族主义是学习的产物，是后天发

---

① 李红梅：《如何理解中国的民族主义？：帝吧出征事件分析》，《国际新闻界》2016年第11期。

② Balabanis, George, Diamantopoulos, Adamantios, Mueller, Rene Dentiste, The impact of nationalism, patriotism and internationalism on consumer ethonocentric tendencies, Journal of International Business Studies, 2001, 32 (1), pp. 157–175.

③ Druckman, Daniel, nationalism, patriotism, and group loyalty: a social psychological perspective, International Studies Quarterly, 1994, 38 (51), pp. 43–68.

④ 潘亚玲：《中国人对美国的网络民族主义》，2008年度上海市社会科学界第六届学术年会文集《世界经济·国际政治·国际关系学科卷》。

⑤ 李红梅：《如何理解中国的民族主义？：帝吧出征事件分析》，《国际新闻界》2016年第11期。

⑥ 安东尼·史密斯：《民族主义：理论、意识形态、历史》，叶江译，上海世纪出版集团2011年版。

展的结果。安德森（Benidict Anderson）①在《想象的共同体——民族主义的起源与散布》、厄恩斯特·盖尔纳在《思考与变革》均提出民族主义是近现代社会政治和文化构建的产物。民族主义往往是被统治精英阶层用来引导民众的一种力量，它为统治阶层服务（Eric Hobsbawm，2006）。②

在构建主义的研究路径下，民族主义的形式是后天的，受到的影响因素很多。国内对于这部分研究主要可以分为中宏观和微观两个角度出发。就中宏观的影响因素而言，有学者提出民族主义的形成受到历史书写方式（关凯，2016）③、受到外国侵略的近代史（郑大华，2013）④ 的影响。另外刘海龙（2017）研究提出传播技术的发展也会对民族主义的表达方式、组织动员方式和实施方式产生影响。⑤ 就微观角度而言，民族主义受到个人的意识形态、人口统计学、信息接触等方面的影响。如郑素侠（2017）基于中国社会综合调查的"网民意识调查"的分析研究了官方和非官方媒介使用频次以及用户的政治新闻关注度对中国网络民族主义产生的影响等。⑥ 本文力图从构建主义的角度出发，来了解民族主义的影响因素以及影响路径。

（二）信息接触与民族主义

大众媒介和民族主义自诞生以来就相互交织在一起，媒介的发展与民族主义倾向一再重合，就像帝国主义的顶峰与电报和摄影的出现交织在一起一样（Anna，2015）。⑦ 大众媒介的强力信息扩散作用，导致一旦用户沉浸在大量的同质的信息中时，就容易受到感染。对此，20世纪70年代格伯纳提出的培养理论就是对媒介信息与用户观念之间的研究，结果发现

---

① 本尼迪克特·安德森：《想象的共同体》，吴叡人译，上海人民出版社2003年版，第136页。
② 霍布斯鲍姆：《民族与民族主义》，李金梅译，上海人民出版社2006年版。
③ 关凯：《历史书写中的民族主义与国家建构》，《新疆师范大学学报》（哲学社会科学版）2016年第2期。
④ 郑大华：《中国近代民族主义与中华民族自我意识的觉醒》，《民族研究》2013年第3期。
⑤ 刘海龙：《像爱护爱豆一样爱国：新媒体与"粉丝民族主义"的诞生》，《现代传播》2017年第4期。
⑥ 郑素侠：《中国网民的民族主义及其影响因素：一个媒介使用的视角》，《国际新闻界》2017年第12期。
⑦ Anna Roosvall, Media and Nationalism/Publication History/, https：//doi.org/10.1002/9781118 663202.wberen274, 2015.

媒介的接触会对某一观念的形成产生影响，久而久之会形成刻板印象。特别是随着媒介化社会的到来，媒介日益成为政治信息传播的重要渠道（薛可、余来辉，2019）。① 媒介对民众的政治影响不再局限于对政治信息的传递，还包括对民众政治态度的影响（Dellavigna & Kaplan，2007）。②

当前对于媒介接触和民族主义的研究已经取得了一定的成果，但是以受众视角开展的经验研究相当有限。主要包括郭中实（2007）通过对600个上海样本的媒介使用行为对隐形和先行民族主义的影响研究，发现对新闻类信息的关注以及积极的信息处理行为会对用户的民族主义产生显著影响。③ 卢嘉等（2018）通过研究发现互联网为民族主义者找到与他们持有相似立场的人提供了便利，而这会强化甚至增强他们的观念。④

然而现阶段，由于我国特殊的历史发展阶段和发展国情的需要，国外的 Facebook、twitter 等尚未开放，因此目前对于国内外新闻报道主要集中出现在官媒的时政新闻中。国内官媒是党的喉舌，有研究发现经常接触官方媒体的大众对我国现有的政治体制和官方主流意识形态的支持率更高（唐文方，2008）。IE XU（2013）研究了我国网民对政务新媒体的接触与政治信任的关系，发现二者具有较高的相关性。⑤ 金晓红（2013）对2012年国家钓鱼岛事件的研究发现随着官媒对钓鱼岛事件的报道，激发了网络民族主义。⑥ 此外，也有研究提出不同的观点，Jiang 提出中国民族主义思潮的复兴是由网民自发推动的，这与官方媒体没有太多的关系，原因与政府推动的网络空间净化和网民自律有关（Jiang，2012）。⑦ 基于此，我们

---

① 薛可、余来辉：《媒介接触对新社会阶层政治态度的影响研究——基于政治社会化的视角》，《新闻大学》2019年第3期。
② DellaVigna, S., and Kaplan, E., The Fox News Effect: Media Bias and Voting, *The Quarterly Journal of Economics*, 2007, 122 (3), pp.1187-1234.
③ Zhongshi Guo, Weng Hin Cheong and Huailin Chen, Nationalism as public imagination: the media's routine contribution to latent and manifest nationalism in China, *The International Communication Gazette*, 2007, 69 (5), pp.467-480.
④ 卢嘉、刘新传：《互联网与国家认同：媒介生态学视角下——基于全球33个国家的实证研究》，《国际新闻界》2018年第4期。
⑤ XU J., Trust in Chinese state media: The Influence of Education, Internet, and Government, *International Communication*, 2013, 19 (1), pp.69-84.
⑥ 金晓红：《基于计划行为理论的网络民族主义研究——以钓鱼岛事件为例》，硕士学位论文，曲阜师范大学，2013年。
⑦ Ying Jiang, *Cyber-Nationalism in China Challenging Western Media Portrayals of Internet Censorship in China*, Adelaide: University of Adelaide Press, 2012.

提出：

H1：官媒时政新闻接触与民族主义显著正相关。

爱国情怀主要是对国家特殊的爱和认同，对国家及其同胞福祉的特殊关切以及为国家利益和兴盛而奉献的意愿。爱国情怀在国家构建和发展方面起着非常重要的作用。我国的官方媒体其主要功能除了进行信息的传递之外，还是党政机关的喉舌，通过进行大量的正面时政新闻报道引导舆论和教化民众。官媒在维系民众对国家的认同和爱，常被认为具有类似于涵化意义上的"主流化"效果（喻国明，1997）。①

另外，由于我国独特的发展历史，爱国情怀与民族主义往往区分的并不特别明显。当代中国的话语体系中，基本没有明确区分民族主义和爱国情怀，而是将民族主义视为中性词汇，进而提出了"理性"的民族主义与"非理性"的民族主义等概念。虽然爱国情怀和民族主义存在很强的关系，但是民族主义较爱国情怀具有更强烈的排他性。与民族主义相对的是，爱国情怀不包含对他者的偏见与歧视，因此被认为是一种建设性的、健康的爱国情感（马得勇，2012）②，爱国情怀是人在历史变革和文明发展进程中，凝聚和巩固起来对自己祖国的忠诚和信仰，国家荣誉感、民族自豪感、地域归属感、身份认同感等（李浩，2012）。③ 然而爱国情怀的表达往往伴随着强烈的情绪，容易出现以"情绪极端化与情绪暴戾"为特征的网络情绪极化现象（孙立明，2016）。④ 那么个人的爱国情怀是否会对其民族主义产生影响？卜建华（2011）提出如果爱国情怀与不正当的国家利益相连，就会引发侵略战争。⑤ 吴亚博（2015）通过对2013年的"中国网民社会政治意识调查"研究发现网民越认同爱国主义也就越认同民族主义。⑥ 基于此，我们提出：

---

① 喻国明：《九十年代以来中国新闻学研究的发展与特点》，《新闻学研究》1997年第55期。

② 马得勇：《国家认同：爱国主义与民族主义——国外近期实证研究综述》，《世界民族》2012年第3期。

③ 李浩：《论网络爱国主义》，硕士学位论文，电子科技大学，2012年。

④ 孙立明：《对网络情绪及情绪极化问题的思考》，《中央社会主义学院学报》2016年第1期。

⑤ 卜建华：《中国网路民族主义思潮的功能与影响研究》，硕士研究生论文，兰州大学，2011年。

⑥ 吴亚博：《中国网民爱国主义实证研究》，《安庆师范学院学报》（社会科学版）2015年第5期。

H2：官媒时政新闻接触与爱国情怀显著正相关。

H3：爱国情怀与民族主义显著正相关。

H4：爱国情怀对官媒时政新闻接触与民族主义具有中介作用。

政治信任是公众对政府整体的基本评判标准，包括公众对政治体系、政治制度、政治领袖和政党的态度或评价，反映为处于某个政治共同体下的公众对政治统治正当性的认可程度和统治权威的资源服从程度（Im, T. 等，2012）。[①] 近年来，政治信任备受学界关注，其原因主要有两点：一是它关乎政府执政的合法性或正当性（legitimacy）；二是政治信任是政府政策有效性的基础（马得勇，2007）[②]，政治信任的高低直接影响到一个国家的稳定和发展。民众的政治信任主要是基于对政府及其机构人员表现等相关信息的了解，而这类信息的获取往往依靠媒介（王辉、金兼斌，2019）。[③] 有学者研究发现通过官媒的信息接触会显著提升女性对政府的信任程度（金恒江、聂静虹，2017）。[④]

政治信任也折射出我国民众对政治制度、党政机关等方面的认可度，是执政党了解施政效果的重要参考依据，并由此展现出政府执政的合法性和正当性（乔志程、黄薇、吴非，2018）。[⑤] 吕晓波（2014）通过研究发现，我国当前的政治信任度较高，政府很多好的政策提升了对执政党的信赖。那么个人的政治信任会对其民族主义产生影响吗？陈建樾（1996）提出，民族主义是一种刺激反应模式的社会心理活动，它在很大程度上是与利己性的民族掌握中心意识、排他性的民族智商精神和沟通障碍引发的对其他民族的不信任和畏惧心态紧密相关。民族主义是一种过度的自我保

[①] Im, T., Cho, W., Porumbescu, G, & park J., Internet, Trust in Government, and Citizen Compliance, *Journal of Public Administration Research & Theory*, 2012, 24 (3), pp. 741-763.

[②] 马得勇：《政治信任及其起源——对亚洲8个国家和地区的比较研究》，《经济社会体制比较》2007年第5期。

[③] 王辉、金兼斌：《媒介接触与主观幸福感——以政治信任为中介变量的实证研究》，《新闻大学》2019年第7期。

[④] 金恒江、聂静虹：《媒介使用对中国女性政治信任的影响研究——以中国网民为对象的实证研究》，《武汉大学学报》（人文科学版）2017年第2期。

[⑤] 乔志程、黄薇、吴非：《政治信任能否促进经济增长？——基于1995—2014年跨国数据的实证研究》，《世界经济与政治论坛》2018年第3期。

护，这种保护往往具有一定的攻击力。[①] 这意味着对于一种体制、政党的信任具有排他性，往往政治信任越高，其民族主义观念越明显。基于此我们提出以下假设：

H5：官媒时政新闻接触与政治信任显著正相关。

H6：政治信任与民族主义显著正相关。

H7：政治信任对官媒时政新闻接触与民族主义具有中介作用。

(三) 概念模型

研究以政治信任、爱国情怀为中介变量，以官媒时政新闻获取为自变量，以民族主义为自变量，由此构成文研究的理论框架，框架图如图1所示。

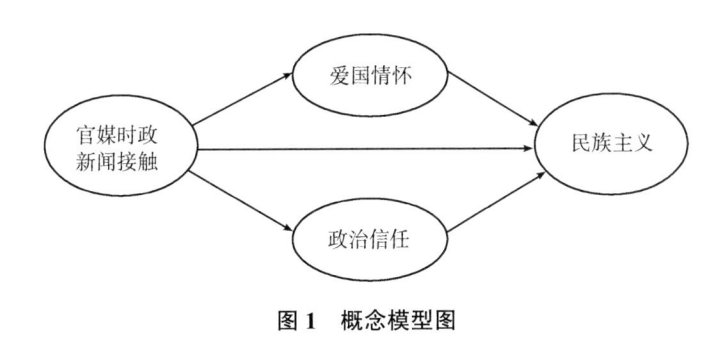

图1 概念模型图

二 研究设计

(一) 数据来源

数据来源于马得勇主持的2017年网民态度调查。数据收集采用问卷调查法，以微博、微信和爱调研网友为研究对象，共收集2379份问卷，为了确保问卷的信度和效度，笔者对部分有缺失值或者明显不符合标准的问卷进行了剔除，最后得到1759份有效问卷。样本具体的人口统计学特

[①] 陈建樾：《族际沟通与民族主义——族际政治的一种分析框架》，《世界民族》1996年第1期。

征如下：男性932人约占53%，女性827人约占47%；18—24岁378人约占21.5%，25—34岁614人约占34.9%，35—44岁482人约占27.4%，45—54岁221人约占12.6%，55岁及以上64人约占3.6%；研究生352人约占20%，本科及大专1261人约占71.7%，高中及以下146人约占8.3%；教师199人约占11.3%，学生296人约占16.8%，医生32人约占1.8%，公务员261人约占14.8%，工人105人约占6%，职员567人约占32.2%，个体户149人约占8.5%，自由职业者61人约占3.5%，无业人员26人约占1.5%，其他63人约占3.6%；非党员1206人约占68.6%，党员553人约占31.4%。家庭收入中10万元以下760人约占43.2%，10万—20万元以内621人约占35.3%，20万—40万元325人约占18.5%，40万元及以上53人约占3%；东部968人约占55%，中部地区465人约占26.4%，西部地区326人约占18.5%。该样本涵盖了中国不同性别、年龄、职业、学历、收入的抽样个体，从人口统计学特征上来看，样本具体的人口分布较为均衡，符合我国国情，有一定的代表性。

（二）变量设置与测量

1. 因变量

民族主义（M=3.36，SD=0.836）。民族主义通过"中国在领土、贸易争端上表现太软弱了，必须更强硬"（M=3.58，SD=0.966），"国外敌对势力亡我之心不死，中国的很多问题都是他们在背后搞鬼"（M=3.48，SD=1.065），"如果爱国的话就必须抵制日货"（M=3.03，SD=1.164），"中国在领土和贸易纠纷等外交问题都是其他国家首先挑衅引起的"（M=3.36，SD=0.961）来进行测量。民族主义共有4个测项，答案采用李克特五级量表（1=非常反对，5=非常同意）进行测量和编码。

2. 中介变量

政治信任（M=3.38，SD=0.843）。通过"对那些挑战政府权威和现有社会秩序的群体和闹事者必须予以严惩"（M=3.41，SD=1.062）、"我们绝不能允许教师在课堂上发表批评党和政府的言论"（M=3.09，SD=1.139）、"政府对电视等媒体播发的新闻进行事先的审查是完全必要的"（M=3.48，SD=1.111）、"民主国家天天争吵，耽误了很多发展机会，这一点不如我们这样一党长期执政好"（M=3.20，SD=1.050）、"中国必须坚持以马列主义、毛泽东思想为指导，走社会主义道路"（M=3.70，SD

=1.022)来进行测量。政治信任共有5个测项,答案采用李克特五级量表(1=非常反对,5=非常同意)进行测量和编码。

爱国情怀(M=3.98,SD=0.711)。通过"每当升国旗奏国歌时我总是觉得这一刻很庄严"(M=4.07,SD=0.882)、"我为中国拥有悠久的历史和璀璨的文化而骄傲"(M=4.10,SD=0.899)、"目前我们的国家虽有问题但总体上还是秩序井然,欣欣向荣。"(M=3.74,SD=0.846)、"作为中国人我很自豪。"(M=4.04,SD=0.958)、"作为中国人我较自豪"(M=3.70,SD=1.022)来进行测量。爱国情怀共有5个测项,答案采用李克特五级量表(1=非常反对,5=非常同意)测量和编码。

3. 自变量

官媒时政新闻接触(M=2.38,SD=0.683)。通过"观看政务类门户网站、微博或微信公众号发的新闻(如中纪委网站)"(M=2.36,SD=0.842)、"观看某个地方电视台的时政新闻节目"(M=2.47,SD=0.873)、"购买报纸阅读时政新闻"(M=2.17,SD=0.914)和"观看央视、新华社、《人民日报》的时政分析报道(含微博及微信公众号)"(M=2.55,SD=0.817)来进行测量。官媒时政新闻获取新闻行为包含4个测项,采用李克特5级量表(1=几乎不使用,4=几乎每天使用)进行测量和编码。

三 数据分析与假设验证

(一)效度与信度分析

1. 结构效度检验。

对各变量的KMO测定和Bartlett球形检验发现,量表的KMO值为0.927,大于0.7,Barlett检验的p值均为0.000小于0.001,说明量表各变量显著相关。接着做探索性因子分析(EFA),结果显示可以提取4个因子,各测项载荷系数均大于0.5。4个因子共解释62.798%的方差。结果显示量表具有较好的结构效度。

2. 量表信度检验。

利用spss19.0对问卷的选项进行信度分析,对问卷内部一致性进行检查,结果显示"官媒时政新闻接触"、"政治信任"、"爱国情怀"和

"民族主义"Cronbach's α 的分别为 0.801、0.841、0.802 和 0.815，进行信度分析后发现，整个问卷的 Cronbach's α 数值为 0.899，说明信度较好。然后利用验证性因子分析（CFA）进行内敛效度，通过表 1 可以发现各测量题项与所度量的潜在变量间标准负荷系数均>0.6，其对应的 t 值均大于 3.31（p=0.001）的临界值，各变量 AVE 值均大于或略小于 0.5，组合信度（C.R.）均大于 0.70，这表明测量变量能有效反映其潜变量的特质，各组测量指标间具有较好一致性。以上数据显示，该调查问卷收敛性较佳。

表 1　　　　　　　　　　验证性因子分析结果

变量	观测项	标准负荷	t 值	AVE	C.R.
官媒时政新闻接触	Q1	0.70	N/T	0.498	0.798
	Q2	0.75	26.189		
	Q3	0.70	23.822		
	Q4	0.67	23.551		
政治信任	Q5	0.79	N/T	0.512	0.839
	Q6	0.69	27.684		
	Q7	0.70	29.393		
	Q8	0.74	30.885		
	Q9	0.65	26.912		
爱国情怀	Q10	0.68	N/T	0.509	0.805
	Q11	0.76	25.050		
	Q12	0.73	24.349		
	Q13	0.68	23.235		
民族主义	Q14	0.72	N/T	0.508	0.802
	Q15	0.69	27.618		
	Q16	0.81	31.595		
	Q17	0.61	24.685		

（二）路径分析及研究假设检验

1. 主效应检验

对初始模型进行估计，其输出结果为：χ^2 值为 537.515，df 值为 213，p 值为 0.000 小于 0.05 的显著水平，拒绝原假设，表明假设模型与观察数据无法适配，需要对模型修正。根据 AMOS 的模型修改（MI）显示需要在政治信任与爱国情怀之间建立路径，之后在 e3 与 e4、e4 与 e6、e8 与 e13 的残差之间建立共变关系。

2. 修正模型

根据 MI 的提示对模型进行修正，估计结果（见表 2）显示：χ^2 值为 152.170，df 为 79（$\chi^2/df = 1.926$），卡方值与自由度之比 1.926 介于 1 和 3 之间说明模型拟合度较好，GFI、AGFI、NFI、RFI、IFI、TLI、GFI 数值均大于 0.9，显示模型拟合度较好；PGFI、PNFI 均大于 0.5，RMR 与 RMSEA 的值均小于 0.05，CN 为 1164，说明模型适配度好。以上数据均表明模型拟合度较好（具体见表 2）。同时 MI 中没有提供修改参数，表明修改后的模型是可以接受，拟合度好，修正模型图路径系数如图 2 所示：

表 2　　　　　　　　　修正后的模型估计值

统计检定量	适配的标准或临界值	模型估计值	是否合格
绝对适配度指数			
χ^2/df	$1<\chi^2/df<3$	1.926	合格
GFI	>0.9	0.990	合格
AGFI	>0.9	0.980	合格
RMR	<0.05	0.019	合格
RMSEA	<0.05	0.033	合格
增值适配度指数			
NFI	>0.9	0.988	合格
RFI	>0.9	0.980	合格
IFI	>0.9	0.994	合格
TLI	>0.9	0.990	合格
CFI	>0.9	0.994	合格
简约适配度指数			
PCFI	<0.5	0.578	合格
PNFI	<0.5	0.574	合格
CN	>200	1164	合格

（三）爱国情怀与政治信任——中介效应的检验

考虑到模型中有两个中介变量，而 AMOS 的 bootstrap 只能得到总的中介效应估计值，同时 LISREl 也只能得到总的中介效应，因此我们使用 spss 的 Sobel Goodman 来检验爱国情怀和政治信任的中介效应，这样就可

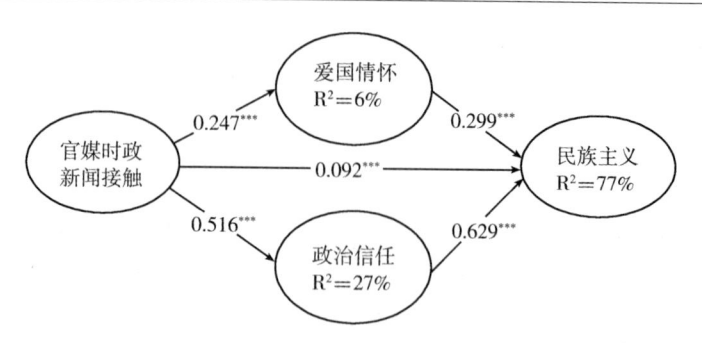

图 2 修正后的模型图路径系数图

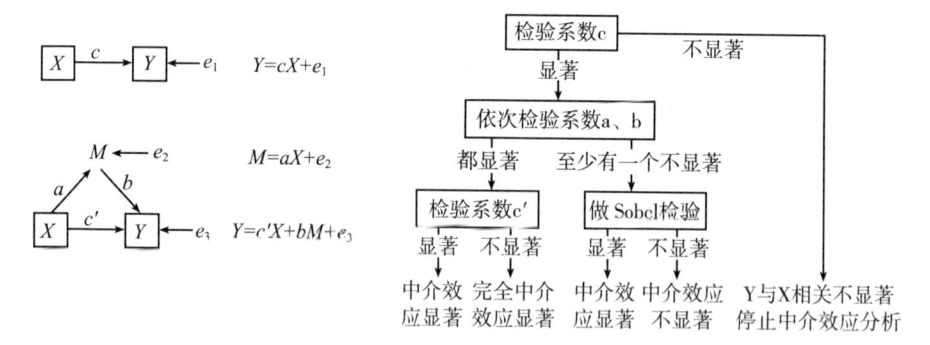

图 3 中介变量示意图

图 4 中介效应检验程序

注：图片来源于温忠麟等对中介效应检验程序及其应用的研究。

检验结果显示：

如表 3 所示，爱国情怀与政治信任对官媒时政新闻接触与民族主义的中介效应检验中，sig 值均小于 0.5 且 t 检验显著，所以爱国情怀与政治信任的中介效应显著，假设 H4 和 H7 成立。爱国情怀对官媒时政新闻接触与民族主义具有部分中介效应，占总效应的比例为 0.179×0.491/0.374 = 23.5%，即官媒时政新闻接触对民族主义影响的 23.5%被爱国情怀所中介。同样，政治信任对官媒时政新闻接触与民族主义具有部分中介效应，占总效应的比例为 0.401×0.699/0.374 = 74.95%，即官媒时政新闻接触对民族主义影响的 74.95%被政治信任中介。

表 3　　　　　　　爱国情怀、政治信任的中介效应检测

预测类型	β	SE	T	Sig
官媒时政新闻接触→爱国情怀→民族主义	0.438	0.023	21.991	0.000
官媒时政新闻接触→民族主义	0.374	0.027	16.891	0.000
官媒时政新闻接触→爱国情怀	0.179	0.024	7.607	0.000
爱国情怀→民族主义	0.491	0.024	23.613	0.000
官媒时政新闻接触→政治信任→民族主义	0.654	0.018	35.499	0.000
官媒时政新闻接触→民族主义	0.374	0.027	16.891	0.000
官媒时政新闻接触→政治信任	0.401	0.027	18.331	0.000
政治信任→民族主义	0.699	0.017	40.979	0.000

（四）假设检验结果（见表 4）

表 4　　　　　　　　　假设检验结果

假设	路径	检验结果
H1	官媒时政新闻接触——→民族主义	支持
H2	官媒时政新闻接触——→爱国情怀	支持
H3	爱国情怀——→民族主义	支持
H4	官媒时政新闻接触——→爱国情怀——→民族主义	支持
H5	官媒时政新闻接触——→政治信任	支持
H6	政治信任——→民族主义	支持
H7	官媒时政新闻接触——→政治信任——→民族主义	支持

四　结论和讨论

研究从构建主义角度视角出发研究了用户与官媒政治新闻的接触对民族主义的影响机制，三个变量对民族主义的 R^2 达到77%，说明该模型就有较好的解释力。结果发现，在当代社会，大众对官媒政治新闻的接触对其民族主义政治态度具有重要的影响，其中爱国情怀和政治信任是重要的中介变量。具体而言：

其一，官媒政治新闻接触对民族主义具有显著正向的影响，但是直接影响不大。即官媒政治新闻接触越多则民族主义政治态度越强烈。这表明当前官媒政治新闻接触对我国公民的民族主义政治态度的形成具有

一定的影响。格伯纳的涵化理论提出外部的信息接触往往会对用户的观念和态度等方面产生影响,并对民众在舆论或者政治态度上起到导火索或者出发的作用。李艳霞(2014)的研究发现,中国当代公众对于政治体系的信任很大程度上受到主流媒体的宣传,且对主流媒体信任度越高的公众,其政治信任度也越高。① 由此可见,在媒介化社会的背景下,国内的民族主义情绪的发展与官媒的新闻接触紧密相关,官媒时事政治新闻接触越多,则民族主义更加强烈。而一旦民族主义思潮涌起,则往往超过官方的控制。过激的民族主义往往带来一定的破坏,因此官媒的时政新闻在内容上要做好度的把握,否则很容易酿成激烈的民族主义情绪。

其二,爱国情怀对官媒时政新闻的接触与民族主义具有显著的中介作用。即官媒时政新闻通过大量正面报道和宣传容易激发大众的爱国情怀,并容易催生民族主义的政治意识,爱国情怀在其中起着重要的中介作用。这与我国特殊的国情和历史有很大的关系。近代以来,由于我国长期被各国列强侵略,我国人民长期以来处于水深火热之中。爱国情怀与民族主义政治态度交织成长,对祖国的热爱往往伴随着对国外侵略的厌恶。当下虽然我国政权稳定,人民安居乐业,但是国内在发展中也出现了一些问题,同时国际关系也日渐复杂,摩擦不断增多,因此民众的情绪很容易被激发。再加上新媒体的快速发展,为爱国主义和民族主义的发展提供了土壤,新媒体时代民众的政治参与意愿不断加强。但是爱国情怀并不等于民族主义,二者存在差异,爱国情怀是一种积极的情感,是一种对祖国、人民没有设防的爱,而民族主义则具有一定的排他性和破坏性。考虑到爱国情怀在官媒时政新闻接触和民族主义中的中介作用,因此官媒对爱国情怀的引导要理性和克制,否则很容易导致民族主义。

其二,政治信任对官媒政治新闻接触与民族主义具有显著且十分重要的中介作用,即对官媒政治新闻接触主要通过政治信任作用于大众的民族主义。通过研究我们发现,大众对官媒时政新闻接触虽然与民族主义的发展显著相关,但是更多地需要借由政治信任的中介作用。这表明对体制、执政党的工作等方面的认可在民族主义的形成中发挥着重要的

---

① 李艳霞:《何种信任与为何信任?——当代中国公众政治信任现状与来源的实证分析》,《公共管理学报》2014年第2期。

作用，政治信任的高低决定了官媒信息涵化能力的高低。只有对政治体制、执政党的工作给予较高的认可，其民族主义政治意识形态才会在接触到相关信息后觉醒。当前国际形势纷繁复杂，我国与美国、印度、欧洲国家等均存在这意识形态的差别以及外贸摩擦，它们多次对我国内政外交设置干扰因素，因此理性的民族主义是有其存在的价值和必要。通过调查我们发现，当前中国民众的政治信任普遍较高（M = 3.38），我国的官媒时政新闻的引导重要作用凸显。因此官媒的时政新闻要讲求一定的度，一旦官媒时政信息中含有较为偏激的民族主义内容，则形成上升为民族主义思潮运动。

其四，官媒时政新闻接触与政治信任与爱国情怀显著正相关，即对官媒时政新闻的接触越多，则对当前政党、体制的信任程度越高，爱国主义情怀越强烈。首先，我国官媒时政新闻作为执政党的喉舌，主张对内容进行严格把关且以正面宣传为主，是政府进行政治信息传播与扩散的主阵地（王海燕、科林·斯巴克斯、黄煜等，2017）。[1] 官媒时政新闻往往代表了中央的精神，是中央传递信息和进行工作的重要一环。有研究显示传统媒体是承担着政府和党的宣传工作的主流媒体，报纸和电视媒体中的政治新闻关注对公众的政治信任有显著正向影响（张明新、刘伟，2014）。[2] 金恒江（2017）的研究也发现，传统媒体的政治新闻使用对中国女性政治信任产生正面的影响。[3] 其次，官媒时政新闻接触与爱国情怀显著正相关。爱国情怀作为个体对国家的一种积极的情感，主要表现为奋斗精神、认同感、尊严感和荣誉感（佘双好、陈君，2016）。[4] 官媒作为我国的主流媒体，一直以来都十分注重宣传和培养大众的爱国主义情怀。研究结果表明官媒时政新闻接触对爱国情怀具有显著的促进作用。以上结果均表明媒介的涵化理论在当前依旧具有理论适用性。

其五，研究还发现爱国情怀、政治信任和民族主义显著正相关。具体

---

[1] 王海燕、科林·斯巴克斯、黄煜等：《中国传统媒体新闻报道模式分析》，《国际新闻界》2017 年第 6 期。
[2] 张明新、刘伟：《互联网的政治性使用与我国公众的政治信任——一项经验性研究》，《公共管理学报》2014 年第 1 期。
[3] 金恒江、聂静虹：《媒介使用对中国女性政治信任的影响研究——以中国网民为对象的实证研究》，《武汉大学学报》（人文科学版）2017 年第 3 期。
[4] 佘双好、陈君：《科学认识爱国主义的内涵和特征》，《思想理论教育导刊》2016 年第 10 期。

而言对国家认同感、尊严感、荣誉感越积极则其民族主义情感越激烈，对政治制度、政治体系和政党的态度评价越积极则民族主义情感越激烈。首先，我国自清末开始就一直受到国外侵略，在新中国成立后，国际冲突和贸易摩擦不断，因此我国的爱国主义情怀和民族主义交织融合在一起发展。近年来随着新媒体的快速发展，社交媒体为大众的政治参与提供了渠道和途径，一时间网络爱国主义情怀高涨。而一旦理性的爱国情怀发展到一定程度上，则往往朝着激烈的爱国主义发展，并最终形成民族主义思潮。2019年美国对华为的封杀、单边决定增加贸易税等行为一遍遍敲击着网民的神经，随着官媒对美中关系的报道以及对美国"搅屎棍"等的定位在社交媒体上引发了大量的民众参与到网络爱国主义的讨论中。一时间，网络上批评美国所谓的"民主"，抵制美国制造的情绪此起彼伏。其次，政治信任与民族主义显著相关。随着我国经济的快速发展，中国共产党作为执政党的政绩有目共睹，这越发增加了制度自信、民族自信和文化自信等。长期以来，我国的共产党领导、社会主义制度在国际社会上遭受资本主义的排挤。然而近年来随着我国经济建设、文化建设等取得了一个又一个成绩，这在一定程度上增加了制度自信，提升了政治信任。政治信任的增强提升了对当前共产党领导和政治领袖的信心。而民族主义表现出来的排斥其他国家正是这种长期以来被打压的一种不满和宣泄。

以上研究显示，当前官媒时政新闻接触对于民族主义政治意识的发展具有一定提升的作用，但是需要借助政治信任和爱国情怀发挥作用。这意味着在当前媒介信任较高、爱国情怀高涨的情况下，官媒的时政新闻的报道需要综合考虑其可能引发的后果，否则较为激进的民族主义会造成政府难以控制的局面。特别是随着新媒体的快速发展，政治社会化的到来引起网民参与政治的意愿空前高涨，这种情况下，官媒时政新闻起着重要的舆论引导作用。因此，当前官媒克制、理性的时政新闻是符合社会发展需要的。

研究主要是从建构主义的角度出发探索了官媒时政新闻接触对民族主义影响的机制，在这个过程中，爱国情怀和政治信任起着非常重要的中介作用。研究一方面丰富了建构主义在新媒体研究方面的内容，另一方面也从另一个角度论证了随着政治社会化和媒介社会化的到来，官媒在舆论引导方面的重要作用。

另外，本文还存在一些不足的地方，首先，由于文章是使用二手数据完成的，因此在变量的设置和选择上较为局限。其次，此次样本的数据主要是通过在线填写完成，没有考虑到非网民的样本，未来的研究可以扩大样本范围，增加研究的论证范围。最后，研究只考虑了中介变量，没有考察导调节变量，如用户的性格等都可能对其民族主义具有调节作用，这也是未来的一个重要研究方向。

民族主义与说唱文化本土化发展

李 沙[①]

摘要：本文从民族主义视角来探索在中国发展的说唱文化。为了摆脱长期以来的负面媒介印象、赢得更广阔的音乐市场，说唱音乐借助民族主义的策略重新接受着政治性与意识形态表达的改造。通过与官方的合作、在流行市场中的软性竞争与"叛逆"的爱国主义表达，说唱音乐获得合法的文化身份。在具体策略中，说唱音乐使用本土语言作为传递民族文化的根基，通过建构民族音乐场景来唤醒集体记忆，从而达到强化民族情感的目的。尽管民族主义为中国说唱的民族性提供了优先价值判断，但在全球化过程中，说唱文化本土化后仍然面临着商品化、浅表化等民族主义表达的重重矛盾与困境。

关键词：说唱音乐；民族主义；现代性；"中国风"

2019 年 8 月，香港"反修例"风波中激进示威者的暴力行为彻底激起了民众的愤怒，深刻地伤害了中国人的爱国情感，社会各界的爱国爱港人士纷纷发声强烈谴责暴行，坚决维护国家主权和祖国统一。其中，一股亚文化力量——说唱歌手在社交媒体中的独特表达格外引人注目："幼稚园杀手"发布新歌《红色》、"畸形儿"发布歌曲《我们是龙》、"天府事变"发布歌曲《香港之秋》等，其中《红色》《香港之秋》《述述》等反暴力主题的说唱歌曲被"人民日报""共青团中央"等官方媒体微博账号转发，并予以较高评价。这些年轻的歌手将鲜明的政治立场融入说唱音乐创作中，既丰富了说唱音乐创作，又表现出了强烈的爱国情感和民族精神。主流媒体的关注与认可代表着从主流文化层面理解当下说唱文化的风格和意义，也使这个长期以来在主流媒体中备受争议的亚文化群体获得了

---

① 李沙，西安交通大学马克思主义学院 2016 级博士生。

扭转负面媒介印象的机遇。

社会发展的现代化和媒介发展的迅猛改变了亚文化的传播和发声渠道，大众传媒、国内外关系和现代性催化了亚文化在表现民族主义上更有独特的表达。爱国主义和民族主义不再仅以官方媒体的宣传为主，更多青年人也开始主动以亚文化的方式拥抱民族主义，来表达自己的爱国情感，本文尝试通过审视我国说唱音乐的民族主义表达策略，来探寻原本"叛逆不羁"的说唱音乐是如何化身为青年人表达国家与民族认同的一种媒介力量，并在此基础上解读民族主义在说唱音乐风格中的呈现，最终探索说唱文化本土化过程中民族性与时代性的裂隙。

一　说唱音乐本土化的进程

（一）早期嘻哈风格与发展

嘻哈文化兴起于20世纪70年代美国社会动荡时期的纽约布鲁克林区，是民权运动时代的产物。说唱音乐是嘻哈文化的最重要组成部分，自诞生之时，这种生长于弱势群体中的亚文化便与贫民窟、犯罪、毒品、权力抗争密不可分。

到了20世纪80年代，"快克"① 因价格低廉，在美国贫民窟泛滥，主要消费群体是美国的郊区居民。早期的说唱音乐与毒品氛围交融不可分，毒品交易成为说唱的重要内容。② 匪帮说唱作为说唱音乐的重要类型，随着"快克"在贫民窟中的流行而兴起，特点是只借助节奏进行创作而没有旋律，说唱的节奏一般时值较短③，因此在密集的节奏中包含着大量的歌词、可传递出比一般歌词更多的信息，也为个人表达提供了广阔的空间。一些有黑帮背景的MC脱颖而出，内容上多讲述街头故事、带着迷茫和绝望感的生存状态，匪帮说唱倾向于写实，透过音乐可以了解到这一群体的一些生活方式。④ 匪帮说唱的常见主题有"对女性

---

① "快克"是当时的一种精炼过的廉价毒品"可卡因"。
② ［美］纳尔逊：《嘻哈美国》，江苏人民出版社2013年版，第49—53页。
③ 说唱音乐一般以十六分节奏作为基础，也包括三十二分节奏、十六分三连音、五连音及以上，歌词与节奏相配合后难度各有不同。
④ ［美］纳尔逊：《嘻哈美国》，江苏人民出版社2013年版，第51—60页。

的怀疑、对兄弟的忠诚、混迹江湖的道义、冷硬地面对世界、仇恨权威"以及种族迫害的阴暗感等,常常引发道德恐慌,因此说唱音乐常被美国主流社会视为"越轨亚文化",加上歌词中充斥着大量与性、金钱、犯罪、辱骂、反政府等负面信息,也是说唱音乐长期以来被看作"有害"艺术的源头所在。

但当嘻哈文化的商业潜能被完全激活之后,嘻哈就不再是美国黑人的专属,而带着浓郁的个人主义、消费主义、自由主义的风格获得了更广阔的受众。1979 年"糖山帮"(The Sugarhill Gang)的单曲《说唱歌手的乐趣》(*Rapper's Delight*)荣登"全美唱片联合会"(National Association of Record Merchandisers)年度最佳单曲,此曲带着浓重的商业包装气质,远离了布鲁克林黑街的抗争感和愤怒感,打破了"黑白不两立"的局面,说唱在白人青少年听众中红极一时,开始和白人消费者产生交集。由于早期的说唱音乐创作中脱离了旋律,却使说唱音乐因此较为容易得与其他艺术风格融合在一起,并从此在美国很多地区产生区域化的说唱音乐风格,并在美国流行音乐市场中立足。

在 20 世纪 80 年代末电视综艺对美国嘻哈文化的传播起到了推波助澜的效果。当时第一档 MTV 说唱音乐节目 *Yo! MTV Raps!* 使嘻哈文化登上了全国性的舞台,一大批地下说唱艺人和音乐场景有了曝光的机会[①],MTV 很大程度上挖掘了嘻哈文化的周边商业潜能,促使之后说唱音乐、街舞、DJ、涂鸦等嘻哈风格成为一门赚钱的生意。

在商业全球化的推动下,嘻哈文化开始风靡全球,在世界各地扎根。在亚洲,嘻哈文化在 20 世纪 80 年代首先传入日本,再由日本传入韩国和中国香港、台湾地区,如香港歌手林子祥在 1982 年推出的专辑《精歌妙韵林子祥》中开始使用粤语进行说唱创作,台湾歌手宋岳庭、庾澄庆以及生长于美国的台湾组合 L. A. BOYZ 等都将纯正的嘻哈音乐带入港台地区。90 年代,说唱音乐、街舞(当时叫霹雳舞)等嘻哈文化带着其浓厚的消费属性进入我国内地,青年们开始了对嘻哈文化的舞蹈、音乐、涂鸦、服饰等做表层化模仿。

---

① [美]纳尔逊:《嘻哈美国》,江苏人民出版社 2013 年版,第 120—124 页。

(二)"大杂烩"与"顺口溜"

在20世纪90年代,外来的说唱音乐如一派星火在我国内地流行起来,但当时正值我国政治风波戛然而止之后、新民族主义思潮勃兴之时,说唱音乐与我国社会意识形态和文化思想都显得格格不入。受到港台说唱歌手的影响,内地说唱实践者们也跃跃欲试,开始了"中国说唱"的摸索之路。当时也出现了几支说唱组合,如"D.D.节奏""软硬天师"等。

如前文所述,早期的说唱音乐抛弃了旋律,以说代唱,在传入内地之初"中文说唱"难以找寻一个适合的参照物作为标准,又因形式上的相仿,在创作中容易受到"快板""数来宝""莲花落"等传统民间说唱艺术的影响,如1993年尹相杰、谢东、图图在日本发行的专辑《某某人》当年专辑封面印着"中国RAP",整张专辑采用中文进行创作,创作风格较为简单甚至带有明显的顺口溜、快板等"杂交"风格[1],是国内较早的用中文进行说唱的一种简单的尝试。类似的风格在当时的流行音乐市场中也曾红极一时,但由于对外来文化的认同程度、说唱音乐的本土化程度较低,大部分所谓的"说唱"都仅仅停留在形式上的浅尝辄止阶段,尚不能带给大众舒适的审美体验。

更值得注意的是,当时社会思潮主要思考在全球化进程中如何保持国家独立自主、自觉抵制西方经济、政治与文化霸权等问题,以维护本民族的利益与发展[2],因此当时的评论界对于说唱音乐这种舶来品并不看好。1993年乐评人李皖写到"中国的Rap真的成了插科打诨……它们从国外时令中借一点兴起成了诸多晚会的佐料,'白'得就差点快成旧时邀赏钱的'数来宝'了",认为当时大多数的说唱音乐作品都只是东西方音乐的大杂烩,音乐中没有灵魂,甚至认为"纯粹的Rap在中国注定说不下去,即便在世界乐坛,我看Rap的尾巴也长不了"[3]。更有评论家在20世纪90

---

[1] 谭兆龙:《寸草记》,中南大学出版社2016年版,第63—65页。
[2] 潘维、廉思主编:《中国社会价值观变迁30年 1978—2008》,中国社会科学出版社2008年版,第321—322页。
[3] 李皖:《听者有心》,生活·读书·新知三联书店1997年版,第26—30页。

年代中期就表示"Rap 之风可以休矣"①，认为中国的音乐创作需要"摸准今日中国文化思潮的脉搏"。

除此之外，尽管在 1995 年，MTV 中文频道的创办直接推动了嘻哈生活方式的推广②，但主流媒体对说唱音乐的态度也并不乐观。说唱音乐是美国贫民区青年用来发泄不满情绪、抨击种族歧视等问题的手段，这种浓厚的亚文化属性意味着说唱音乐在我国的本土化发展不可能一帆风顺。虽然在全球化过程中，嘻哈文化从政治上、地理上脱离了美国的社会文化语境，不同地区的说唱实践者们会根据各自经历的不同环境进行多样化的创作，但在本土化初期浓厚的模仿痕迹中，连同说唱音乐发源地所带的主题、精神以及价值观问题也会进入本土实践者的视野中。因此，嘻哈文化在 90 年代主流媒体中大多是对青年成长、社会文化存在不良影响的呈现。1996 年春晚小品《如此包装》深刻地反映了 90 年代说唱音乐在本土化进程中遭遇的偏见和审美抵触，如小品中表示"RAP"就是"唱不出来就说"或"快速念词"，以"RAP"的方式"包装"中国传统的评剧艺术"简直太难受""把这些好玩意儿都给糟蹋了"等。说唱音乐作为一种前卫的外来文化样式，夹杂在传统民间艺术形式之间的"说唱"音乐，显得不伦不类，就连一些词典中也将 RAP 翻译成了"吟快板"③，与我国当时的主流文化与大众文化相龃龉，也正逢我国新民族主义意识的觉醒，外来文化难以被大众审美接受。

尽管在当时乐评人以犀利的言辞和态度看待说唱音乐，李皖在批评的同时也看到了当时我国的说唱音乐作品中"也有不错的东西"，如"一九八九"乐队的《说说》，说唱在其中"扮演了一种戏剧要素"，其音乐的主体性尚在，且"并不觉得是在重复美国，而自然想起北京人最经常的一种生活：侃"④。在李皖的评论背后，可以得知当时的社会环境和文化

---

① 余韶文在 1995 年 2 月撰文《RAP 之风可以休矣》，后收录在其著作《文化同期声》中。文中对说唱音乐与当时中国流行歌坛之间的冲突进行批判，认为在当时"Rap 是与西方特定时期的文化思潮相适应的一种演唱形式，它并不适合现阶段的中国流行歌坛。盲目地引进这种演唱形式且任其泛滥，只会干扰中国流行歌曲的正常发展。"
② [美]苏嘉达·费尔南德斯：《接近边缘 寻找全球 Hip Hop 一代》，山东画报出版社 2016 年版，第 13 页。
③ 在 2002 年出版的《点击智慧 新世纪魔鬼词典 英汉对照》词典的第 213 页，RAP 被翻译成"吟快板"。
④ 李皖：《听者有心》，生活·读书·新知三联书店 1997 年版，第 28—29 页。

环境对说唱文化的大众接受程度,并解释了说唱本土化中的优劣成分,也预示了说唱正在成为流行音乐发展的重要力量——"在节奏创新上的诸种可能性,为流行音乐提供了诸多的新语汇、新元素"①。

随着21世纪互联网飞速发展和全球消费文化市场的发展,说唱音乐的全球化发展的势头越来越强劲,开始与我国的流行音乐市场真正产生关联,说唱文化的本土化也随之加快了进程。

(三) 主体凸显与混杂的"中国风"

随着Web1.0时代来临,流行音乐网站蓬勃发展成为人们了解说唱音乐的绝佳契机,世界各地的说唱歌手与组合被更多听众所知。电脑和网络提供给说唱爱好者简易的音乐制作技术和作品分享渠道,我国流行音乐和外来音乐获得了便利的媒介交流环境,嘻哈文化真正意义上在国内落地生根,开始了说唱音乐本土化的实践之路。这一时期也先后出现了黑棒、隐藏、竹游人、邪恶少年EB、天王星Uranu$、乱战门、龙门阵、吾人文化、幼稚园杀手、噔哚、南征北战、阴三儿(IN 3)、MCHotdog、麻吉等有代表性的说唱歌手与组合。② 在各大城市——广州、上海、北京、沈阳等地都产生了说唱厂牌,他们开始采用中文押韵,其中不乏利用各地方言、融合各种地域文化或流行音乐风格进行说唱的实践者,在创作摸索之中逐渐摆脱了模仿痕迹,同时克服了说唱实践初期由语言带来的创作障碍和制约。不同的厂牌开始树立起其独特的区域特点与表达态度,对说唱文化精神和价值重新进行解释。尽管"中国说唱"没有作为一个明确的口号被提出,但这种动向在语言(尤其是普通话)、押韵、节奏、音律风格(flow)、意识形态等构成要素上都显示出了中国音乐人的努力对说唱本土化进程的推动。

值得一提的是,进入21世纪以来,一些流行音乐创作越发展现出全球化的痕迹,说唱音乐与流行音乐在中国大陆音乐市场开始了共生关系,其中歌手王力宏、周杰伦等人最为代表。王力宏将中国传统文化元素与说

---

① 李皖:《听者有心》,生活·读书·新知三联书店1997年版,第31页。
② 果酱音乐:《中国说唱音乐史》(上),《中国第一个发现Hip-Pop专辑的是谁》,http://www.myzaker.com/article/59b095e81bc8e0a87a000014/,2017年9月7日。果酱音乐:《中国说唱音乐史》(中),《中国Hip-Pop曾有大批网络歌手》http://app.myzaker.com/news/article.php?pk=59b36b881bc8e08735000019,2017年9月9日。

唱音乐的节奏、R&B 音乐旋律融合在一起形成完整的作品，王力宏自己称为"chinked-out"——中国嘻哈风①，如《龙的传人》《地球英雄》等，似乎这种带着异域情调的曲风，更让海外华人为之振奋。这种将中国传统文化元素与外来文化样式通过音乐采样技术加以组合，展现出"碎片式"的文化认同，并不能真正触及民族情感，但不得不承认的是，这种"中国风"开启了一种音乐风格的大门，为之后的"中国风"音乐创作风格提供了一定的灵感与借鉴。

（四）从各大比赛和网络综艺中"出圈"

近 20 年来，说唱音乐在互联网的传播推动之下，越来越多的说唱歌手与说唱组合出现在年轻人的视野中，一些专业性的说唱比赛如"Iron Mic"②"八英里"③"Listen Up"相继推出之后，吸引了越来越多的青少年加入，一些 battle MC 也在获得了冠军之后在说唱圈中赢得名声。说唱演出除了纯粹爱好而生之外也开始有了商业演出，随着说唱歌手名气的上升，演出费用也不断攀升。但总体而言，网络综艺出现之前说唱文化在我国的发展尚没有受到太多商业的捆绑与束缚，说唱比赛的知名度却使"地上"与"地下"、"新说唱"（New school）与"传统说唱"（Old school）之间的圈子正在逐渐形成。

2017 年，由爱奇艺自制的音乐选秀节目《中国新说唱》的播出让说唱文化开始实现圈层破壁，网络综艺节目给予了"中国说唱"全新的面貌，重新整合了说唱音乐市场，也推进了说唱消费从边缘、小众审美向主流、大众审美空间的过渡，网络综艺节目更多地向大众"普及"了说唱文化，以正面引导的方式传递了说唱文化的精神，并带动了社交媒体上热烈的话题讨论，嘻哈在我国获得了前所未有的发展机遇。说唱音乐变得更加流行，一时间，因节目而生的"你有 treestyle 吗""battle一下""skrskr""××（某人）真的很严格"等网络流行语风靡于青少年社交圈中。从 2017 年至今，网络综艺使说唱文化的消费如雨后春笋

---

① Gao Z., When Nationalism Goes to the Market: The Case of Chinese Patriotic Songs, *Journal of Macromarketing*, 2015, 35 (4), pp. 473-488.
② Iron Mic 是国内最早由黑人 Showtyme 创办的 freestyle（自由式说唱）比赛。
③ 创立之初叫"地下八英里"，近几年为了顺利过审而去掉了"地下"，也能看出说唱与主流意识形态之间的妥协。

一般增长，推动了说唱进入商业化发展阶段，更多的说唱歌手有了主流与大众化的表演平台，与此同时，关于说唱文化的负面影响也被推向风口浪尖。

近几年来，在主流媒体、网络综艺节目的助推之下，一部分说唱在创作主题和结构上开始与商业化的流行音乐更为贴近，其反抗精神和攻击性也被稀释或驯化。说唱经过了改良和意识形态收编，音乐变得"温和"且有艺术性，一方面适应流行音乐和大众审美，另一方面正在试图以合法化的表达来获得文化与身份认同。说唱音乐在我国发展至今，"地下"与"地上"的说唱文化在新媒体环境中不断碰撞、分化，各自走向不同的音乐道路。

二 民族主义遇上说唱音乐：三种表达模式

当说唱音乐逐渐成为更多青少年群体来表达政治诉求和独特意见的一种音乐形式时，其中包含说唱音乐为了获得大众音乐市场的准入证、摆脱"越轨"的身份的意图，上文中提到过说唱音乐因其创作的开放性，即使作为抵抗性亚文化却很容易与意识形态立场相融合，这为亚文化收编和融合带来了一个极佳的时机，其中民族主义的表达作为说唱音乐在政治性与意识形态上的重新审视，在目前中国说唱发展中通常表现出三种模式。

（一）与官方的合作

第一种模式中说唱音乐的爱国主义和民族主义情感表达是最显而易见的，在我国的说唱圈中以说唱组合"天府事变"（CD REV）为代表。从2015年开始，"天府事变"就长期与官方保持合作，创作了大量以爱国、反战、禁毒、传统文化等为主题的说唱歌曲，其中歌曲《This is China》《澳门·我们》《香港之秋》以及与歌唱家李谷一合作的《我和我的祖国》都被人民日报等主流媒体相继推送。他们的说唱音乐更改了说唱音乐的原始属性，使以抵制主流意识形态而闻名的全球音乐流派成为一种有效的文化和政治信息载体。合作模式将说唱音乐的生产作为意识形态体系化生产的一个重要部分①,使用口语化的方式讲故事、传播生活方式②,将主流叙事策略与说唱音乐形式结合起来,旨在向国内外发出中国青年的政治立场与声音。同时也传达出官方将说唱文化形式纳入合法化管理的策略,说唱音乐经过驯化之后是可以服务于本土商业市场和中国的民族主义的。

安东尼·史密斯在叙述民族主义的含义中,提到当民族主义作为一种社会政治运动时,"通常都不是起始于抗议集会、独立宣言或武装反抗,而是源自文学社团、历史研究、音乐汇演或文化期刊的诞生"③,足见文艺在民族主义运动中扮演着重要的角色。近几年官方媒体也在青年流行文化中不断发掘可以代表正能量与价值观传播的文艺力量,其中也不乏民族主义的表达,如文首提到的《红色》《迷途》等爱国说唱歌曲被官方媒体转发、由 GAI 创作的电影音乐《哪吒》出现在学习强国 App 的推送中,这些说唱歌曲打破了长期以来爱国主义歌曲的惯有模式和内容风格,更关注个体的爱国情感表达,其中也蕴含着生活政治,更贴近于青年的个体生活与表达方式。2019 年 4 月 20 日共青团中央微博发布说唱歌手 GAI 在少年国风音乐节上激情演唱《华夏》,以及说唱选手"福克斯"在 2019 年《中国新说唱》结束后在央视演唱其带有传统文化韵味的《庆功酒》,官方媒体对于说唱音乐的关注打破了长期以来说唱音乐的刻板印象,暗示着主流所支持的说唱本土化发展的主题和方向。

与官方媒体合作、得到官方媒体的认可,说唱音乐借助着民族主义的意识形态策略,重新建构起说唱音乐的媒介框架。④戈夫曼认为框架是"人们用来认识和阐释外在客观世界的认知解构,人们对现实生活经验的归纳、结构和阐释都依赖一定的框架"⑤,获得正面意义的媒介框架为说唱文化进入我国的主流社会语境提供了一条较为通畅的道路。民族主义为说唱音乐的媒介框架重构提供了意识形态依据,给出了说唱音乐在我国传

---

① 周志强:《声音的政治——从阿达利到中国好声音》,《中国图书评论》2012 年第 12 期。
② Zou S., When nationalism meets hip-hop: aestheticized politics of ideotainment in China, *Communication and Critical/Cultural Studies*, 2019, 16 (3): 178-195.
③ [英] 安东尼·史密斯:《民族主义 理论、意识形态、历史》,上海人民出版社 2011 年版,第 8 页。
④ Binder A., Constructing racial rhetoric - media depictions of harm in heavy-metal and rap music, *American Sociological Review*, 1993, 58 (6), pp. 753-767.
⑤ 郭庆光:《传播学教程》,中国人民大学出版社 2011 年版,第 208—210 页。

播的文化身份根据，使说唱音乐在积极作用的媒介框架①的建构之下成为一种正能量与批判性兼顾表达方式。另外，主流的关注为说唱实践者们提供了直接的经济利益和更广的曝光平台，也是一种实现意识形态引导和经济利益之间的双赢模式。

(二) 在流行音乐市场中立足

当说唱音乐遇上了商业市场，说唱音乐的创作不仅要考虑文化产品的商业价值，还需要面对更大众化的音乐政治与审美接受。

与第一种模式不同的是，说唱音乐的民族表达是在商品逻辑的推动下完成的。说唱音乐想要打开市场，首先需要解除横亘于大众与说唱之间的刻板印象，尤其是长期以来被社会舆论所诟病的问题，如综艺节目《中国新说唱》中有意识地提出了"中国说唱"，通过对语言、风格、精神等方面本土文化元素的挖掘，来实现说唱的民族身份认同。从命名上，"新"和"中国说唱"的组合意味着说唱音乐在带有民族主义的语境下进行，"新"相对于以往的、外来的说唱音乐而言，先验地树立起说唱音乐的主体意识，赋予了说唱音乐崭新的政治姿态，在节目中也通过强化语言、文化、情感、身份来完成关于说唱音乐所建构的民族景观想象。

一些说唱歌手在参与节目之后，也开始探索一条传统文化、流行音乐与说唱的融合之路，我们不妨看看社交媒体中拥有较高热度的几首"中国风"说唱音乐歌曲：GAI 的《万里长城》《华夏》《光宗耀祖》、"大傻"的《长河》《投名状》《新庐山》等，这些歌曲并不是像"天府事变"般的姿态进行民族主义表达，而是通过将民族文化中的共同价值、观念、习俗与审美转换成文化符号，来传达一个民族所共有的文化心理和

---

① 艾米·宾德认为框架由特定目标的意识形态构成，他对美国发生的两次流行音乐的"道德恐慌"进行审视，研究了报纸与杂志上关于重金属和说唱音乐较有影响的评论文章，通过引入框架的概念来分析媒体是如何将特定的音乐诠释传达给听众的。他将 9 种框架分成三类，第一类为"音乐有害论"，包含堕落论框架、保护论框架、危害社会论框架；第二类为"音乐无害论"，包括无害论框架、代沟论框架、威胁权威论框架、言论自由论框架、重要信息/艺术框架；第三类为"反对立型"，为非审查理论框架。其中"音乐无害论"中的重要信息/艺术对立框架则更加偏向说唱音乐，这种框架认为说唱能够反映城市现实并具有艺术性，说唱歌手被视为黑人青年的积极榜样，说唱音乐歌词包含着黑人青少年对日常生活的理解，所有人都可以从中受益，因此值得被严肃对待。这种反对"说唱有害"立场的媒介框架重在强调说唱音乐的正面社会影响，如美国说唱歌手 MC Hammer 的音乐被看作是有较强的社会性，内容多为反暴力、反毒品，具有正面告诫的作用。

情感意识，且能够传递爱国情感、承担社会责任，反过来又支持着主流意识形态。这种模式通过凸显说唱音乐本土化所应有的音乐主体性，认为中国说唱并不仅仅代表"满口脏话""犯罪"等越轨亚文化，也不是刻意迎合主流意识形态的产物，而是一种独特的艺术形式——关于传承民族文化、拥有深厚民族情感的音乐流派。"中国风"提供了一种安全的意识形态，既包含着审美化政治象征、民族情感与民族记忆的符号象征，又避免了直接而直白的政治内容表达，不作为意识形态宣传的替代品。

流行音乐市场为说唱歌手争取了在社会结构中向上流动的可能性，民族主义和爱国主义的诸多策略能够帮助说唱实践者迅速探索到新的文化身份，并在中国说唱走出去的过程中充当着一种神秘的东方力量，传递来自东方的声音，将具有中国特色的传统文化和艺术样式以现代化的音乐手段传播出去，赋予中国说唱以民族音乐的身份。

（三）"叛逆"的地下说唱

2019年8月，众多说唱歌手在自己的社交媒体中发布"支持香港警察"的言论，遭到部分香港地区和外国粉丝的抵制，一些说唱歌手也在社交媒体发布自己创作的歌曲、歌词来宣扬自己的政治立场。这场自发的抗议事件也显示出中国说唱和民族主义之间的联系，实际上，说唱音乐中的民族主义表达并不仅仅是中国说唱的产物，说唱音乐自诞生之初就与文化认同、（泛）民族主义意识联系在了一起。[1] 安迪·本内特考察了土耳其和摩洛哥社区青年通过使用德语和土耳其语来创作嘻哈音乐，从而将说唱音乐改造成高度本土化的表达方式，他认为这种改写使说唱歌曲成为一种表达种族主义和民族认同的媒介，种族和民族问题又为嘻哈音乐本土化提供了重要资源。[2]

说唱音乐因其与生俱来的独立性与叛逆性，恰恰说明了说唱音乐中的民族主义并不会简单而轻易地受到政府或商业市场的控制与操纵，而利用反叛对对立面——如霸权、分裂势力进行批判。当前我国面对复杂多变的

---

[1] Zou S., When nationalism meets hip-hop: aestheticized politics of ideotainment in China, *Communication and Critical/Cultural Studies*, 2019, 16 (3), pp. 178-195.

[2] Bennett A., Hip hop am Main: the localization of rap music and hip hop culture, *Media culture & society*, 1999, 21 (1), p. 77.

国际形势，对于在社会文化中处于边缘位置的"地下"说唱文化而言，也需要根据形势发展不断调整自我的文化定位，从这个意义上看，中国说唱音乐的政治话语实践加强了他们的民族意识，是他们对于西方霸权、分裂民族势力渗透的一次突围。

从嘻哈文化发源时倡导的精神来看，嘻哈文化实践者与爱好者将"和平与爱"作为共同认同的核心精神①，"和平"作为一种民族共同心理和情感结构的内化力量，是民族的道德意识。"和平"意味着去除暴力，更强调民族主义情绪实现时的满足感，淡化了未实现时的愤怒感。"地下"说唱的政治表达将边缘人群的生活态度和精神追求与主流社会价值观相勾连，强化说唱音乐对社会和个人均无害，尽管这种强调"保持真实""自由""竞争"的文化会产生具有冲突的风格，"地下"说唱坚持自己的音乐是关于"真实性"的表达，通常不愿与主流文化协商、也不愿意向资本低头，"叛逆"恰好建构了政治立场坚定、敢于争取权利、不容妥协的青年形象。

三 说唱音乐中的民族主义表达身份与策略

在三种民族主义表达的模式之下，可以清晰看到的是本土说唱文化的转型与拓展空间。从客观上来看，民族是人们在历史上形成的一个有共同语言、共同地域、共同经济生活以及表现于共同文化上的共同心理素质的稳定的共同体。虽然纯粹的客观标准或主观定义认为语言、宗教或领土不能包含所有民族，"想象的共同体"中的情感也不能作为完全的区分标准，安东尼·史密斯梳理了研究者们的定义后认为"民族是被感觉到的

---

① 20世纪70年代，DJ创始人之一的Bambaataa为了使嘻哈帮派能够对当地社区起到积极作用，鼓励无所事事的黑人青年投入到一些向上且有意义的事情上来，成立了B-Boy团体Zulu Nation。这一组织先后制定了《15条信仰原则》以及《Hiphop和平宣言》，他们期待在创造嘻哈的同时能够帮助人们远离具有危害的负面行为。这则《宣言》的"第十条"提到了"我们鼓励Hip-Hop人士建造有意义并且长久的关系，使其有爱、信任、平等和尊重。并且鼓励Hip-Hop人士不得欺骗、虐待、背叛自己的朋友"，以及不断强调的"和平""多元化""独立意识"等字眼，参见《一起回顾Hiphop和平宣言——Zulu Nation》，http://www.51555.net/home/html/news/notes/2014/0811/6290.html。

和活着的共同体,其成员共享祖国和文化"①,这就强调了公共文化、故乡是理解民族的重要内容。民族主义为说唱本土化发展提供了深层情感来源、民族文化表现的主体和合法化的身份。

(一) 本土语言的选择

我国作为一个多民族国家,不同民族和地域条件为说唱音乐提供了独特的文化环境。语言作为一个民族在心理上最接近的、通向共同体的工具,直接界定了本土和外来的界限,语言的选择具有重要的地缘政治意义,在语言的选择上普通话、方言、少数民族语言都能够为说唱本土化建立身份边界。赫尔德认为语言在民族概念中占最重要的位置,是每个民族的精神归属,使用共同的语言写作能够表达最深层次的情感,由共同语言构成的共同体是文化民族主义的基础②,从语言、音韵、歌词、语境、意识形态等构成要素上重塑本土化的说唱风格实现本土化的首要因素。如北京地区的说唱音乐中多使用儿化音进行押韵,沪语说唱如黑棒的《霞飞路87号》中也包含大量的"吴侬软语",武汉说唱中的"莫烦劳资"、川渝说唱中的"勒是雾都"、新疆说唱中的维吾尔语等都显示出方言、风俗与民族文化对说唱音乐的发音、用词、风格等产生了极大的影响。

说唱文化在我国的发展也因不同地域和不同民族产生了风格迥异的地方本土说唱厂牌,如长沙地区的 Sup Music、重庆地区的 GOSH、西安地区的 N/U、成都地区的 CDC 说唱会馆、东北地区的吾人文化、广州地区的精气神等,音乐场景在说唱文化中与各地的方言、传统文化、少数民族风俗结合,逐渐形成区域性的说唱文化品位,显示出了很强的亲缘性和排他性。共同语言作为一个有意义的符号体系,足以用来给予文化行为价值。

(二) 集体记忆的唤醒

郭景萍认为社会意义是一种社会再生产的情感力量,"社会是一代一代变更的,社会记忆使社会历史代代相传,在这一过程中,情感让记忆变

---

① [英] 安东尼·史密斯:《民族主义:理论、意识形态、历史》,上海人民出版社2011年版,第12页。
② [德] 赫尔德:《论语言的起源》,商务印书馆2014年版。

得鲜活起来，使得社会的再生产不是简单地复制，而是通过波澜起伏的变化方式获得社会的连续性"①，说唱音乐中对民族情感的抒发，借助着民族地域的风景、本土生活景观和本地消费场景，将民族情感当作情感记忆实践的核心。

其中，民俗风情的描写是各地区厂牌说唱音乐歌词创作的一大特点，包含着不同地域人们独特的生活图景与审美领域，西南地区如 GAI 的《重庆魂》：

抢地盘夹毛居
再大的场合都不得虚
重庆城红岩魂
丰都江边过瑰门

展现出重庆地区的特有生活体验如小龙坎、沙坪坝、洪崖洞、解放碑、朝天门等地名，夹杂着一些方言"夹毛居""脑壳""勒是雾都"等，本土生活经验和本土语言表达之间的契合度使方言说唱包含浓厚的本土气氛和地方回忆，将当地人们的性情、心态与趣味等日常生活情境符号化，成为本土音乐场景中的重要元素。

音乐展现了城市记忆，城市记忆中的众多意象又表现了对生活的共同体的集体情感，成为联结创作者和听众之间的桥梁。一些实践者在经历了民族文化语境的脱嵌后，本能地将少数民族文化和地域风情融合在流行说唱风格中，如新疆说唱实践者的创作中常涉及"沙漠""西域""孤独""流浪"等意象，这些意象充满着隐喻，传递着创作者对自身生存环境的忧虑，对外部世界与自我内心之间冲突的反思，通过思乡情结表达个体与民族之间的情感关联，表现出从小民族到大民族的"想象"认同。说唱音乐作品在市场化过程中借助这些带有地方性的、族群的或传统的文化意象来唤起人们的共同情感和生活体验，也是对现实社会语境的再嵌入。

（三）共同情感的强化

除了通过对地域集体记忆的书写来唤起民族情感之外，还有一部分说

---

① 郭景萍：《社会记忆：一种社会再生产的情感力量》，《学习与实践》2006 年第 10 期。

唱歌曲中通过展现历史记忆与宏大的民族象征符号来强化民族情感。民族国家作为一个政治共同体和文化共同体，规定了民族、语言、地域、政治权力、制度、经济生活与历史文化的范畴，如在"大傻"的《风吹草动》的 MV 中，出现"正午生的龙""长城""长江""黄河""长征"等相对应的影像符号，通过象征符号唤起民族意识，这些符号因在中华民族形成过程中成为了地缘上的民族凝聚力，故而从地理环境上影响着我国民族的性格和思想情感。再如 GAI 的《中国万岁》中，使用了众多民族象征意象来表达爱国情感、反对暴力与分裂事件再发生：

> 华夏儿女意志高昂
> 音乐解救迷途羔羊
> 西部牛仔雪域刀郎
> 五星红旗迎风飘扬

"华夏儿女""炎黄子孙""龙的传人"等象征符号从血缘上激起对"中华民族"的认同，这样的族群身份认同下产生了民族主体性，在文化领域体现为对本民族文化的保护和对外来文化的收编和抵触。

社会作为一个拥有"情感记忆的共同体"，其共同体中的成员不会忘记民族的历史，尤其是能够体现集体价值观的历史，社会记忆使社会文化得以保存。在"幼稚园杀手"的《红色》中，饱含着民族创伤的历史记忆成为激起民族情感和爱国主义情感的一种方式。在歌曲中，再现了从鸦片战争到新中国成立以来曾遭受过的屈辱历史：

> 从虎门销烟到签订《南京条约》
> 再到 97 香港回归政权的交接
> 中国早已不再是 1842 年的样子
> 没有一国的繁荣稳定哪来的两制

在歌曲中还不断以"妈妈""母爱""红旗"作为国家的象征，其中饱含着个人对民族这一精神共同体的认同感与归属感。歌曲中还几次批判了国际舆论中的不当之词，这些高度政治化的歌词有唤起集体记忆的作用，李红涛认为"集体记忆在一定程度上会抗拒现实政治的扭曲"[1]，呈现出的是亚群体的社会责任感和充满正义的价值观。包括《香港之秋》《迷途》《我们是龙》等在内的说唱歌曲都清楚地反映出爱国主义和民族主义在当下中国说唱音乐中真实存在着，且在国家与民族主权受到侮辱时，说唱音乐能够作为发声筒，通过鲜明的符号、激昂的情绪来唤醒人们心中的民族自豪感和使命感，并借助具体的、具有共同记忆符号形象来表达年轻的群体的政治态度和立场、唤起民族内部成员之间的团结。

四　说唱音乐民族主义表达的矛盾与困境

说唱音乐在本土化过程中，民族力量、市场力量与全球化力量始终伴随过程存在，因此民族性和现代性总是同时发生，风格的全球性扩张意味着权力的剥削和失真，或者遭到文化拒绝，因此关于说唱文化的民族性与现代性的争论和谴责一直存在。

（一）中文还是英文？说唱文化本土化的矛盾

在网络综艺《中国新说唱》走红后，在社交媒体中很多人开始质疑中文歌曲中大量夹杂英文是否真正属于"中文说唱"，并将大量使用英文说唱的选手看作"不爱国"的，如弹幕中出现大量的"滚回美国去吧"等粗鄙的言论，展示出了说唱文化在本土化过程中遭遇的最显著的困境。

这种争论在于文化立足点的失落，首先体现在语言的使用中，中文和英文在说唱歌曲创作中的比例问题成为本土化过程中的争论焦点。如在第一季《中国新说唱》中，一位在说唱圈小有名气的选手仅因全程使用英文进行表演而被制作人淘汰，而其他歌手在创作中大量夹杂英文却未受到明星制作人的指责，一时间遭到了节目内外很多人的质疑和不满，在社交媒体和弹幕中围绕着"中国说唱该不该使用英文""英文使用的多与少如何界定"等话题展开了激烈的讨论，一些网民认为"说唱本身就是英文的天下""中文不适合说唱"，或直接批评"中国根本就没有嘻哈"。说唱文化作为美国最底层人群的话语表达方式，尽管在全球化过程中，源于布

---

[1] 李红涛、黄顺铭：《记忆的纹理：媒介、创伤与南京大屠杀》，中国人民大学出版社2017年版，第14页。

鲁克林黑街的亚文化被销蚀,但同时又融合了本土的亚文化元素,但浓厚的反叛、自由、抗争精神仍然支撑着说唱爱好者的身份认同感,一部分网民在批评《中国新说唱》节目为了正常播出而过度迎合主流意识形态的举措,认为"这根本不是说唱音乐",甚至从根本上质疑参赛选手和节目方的最终目的。在这些网民看来,"民族性"在某种程度上被充当为文化正当性的过滤工具,对文化的本质精神有严重的稀释和篡改,应当全盘否定。

此类对待本民族文化采取虚无主义态度的说法无疑包含着两极含义,自我批判和警醒或自我贬损和否定,因为我国的民族主义是在遭受了外来侵略的背景下产生的,近代以来的民族危机形成了一种民族"受害意识"。面对强势的侵略文化冲击,我国在民族文化认同上出现了迷失,其中之一被学者王小东称为"逆向的民族主义"[①],显示出对外来文化的崇拜、对自我文化的贬损,认为他者文化才是进步的、自由的,而对自我文化产生了怀疑。但这种心态也同时反映出一些清醒者期望以通过建构一个高大的他者文化形象来批判、改造自我文化,避免文化陷入自我封闭的优越感之中,这也是一种典型的"自我折磨的自身认同和身份迷失"的民族主义心态,深刻地反映出了人们精神深处对于自我文化的认同危机和复杂的民族情感。

由于民族主义是将"我们的"价值诉求放置于至高无上的地位,因此民族主义思想总是充满了绝对主义的色彩,将"我们的"价值置于首位,在柏林看来,这种观点必然导致文化相对主义和文化虚无主义[②],认为他者文化虚无而本民族文化又具有普适性,民族主义在激发民族自豪感的同时也会导致狭隘的民族主义情绪产生,会产生拒绝和外界融合的心理,这也是民族主义和现代性之间的思想张力。

(二)"中国风"?民族主义的商品化表达困境

现代性意味着一个祛魅的过程,当文化成为娱乐产品进驻商品市场,市场对文化的改造将在更贴近大众、更为通俗的层面上,意识形态、商业与音乐产业的过度介入导致说唱音乐的核心部分发生偏移。

[①] 王小东:《当代中国民族主义论》,《战略与管理》2000 年第 5 期。
[②] [英]以赛亚·柏林:《反潮流观念史论文集》,译林出版社 2011 年版,第 409—412 页。

一些说唱音乐作品为了迎合大众音乐市场，打着"中国风"的旗号进行创作，由于缺乏对传统文化的深度理解和价值内容参照，只依靠文化象征符号的表意系统来维系的民族主义情感仅仅是对民族共同体简单的、质朴的认同。学者许纪霖将这种民族主义称为"一个巨大而空洞的符号，徒有激情洋溢的爱国情绪，而缺乏稳定的、持恒的、为共同体的认同所认同的价值体系、社会制度和行为规范"①，因此很多标榜"中国风"的说唱音乐中对民族精神与民族文化内涵把握的不准确，造成歌词创作的程式化、浅表化，辞藻和意象的堆砌，或者是对于传统文化的认识浅薄、对民族文化的理解狭隘，入题角度肤浅、境界不高等缺陷，或者创作徘徊在消费文化和享乐主义边缘，曲风融合不和谐，夹杂着生涩而空洞的精神追求，原生的情感认同只为本土化提供了一种单一的形式，缺之实质性的内容支撑，难以抵达人们内心深处的审美境界，更无法激发深刻的民族情感。

市场化的一个极端就是使说唱音乐沦为一种大规模的商品生产，以获取商业利润为主要目标，情感与情绪成为一种可利用的商品属性来支配听众的体验，对于说唱文化而言，批判精神的丧失、反叛风格的稀释无疑是灾害性的改造。"社会主导文化被商品逻辑贯穿，就有可能导致三种后果：主流价值观的边缘化、情感展示的外在化、捕捉生活的浅表化"②，刻意逃避意识形态的创作只会带给观众短暂的刺激性娱乐，无法到观众的内心世界，更不要提任何长远的社会意义。

实际上，我们可以将"中国风"的创作看作"打擦边球"式的政治表达，一方面，带有传统文化元素的音乐风格不会伤害大众的民族情感，尤其是对于天生带有叛逆属性的说唱音乐而言，传统文化元素的使用意味着获得意识形态层面的安全性，另一方面，在流行音乐旋律和节奏中又有的放矢。

但政治不能成为中国说唱音乐进入主流音乐市场的永恒主题，当艺术中失去本真的爱与情感时，单纯聚焦于政治表达会危害说唱文化的发展，在特定事件或特定社会形势之下，关注政治信息能够成为博得主流媒体关

---

① 乐山：《潜流：对狭隘民族主义的批判与反思》，华东师范大学出版社2004年版，第22—23页。

② 人民网：《光影中的意识形态》，《人民日报》2016年4月15日。

注的一种策略，但从长远发展来看，中国的说唱文化若不能找寻到一条良性发展的道路，或展现出自我净化的能力，也很难长久地立足于大众文化市场中，获得合理的身份。

所谓"中国风"说唱，需要找寻嘻哈文化和民族文化之间的共性进行融合，需要树立音乐的主体性，传递民族根源感、家园感和归宿感息息相关的情感信息，但对民族共同体的认同不应止步于情感层面，更需要上升到理性层面，对民族共同体所特有的价值体系、社会制度以及行为规范作进一步的建构，艺术创作的融合需要把握"度"，才能避免不伦不类带来的审美灾难。

（三）说唱音乐的民族性与时代精神

在未来，说唱音乐的本土化仍然还有很长的路要走，主流媒体对说唱音乐的态度可能进一步影响说唱圈中音乐风格的分化，同时，也会促成中国说唱音乐新的流派与风格的形成。当中国说唱放眼于全球范围内的传播时，也需要再次考虑民族性与全球性问题。

移动互联网在很大程度上跨越了各国之间文化壁垒，促使全球文化的融合程度越来越深，在"后民族主义者"看来，民族主义在现代电子大众传播时代将枯萎，全球文化的混合使民族文化失去了相异性，从而在消费主义中走向同质。的确，当文化经历了重新语境化之后，随着市场经济和信息传播的全球化程度的加深，仍然会再次与世界接轨。文化的现代性和民族主义之间的关系总是充满冲突又相伴相生，格尔茨称之为"时代精神"和"本土的生活方式"①。他认为强调"本民族的生活方式"是期望通过本土风俗、传统、文化与民族性格等具有共同经验的层面来找寻新的认同根源，而强调"时代精神"则是放眼于历史和时代发展的轮廓和方向找寻意义。②

文化商品流动和消费主义思潮的强大吸力使说唱音乐市场进一步标准化，也使民族文化的差异性逐渐减弱，在民族主义的一些核心概念引导下的文化品创作也开始简化成为包装物，文化商品的相似性超过了民族文化的相异性，这是文化全球化的产物，这种标准化的流行文化商品稀释着民

---

① [美] 格尔茨：《文化的解释》，译林出版社 2014 年版，第 286—287 页。
② [美] 格尔茨：《文化的解释》，译林出版社 2014 年版，第 286 页。

族文化的多样性，因此，在接受全球消费主义的同时，说唱音乐仍然需要培育民族文化的风格，在适当借鉴外来文化的基础上，适应本土社会情境，坚持开拓创新，赋予说唱音乐健康向上的内容，成为价值引导、精神引领、审美启迪的文艺作品，才能够真正立足于本土。

习近平曾多次指出"强调民族性并不是要排斥其他国家的学术研究成果，而是要在比较、对照、批判、吸收、升华的基础上，使民族性更加符合当代中国和当今世界的发展要求，越是民族的越是世界的。"[1] 面对文化的全球化，民族主义为本土的文化保护提供了先行条件，同时也可能造成"扭曲之木"的受伤民族主义情绪，或是盲目排外、妄自尊大的狭隘民族主义。有的学者认为，全球性的时代已经到来，中国文化的现代化需要以传统为基础，聚合汉民族和其他民族文化为一体，以全球化为目的，将我国文化的特殊性逐步融入全人类文化的普遍性之中[2]，在充分吸收外来文化的优质特征和精神风貌的同时，树立坚定的文化自信、浓厚的家国情怀、高扬的民族大义、强烈的社会责任[3]，弘扬民族精神和时代精神来应对文化的现代性问题。

五 结论

说唱音乐起源于美国的贫民窟，作为底层人群争取话语、表达抗争的一种文化样式，在全球化的过程中，势必带着其浓厚的反叛特性，其中以犯罪、毒品等亚文化为主要内容的匪帮说唱更是影响全球的说唱风格。在文化全球化时代，我国说唱音乐中的民族主义表达制造了文化全球化和本土化融合共处的景观，既带有亚文化群体的抵抗态度与反叛精神，又包含民族文化品格与禀赋，民族主义强调对民族特性和民族传统的认同和尊重，为改变外来文化身份、创造本土的文化身份提供了合法的意识形态

---

[1] 习近平：《在哲学社会科学工作座谈会上的讲话》，《人民日报》2016年5月19日。
[2] 乐山：《潜流：对狭隘民族主义的批判与反思》，华东师范大学出版社2004年版，第182—184页。
[3] 参见《坚定文化自信，要警惕三个错误认识》，http：//www.qstheory.cn/zhuanqu/2019-06/26/c_1124675130.htm。

基础①。

因此，长久以来说唱音乐在我国的媒介印象是具有负面影响的，这为说唱音乐的本土化发展、大众化传播形成了阻碍。借助民族主义的种种策略，说唱音乐找寻到了三种表达模式来建构自身的合法文化身份。首先，与官方进行合作，说唱音乐建构了正面意义的媒介框架，通过传播主流意识形态使"叛逆"的说唱一改"有害"属性，成为传递官方话语的声音；其次，说唱音乐在流行音乐市场中也变得更加"柔和"，通过网络综艺节目的商业化运作、"中国风"说唱风格的创作来获得新的文化身份；最后，一部分说唱音乐仍然不会轻易被规范，而是以"叛逆"来反抗霸权、民族分裂势力，赢得身份认同。

在一系列民族主义表达策略中，说唱音乐使用本土语言创作来给予自身文化创作以本土化的价值，通过对民俗风情、传统文化、地域生活等集体记忆的抒写来唤起共同情感和"想象的共同体"的认同。最后，说唱音乐通过展现历史记忆和民族象征符号来强化民族使命感与自豪感，使民族主义融入了具有发展活力的嘻哈亚文化之中，建构了本土说唱文化广泛传播的基础，展现出对"中国说唱"的认同、对民族文化的认同，塑造出新的、具有民族气质的中国说唱音乐身份。

说唱文化在全球化过程中，也必然出现民族性与现代性之间的矛盾。文化的本土化都需要经过一个长时间的适应和融合过程，嘻哈文化作为一种舶来品，将其放置在我国的社会文化语境之下，需要经历文化交流与共同创造，是文化交流与融合中的必然。由于我国民族主义产生的历史背景，使我国的民族主义容易蒙上一层"受害意识"，继而产生文化上的自我折磨"逆向民族主义"，在说唱文化中则体现为语言、精神的选择迷失。另外，流行音乐商业市场对说唱音乐的影响也体现为浅表化、空洞的符号创作，归根结底是缺乏对民族文化和民族精神的深度理解与价值参照。

---

① 乐山：《潜流 对狭隘民族主义的批判与反思》，华东师范大学出版社2004年版，第264页。

新媒体环境下社会思潮的传播形态与趋势预测

王含阳[①]

摘要：社会思潮的内涵和社会功能是在传播过程中建构和发挥作用的，研究新媒体环境下社会思潮的传播形态对于预测可能产生的舆情危机与网络社会治理都有重要作用。新媒体环境下社会思潮传播形态是传播过程中介质、方式和结构相统一的结果。其传播形态具备主体多样化、客体能动化、路径圈层化和辐射化、内容再建构化以及效果交互化的方式特点和公众参与式圈层嵌套的结构特点。这种传播形态下同一思潮的核心诉求呈现泛化趋势，不同思潮的表现形态呈现融合趋势。以此为基础预测了媒介形态变化下社会思潮可能的传播趋势。

关键词：新媒体；社会思潮；传播形态；网络社会治理

社会思潮作为社会意识形态结构中的一部分，其产生和发展态势对主流意识形态安全有重大影响。习近平总书记多次强调意识形态工作对于中国特色社会主义事业发展的重要性。当前中国特色社会主义进入新时代，改革进入深水区，利益结构调整带来了思想分化并会形成多样化的思潮。多元社会思潮的形成与传播，虽然是思想文化蓬勃发展的表现，但也会扭曲对社会矛盾的正确认识和评价，并放大社会冲突的作用，也会对主流意识形态的传播力和引导力也提出了挑战。

同时，随着新媒体的发展，信息的生产主体、传播方式、传播结构都发生了巨大的变化，从而导致社会思潮的传播形态出现新的特征。社会思潮是在传播过程中不断建构内涵并发挥作用的。新媒体环境改变社会思潮

[①] 王含阳，西安交通大学马克思主义学院2017级博士生。

的传播过程，进而会影响社会思潮的发展态势。研究社会思潮新媒体传播形态及其特征，是在社会利益关系调整、多样化思潮涌现的当下维护社会主义核心价值观的主导地位和维护意识形态安全的前提和基础。

因此，我们需要剖析媒介变化引发的社会思潮传播形态的变化，以便更好地调控社会思潮的健康发展。本文从传播形态是传播介质、方式和结构的统一体这一观点出发，阐述新媒体条件下社会思潮的传播形态，以拉斯韦尔5W传播要素为基础，归纳社会思潮新媒体传播形态的方式特征和结构特征，进而探讨新媒体环境下社会思潮的发展趋势并进行风险预测。

一 社会思潮新媒体传播形态及其阶段互动

一般认为社会思潮是指在特定社会历史环境下，以社会变革或矛盾冲突下自发形成的反映特定群体利益诉求的社会心理为基础，经过一些学者的概念化处理所形成的思想观点，具有社会心理与思想观点相融合的特征，并在传播中获得一定社会群体认同、能够产生重要社会影响的一种非主流社会意识。这种社会意识具有随着社会现实的变化而自觉出现或消失的特性，且会在传播过程中与现实情境相结合，对社会事件具有一定催化作用。社会思潮的内涵和社会功能是在传播过程中建构和产生作用的。在现实基础、核心诉求、理论学说之外，把握社会思潮的内涵不能脱离其传播形态。技术的不断演进加深了媒介与媒介、媒介与人、人与人之间的联结，这种联结性赋予了社会思潮在新媒体环境中新的内涵特征，也使其传播形态出现新的特征。

（一）传播形态是基于传播介质、传播方式和传播结构的统一体

学界目前对于传播形态的研究主要有两种切入点。第一种是以媒介为核心进行分析，将传播形态划分为以语言为媒介的人际传播形态，以文字为媒介的书信、报刊传播形态，以电视、广播为媒介的大众传播形态和以互联网、移动互联网为媒介的网络传播形态。第二种是以传播的组织方式为核心进行分析，认为有人内传播、人际传播、组织传播、社群传播、大众传播等形态。

传播形态是对传播活动过程的抽象描述。传播过程是传播介质、传播的组织结构和传播方式的统一体，离开任何一个要素，传播过程都不能实

现。所以，不能从单一的媒介形态或者组织方式来理解。因此，把握传播形态的三个维度分别是：介质、方式和结构。三者之间是相互依存，互为前提的关系。由此本文提出传播形态是传播介质、传播方式和传播结构的统一体，如图1所示。

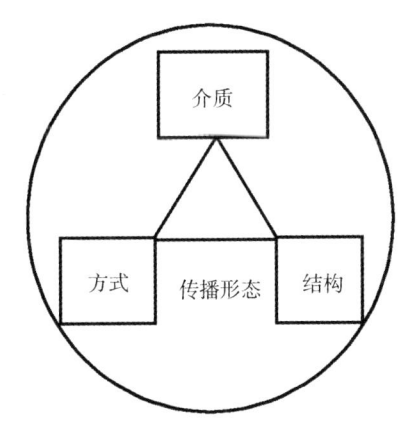

图1 传播形态是传播介质、传播方式和传播结构的统一体

在图1中，介质涵盖了传播媒介涉及的标准、技术、载体和空间等。方式指传播过程中信息传播系统内部各个要素的表现形式。结构是指传播过程中信息传播系统内部和外部各个要素及其相互配合关系。尤其是在新媒体环境下，新的媒介技术下已经产生新的生产关系和社会关系，它使传播的结构与方式也产生新的变化，使得新媒体条件下的传播形态和传统的传播形态相比，具有更加复杂的特性。

介质、方式和结构在传播形态中的统一体现在理解任何一个维度都要以其余两个维度为前提。介质是传播形态的物质载体，也是传播形态转换的助推器，而介质对形态转换的激活力量要通过传播方式来实现。方式决定了传播形态的形成路径，例如基于网络媒介的病毒式传播方式塑造了链式路径的传播形态。① 结构则是传播形态外在的表现形式，结构的改变会导致整体传播形态功能的变化；在传播活动中，介质和方式也具备结构性的特征，伴随媒介融合的深化，不同传播介质相互链接，通过不同层级的传

---

① 谭天，《媒介平台论：新兴媒体的组织形态研究》，中国人民大学出版社2016年版，第66—67页。

播方式使传受双方在打破时空限制条件下展开互动、共享资源和建立关系。

(二) 传播形态的历史演进

在传播形态的三个关键维度中,传播介质的变化是最显著的。因此,以传播介质的演化脉络,可以将传播形态的历史演进分为以下三个阶段。这三个阶段并不是下一种传播形态取代上一个的过程,而是一个逐步叠加的进程。

1. 以语言为支撑的人际传播形态

在口语传播时代,在以语言为媒介的人际传播形态中,其传播介质是语言,通过人与人之间的口口相传的方式,在人际之间双向的点对点传播结构中实现信息传递。在人际传播形态之中,人作为原子,与其他原子之间缺乏横向的联系,更多的是依靠血缘、共同价值观念和情感等为纽带形成放射的联系,例如家庭、友人、社团、学校、单位等。虽然实现了信息的直接双向交换,但是因为传播者之间缺乏有效联系,所以传播范围具有一定局限性。因此,人际传播形态整体呈分散的链条式组织结构。

2. 以大众媒介为支撑的大众传播形态

在印刷和机器传播时代,在以报纸、杂志、广播、电视为媒介的大众传播形态中,职业化的传播机构通过机械化和电子化的媒介向非特定的人群以离线投递和分发信息的方式,在机构和大众之间单向点对面传播结构中实现信息流动。与人际传播相比,大众媒介的加入拓展了传播范围。在大众传播形态中,虽然也有诸如读者来信、观众电话参与等方式实现传受双方的双向互动,但是总体而言职业机构还是内容生产者和传播者,是信息传播系统的上游。而人群作为受众主动性较小,主要进行信息消费,信息在传播过程中总体还是进行单向流动。因此,大众传播形态整体呈现以传者为中心的金字塔组织结构。

3. 以互联网为支撑的节点链接传播形态

在新媒体时代,在以互联网、数字技术和智能终端为媒介的新媒体传播形态中,机构和个人作为新媒体环境中的节点,以链接关系为依托,通过双向和多向在线信息发送的方式,在节点之间的网状传播结构中实现线上线下的信息流通和扩散。传播技术改变人们使用媒介的行为、方式和效果,人们可以在任何时空场景使用媒介,并且主动地通过媒介生产和传播信息。受众从单纯的信息接收者和媒介产品消费者向传播者和生产者转换、成为网络社会中的交互节点。节点链接传播形态中杂糅了多种传播方式，新媒体的互动性使其传播过程具备人际传播中点对点的特性，打破了大众传播中点对面的传播结构。[①] 因此，节点链接传播形态整体呈多中心分散式的网络状组织结构，其中按照链接关系的多寡，任何个体都拥有吸引社会注意力、配置社会资源的权力。

(三) 社会思潮新媒体传播形态及其不同阶段之间的互动

由于传播形态的历史演进是一个逐步叠加的过程，因此在社会思潮的新媒体传播过程中依然存在着以上三种传播形态，高级形态会包含低级形态。人际传播、大众传播和节点链接传播及其互动共同构成新媒体环境下社会思潮传播形态，该传播形态中的互动过程充分满足了社会思潮由初级思想理论向被大众所认可的观点诉求转化所需要的条件：理论传播下沉为观点传播、群体讨论扩散为社会议题。

新媒体环境下三种传播形态的互动表现为，在不同传播方式的链接和不同用户之间的链接下，社会思潮的传播发轫于新媒体平台中的意见领袖关于话题的单一言论或相互讨论，或者由大众媒体中的讲座、节目中的内容而引发，经由虚拟空间中的讨论或争议，下沉到现实空间中的人际传播，通过现实中受众的讨论、劝说、互通信息，实现社会思潮中观念学说被认同。一方面，随着媒体融合的深化，不论是机构媒体的官方报道、互联网社群的公共言论还是社交媒体中的观点评论都在虚拟空间中聚合和交互。官方报道的内容和形式或许略显严肃，但当议题出现在网络社群和社交媒体中，就呈现出大众化和生活化的表现形式，使得社会思潮的理论下沉为观点。另一方面，互联网链接意见领袖与普通网民，他们之间的指数型互动在消弭信源确定性的同时激活了信息的传播力。信息在拥有不同价值取向的受众之间的传播无疑会引发广泛的争议，这些争议引发的社会关注是信息传播力的社会基础，使得围绕社会思潮的小范围讨论扩散为广泛的社会议题争论。与社会议题有关的观点一般是大众对自身利益的关切点，会促使他们自发地以自身社会网络为基础进行讨论、传播。至此，完成了社会思潮新媒体传播形态不同阶段之间的互动。

社会思潮传播形态从虚拟的节点链接传播下沉到现实的人际传播的时候，传播过程中的弱连接转化为强连接，才是社会思潮真正发挥作用的时

[①] 王亚奇：《论网络传播对拉斯韦尔模式的冲击》，《求索》2004年第1期。

候。因为此时，社会思潮才从网络上虚拟的符号、图片、文字变成人们所认同的观念、思想、主张，并通过讨论、交谈、劝说等方式进行传播。

值得说明的是，社会思潮新媒体传播形态中蕴含的人际传播形态与口语传播时代的人际传播具有显著的差异。口语传播时代的人际传播是具有地理隔绝的一对一交流活动，新媒体传播中的人际传播则是超越了空间场景的虚拟在线交流，并且基于兴趣等因素聚合和延展了用户的社会网络，使得新媒体传播中的人际传播具备更广的传播范围。并且，由于互联网使得信息通过用户的人际传播网络不断进行共时性裂变，使其传播效果远远超出传统的人际传播。[①]

二 新媒体环境下社会思潮的传播形态的方式特征

新媒体出现以前的社会思潮传播方式是由社会精英所主导的单向三级传播方式，具有传播主体性质单一、传播客体被动、传播方式简单、传播内容固定的特征。其过程为：首先，社会经济基础变革引发社会矛盾，进而产生以社会心理、情绪、言论与观点为表现的一系列社会诉求，总体来说还较为分散，具有潜藏性。以知识分子为代表的社会精英从已有的思想理论中提炼出相关观点与学说，使以上这些分散的诉求聚焦于理念层面，使自己成为社会思潮与大众之间的中介，最后由大众传播媒介扩散至广泛的社会层面，使之前分散的社会心理获取更广泛的认同，最终形成思潮。

当下，转型社会中的利益冲突事件为社会思潮的产生提供充分的现实土壤。移动互联网和智能终端则打破了地理位置对传播活动的限制，加深了人与人之间的连接强度以及传播形态不同阶段之间的互动强度，同时也加速了理论传播到观点传播、群体讨论到社会议题的转化过程。相较于以社会精英为核心的社会思潮传播，社会思潮的新媒体传播形态呈现出以下方式特征。

（一）传播主体多样化

开放性、去中心化和大众赋权的新媒体传播环境使社会思潮的传播主

[①] 隋岩：《群体传播时代：信息生产方式的变革与影响》，《中国社会科学》2018 年第 11 期。

体呈现多样化的特征。多样化一方面指传播主体的范围从具备媒介接触权的大众进一步拓展到以智能技术为基础的无价值主体，另一方面是指社会思潮传播主动权由传统媒体逐步扩展到其他传媒生态系统的参与者。

首先，随着媒介接触权的下放和互联网准入门槛的降低，以及社会整体文化水平的提升，社会思潮的传播主体由传统的社会精英和知识分子扩大到由学者、媒体工作者、自由撰稿人、具有共同身份认同和利益诉求的不同网民圈层组成的广泛群体。特别是在智能媒体时代，智能技术使一些无价值主体也参与到社会思潮传播过程中。机器内容采集和生产是新媒体环境下信息生产社会化的体现，在社会思潮的传播中，智能技术下的无价值主体通过对一些社会热点事件、突发性事件进行快速、广泛地传播而潜移默化地影响大众的价值观，从而也成为传播社会思潮的主体之一。

其次，由于技术赋能和平台属性，社交媒体、网络自媒体、平台型媒体这些传媒生态系统中的参与者也成为社会思潮产生和传播的主阵地。新媒体勃兴以前，社会思潮的传播载体主要依靠传统媒体，比如党报党刊的理论专栏、知识分子撰写出版的专著以及《求是》《红旗文稿》等刊登的分析重大理论问题和重要思想动态的文章。在新媒体环境下，社交媒体、自媒体和以"今日头条"为代表的平台型媒体作为社会舆论场域的中坚力量，不断制造着社会话题并为个体提供情感支持。社交媒体和自媒体的开放性和互动性能够让更多大众参与讨论公众事务，促进社会思潮大众化传播的同时也提升了自身在传播主体中的地位；平台型媒体的智能信息聚合与分发机制实现了信息提供的个性化，具有共同利益诉求的受众会选择阅读立场相近的信息，使传播过程中"沉默的螺旋"效应放大，助推某一具体社会思潮的传播。

（二）传播客体能动化

新媒体环境中网络技术的发展和智能终端的普及导致受众主体地位的提升，赋予了社会思潮传播客体能动化的特征。

在新媒体传播环境中，社会思潮面对的受众主要是虚拟社群中的成员，只要具备媒介接触权，即可成为相应内容的传播者。这一点是新媒体环境之前的社会思潮传播客体所不具备的，之前的传播客体由于传播权力的匮乏，只能被动地接受思潮的影响。新媒体的互动性和强社交性给予网民充分的交流空间和情感体验。网民在对新近发生的热点事件进行评价的同时也通过这种行为完成了对于自身社会身份的构建，并且在交流中与他人实现情感共振，获得情绪共鸣。① 网民在互动过程中获得的情绪体验和心理共鸣都进一步鼓励网民对新媒体平台上的内容进行二次传播，这其中也包括社会思潮的相关内容。同时，网络社群高度的组织性和动员性也是推动社会思潮新媒体传播的动力之一。

社会思潮在新媒体环境中传播的其实并不全是思潮本身，或者是代表思潮的观念学说，而是传播者自身的诉求透过社会思潮的一种表达，通过这种表达实现了大众对于社会思潮的认同。网民在转发评论信息时附上自己的观点经历，这本身是对原始信息的一种修改。但这种修改使得原始信息更加生活化和大众化，使得原本社会思潮的思想理论更容易从网络传播下沉到人际传播中，从而获得大众的讨论和认可，实现其社会功能。因此，从某种程度上来说，传播客体在新媒体环境下也是思潮的部分创造者和传播者。然而，在公共领域内，受众的高度主动性在面对一些社会思潮传播事件时，如果不加以合理干预和引导，极易导致不良社会影响。例如2019年4月巴黎圣母院大火事件在传播中勾起国人对于近代中国历史的惨痛回忆，国人心中的创伤感和耻辱感作为一种动员力量使得部分网友在网上表达对法国的嘲讽之情，整体呈现出狭隘的民族主义倾向，不利于我国倡导的"人类命运共同体"意识的全球传播。

（三）传播路径圈层化、辐射化

在新媒体环境中，社交媒体下的社群传播以及算法推荐下的精准传播使社会思潮的传播路径呈现出圈层化、辐射化的特征。

社交媒体空间中的社群现象是社会思潮圈层化传播的根源。微博和微信是目前中国社交媒体中最具有代表性的两个平台。微博空间中的信息流动更多受到技术干预和话题驱动的影响，粉丝和意见领袖、用户和用户之间靠弱关系链接。而微信空间中的信息流动秩序基于用户的强关系连接，用户通过面向朋友圈传播和面向微信群传播以及通过公众号接收信息三种方式实现信息流动。用户在微信中的交流更多是现实社会关系的虚拟投射。社交媒体的开放性和身份隐匿性让来自不同文化背景和社会阶层的人们在加入社交媒体平台后以各自兴趣、共同诉求和社会关系为"基点"

---

① 杜志强、支少瑞：《网络政治谣言的危害及治理》，《中州学刊》2019年第4期。

进行互动，很多在现实中难以形成的群体在网络中实现了聚合，并且建构起新的身份认同。不论是以粉丝互动、话题驱动为主的微博空间，还是以关系网络为主的微信空间，其空间内个体和组织基于差异而形成共享信息、利益和价值等的共同体。[①] 这种特性造成了社交媒体空间中群体高度分化的异质性，不同圈子中传播的内容大相径庭，且圈子之间的传播存在隔阂，整体传播呈现出圈层化的特征。圈层化特征能够使社会思潮在一进入网络传播中就迅速定位到准确的受众，传播过程更有效率。

随着智能技术与媒介的深度融合，新媒体环境中除了基于社交关系的分发机制，还出现了基于算法推送的精准分发机制，使社会思潮的传播路径呈现出辐射化的特征。辐射化特征的出现一方面是大量用户数据为算法提供了传播路径的技术依托；另一方面算法推送下的信息传播效果更为精准，搭载社会思潮的信息在共同体中才能呈辐射状而非流动状。算法推荐让信息筛选方式由依靠意见领袖找信息、依据社会关系找信息变成了信息在机器处理后寻找需要信息的人，实现人与信息的精准匹配。算法推荐是社交媒体分发模式中关系型信息获取模式的基础上的一种进化。[②] 在这种进化下，信息的传播由流动状向辐射状转化。精准传播可以使社会思潮的相关信息定位到具有相同诉求的人群之中，再通过目标人群的社会关系网络和社群网络进行扩散传播，实现辐射化的传播路径。

（四）传播内容再建构化

不同于传统社会思潮传播过程中，其内容由社会精英主导建构的一元化表达，新媒体环境中社会思潮的传播内容是由公众参与的再建构化表达。转型期民众焦虑不安的社会心态以及新媒体环境中公众的情绪化表达造成网民将自身的利益与情感诉求加诸思潮的概念内核之上，造成新媒体环境中社会思潮的传播内容是在建构观念学说内核基础上，以事件为核心，基于传播空间中的情绪共鸣和利益诉求再次建构出来的。

新媒体环境改变社会思潮的传播路径和接受方式。过去，社会思潮的传播以社会精英为中心发散，并且其思想和学说被民众接受需要较长的时

[①] 喻国明、张超、李珊、包路冶、张诗诺：《"个人被激活"的时代：互联网逻辑下传播生态的重构——关于"互联网是一种高维媒介"观点的延伸探讨》，《现代传播》（中国传媒大学学报）2015年第5期。

[②] 张志安、汤敏：《论算法推荐对主流意识形态传播的影响》，《社会科学战线》2018年第10期。

间,常常反复。比如20世纪80年代针对真理问题的讨论最早发轫于知识分子,普通群众是在社会现实变化后才渐渐认同。在新媒体环境中,互联网提供了思想表达的空间,也作为现实环境的映射而承载着现实的利益诉求。由于网民已经不是社会思潮的消极接受者,各个社会阶层都在借由思潮传播表达自己的需求和愿望,尤其在涉及民生问题的表达中,民众的参与度更高,比如教育公平、医疗卫生、食品安全、金融风险等议题。[①] 社会思潮的新媒体传播过程中,当下发生的热点事件或者突发性事件往往能够成为网民议论的焦点。然而由于新媒体传播碎片化的特征,网民无法掌握事件的全部信息,网民之中的意见领袖借此对某一特定社会思潮的原始理论进行解构,抽取出符合多数网民利益诉求的元素。结合社会冲突的具体情况对理论元素进行包装,采取标签化和情绪化的话语方式,重新建构起一套适用于当下矛盾的社会思潮内容的呈现形态。在这种内容呈现特征下,由于建构者身份的变化,社会思潮已经由理念学说演化为网民自身社会身份、角色意识和价值诉求的表达。如同学者陈伟军所说,在互联网中,社会思潮以碎片化、数字化和感性化的形式传播,主体的诉求更加世俗化、生活化。[②]

(五) 传播效果交互化

新媒体环境下的社会思潮传播效果具有强交互化的特征,主要是两方面的交互:现实世界与虚拟世界的交互、思潮自身显现与隐匿的交互。

技术因素是导致现实世界与虚拟世界交互的原因。信息技术的发展助推媒体日益成为社会发展变迁过程中的重要因素,媒体在建构公共领域、引发公共话题讨论、聚合公共舆论方面的功能越来越彰显其在社会系统中的重要作用。互联网开创了一个具有开放结构和无限扩展容量的公共话语空间,提供了公民进行思想论争、交流和意见表达的空间,网络空间中的许多思想可以用来修正现实社会管理和制度中的缺陷。[③] 在媒体的作用下,现实世界和虚拟世界的互动大大增强,再加上新媒体空间中自发形成

[①] 宫京成:《大众传媒回应与引领当代社会思潮研究》,人民日报出版社2016年版,第166页。
[②] 陈伟军:《社会思潮传播与核心价值引领》,人民出版社2015年版,第184页。
[③] 陈伟军:《社会思潮传播与核心价值引领》,人民出版社2015年版,第190—191页。

的社群具有高度的组织性和社会动员功能①，在这个空间里思潮的演化有可能导致网络话语权的失衡，造成群体极化，引发在线或由互联网触发的离线集体行动，比如2015年网络民族主义引发的表情包大战和2012年由爱国主义演化为激进民族主义而导致的西安反日游行活动。

新媒体环境下传播的即时性和开放性导致思潮自身进行显现与隐匿的交互。新媒体环境下的社会思潮一直存在于网络社群之中，虽然一般只流行一时，但不会完全消失。一旦出现特定的现实事件或者网络声音，经由网络意见领袖讨论以及各类媒体传播发酵，又会重新引起思潮的爆发。此外，新媒体环境下不同媒介形态之间的链接性是思潮在传播过程中显现与隐匿交互状态的推动机制。拥有同样诉求和思想观念的网民会相互链接、评论、转载、传递不同媒介形态下的信息，并且这些信息的痕迹会永久保存在网络空间中，哪怕相应的思潮已经进入潜隐期。比如在微信上转发不同时期的短视频或者微博，网民在表达价值认同的同时实现不同传播介质中思潮传播内容的深层互动，客观上能够助推已经隐匿的思潮再次获得公众的注意力并引起共鸣。

三 新媒体环境下社会思潮传播形态的结构特征

（一）公众参与式的嵌套传播结构特征

社会思潮的传播形态是随着传播媒介的变化而改变，新媒体环境下社会思潮的传播形态围绕着传播过程的5W要素出现新的特征。这些传播特征使社会思潮的新媒体传播形态呈现出公众参与式的圈层嵌套传播结构。

在这个结构中，社会结构不平衡与社会发展不充分是人们产生社会心理需求的现实基础，也是新媒体环境下社会思潮的现实基础。首先，社会思潮传播的领袖群体利用热门公共事件建构思潮议题，将思潮中抽象的观念学说与社会现实矛盾相结合，赋予思潮更大的社会价值意义。领袖群体从事件中抽取出契合该理论的片段或者当事人言论，对其进行解读；或在客观评述事件的过程中"无意识地"加入思潮的观点学说，借由公共事件表达思潮的诉求。领袖群体通过两种方式将公共事件中分散化、碎片化

---

① 刘海龙：《像爱护爱豆一样爱国：新媒体与"粉丝民族主义"的诞生》，《现代传播》（中国传媒大学学报）2017年第4期。

的信息归纳、提升为带有社会思潮观念学说的主张，建构起思潮的初始化议题。其次是核心群体，核心群体中对社会思潮的初始化议题经过再加工，赋予它更多平民化、大众化的语境，采取符合边缘群体认知结构、文化素养的话语方式，运用具有更加强烈冲击力和影响力的表达将思潮的议题进一步平民化和生活化，进而使这个传播意义到达思潮的真正受众，即民众端。社会思潮经由层层下沉，其思想内核演化为能被大众接受且可供交流的议题和话语，获得民众的理解和支持，进而渗透进人们的意识并支配人们的行为。

在公众参与式的圈层嵌套传播结构中，公众参与是社会思潮新媒体传播形态中最显著的特征，它改变了以往社会思潮传播是由传统社会精英掌握传播权力和内容的组织化形式，使传播形态呈现出更大的随机性。

我们可以从纵向和横向两个方面来理解这个结构：纵向来看，这个结构是由社会思潮传播的领袖群体、核心群体和边缘群体组成的一个层层下沉扩散的同心圆网络。区别这些群体的标准是对思潮中思想理论理解能力的高低和媒体运作能力、媒介素养的高低。社会思潮传播的领袖群体，是由新媒体环境中的意见领袖与思潮传播领袖组成。领袖群体在整个传播结构中起到的是提供意见观点，动员核心群体的功能。社会思潮传播的核心群体是指与领袖群体拥有较紧密的社会关系、自身拥有较多信息交换的节点以及相似的价值诉求的群体，这部分群体往往也是现实社会中认知水平和社会地位较高的群体，也包括自媒体以及近年来出现的知识社群中的大V等。核心群体的功能是依靠自身较高的社会资本和网络注意力资源为思潮议题"赋魅"，并且为了扩大自身影响力以及输出自身价值观，会进一步地将思潮议题与虚拟公共空间中呼声较高的社会诉求相结合，促进思潮的进一步传播。社会思潮传播的边缘群体则是指最为广泛的网民群体。网民群体在浏览信息、参与公共讨论的过程中潜移默化接受思潮议题。同时网民也根据自身的生活经历、态度倾向对思潮议题进行"解码"和"再编码"，发展新的社会价值意义，依据自身的社会关系网在边缘群体中与其他成员进行互动，促发对思潮议题的集体认同。此时，社会思潮已经由传播初期的核心诉求和观念学说演化为承载多重意义的混杂体。

横向来看，每一层群体中都有基于自身价值导向而形成异质性的圈层，圈层之间的链接节点和圈层内部采取的表达方式推动了信息在不同圈层之中的流动。研究指出即使是社会思潮传播的领袖群体，其中也会由于存在不同的价值倾向而集结成不同圈群，分层化特征明显[①]，圈层化特征在之前社会思潮新媒体传播形态特征中也有讨论。互联网平台中的个人、组织及机构都被高度节点化[②]，享有一定社会资本和网络注意力资源的社交媒体用户、自媒体以及平台型媒体不仅充当了不同圈层中信息的生产者，同时也是不同圈层中的链接节点，起到联结、辐射并影响其他圈层的作用，实现思潮在圈层之间的传播。这些节点的存在使得被不同价值取向阻隔开的圈层存在信息流动的可能，从而可能导致不同社会思潮主张和形态的融合。此外，为了躲避不同圈层之间的价值倾向差异，社会思潮多以娱乐化、戏谑化的表达方式在圈层之间进行隐蔽式传播。社会思潮以吸引眼球的标题、调侃的网络段子、引人发笑的表情包和短视频等消解、掩饰其正统、精英的意识形态性和政治意图，以此实现其在价值取向不同的圈群之间的传播和流动。比如网络民族主义事件"帝吧出征"正是利用表情包使 90 后、00 后这群拥有不同情感结构和生活经验的网络行动者拥有了共同的认同感与行动力[③]，是网络民族主义在同一群体中不同圈层传播的体现。

（二）公众参与式的圈层嵌套传播结构下社会思潮的内涵维度演化趋势

在这个结构中，社会思潮的核心内涵会产生核心诉求和表现形态两个维度的变化：同一思潮的核心诉求呈现泛化趋势，不同思潮的表现形态呈现融合趋势。

社会思潮传播在领袖群体、核心群体和边缘群体层层下沉的过程也是社会思潮的诉求层层泛化的过程。由于社会思潮传播内容的再建构化和传播客体的能动化，受各自认知结构、社会地位与过往经历的影响，每个人在接收、理解思潮的同时，又赋予其新的意义，将更多的现象与思潮划等

[①] 王戈、王国华、方付建：《网络社会思潮领袖的群体特征——以近年来 20 件意识形态领域热点事件为例》，《情报杂志》2017 年第 4 期。

[②] 喻国明、张超、李珊、包路冶、张诗诺：《"个人被激活"的时代：互联网逻辑下传播生态的重构——关于"互联网是一种高维媒介"观点的延伸探讨》，《现代传播》（中国传媒大学学报）2015 年第 5 期。

[③] 王洪喆、李思闽、吴靖：《从"迷妹"到"小粉红"：新媒介商业文化环境下的国族身份生产和动员机制研究》，《国际新闻界》2016 年第 11 期。

号，将个人的生活体验和感受迁移进思潮中的诉求和学说内，所以每下沉一个群体，意味着社会思潮的核心诉求和主张在传播内容再建构下的一次泛化。在思潮传播下沉的过程中，新媒体传播生态对情绪性表达的依赖也推动了社会思潮核心诉求的泛化。当网民组成的边缘群体进行社会事务讨论时，并不全是参与公共事务，往往有借由表达宣泄情绪释放压力的目的。学者李彪指出在社交媒体圈层化传播的当下，信息传播过程中的事实与真相逐渐让位给观点与情感。① 标签化、情绪化的表达方式比单纯的阐述社会现象和探讨思想理论更具有传播力，能够在具备共同价值追求和利益诉求的共同体中获得共鸣。因此，社会思潮的核心诉求的外延在传播中逐渐扩散为思潮相关事件引发的社会舆论和社会情感，人们在对其进行关注和传播时，往往交流的并不是事件或者思潮传达的诉求，而是传播过程中人们附加上去的情感倾向和价值观念。

在传播过程中，社会思潮由于搭载公共事件或舆情事件导致不同社会思潮的表现形态融合于同一事件之中。转型期社会中由于市场经济发展带来的利益不均和现象成为社会思潮的生发与传播的现实土壤，社交媒体也在不断地制造公众话题和热点事件，加速思潮的形态嬗变。一些思潮相关的议题或者社会公共事件在新媒体平台中获得讨论并收获关注后，在媒介和网民的合力作用下，普通事件可能转化为舆情事件，进而使反映利益诉求的观点凝聚为或者体现于某种思潮。在新媒体环境中，突发性重大事件的议题和指涉群体相对单一，牵涉的社会思潮也较为固定，比如官员免职、自然灾害等。社会公共事件是一个公众不断参与建构议题和挖掘事实的"有机运动"，关涉的群体较为广泛，事件的演化趋势也具有随机性。此时出于扩大思潮传播面的目的，往往会有不同思潮杂糅表达同一诉求的现象。比如"郭美美"事件中暗含民粹主义、消费主义、享乐主义和拜金主义，但主要诉求是民众对于公权力的质疑。与此同时，一些网络意见领袖或者思潮传播领袖出于扩大其节点辐射范围的需要，会将思潮的观点学说或者核心诉求与热点舆情事件相勾连，通过贴标签、权威修辞、建构谣言等手法，强化思潮的思想主张与舆情事件之间的关联。随着思潮的纵向下沉传播和横向扩散传播，思潮的传播内容实际上混杂了公共信息、公

---

① 李彪、喻国明：《"后真相"时代网络谣言的话语空间与传播场域研究——基于微信朋友圈4160条谣言的分析》，《新闻大学》2018年第2期。

众意见和社会情感。因此，思潮之间会相互依附与杂糅。学者石立春[①]曾指出在钓鱼岛争端事件中，出现了民粹主义与民族主义的合流趋势，并且还掺杂无政府主义、历史虚无主义等观点。

四 新媒体环境下社会思潮的发展趋势和风险预测

基于以上对社会思潮新媒体传播形态及其特征的分析，本文结合当下中国社会现实，从社会思潮的四个核心维度出发，提出新媒体环境下社会思潮的发展趋势和风险预测。

（一）现实基础：牵涉社会矛盾的公共事件或成为诱发社会思潮从休眠到活跃的重要因素；高校和知识类网络社群或成为诱发社会思潮的主阵地

社会存在决定社会意识，中国目前正处于社会转型的非常时期，存在很多结构性失调的社会问题，社会关系处在一种很强的张力之下，容易产生社会危机、激化社会矛盾。这种现实成为了孕育社会思潮的土壤，一些社会思潮长期处在休眠状态，在一些诱导性公共事件出现后，这些思潮就会被激活，同时并引发社会群体的非理性讨论

相比社会其他人群，高校内的教师、学生以及知识类网络社群中的成员具有较高的文化水平、政治意识和媒介素养，并且其思想动态活跃，易于接受新思维；此外知识类网络社群中聚集了大批拥有较高内容驾驭能力和媒体运作能力的自媒体和意见领袖，符合社会思潮传播的核心群体特征。并且学生群体的独立思考能力和辨别意识尚未完全形成，极易受到包装后的不良社会思潮的影响，并因此产生偏激的见解和情绪。一旦有搭载不良社会思潮议题的公共事件的观点或评论流入这两大阵地，极易误导其中群体的价值观和行为方式，并扩散传播，诱发社会思潮到达更广泛的群体。因此，要防范社会思潮传播的潜在风险，需要重点加强在公共事件发生期间对高校大型网络社群以及知识类网络社群的重点监管。

---

① 石立春、何毅：《网络民粹主义与当代中国政治发展研究——当代中国网络民粹主义思潮评析》，《电子政务》2017年第3期。

（二）核心诉求：公众参与式传播使思潮诉求呈现关注社会公平倾向，更多集中在民生领域

网民中大量弱势群体是社会思潮诉求呈现倾向的外在群众基础。根据第 44 次中国互联网统计报告，我国学历在初中、中专、技校和高中的网民占总体网民的 61.9%，月收入在 2001—5000 元的网民占比超过 1/3。新媒体环境的开放性和匿名性使处于社会结构底层民众得以表达自身的诉求，这一群体的加入使得一些思潮会为了获取他们的共鸣而产生维护社会公平的诉求和主张，而本身关涉公权力与社会矛盾的民粹主义思潮更是会借机扩散。

网民里中等收入群体的焦虑感是社会思潮诉求呈现倾向的内在情感动因。目前中国城市中等收入群体（教育水平为大学本科及以上，职业为媒体人和企业白领员工）构成了网络舆论的主要发声群体。该群体在高强度生存压力下产生个人发展的迷茫感和不安全感，因此对于与社会公平、公共利益相关的话题格外关注，并且常常借由一些社会场景来抒发内心的"集体焦虑"。这些抽象的社会痛点会成为思潮诉求获得社会共鸣的情感基础。因此，防范社会思潮传播的潜在风险，需要重点关注涉及民生利益与社会公平议题的公共性事件与舆情事件，此外也要重点关注网络空间中弱势群体与中等收入群体所表达观点中携带的社会情绪，防止其情绪的集中释放而造成的网络秩序混乱。

（三）表现形态：社群传播下的"茧房化"使浅表化、泛娱乐化、情绪化的表达机制取代思想理论和观念学说，可能会使社会思潮向纵深传播

新媒体环境下的网民以共同利益、兴趣、价值导向等为纽带形成了共同体，一些公共性议题已经成为固有的认知框架被共同体成员所内化，特定社会思潮的理论性和思想性很难被接受。新媒体环境下的网络言论呈现出戏谑与恶搞的话语景观，为了避开可能引起不同圈层之间价值取向的冲突，社会思潮的传播主体会自发地将内含的思想理论和观念学说围绕现实境遇进行解构，并运用人们易于接受和传播的泛娱乐化和情绪化的表达机制进行传播。

这种表达机制在媒介形态多样化发展趋势下会导致社会思潮辐射更广泛的人群，并产生深远的影响。一方面，社会思潮在互联网视听平台上的

传播更具隐蔽性，极易影响青少年受众群体的思想动态[1]；情绪化表达搭载社会思潮也极易引发网络上大规模的情绪宣泄，造成舆情风险。此外，即使某一特定社会思潮暂时休眠，带有其意识形态倾向的表情包仍然在潜移默化地产生影响。但是另一方面，社会思潮通过表情包等娱乐性的话语方式也会削弱其本身的政治色彩和严肃性，使其自身的观点和思想更易被人们所接受和认同。因此，要防范社会思潮传播的潜在风险，需要重点关注新兴媒介形态中的传播内容，以及关注网络空间的情绪化表达。

（四）传播形态：资本因素和境外势力进一步介入，助推错误思潮的传播

随着算法在新媒体传播生态中的深入应用，资本背后的权力以更为隐蔽的姿态参与进社会思潮的新媒体传播形态。在媒体智能化的发展趋势下，算法作为一种技术，先天就内嵌着价值导向。特定的社会思潮根据其诉求不同有其特定的传播人群，算法推送下的精准传播使得社会思潮的目标人群更容易受到思潮的影响。而算法背后的资本因素，也会借由技术手段影响传播。比如在一些公共事件中，资本权力运用技术手段通过关键词过滤、评论删除等手段控制舆论，从而影响社会思潮的传播环境。

新媒体环境中的开放性使得一些境外敌对势力介入国内舆论场，参与社会思潮的传播形态中。境外势力通过寻找"国内代言人"或者在海外向国内舆论场发布虚假信息和网络谣言，并在其中夹杂西方错误思潮，以此达到混淆视听，传播错误思潮的效果。例如北京红黄蓝事件的爆料人"Reginababy_lsy"的微博注册地点为美国，并且此事件中一幅含有污蔑意义而被大肆传播的漫画的作者是一名逃亡美国的法轮功分子。境外敌对势力通过谣言和虚假信息扰乱国内思想动态，以传播错误思潮。因此，需要重点加强媒体产业中行业法规建设和提高从业者的自我监管意识和政治意识，同时为了防范境外势力，要重点监测境外注册的新账号以及危险人物的网络活动。

但是，我们也必须认识到改善现实基础对于防范社会思潮传播风险的重要性。根据马克思主义经济基础与上层建筑的关系原理，社会思潮新媒

---

[1] 李明德、朱妍：《社会思潮的传播特征及引领——以互联网视听平台为对象》，《北京工业大学学报》（社会科学版）2019年第3期。

体传播的风险与冲突从本质上来说都是现实社会中矛盾与挑战蔓延在网络社会的体现。从传播学角度对传播形态的结构进行调试，只是技术层面的解决方案，归根结底是要不断实现人民对美好生活的向往，在发展中改善社会转型期的社会阶层结构，缩小阶层差距，稳定社会心态。

中国女性主义思潮在微博平台的传播特征及规律

朱 妍[①]

摘要：我国正处于社会转型期，近年来，以2018年"me too"事件为导火索，女性主义思潮在微博上的传播日益凸显。通过对三个蕴含女性主义思潮的活跃草根微博进行内容分析，总结出女性主义思潮传播呈现出话题多元、与消费主义合流、理论化趋势，并且从线上到线下、进入女权实践等特点。女性主义思潮传播遵循微博的基本传播规律，同时，还呈现出感性化、参与性等特殊规律。女性主义思潮赋予了女性更多话语权，促进了女性成长，但极端的"田园女性主义"污名化了女性主义，误导了网友。通过探究女性主义思潮在微博上的传播，以期对女性主义在社会化媒体上的传播研究有所启发。

关键词：微博；女性主义；社会思潮；传播机制

随着移动互联网技术的不断完善和智能手机的广泛普及，社交媒体已成为人们日常分享八卦和交流思想的主要平台。在社交媒体上，不同立场、不同利益的人群都有表达诉求的权力，所以网红博主、社群文化野蛮生长，形成了多元亚文化和不同社会思潮。

近年来，由于我国计划生育政策和社会经济发展引发了"独生女""剩女"现象，加上"二胎政策"再次强化了"重男轻女"的观念，导致女性群体的自我意识在社交媒体上全面"觉醒"，网络上纷纷涌现出"她世纪""她经济"等新名词，并且也得到了媒体报道的"公认"。这说明了女性群体的网络影响力正在日益扩大，她们敢于表达自己内心的真实想法，除了在就业、婚恋中要求"男女平等"，同时还表现出追求自

[①] 朱妍，西安交通大学马克思主义学院2018级博士生。

我、张扬个性的诉求，但也有部分人群打着"女性主义"的幌子，提出了引领消费、女性至上、仇视男性、驾驭男性、干涉政治的主张，甚至从线上发展到线下，有意破坏社会秩序，影响了社会安定。

在社交媒体所象征的信息化和人工智能时代，女性运动的发展虽面临挑战，但总体上将更加稳健。信息科技的社会和经济影响给女性主义提供了新的机遇和诉求。基于微博平台发散式、网状化的传播特点，女性主义思潮影响力最为凸显，研究从女性主义在微博广泛传播的原因入手，对蕴含女性主义的微博进行内容分析，总结其显著特征和传播规律，以期对女性主义思潮在社会化媒体上的传播研究有所启发。

一 "女性主义"思潮在微博广泛传播的原因

（一）"独生女"现象的出现

80后独生女是中国历史上第一代计划生育之后出生的女孩，这使我国第一次真正呈现了群体性的独生女现象。这些女孩无论物质生活，还是精神生活都比较充裕，她们受教育程度普遍较高，有着和独生子一样的优越感。她们成长在社会转型期的特殊年代，生活在家庭结构突变的特殊环境下，当踏入社会时，遇到婚恋、职场中男女不平等问题，就会勇于表达不满，继而引发抗议。

（二）二胎政策重新激发社会矛盾

二胎政策是中国实行的一种和计划生育政策相对应的生育政策。2016年1月1日，我国各地开始开放二胎政策，对二胎政策最初的解读就是：如果是汉族农村户口，头一胎是女孩，就可以生第二胎，但是前提条件是年满28周岁的夫妇，否则两胎要相隔四年才可以生第二胎。如果头一胎是男孩，无论是什么户口都只能生一胎。这导致很多家庭出现"重男轻女"现象。随着全面二胎政策的开放，这种现象不仅仅出现在农村，在北上广深一线城市也十分普遍。二胎政策让"重男轻女"的观念重新出现，而且越来越深入人心，这引起了女性主义者的强烈不满。

（三）技术的助推

第四波女性主义的数次运动都表明，社交网络能够帮助女性运动在短时间内成功动员数百万人和数十个国家。社交网络将发展中国家的女性卷入进来，也将帮助这些国家的女性组织起来进行抗争。在社交媒体时代，网络公共论坛和线上组织方式有助于消除憎恨和怨愤，提升理性认知，使运动更具有内涵和节制。另外，女性运动的成功经验及其带来的各种益处，如女性权益提高、弱势群体保护和政治正确观念等，通过社交媒体能够得到广泛传播，这种传播反过来能进一步激励女性主义不断进步。

微博传播具有发散性、网状化等特点，智能手机的普及可以满足博主一天之内随时随地多次发布的需求。随着微博的不断升级，功能也不断完善，它不仅能上传文字图片，还可以发布短视频、网络直播、设置微博话题等，具备了网络平台媒体的所有功能，更为重要的是，微博已从权力产品转变为权利的平台，完成了产品向综合应用服务平台的转化。所以在微博的场域中涌现出众多女性主义账号，比如最为著名的草根女性微博"爆烈甜心小鳄鱼毛毛""马库斯说"等。微博已逐渐成为"女性主义"思潮传播的自由场域。

二 新浪微博："女性主义"思潮传播的内容分析

（一）研究问题与方法

1. 样本选择

研究以新浪微博为对象，选取了在微博上蕴含女性主义思潮较为活跃的"果子狸777""马库斯说""爆烈甜心小鳄鱼毛毛"三个样本，它们的粉丝分别为5万、7万、14万，这三个账号属于草根账号，其运营相对独立，能反映女性主义思潮网络传播的真实状况。研究分析了这三个微博账号2018年12月—2019年3月各发布的50条（总共150条）女性原创内容的微博。

2. 编码原则

研究主要以场景、情感、信息来源、是否为粉丝投稿、主题、权利、女性形象、男性形象这七个方面为原则进行分析。

(二) 数据分析

1. 粉丝投稿占据1/3

数据显示有34%的内容来自粉丝投稿，粉丝投稿拓宽了议题的关注范围，并且有助于和粉丝构建共同体。投稿数量占据1/3说明这三个账号粉丝黏性较强，与粉丝之间建立了充分的信任，粉丝也愿意通过投稿来与大家分享自己所遭受的不公平待遇或者独到观点，同时，也说明这三个账号在女性群体中权威性较强，与粉丝达成了良好的互动关系（见图1）。

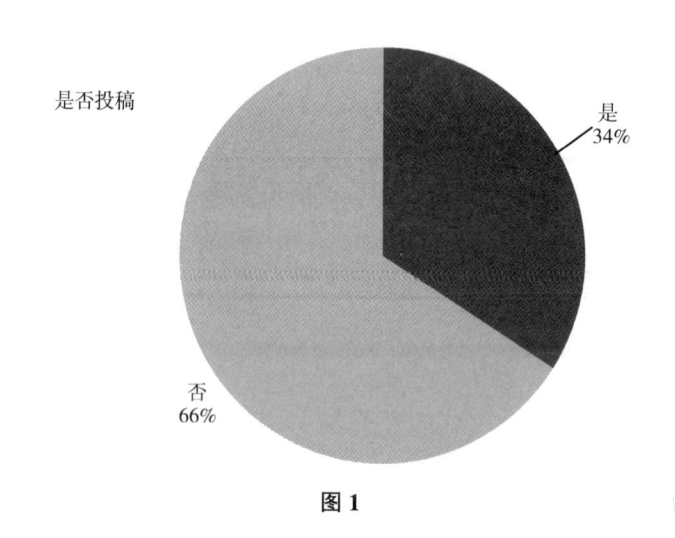

是否投稿
是 34%
否 66%

图1

2. 信息来源广泛

如图2所示，个人经验占据43%，偏向于在学校、职场、社会和家庭生活中体验到的性别不平等；27%是媒体报道中所呈现的性别偏见，比如，"强迫自己的女儿去陪公公婆婆过年"。前者是生活中面临的现实问题；后者是媒体营造的拟态环境。8%来源于法院判决/警情通报（关于性骚扰/性侵犯、家庭暴力、财产纠纷等案件）。这一部分较为极端的女性受害案件属性不仅是女权主义者关注的重点，也是社会普遍关注焦点。同时，这一部分也是女权主义博主提出对现有法律制度、判决的不满，呼吁制度改革的原因。

信息来源饼图：个人经验 43%、媒体报道 27%、社交平台 12%、文字/影视作品 8%、法院判决/警情通报 8%、政策 2%。

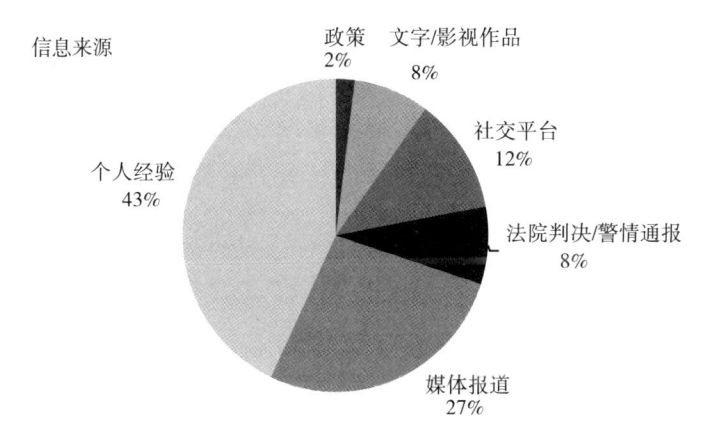

图 2

3. 主题分布

微博主题关于性别歧视、生育与身体、婚恋情感以及性骚扰/性侵犯比例较高，分别为 16%、15%、14%、12%（见图3）。

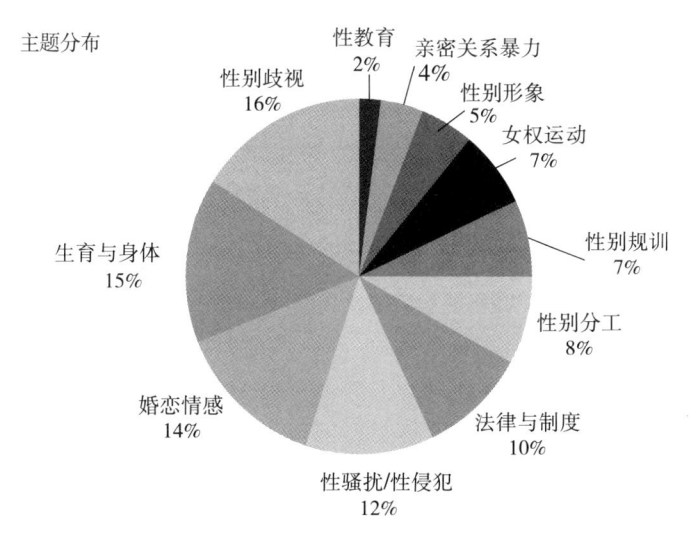

主题分布饼图：性别歧视 16%、生育与身体 15%、婚恋情感 14%、性骚扰/性侵犯 12%、法律与制度 10%、性别分工 8%、性别规训 7%、女权运动 7%、性别形象 5%、亲密关系暴力 4%、性教育 2%。

图 3

第一个值得注意的现象是"女权运动"这个议题占比并不高，女权主义者并不经常提及"女权主义"，或者说并不经常把自己的行为放到女权主义的宏观框架中看待，反而是抨击者经常使用"田园女权"（极端女性主义）作为攻击手段，前者主动提及"女权运动"也是因为反驳外界对女权主义的污名化。

第二个值得注意的现象是女权主义者对"性教育"的关注，因为本次选择的三位博主都是比较综合性的，虽然会受到自身职业（如法律界）的影响，但通过投稿、媒体报道的方式覆盖了较多的女权议题。对现有法律或者判决表示不满，呼吁制度建立，这是女性主义博主建设者的终极意愿。

4. 场景和受损权利分布

将近1/3对女性造成伤害的场景发生在家庭之中，具体来说，包括生育、家庭内部的分工、彩礼嫁妆或者是各种生活细节；22%发生在公共场合（包括网络空间）之中，职场也占据12%（见图4）。

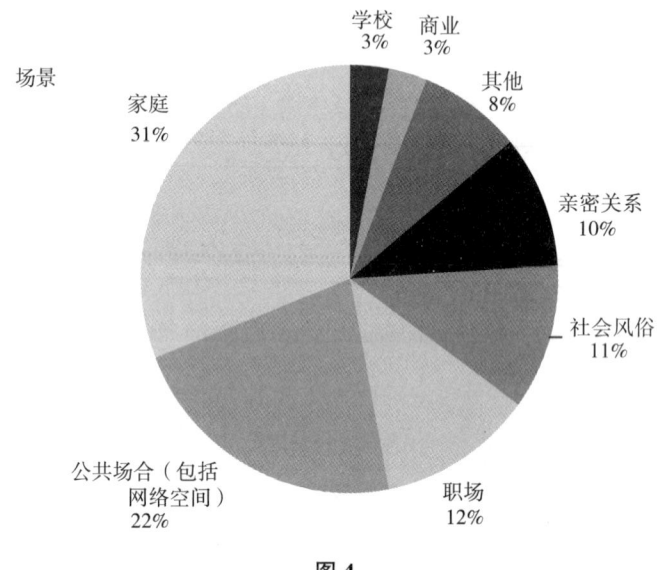

图 4

5. 女性形象与男性形象

女性的主要形象是"受压迫者"，与此对应，男性的主要形象是"压迫者"。

女性形象中"自戕者"和"压迫者"所占比例也不少，这显示尽管草根女权博主不只是向实施压迫的男性开战，也是向整个社会风俗发起挑战，对"被洗脑""被规训"的女性怀有"哀其不幸，怒其不争"的情感（见图5、图6）。

女性形象

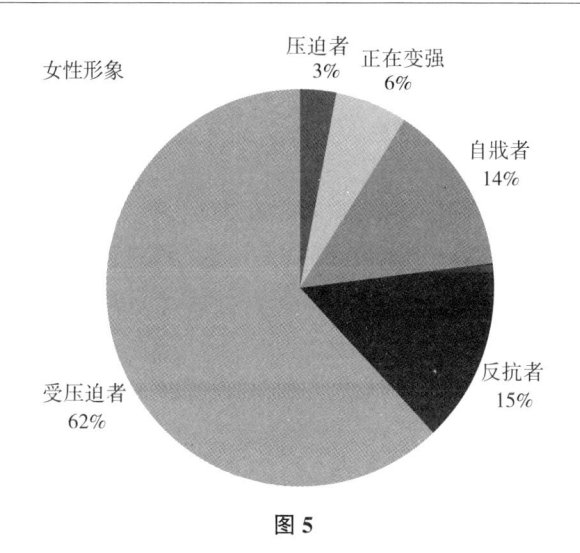

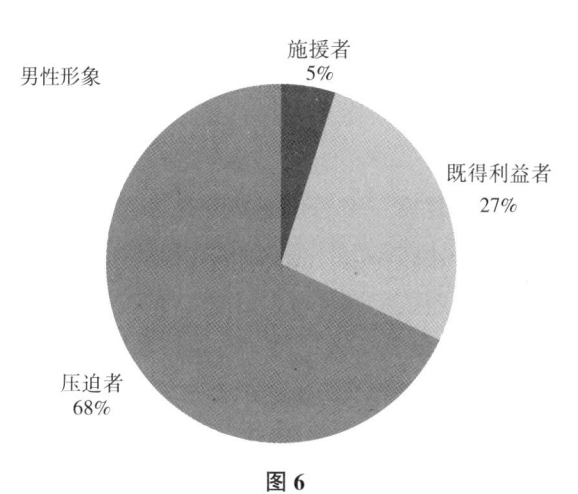

- 压迫者 3%
- 正在变强 6%
- 自戕者 14%
- 反抗者 15%
- 受压迫者 62%

图 5

男性形象

- 施援者 5%
- 既得利益者 27%
- 压迫者 68%

图 6

6. 情感态度

抨击态度和愤怒情绪占据主导地位；在部分表达"嘲讽"和"嫌恶"情绪的微博中包含了对被批评者的人身攻击。结合对男女性别形象的分析，草根女权博主叙述话语中更倾向于将两性放置于对立地位。

三 女性主义思潮在微博平台传播的显著特征

由以上对三位女性主义草根博主三个月期间发布的150条微博的内容分析，可以总结出女性主义思潮在微博上传播的显著特征（见图7）。

情感态度

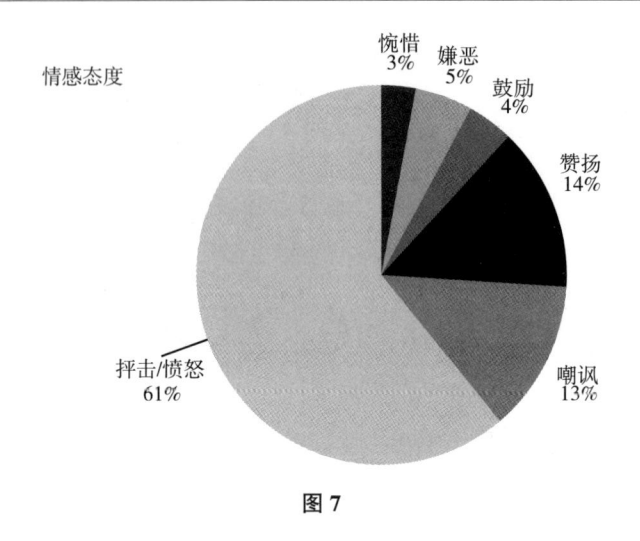

愧惜 3%
嫌恶 5%
鼓励 4%
赞扬 14%
嘲讽 13%
抨击/愤怒 61%

图 7

（一）微博话题多元，聚焦"婚恋、生育、性骚扰"

女性主义微博关注一切与性别不平等相关的内容，求职、求学歧视，原生家庭重男轻女现象等，但女性主义微博最关注的话题还是聚焦在婚恋情感、女性生育和性骚扰这三个方面。比如：微博"果子狸7777"在微博首页置顶的话题就是"代孕 大合集"，微博中梳理了关于生育的基本概念，并分析了代孕违法和最具争议的地方是使用他人的子宫。博文中还梳理了30条有关"代孕"的微博链接，以科普代孕的违法性，表明了坚决反对代孕的立场。反对代孕的微博引发了女性主义者的共鸣，获转发1744次，评论810条，点赞2604个。微博"马库斯说"在首页置顶的微博是关于支持人大代表徐锦庚防治职场、高校、公共交通三领域性骚扰的提案，并发起话题"人人多说一句话世界变得更美好"，号召大家留言说出自己被性骚扰的经历。话题转发量386次，有1140条留言，绝大部分都是关于性骚扰的经历，话题获赞551次。

（二）商业助推，与消费主义合流

蕴含女性主义的微博内容大多会涉及女性独立话题，除了鼓励女性追求经济独立之外，还要拥有精神独立。微博内容会宣扬成为独立女性的标准，要实现自我，为自己而美，要能够买得起自己想要的东西等，在这种理念的暗示下，商家借机大力推广能够满足女性精神需求的物质产品。在

"三八妇女节"等节日前后，企业微博会针对女性分享各种化妆品、奢侈品包包、衣服、首饰等商品，鼓励大家消费，要为自己而活。尤其是对年轻辣妈群体，这个群体刚刚转换为妈妈的角色，面临生理和心理的变化，身材走样、产后抑郁、焦虑，有的还面临"丧偶式育儿"的困境，在工作方面需要重新开始，融入社会。这些人群在女性主义与消费主义的鼓动下，往往会创造出惊人的消费额度。她们希望通过消费来找回失去的自我，发泄自己的情绪，产生"冲动消费"行为，购买超出经济承受范围的物品来达成内心的平衡。再加之商家微博上的精准营销策略和狂轰滥炸式的广告植入，使得消费主义与女性主义形成合流。在"她经济"消费力大幅增长的背景下，商家为了将各种节日都变为"购物节"，甚至将"妇女"的称呼弱化，以女神/女王取而代之，导致很多女性在电商广告的刺激下迷失自我。

（三）理论化趋势，提出制度性要求

随着女性主义在网络中的传播，自发形成了不同的理论派别，除了我们所公认的追求男女平权、女性独立，在就业、婚恋、家庭中等要求不受歧视的女性主义诉求之外，还出现了"田园女性主义"，其实这是一个戏谑的贬义词，极具讽刺性和侮辱性，用来形容极端女权主义者。微博中也把这类"伪女权主义者"称为"女狗"，并且在微博中形成了团体和派别。"中华田园女权"实质上是极端的利己主义，是女权主义的异化，其主要具备四个特征：第一，要求在权利和义务的分配上，男女两性双重标准；第二，以偏概全地"仇视"男性，将男女两性狭隘地对立起来；第三，以自我为中心，认为女性的缺点或错误都应无条件地被谅解；第四，坚持男女绝对平等，歧视价值选择相悖的女性群体。她们认为以男性为标准，消除男女差异才能实现男女平等。如果其他女性的价值选择与其相悖，她们就会批判、嘲讽这些女性，尤其歧视愿意为家庭放弃事业的传统女性。

同时，在2018年、2019年"两会"上的提案议案中，有多项与女性权利相关的内容，其中涉及反性骚扰、农村妇女土地权益、招聘性别歧视等，这些在女性主义相关的微博上都有广泛讨论。女性主义者在微博上的最终愿望就是希望能够通过制度的形式来保证自己的合法权益不受侵犯。

(四) 从线上到线下，进入女权实践

女权主义者关注到女性群体对性教育的无知，她们在微博上科普性教育知识，让女性认识自己的身体，把性教育作为女性权益保护的起点。同时，在国内女性主义群体中具有代表性和领导性角色的妇联官方微博"女权之声"，由于发布违规信息而被永久关停微博账号和微信公众号，此事被女性主义群体大肆炒作为政府的言论审查和打压侵犯言论自由，在网上发起"我是女权之声本人"的所谓声援抗议，引发大量转发讨论，甚至上升到对国家体制的批判和攻击，鼓吹要进行社会改造，并号召女性主义者转至地下继续抗争。①

同时，女性主义者通过微博建立社群，在社群中进行日常交流，增强了情感，也加强了女性主义者的群体认同感和思想共识。在社群中对弱势女性群体提供线下援助，比如：对被家暴的女性提供法律援助，或者对遇到不公平待遇的女性提供线下帮助，等等。

四 "女性主义"思潮微博传播规律分析

(一) 基本传播规律

1. 热点舆情事件引爆网络

"女性主义"在微博中的话题有很多来自媒体报道和法院判决/警情通报关于性骚扰/性侵犯、家庭暴力、财产纠纷等案件。这一部分较为极端的女性受害事件不仅是女权主义者关注的重点，也是社会普遍关注焦点。

比如，2018年7月26日，3起性侵事件被曝光，当事人分别是亿友公益负责人雷闯、环保组织"自然大学"发起人冯永锋，以及资深媒体人章文。蒋方舟、易小荷在微博上实名举报章文摸大腿的事，受美国"Me too"事件的影响，微博上立马引起了Me too话题狂潮。

2. "标签化""话题化"引发"病毒传播"

随着微博标签、话题设置的流行，人们参与公众事件的门槛也越来越低。通过标签/话题的设置，一是可以直接推动网民参与事件讨论，主推

---

① 黄楚新：《女性主义的觉醒与滥觞》，《人民论坛》2019年第2页。

话题热度走高，引来更多网友的关注；二是拓展了话题传播的受众群，通过微博的发散式传播，每个网民都可以参与其中，形成病毒传播。

比如，在微博使用 me too 标签/话题之后，所带动的舆情开始汹涌，通过简单的点击 me too，或是使用 me too 标签，广大网民就可以表明自己的经历、表明自己的态度并积极参与其中。

3. 草根博主作为意见领袖推动传播

意见领袖是两级传播中的重要角色，是人群中首先或较多接触大众传媒信息，并将经过自己再加工的信息传播给其他人的人。[①] 他们具有影响他人态度的能力，他们介入大众传播，加快了传播速度并扩大了影响。草根女性主义博主所写的绝大多数内容都与弱势女性群体有关，主要以男性或社会加诸女性的伤害为主。主要站在弱势女性群体的立场，以抨击态度和愤怒情绪占据主导地位；在部分表达"嘲讽"和"嫌恶"情绪的微博中包含了对被批评者的人身攻击。草根女权博主叙述话语中更倾向于将两性放置于对立地位。所以女性主义草根博主的粉丝众多，能够一呼百应，成为话题传播的关键节点。

4. 女性主义思潮的创新扩散

创新扩散理论是美国学者埃弗雷特·罗杰斯提出的。罗杰斯认为，创新是一种被个人或其他采用单位视为新颖的观念、实践或事物；创新扩散是指一种基本社会过程，在这个过程中，主观感受到关于某个新语音的信息被传播。[②] 女性主义思潮在微博上通过各种原创内容和粉丝案例，向人们普及女性独立自主、张扬个性、追求自我的理念，在传播过程中，首先受到博主社会关系网络里小部分女性主义铁粉的认同（点赞），然后通过铁粉作为传播节点（转发）进一步传播赢得更多女性群体的认同，最后借助代表绝大部分女性利益的热点话题吸引网民关注，如此女性主义思潮就得到了广泛的扩散。大众传媒环境下，女性主义思潮已经成为各种女性热点事件背后潜移默化的立场。

（二）特殊传播规律

1. 感性化传播规律

蕴含女性主义思潮的微博内容主要与女性婚恋、性骚扰、生育主题有

---

① 郭庆光：《传播学教程》第二版，中国人民大学出版社 2011 年版。
② 郭庆光：《传播学教程》第二版，中国人民大学出版社 2011 年版。

关，容易引发女性群体的情感共鸣，内容大部分来源也都是粉丝讲述亲身经历，以第一人称口述、截图的形式呈现出来，内容真实可信，图片视觉冲击力也较大，让网民看后产生代入感；同时，女性主义博主对女性弱势群体或者遭到不平等待遇的女性会产生哀其不幸、怒其不争的情感，微博评论和立场都有强烈的情绪化倾向。汤普森认为，"对传媒信息的接收和占用的研究之所以至关重要，是因为，它既考虑信息被个人接收的社会——历史条件，又考虑这些个人弄懂信息并把它们并入日常生活的方式。"[1] 比如，"果子狸7777"的微博中有讨论女性是否要做家庭主妇，其中"果子狸7777"和网友"陌悠悠小窝"对"女性做家庭主妇才是幸福的言论"表示强烈不满。她们尊重每个女性的选择，但是不认同"宣扬做家庭主妇就是女性的幸福"。这个观点引起了女性的情感共鸣，因为在广泛群体中，"被他人养"的一生是有巨大风险的，是会要求用一些其他的资源去交换的（如全部无偿的家务劳动、全部无偿的育儿劳动、失去部分自有选择权、牺牲自我情绪去取悦主导者，等等），是对整个人类社会有害无益的。

2. 参与式传播规律

女性主义微博30%来源是粉丝投稿，内容大部分也是围绕粉丝提供的话题进行讨论。热点话题、争议事件的发展容易导致网民情绪极化，突出特点就是线上呼吁、线下聚集，有些女性主义博主开通了微博群组，粉丝们因此有了更为深入的交流，甚至博主会为受到家暴的女性提供线下救助，形成了牢固的利益共同体。争议话题讨论也有很强的参与性，能够激发网友的讨论欲望，比如，把田园女权称为"女狗"，对女性主义污名化的讨论，等等。

五 社交媒体中女性主义思潮传播的启示

（一）女性主义思潮在微博中的传播流程

女性主义思潮通过社会网络来实现信息、思想的扩散，在社会学中，社会网络（social network）指的是社会行动者（social actor）及其间关系

---

[1] 约翰·汤普森：《意识形态与现代化》，译林出版社2011年版。

的集合。一个社会网络是多个节点（社会行动者）和各节点之间的连线（行动者之间关系）组成的集合。彭兰认为，微博利用社会网络来实现信息扩散，反过来，这一平台上信息传播活动又会丰富与拓展个体的社会网络。例如，由于发布的蕴含社会思潮信息引人注目，获得了很多的"粉丝"关注，这些"粉丝"就是个体社会网络上的新节点。微博平台提供了推荐好友、点赞信息展示、转发等功能，促进形成与扩张机制，这为社会思潮传播提供了良好的基础。① 所以女性主义思潮主要是通过微博上的社会网络进一步扩散的。

女性主义思潮传播更多的依赖社会网络这一传播基础，因此，社交媒体上的社会思潮传播活动不仅仅是一种单纯的信息传播活动，它反映了网友的社会关系和背后的文化、价值、思想认同。女性主义思潮传播活动也成为传播者发展社会网络、获得社会资本的一种重要方式。

由此，总结出女性主义社会思潮在社交媒体平台传播的流程如下：

一级传播：传播者（博主）相关内容输出（原创内容或者粉丝投稿）——建构和评论（理念建构和对网络热点事件评论）——粉丝接收与理解（观念分析与日常认知解释）。

二级传播：接受者（也是传播者）通过点赞、推荐、转发功能借助社会网络进一步扩散。

（二）主流媒体的官方社交账号在社会思潮引导中应调整官方思维模式

在社交媒体空间里，人人都有发表言论的权利，一旦偏激的思潮涌现时，经过舆论交锋，会让正确的观点沉淀下来，但是主流媒体也要及时借助社交媒体平台进行话题引导，让消极社会思潮早点显现其本质，以避免误导更多的微博网友。更为重要的是在微博热点话题的引导中也要注意表达的方式方法，尽量避免官方思维模式。

1. 理性内容感性表达

社交媒体空间的话语表达方式是符合互联网语境的，针对极端社会思潮的言论，首先，主流媒体社交媒体更应调整话语表达技巧，不能只站在对立面对其进行否定和抨击，而要设身处地考虑这部分人群的利益诉求，

---

① 彭兰：《微博客的信息传播机制分析》，《中国网络传播研究》2010年第4辑。

晓之以理，动之以情，引导网友认清极端社会思潮的本质。其次，在日常内容的传播中，应该选择网友关心的话题，适度采用网络流行语，多选取图片、短视频这种费力程度较低的阅读形式，把主流意识形态、核心价值观融入日常内容之中，这样才能与网友产生情感共鸣，得到心理的认同。

2. 原创内容与 UGC（用户生产内容）相结合

主流媒体社交账号要多站在用户的角度，多提供他们需要的权威信息和观点，日常运营中多与粉丝进行留言互动、答疑解惑，充分调动粉丝的积极性。同时，可以设置话题征集粉丝观点，给予他们发声的权力，以达到有效沟通；也可以征集粉丝投稿，讲述他们自身的问题和困境，为他们搭建解决问题的桥梁。在消极社会思潮泛滥之时，就能借助粉丝的力量进行有效缓解。

社会治理视角下小镇青年网络社会思潮的传播表征及引导方略

朱 妍[1]

摘要：不同的社会群体中流动着不同的社会思潮。互联网技术和资本的下沉使小镇青年成为网络社会中崛起的新群体，其受教育水平较高、不安于现状、购买力旺盛、群体凝聚力强，是当前社会发展的重要动力。这个新兴群体拥有共同的利益诉求，并孕育出特有的网络亚文化，泛娱乐主义、消费主义、拜金主义、民粹主义等社会思潮也在其中广泛传播。从社会治理的视角出发，以政府、网络媒体、互联网企业、网民四个维度来探究对小镇青年群体网络社会思潮传播的引导方略。

关键词：小镇青年；网络社会思潮；传播表征；网络社会治理

一 问题的提出

中国改革开放40年发展的三大核心引擎是：城镇化、工业化、全球化。自1978年改革开放至今，中国奇迹般地实现了快速的城镇化。2018年，国家统计局公布的最新城镇化比例数据是59.58%，比上年末提高了1.06个百分点。[2]

近年来，随着城镇化水平的推进，互联网技术和渠道下沉，使得三、四线城市以及从一、二线返乡的青年群体成为网络空间的新势力，赢得了众多网络平台的青睐。移动大数据平台Quest Mobile（中国专业移动互联

---

[1] 朱妍，西安交通大学马克思主义学院2018级博士生。
[2] 耿春芳：《被误解的小镇青年和被低估的小镇》，《城市开发》2019年第3期。

网商业智能服务商）发布的"下沉市场报告"显示，截至 2019 年 3 月底，中国移动互联网三线及以下城市的用户规模达 6.18 亿，存在巨大的人口红利，下沉市场的消费支出在大幅增长。2019 年"6·18"期间，阿里、京东公布部分交易数据称来自下沉市场订单同比分别增长 176%、122%，而拼多多则宣布有七成订单来自下沉市场。① 除了电商平台，新闻资讯平台趣头条 70%用户来自于中国三线及以下城市和乡村，尤其是 40—60 岁的"银发乐活族"和新成长起来的"小镇青年"②，短视频平台快手的用户也以三、四线城市 Z 世代③人群为主，62.5%的快手用户正处于 25 岁及以下的年龄段。④ 正因为小镇青年的涌现，才会出现拼多多成立三年就上市的奇迹，才会成就快手日活跃用户超过 1.6 亿，日均上传逾 1000 万条原创视频的惊人数据。由此，众多网络平台都达成了"得小镇青年者得天下"的共识。

与此同时，小镇青年带着强烈彰显自我的欲望，又急于寻求群体性情感认同和即刻体验的快感，且内心怀有缩小与一线城市现实差距的愿望，而网络空间恰好为他们提供了的宣泄场所。短视频类 App 快手、新闻资讯趣头条、电商平台拼多多，以其精确的定位、社交氛围以及智能化操作、较强的娱乐性和对乡村的助力战略，精准地把握了小镇青年的消费需求和精神文化共鸣，展现了小镇青年和中国三、四线及以下城镇的不同风貌，成为了小镇青年社会思潮汇聚的网络平台。然而，现实中客观存在的城乡矛盾、贫富差距导致这个生活在城乡夹缝的群体面临各种社会压力、风险和精神困惑，泛娱乐主义、消费主义、拜金主义、民粹主义等各种社会思潮也趁机在这个群体中激荡，网络空间与现实社会相互映射，精神世界与社会行动相互影响。在社会结构变动时期，小镇青年作为当前社会发展的重要动力，不论在网络空间，还是现实社会，其思想动态的变化直接

① 电商获客新变局：《博弈拼购、新零售与下沉市场》，http：//www.xinhuanet.com/fortune/2019-06/13/c_1210157661.htm。
② 《为什么趣头条会定位于服务三线及以下的新兴市场？》，http：//tech.hexun.com/2018-12-26/195676125.html。
③ Z 世代是美国及欧洲的流行用语，意指在 1995—2009 年出生的人。他们又被称为网络世代、互联网世代，统指受到互联网、即时通讯、短讯、MP3、智能手机和平板电脑等科技产物影响很大的一代人。
④ 《快手用户人群洞察数据分析 用户覆盖面广商业价值有待挖掘》，http：//www.lbzuo.com/shuju/show-19699.html。

影响到社会的健康稳定发展。

在网络空间的消费领域和精神文化领域表现突出的小镇青年群体，他们的利益诉求明确，与消费主义、拜金主义等众多社会思潮形成合流，那么这一群体在网络空间中有哪些表征？与社会思潮如何达成耦合，又成为哪些思潮的主要传播者？在社会治理的视角下，对于这一群体的消极社会思潮传播又该如何有效沟通引导？这是本研究关注的问题所在。

二 核心概念与理论假设

在进入研究之前有必要对本文涉及的核心概念进行界定，并简要说明相关的理论假定。

(一) "网络社会思潮"概念界定

目前学界还没有对"网络社会思潮"进行具体的概念界定，陈伟军在《社会思潮传播与核心价值引领》中提到了网络社会思潮的形成，他认为"以多种传播模式之数字化与网络化整合为基础的新沟通系统，其特征是一切文化表现的无所不包与全面覆盖。"[1] 因为新沟通系统的多样性、多重模式以及易变特性，涵盖与整合了一切表现形式，以及各式各样的利益、价值与想象，包括社会冲突的展现。各个社会阶层都可能通过互联网渠道表达自己的利益诉求，经过意见领袖的呼吁或传统媒体的介入、互动，形成声势浩大的舆论或者思潮。[2]

其他学者主要讨论了网络社会思潮的特征和发展趋势，方付建认为网络社会思潮在形态层面，社会思潮越发多元并日益交合，思潮边界不再明确；在主体层面，社会思潮的生产与传播不再仅由精英完成，思潮主体日渐大众化和多元化；在内容层面，社会思潮更加指向非政治层面的利益性和娱乐性问题，其话语不再保有高品位、高质量特质，而走向粗放化甚至暴力化；在传播层面，社会思潮更加愿意借助新型媒体传播，并注重多元

---

[1] 曼纽尔·卡斯特：《网络社会的崛起》，夏铸九、王志弘等译，社会科学文献出版社2006年版，第352页。

[2] 陈伟军：《社会思潮传播与核心价值引领》，人民出版社2015年版，第188页。

传播、联盟传播和审丑传播。① 宫京成在《大众传媒回应与引领当代社会思潮研究》中提到，移动互联网和手机的普及性使用使社会思潮传播的参与者增多、影响力增强；移动互联网传播的"即时互动化"使社会思潮传播的传播方式发生了重要变化；移动互联网在一定程度上实现了"网络实名制"，对社会思潮的传播产生了规制性影响；社会化媒体激活了公众的闲暇时间和非主流群体社会空间，并通过社交纽带将其聚合成为具有动员能力的社会力量，使社会思潮的辐射力与影响力大为增强。②

综上所述，本研究将网络社会思潮界定为：借助新媒体平台，通过网络热点事件、评论、互动等网络行为传播而生成的表达网络社会不同人群某种利益或要求并有广泛影响的思想趋势或倾向。

（二）"小镇青年"概念界定

2017 年，罗振宇在名为《时间的朋友》的跨年演讲中，首次提到了"小镇青年"这个词。现在，这个词语被用来代指 18—35 岁来自三、四、五线城市的人。小镇青年一般出生在三、四线城市和二线城市下属区县，如今或奋斗在大城市及省会、或打拼在家乡及周边城市的各个角落。③ 近几年关于小镇青年群体的研究颇多，主要聚焦在小镇青年消费文化研究，比如，王玉玲、范永立、洪建设从文化产业领域切入，认为小镇青年在文化消费中表现出消费能力强、可支配时间多、行为趋势网络化等特征，但其文化生活境遇与其展现的巨大消费潜力间却存在较大落差。④ 学者们还探究了媒介与小镇青年精神文化之间的关系，夏祎琳、生奇志认为快手短视频 App 作为中国最大的生活分享平台，得到了大部分小镇青年的青睐，是互联网行业对小镇青年精神文化诉求的积极回应，具有一定的代表意义。⑤ 秦朝森认为小镇青年在流动性与媒介化的双重建构下，从被描述的

---

① 方付建：《论网络时代的社会思潮》，《电子政务》2015 年第 8 期。
② 宫京成：《大众传媒回应与引领当代社会思潮研究》，人民日报出版社 2016 年版，第 158 页。
③ 中国社会科学院社会学研究所：《2019 中国小镇青年发展白皮书》，http://www.infzm.com/contents/159531，2019-09-23。
④ 王玉玲、范永立、洪建设：《小镇青年消费文化特点研究——以文化产业领域为切入点》，《中国青年研究》2019 年第 6 期。
⑤ 夏祎琳、生奇志：《快手 App 对小镇青年精神文化诉求的影响与规范》，《新闻研究导刊》2019 年第 9 期。

对象变成了值得关注的社会阶层。他们存在于物理、网络与心理空间中，其身心往来于不同的物理空间与网络空间，"漂泊"是一种心理常态，"脱域"成为存在方式。①

（三）"社会治理"视角界定

研究主要从网络社会治理视角切入。习近平总书记于2012年到2017年，在各类场合、重要讲话中多次提及网络社会治理。2014年首次提出："共同构建和平、安全、开放、合作的网络空间，建立多边、民主、透明的国际互联网治理体系。"② 2015年提出推进全球互联网治理体系变革的"四项原则"和关于建设网络命运共同体的"五点主张"。2016年，从网信工作以人民为中心的发展思想、建设网络良好生态、突破核心技术、强化网络空间安全、发展互联网企业、人才建设六个方面，提出我国互联网治理的现实状况和发展愿景。2017年10月，在十九大报告中作出了"加强互联网内容建设，建立网络综合治理体系，营造清朗的网络空间"的重要论述。③ 网络空间治理已被提升至国家的重要议题。

学界对网络社会治理也有相关研究，曾润喜从国家与社会关系视角下提出网络社会国家与社会关系的均衡治理，既要改善现实中的国家与社会关系，也应实现从网络管制到网络治理的转变。④ 高献忠认为网络社会治理就是一种网民个体、网络群体、网络管理部门通过多元协商建立协同关系，共同构建起网络社会秩序的实践范式。虚拟社会管理要由网民个体、网络群体、网络管理部门来共同参与、协同完成，它要求其中的各个主体以平等的地位共存和互动。多主体协同模式的治理结构应该由自律、他律、互律三个机制协同而成。⑤ 张元等认为新时代要强化党委、政府领导权威，加强网络传播内容、行为和秩序立法，建立完善制度法规；构建关

---

① 秦朝森：《脱域与嵌入：三重空间中的小镇青年与短视频互动论》，《现代传播》（中国传媒大学学报）2019年第8期。
② 《习近平致首届世界互联网大会贺信》，《人民日报》2014年11月20日。
③ 习近平：《决胜全面建成小康社会夺取新时代中国特色社会主义伟大胜利——在中国共产党第十九次全国代表大会上的报告》，《人民日报》2017年10月28日。
④ 曾润喜、王国华、陈强：《国家与社会关系视角下的网络社会治理》，《北京理工大学学报》（社会科学版）2010年第5期。
⑤ 高献忠：《社会治理视角下网络社会秩序生成机制探究》，《哈尔滨工业大学学报》（社会科学版）2014年第3期。

键信息基础设施安全保障体系,明晰网络媒体行业职业道德底线,将"党性"原则与"以人民为中心"的传播思想相结合;创建微媒体、智能终端等新兴社会化网络平台,建设移风易俗的网络公共社区和辐射载体。[1]

今年是我国全面连入互联网的第 25 年,网络从最初的一个传播媒介或工具,转变成社会的一个新操作系统,对社会发展产生难以控制与预测的作用,网络已然成为"人类生活新空间"和"国家发展新疆域"。随着网络技术的发展,在这个由人流、物流、信息流相互交织形成的流动空间中,人类全部的社会生活、社会关系和社会事件正日益通过网络以不同的形式呈现着、发展着。[2] 网络创设了一个人们学习、工作、生活的新空间,生成了一个全新的"网络社会",成为信息传播新渠道、生产生活新空间,也成为不同人群社会思潮传播的新平台。

根据以上理论基础,厘清了网络社会思潮、小镇青年、网络社会治理视角相关概念,本研究在社会治理视角下把小镇青年群体的网络社会思潮传播作为研究对象,进一步归纳小镇青年网络社会思潮传播的表征以及沟通、引导方略。

三 小镇青年群体特征[3]

2018 年,国家统计局公布的最新城镇化比例数据是 59.58%,处于城市与乡村之间的"小镇青年",成为中国社会所要打造的"橄榄型社会"中非常重要的群体,得到了社会各界的关注。小镇青年这一群体由于出生、成长环境、经历相同或者类似,在群体性上有一些鲜明的特征,人生观、价值观、消费观等精神层面也有突出的共鸣。这个群体主要是从东部延伸到中西部地区的广大青年群体,这个群体的基本特征明显有别于集中在东部地区的一、二线大中城市的同龄人群,是具有非常典型中国特色

---

[1] 张元、孙巨传、洪晓楠:《新时代网络社会的发展困境与治理机制探析》,《电子政务》2019 年第 8 期。

[2] 《国家网络空间安全战略》全文,(2016-12-27)(2018-07-06), http://www.cac.gov.cn/2016-12/27/c_1120195926.htm。

[3] 小镇青年群体特征数据来自由中国社会科学院社会学研究所青少年与社会问题研究室的指导,《南方周末》与拍拍贷联合发起 2019 年中国小镇青年发展调研。

的，由于区域、城乡、阶层发展不均衡和信息不对称所导致的结果。2019年8月11—16日，由中国社会科学院社会学研究所青少年与社会问题研究室的指导，《南方周末》与拍拍贷联合发起2019年中国小镇青年发展调研，采用线上访问的形式对三、四线城市和二线城市下属的县和市的1400名小镇青年进行了调研。通过这份调研报告的数据，能勾勒出小镇青年的一些群体性特征。

（一）受教育水平较高

从小镇青年的学历来看，大学本科、大专、高中/中专大致各占三成（见图1）。小镇青年相信接受教育能改变命运，96%的本科学历都是通过高考自考获得的文凭。随着我国经济的发展和城镇化水平的提升，小镇青年的家庭经济条件普遍较好，除了满足日常物质需求，其父辈们更希望自己的子女能够受到良好的教育，走进大学校园，从而有机会去大城市工作和生活。

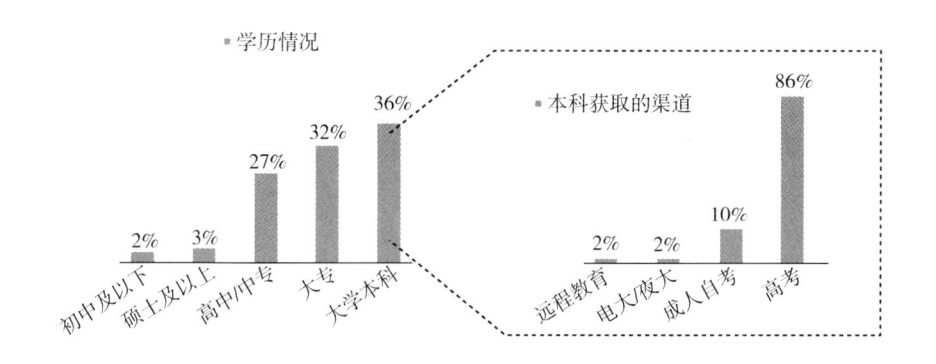

图1 小镇青年学历

（二）不安于现状

小镇青年从事最多的工作是普通公司职员，18%已经做到了管理人员岗位；一半以上认为自己在同龄人中处于中档水平；一、二线城市里的挑战、竞争更大，小镇青年自我认知在处于中下游的比例高于生活在三、四线城市的人（见图2）。数据统计，小镇青年工作变化频繁，在平均工作的5年时长中，已经更换了3份工作。小镇青年的择业要求主要是看工资的高低,这是因为改革开放以来,我国城乡差距拉大,这些小镇青年的出生环境与大城市青年相差较远,小时候物质生活相对较差,再加之成年后进入大城市工作,开阔了眼界,急需通过努力改变自己的经济状况,才能在大城市立足,所以对金钱的渴望更加迫切,也更为现实。

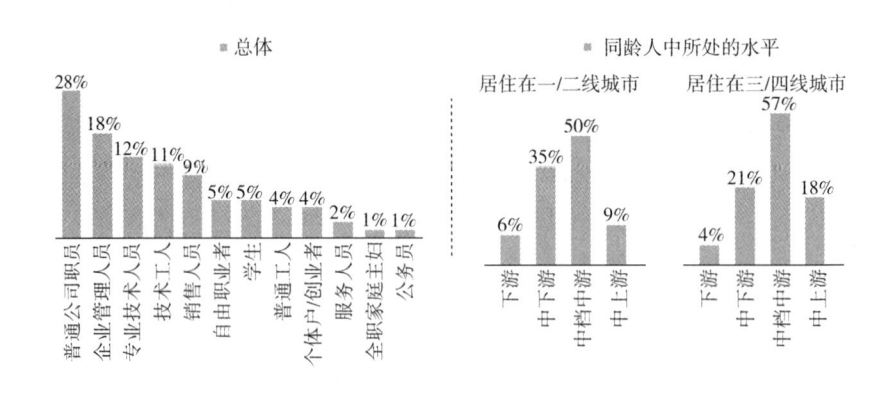

图2 小镇青年职业和在同龄人中所处水平

(三)购买力旺盛

小镇青年存款集中在5万—10万元,其中已婚青年的家庭平均存款金额相对较高,小镇青年的消费性支出占工资近四成。一、二线的小镇青年收入虽然高于三、四线,同时花销也更大。小镇青年消费性支出为2906元,消费支出占月收入的比例达到39%(全国平均比例37%)。白皮书数据显示,一、二线城市的月平均工资稍高,达到7925元,但消费也水涨船高,占到了月收入40%。整体来看,与三年前比起来还有增长的趋势。不过,已婚养娃的小镇青年家庭则在消费性支出上略有降低,现实的压力敦促小镇青年成长。小镇青年敢花钱,但想要提高生活质量或实现在一、二线城市扎根,唯有不断进取,这样便汇聚成一股向上的力量,成为推动社会发展进步的原动力(见表1)。

表1 小镇青年收入与消费

收入与消费	总体小镇青年	居住在一、二线城市	居住在三、四线城市
每月平均工资	7389元	7925元	7065元

续表

收入与消费	总体小镇青年	居住在一、二线城市	居住在三、四线城市
个人每月消费性支出	2906 元	3180 元	2741 元
消费性支出占比	39%	40%	39%

（四）群体凝聚力强

与城市人的邻里相互陌生关系不同，小镇青年的生活环境为熟人环境，在三、四线城市居住的小镇青年地缘关系紧密，人际交往较多，城市区域较小，从小生活的发小同学、亲戚朋友也较多，所以群体凝聚力也较强。这在网络上表现也较为明显，在一、二线生活的小镇青年在网络上社交圈子大多以老乡群、发小群、亲戚群为主，在网络上也较为关注自己老家的资讯，并且对老乡具有很强的信任感，在网络上很容易与相同经历、相同地域的人形成强烈的共鸣和精神认同。

（五）价值观较为传统

在工作/生活中，给小镇青年带来积极影响的多是身边朋友和前辈或长辈。明星偶像或网络上的 KOL 太遥远，他们更愿意倾听朋友或长辈的意见。在婚恋观上表现尤为突出，当前小镇青年有一半人已经结婚生娃。其中，三、四线城市的青年成家比例更高；遭受了较大逼婚压力的三、四线女性，对相亲的接受度相对高一点。

四 小镇青年群体网络社会思潮传播表征

（一）个性彰显与泛娱乐主义思潮传播耦合

1. 现实的无趣需要在网络空间宣泄

当下的小镇青年大多成长于社会结构变动、转型的时期，经历了我国城镇化的变迁，见证了城镇经济发展、物质生活逐渐提高的生活，再加之受过高等教育、见过大城市的繁华，也懂得小城镇的落差。据数据统计，有过半的小镇青年现在居住在三、四线城市（见图3）。其中，51%的人

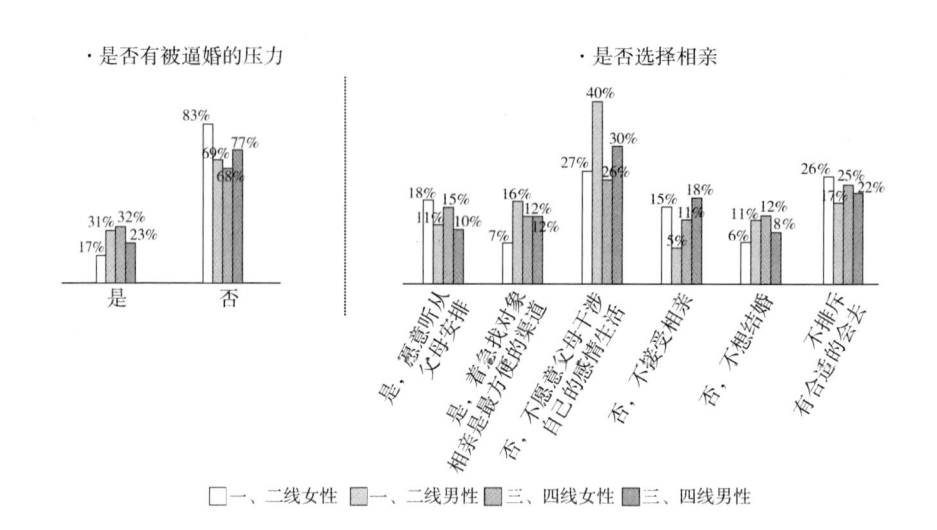

图 3　小镇青年婚姻状况

曾去过北上广深生活，由于大城市快节奏、高压力的生活或者其他现实原因返回家乡，这让他们对现实心存不甘。在家乡物质生活较宽裕，休闲时间也较充足，但是在精神层面有所失落，难以达到满足，而网络平台为他们提供了展示自我的机会。

2. 短视频平台成为泛娱乐主义思潮的聚集地

短视频平台声画结合、碎片化、社交化、技术门槛低的优势成为了小镇青年传播泛娱乐主义思潮的"天堂"。比如，快手短视频就成为他们的一个寻求情感共鸣、价值认同的舞台，在短视频平台，他们可以尽情展示自己的日常生活、休闲、娱乐，各种神曲、碎片化内容的发布满足了他们求关注的心理。为了打破平淡安稳的生活节奏，他们容易在网络平台上猎奇、炫耀和围观，所以小镇青年催生出一种又一种不同的网络亚文化，不断地追求自我表达和情感实现，其中"土味文化"就是其中之一，这种亚文化来自民间的各种奇葩见闻、搞笑段子、趣味视频、社会摇、喊麦，以庸俗、幽默搞笑的形式呈现出来。受众对此更多的是一种猎奇与嘲讽的态度。一方面想要一探其中庸俗愚昧的内容，另一方面更像是在一种嘲讽中得到的自我满足感，所以在网络上被不断被扩散开来。同时，高点赞量和成百上千条的评论留言也激发了被关注的小镇青年的创作热情，不断地制作、认同、传播，从而形成流行，成就了泛娱乐化思潮的汹涌澎湃。

（二）欲望膨胀与消费主义思潮传播相遇

1. 小镇青年消费观的变化

根据麦肯锡的数据预测，未来10年，中国城市家庭消费中产阶级及以上占比将大幅度提升，预计2022年达到81%，成为中国消费升级的最主要贡献。而三、四线城市的中产阶级将成为未来占比增长最快的群体。[①]

小镇青年承担着新一轮消费升级的主力期待，除了我国三、四线城市增速发展，带来有钱有闲的消费潜力，另外，小镇青年与上一代的消费观念也相去甚远。与父辈相比，小镇青年一改特殊经济和社会背景下形成的"高储蓄、低消费"金钱观，而是随着财富的直线上升，消费信心指数也一路走高，小镇青年的消费态度趋于开放、喜欢尝鲜，满足自我需求、炫耀性消费正在向大都市青年看齐。

2. 资本、技术的下沉与社会化媒体传播的助推

各大电商平台纷纷瞄准这一消费群体，推出更便捷的奢侈品购物渠道，比如天猫国际等电商购物平台开通了全球购、海囤全球等网购渠道；加之电商购物节、网络广告和网红的连番轰炸，激发了这个群体对奢侈品强大的购买热情。随着城镇化推进、消费升级到来，三、四线城市消费群体将成长为消费市场中的重要力量，已经隐隐初见"小镇赶超都市"的逆袭路线。

同时，社会化媒体和社群传播使得消费攀比蔚然成风，晒朋友圈吃喝玩乐消费满足了小镇青年的心理需求，而社群意见领袖的推荐消费更加引爆了小镇青年社会网络传播的快速扩散。

（三）利益诱惑与拜金主义思潮传播合谋

1. 小镇青年物质渴望强烈

小镇青年在成长过程中体验过物质相对匮乏的生活，同时，也感受过一线城市相对优渥的生活条件，所以对物质的渴求也较为强烈。尤其父辈们对子女在大城市出人头地寄予的希望较大，希望通过子女来改变身份，

---

① 《下沉市场新消费群体的崛起，企业该如何营销》，http://www.sohu.com/a/333676349_100119796。

跨越阶层，导致小镇青年对金钱较为渴望，在找工作中主要选择赚钱多的，而且甘愿为了赚取更多的钱而付出加倍的努力。

2. 金钱成为唯一奋斗目标

经数据调查，小镇青年未来三年的目标都与工作相关：提升收入、提升职位、开拓属于自己的事业，实现这三个目标才能够实现其他买买买、换换换的目标。91%小镇青年对未来已有规划和拼搏的精神。其中，有26%有着清晰的奋斗目标和坚定的信念。这种赚钱的动力让他们很容易形成拜金主义思想，在网络"鸡汤文"、网络贷款App的刺激下，购买与自己消费水平不匹配的奢侈品，更为重要的是，潜藏在心底出人头地的欲望驱使他们借机在网络社交平台炫富攀比，以此来证明自己的能力和价值，久而久之，价值观就会发生扭曲，认为金钱是认知事物的唯一判断标准。比如，小镇青年当中的女性群体对裸婚就更不容易接受，对结婚条件要求更高，更看中男方的物质条件。

（四）诉求明确与民粹主义思潮吻合

1. 物质和精神双重诉求

总体来说，小镇青年对于现状生活的满意度较高，91%的小镇青年觉得生活比三年前有提升；居住在一、二线城市的青年对现在的薪资待遇更满意，但精神层面还是感觉到身在异乡为异客，漂泊和打拼的压力让其内心备感失落；而三、四线城市的小镇青年对于工作压力和生活质量的满意度较高，但在物质层面还是难以达到自己的心理预期。

2. 身份焦虑容易被思潮左右

居住在一、二线城市的小镇青年希望换份自己更满意的工作，从而继续提升自己的收入和职位；生活质量是居住在三、四线城市小镇青年关注的焦点。但是在贫富差距和物质精神生活上的落差，让小镇青年更渴望能在大城市受到公平的待遇，在就业和晋升上能与大城市的青年获得公平竞争的机会，同时，也希望一线城市的市民能够在生活中不戴有色眼镜歧视外来打工者。所以在网络中小镇青年反对精英，更容易被民粹主义所左右，引发网络舆论风暴。

五 网络社会治理视角下小镇青年社会思潮传播引导方略

基于网络社会治理的视角，以主体多元、协调互动为理念的治理理论成为研究社会秩序生成的新范式，从历时态看网络社会秩序的生成经历了一个从网民内生自治秩序、业界技术规范秩序到政府管制秩序的分层演化过程，就共时态而言这几种秩序同时并存、彼此耦合，共同构成了网络整体秩序。[1] 因此，本研究拟从政府、网络媒体、互联网企业、网民四个维度来探索小镇青年消极社会思潮传播的引导、沟通方略。

（一）政府应引起重视：关注小镇青年，解决现实社会中的群体问题

1. 政府应关注小镇青年群体的"信息沟"问题

美国传播学者蒂奇纳（P. Tichenor）、多诺霍（G. Donohue）和奥里恩（C. Olien）在1970年发表的《大众传播流动和知识差别的增长》一文中提出了"知识沟假设"（knowledge-gap hypothesis），认为随着大众传媒向社会传播的信息日益增多，处于不同社会经济地位的人获得媒介知识的速度是不同的，社会经济地位较高的人将比社会经济地位较低的人以更快的速度获取这类信息。随着新传播技术的发展，1974年，卡茨曼提出了"信息沟"理论。这个理论实际上可以说是对"知识沟"理论的放大。卡茨曼重构了知沟假说，认为随着经济社会发展，存在于人类社会的信息资源也会越来越多。那些社会交往和精神学习都更广更深的、个人禀赋较好的个体将会更早更好地获得更多的信息资源，因此人与人之间在多数领域中的知识占有差异将呈扩大而非缩小之势。但理论上，如果改善了社会交往与精神学习的广度和深度的话，那么人与人之间的多数领域的知识占有差异都将能得到卓有成效的弥补。[2]

在城镇化的进程中，城乡矛盾相对缩小，尤其是新生代小镇青年大部分都受到过高等教育，会使用网络获取信息，传播信息，知识文化水平和

---

[1] 高献忠：《社会治理视角下网络社会秩序生成机制探究》，《哈尔滨工业大学学报》（社会科学版）2014年第3期。

[2] 郭庆光：《传播学教程》，中国人民大学出版社2007年版，第232—234页。

眼界与城市青年差异正在逐渐缩小，再加之互联网技术的普及，信息获取渠道增多，小镇青年乃至乡村青年与城市青年之间获取信息的机会相对均等。但三、四线小镇青年在社会交往、精神学习层面还是有一定差异，容易形成圈层化现象，形成特有的亚文化，容易被各种消极社会思潮所左右，引发极群事件，从而影响现实社会生活。

2. 政府应着眼现实矛盾，满足其更高的精神需求

小镇青年群体存在的矛盾充分凸显了我国人民日益增长的美好生活需要和不平衡不充分的发展之间的社会主要矛盾。彭兰认为，网民之所以表现出强烈的发泄需要和对边缘性信息的追求，在很大程度上是因为现实生活中压力与矛盾的困扰，只有解决这些社会矛盾，才能真正改变网民的需求方向。[①] 小镇青年在网络空间的爆发反映了现实社会问题，小镇青年在精神层面有更高的追求，他们返乡后，与当地环境和与文化氛围出现一定错位，只有通过网络来展现或者宣泄自己的精神世界以寻求认同，主要表现为戏谑、调侃等形式，而其中裹挟了大量泛娱乐主义、消费主义、拜金主义思潮，这些思潮与他们的圈层文化相互交织，容易引发网络群体事件，而这些矛盾冲突的解决，终归要靠现实社会矛盾的调解和舒缓。

3. 政府应针对小镇青年的特质，多组织现实空间的公益文化活动

由于小镇青年价值观相对传统，网上意见领袖距离他们较为遥远，他们更容易听取身边老师和长辈的建议，所以针对这一特征，政府应该多为他们组织公益讲座和培训，结合他们对生活学习和工作技能提升的需求，为他们量身打造生活服务、职场能力提升等系列讲座，以满足他们对生活、学习、工作更高的精神追求，从而全方位提升他们的生活品位、学习能力和职场技能。

（二）网络媒体应转变观念：寻求现实认同，发挥公共服务的作用

1. 媒体首先应该赢得认同，在传播中淡化"小镇青年"的标签

曼纽尔·卡斯特在《认同的力量》中认为，对于那些受到依附于全球权力和财富网络的个体化认同的排斥并做出反抗的社会行动者来说，以宗教、民族和地域为基础的文化共同体似乎为我们社会的意义建构提供了

[①] 彭兰：《现阶段中国网民典型特征研究》，《上海师范大学学报》（哲学社会科学版）2008年第6期。

另一条最重要的途径。这些文化共同体有三个重要特征。其一，他们表面看来是对社会普遍趋势的反应，是为了意义的自主性来源而抗拒这些社会趋势。其二，他们从一开始就是一些具有庇护和团结功能的防卫性的认同，即为反对一个充满敌意的外部世界而提供保护。其三，它们是通过文化而建构起来的，也就是说，是围绕着一系列其意义和目标均打上了独特的自我认同符码的记号的独特价值而组织起来的，例如，信仰者的共同体、民族主义的图腾、地方性的地理特征。①

全球化、网络化带来的社会转型，使小镇青年流入一、二线城市，或者在三、四线城市安家立业，是城市化进程的大趋势，也是社会进步的表现。而在城市生活的漂泊和工作压力带给小镇青年身份认同的焦虑感。他们通过网络结成联盟，在网络空间狂欢，不断孕育亚文化，是他们抵抗外部现实社会的表现。网络上流传的"小镇青年"有戏谑成分，也有精英俯视的意味。如果要与其对话，首先应该赢得认同，在传播中淡化"小镇青年"的标签，尊重他们的文化和思想，多去欣赏他们热爱生活、努力上进的闪光点，而不应该只调侃、围观他们的生活习惯或者价值观。

2. 网络媒体应该发挥公共服务的作用

新媒体环境下，众声喧哗，但不是每个人的声音都有相同的影响力。在选择信息、处理信息、运用传播手段制作信息、分享信息的过程中，现实社会中的上层、中层群体依旧处于优势地位，而小镇青年群体在通过传媒参与公共领域的方式中，夹杂消极思潮的情绪宣泄多于理智辩论。中产阶层维权往往以理性诉求求得认同，而小镇青年群体往往采取感性及戏谑的方式，以期求得关注。所以传媒在服务于政府、资本的双重律令下，应起到协调与政府、资本、各阶层民众的关系，为不同阶层群体提供表达机会与表达空间，从而促进阶层间的相互理解、相互联通。

(三) 企业应承担责任：控制资本流向，适当引导市场

1. 企业应承担相应的社会责任

逐利是企业的本性，在我国社会转型关键时期，企业需承担一定的社会责任。企业在追求经济利润最大化的同时，对利益相关者应承担责任和

---

① 曼纽尔·卡斯特：《认同的力量》，夏铸九、王志弘等译，社会科学文献出版社2006年版，第75页。

义务。在网络空间,互联网企业不能放任资本的驱动,应该明确自身定位,不能为了逐利,而无底线地刺激小镇青年潜在的物质精神层面的消费需求。资本是把双刃剑,人性也具有两面性。如果企业不加克制和约束,用户往往会滑向堕落的深渊。大数据智能推荐技术也有利有弊,对于其带来的信息茧房效应需要进行规避。

电商平台应该控制不合理的网络贷款消费,部分短视频平台和资讯平台应该严格审核平台内容,通过大数据技术推广以社会主义核心价值观为标准的内容。同时,提升互联网从业人员的法治意识和媒介素养,部分互联网企业的员工缺乏新闻传播知识的学习,在运营互联网产品中没有严格的把关人意识,所以应通过定期培训、讲座等各种形式不断补充新闻传播专业知识和法律知识,厘清商业利益和社会责任之间的关系,提升社会责任感。

2. 互联网企业应该推出满足小镇青年更高精神追求的产品

互联网企业要针对这一群体特殊的精神文化需求,为他们个性化定制适合他们的互联网产品,以满足他们日常学习、工作、生活、交流、娱乐。如果网络空间中有充足丰富多样且适合小镇青年精神需求的产品可供选择,他们也许就不会在快手、趣头条、拼多多、水滴筹上面集中爆发。消费主义、拜金主义、民粹主义、泛娱乐主义思潮在这个人群当中就没有了传播的土壤和空间。

(四)小镇青年应提高网络媒介素养:打破信息茧房,分清虚拟与现实

1. 开阔视野,打破信息茧房

马尔库塞在《单向度的人》中对文化工业向大众提供的"虚假的需要"提出了批评。虚假的需要是物质的需求,它们不是人的本性,就像被无限刺激起来的消费欲望,表面上看是投其所好,实际上却束缚了大众的创造力和辨别力,其结果是造成个人在经济、政治和文化等方面都为商品拜物教所支配,日趋成为畸形的单向度的人。[1] 目前部分小镇青年网络购物通过拼多多,获取信息靠趣头条,娱乐生活借助快手短视频,如果长期沉溺于这三个平台,很容易形成信息茧房和圈层化效应,在网络呈现的拟态环境中,会被其所营造的价值观和亚文化所支配,从而难以辨别真假

---

[1] 赫伯特·马尔库塞:《单相度的人》,刘继译,上海译文出版社1989年版,第208页。

是非，一旦消极社会思潮涌现，就会形成大规模的网络集群事件。由此，应该提升小镇青年的网络媒介素养和认知能力，不断开阔眼界，突破边界，寻找更丰富的媒体平台获取信息，形成自己的判断和观点。

2. **认清自我，回归现实**

小镇青年群体在网络上的爆发，其实也是由于在现实社会中精神层面的缺失所引起，适当的宣泄可以排解现实生活中的压力，但一味沉迷是一种消极逃避的行为。小镇青年作为社会转型期的中坚力量，应该把更多的时间和精力花费在现实的工作和生活中，既然认清了现实中低线城市的落后状况与发达一、二线城市的差距，就更应该加倍努力，通过不断学习和工作来提升自我。从个体的改变引发群体的改变，从而汇聚成一股凝聚力改变家乡、改变三、四线落后城镇的面貌，推动新时代我国的全面发展。

改革开放以来国内社会思潮的研究述评：
传播媒介的技术变革对社会思潮的影响

邝 岩[①]

摘要：在5G、虚拟现实、人工智能等信息技术的渗透下，媒介技术正在表现出形塑社会思潮内容的力量，具体表现为新媒介技术促进新型社会思潮的产生，赋予社会思潮更加复杂的内涵，并使社会思潮表现出交杂糅的状态。同时，新媒介技术影响了社会思潮的传播形态，使社会思潮的传播更加快捷，促进了社会思潮的个性化深度传播，使其传播形态和传播模式更加多样化和普遍化，对社会思潮的监测和治理提出了新挑战。在传播媒介技术变革的背景下正确引领社会思潮，需要关注技术异化现象的同时增强利用技术进行社会思潮监测的能力；建立社会思潮理论和案例数据库，为社会思潮引领提供理论和实践依据；打造专业型意见领袖矩阵，利用丰富的媒介技术形式增强引领社会思潮的话语权。

关键词：媒介技术；技术变革；社会思潮；传播

5G、虚拟现实、人工智能、物联网、大数据、区块链等信息技术已经开始渗透到传播媒介的核心环节，这些新技术为媒介形式的更迭和大众传播形态带来革命性的变化，可以说无技术不传播。社会思潮是一定时期内反映一定群体的利益诉求、在某些群体中得到广泛传播、产生较大社会影响的思想观念所形成的思想潮流。[②] 大众传播、文化交流、群体互动等均是社会思潮的传播途径，在新媒体时代，互联网、5G等传播技术大大

---

① 邝岩，西安交通大学马克思主义学院博士生。
② 李亚员：《改革开放以来社会思潮研究现状述评——基于30多年来有关期刊文献关键词的计量分析》，《江汉论坛》2015年第9期。

拓宽了大众传播的传播广度和深度，社交媒体、短视频平台、资讯平台等大众媒介成为社会思潮传播的主要途径。探讨传播媒介技术对社会思潮的影响，有利于厘清新时代社会思潮的内涵和传播动态，对于更好地引领社会思潮具有重要意义。

一　媒介技术何以对社会思潮产生影响

海德格尔认为现代技术的本质是"座驾"，技术的本质不仅支配着人与自然的交往，还支配着包括宗教、艺术、政治等在内的文化创造或存在领域。① 媒介技术在一定程度上见证着海德格尔的技术观，哈罗德·伊尼斯曾指出，"一种新媒介的长处，将导致一种新文明的产生"②。从报刊、广播、电视，到互联网、智能手机，每一次媒介变革的背后都产生一种新的生活方式。当前被广泛使用的微博、微信、短视频平台等都属于移动互联网等新媒介技术支撑下的新媒介，它们正在表现出形塑社会文化的革命性力量。社会思潮作为社会文化的一部分，不可避免地接受着新的媒介技术的影响。同时，社会思潮作为一种思想趋势，只有通过传播才能产生影响，所以媒介技术对社会思潮的产生和传播尤为重要，其在一定程度上决定着社会思潮的本体性存在。

二　新媒介技术形塑社会思潮的内容

梁启超在1920年《论时代思潮》里指出："凡'时代'非皆有'思潮'；有思潮之时代，必文化昂进之时代也。"③ 在新技术革命和全面深化改革的背景下，当代中国正处于社会文化和社会观念演变的活跃时期，相应的，当代社会思潮也处于内容更迭和形态演变的活跃时期。

媒介技术促进新型社会思潮的产生。追溯历史，近代西方科技的发展曾促进了不同社会思潮的产生，许多社会思潮就是围绕着科技议题而产生的，例如发轫于19世纪三四十年代的主张以实证自然科学精神来改造和

---

① 海德格尔：《海德格尔选集》（下卷），孙周兴译，上海三联出版社1996年版，第937页。
② 哈罗德·伊尼斯：《传播的转向》，何道宽译，中国人民大学出版社2003年版，第28页。
③ 梁启超：《清代学术概论》（第1卷），中华书局1954年版，第1页。

超越传统形而上学的实证主义思潮、20 世纪六七十年代起源于科学的客观性和人类精神主观性之间矛盾的后现代主义思潮，以及当代西方流行的对现代科技持悲观否定态度并且在理论或行动上抵制现代科技的反科技思潮。媒介技术作为当代科技的一种，亦影响着当代社会思潮的发生起源，《娱乐至死》的作者波兹曼曾说："媒介的形式偏好某些特殊的内容，从而能最终控制文化。"[①] 在当代，"泛娱乐化"思潮的发展正是与信息技术支持的直播技术、视听技术、算法推荐等技术的发展密不可分，视听类软件借助先进的媒介技术以固定的模式传播大众偏好的各式信息，使受众随时随地参与娱乐实践成为可能。[②] 新媒介技术利用富有感染力的声音和图像等多媒体形态，为"泛娱乐化"思潮的产生和传播提供"温床"。

媒介技术赋予社会思潮更加复杂的内涵。相较过去社会思潮经由学术论文、学术观点传播的境况，经由于互联网、新媒体等新媒介传播的社会思潮更多的孕育于网络舆情事件，社会思潮的主要观点不再仅仅经由学者笔下的理论文字进行传播，其传播场域已转向互联网叙事下的社会日常实践。而 5G、人工智能、大数据等技术赋予了社交软件、短视频平台、聚合类新闻应用程序等新媒介形态更加开放、更易获取、使用更为便利的特征，使社会思潮在传播过程中受到外来文化和草根义化的冲击，社会思潮的发展变化越来越体现出对新媒介技术的依附性。[③] 加之在全面深化改革过程中，复杂的社会矛盾在新媒介中集中涌现，针对各类舆情事件，网民会根据个人的知识背景和对社会现实的理解，在发表自己观点的过程中有意识或无意识地对社会思潮的内容加以丰富或解构，赋予社会思潮更加多元和复杂的内涵，对新环境下社会思潮的监测和治理提出了新挑战。

媒介技术促进社会思潮的交互杂糅。社会思潮本身的内容来源是多学科的思想理论观点以及传播者个人心理、情感、态度等的"杂糅体"，而当今社会的智能媒体、机器新闻等新媒介形态也是移动互联网技术、人工智能、物联网等技术与媒体的结合而衍生出来的。在多种媒介技术融合下的新媒介的作用和推动下，各种社会思潮之间不再有明确的界限，而是具

[①] 尼尔·波兹曼：《娱乐至死·童年的消逝》，广西师范大学出版社 2009 年版，第 31—32 页。

[②] 陈昌凤：《斜杠身份与后真相 泛娱乐主义思潮的政治隐患》，《人民论坛》2018 年第 6 期。

[③] 罗燕：《新媒体社会思潮的传播及引导》，《人民论坛》2017 年第 29 期。

有杂糅特质。例如新媒介技术为社会思潮的传播提供的多媒体视听形态，使得历史虚无主义思潮、消费主义思潮等社会思潮以娱乐化的形式进行传播，甚至将其核心思想植入娱乐产品中，促成泛娱乐化思潮和多种思潮的交织传播，消解了议题的严肃性，继而以隐蔽的方式影响主流价值观的传播。虚拟现实、网络直播等技术的交互特性能够帮助用户更好地融入设定好的场景中，为不同社会思潮的交流结合创造了条件，各类社会思潮在媒介技术的推动下，经过特定场景的情绪渲染，舆论表达呈现多种思潮杂糅的多元状态。

三 新媒介技术改变社会思潮的传播形态

新媒介技术为社会思潮的传播提供了较为开放的舆论环境，在这种环境中，人们能够比较便捷、自由地接触和接受各种不同的思想，比较自由地表达对于社会现实的感受和要求。[①]

大数据技术使社会思潮的传播更加迅捷，加快了社会思潮的变动频率。互联网的开放性使新闻媒体、自媒体、网民可以在网络上方便快捷地发表自己的观点，依据中国互联网络信息中心（CNNIC）发布的第44次《中国互联网络发展状况统计报告》，截至2019年6月，我国网民规模已达8.54亿，许多热点舆情事件传播以"亿"为单位。[②] 数据量巨大的网络信息要求实时高速的数据处理传输速度。数据处理速度快是大数据的4V[③]特征之一，以大数据技术为依托的移动通信、传感器新闻等新媒介技术实现了互联网海量信息的高速传播。这使得各类社会思潮在社交网络、直播平台、短视频平台的实时、便捷传播成为现实，任何一个人只需要拥有一台终端设备，就可以通过微博、微信、新闻客户端等媒介接收和传播各类社会思潮观点。此外，移动应用软件具有的转发、点赞、评论等功能使各类社会思潮极易通过人们的兴趣圈和社交圈传播。可以预见，以超低时延、超高能效、超高安全性以及超宽连接等为关键性技术指标的

---

① 杨魁森：《中国当代社会思潮的若干问题》，《吉林大学社会科学学报》1988年第5期。
② 第44次《中国互联网络发展状况统计报告》（全文），[2019-08-30][2019-11-25]，http://www.cac.gov.cn/2019-08/30/c_1124938750.htm。
③ 大数据具有数据体量巨大（Volume）、数据类型多样（Variety）、价值密度低（Value）、处理速度快（Velocity）的4V特征。

5G通信①，将进一步提高社会思潮的传播速度。同时，高速、实时传播也使社会思潮的变动性日益增强。在以书籍、报刊为代表的传统媒体时代，新左派思潮、自由主义思潮等社会思潮往往需要通过众多学者的几十年的学术沉淀而形成，但在新媒介技术的支持下，一种社会思潮的形成有时只需要短短几年。处于剧烈变动状态的社会思潮加大了人们对其进行理解、分辨的难度，容易造成人们对社会现实的误解。

智能推荐算法促进了社会思潮的个性化深度传播，同时容易造成片面的思潮镜像。智能推荐系统是为了解决互联网时代下的信息过载问题而产生的，今日头条等新闻聚合类应用程序是运用这一媒介技术的典型案例，它利用算法机制分析用户的兴趣点，为用户设置议程，将与用户兴趣相关的新闻资讯推送到每个用户，达到"量身定制"的个性化推荐模式。智能推荐系统实现了社会思潮的纵深传播，例如某一用户对于以"二元对立"为核心特征的网络民粹主义思潮②内容较感兴趣，新闻客户端便会向其推荐网络民粹主义的相关评论、争论及与其核心观点相关联的网络民粹事件。在这样的环境下，人们通过不断接收算法推送的某一社会思潮的同类信息，可以对其产生较深入的理解。但是，算法推荐系统也容易把用户引入媒介技术营造的"拟态环境"，把媒介展示的"拟态环境"当作现实世界本身来看待，进而处于某一类或几类社会思潮包裹的"过滤气泡""信息茧房"之中。在算法推荐系统下，"拟态环境"可能会影响人们的认知和行为，一旦过度偏位就会使人们了解不到社会思潮的"整体面貌"。同时，在诉诸情感比陈述客观事实更易影响信息接受者的"后真相"情境下，掺杂了发布者意图的社会思潮观点，在互联网平台上通过塑造利益诉求、情感需求为主要特点的情感表达氛围，以戏谑段子等为内容表达载体，容易使人们在认识上片面地理解社会思潮，在情感上轻易接受社会思潮，甚至被某一社会思潮裹挟而消解了自身的理性认识，滋生出极端化的个人情绪，可能造成不同群体间的人无法互相理解，加剧网络巴尔干化。

---

① 田辉、范绍帅、吕昕晨、赵鹏涛、贺硕：《面向5G需求的移动边缘计算》，《北京邮电大学学报》2017年第2期。

② 李良荣：《警惕网络民粹主义"暴力"——中国民粹主义新动向》，《人民论坛》2015年第1期。

多媒体技术实现了社会思潮传播形态和传播模式的多样化和普遍化，使社会思潮更容易被网民所接受。多媒体技术使互联网的数据形态包括文本、图片、音频、视频等，呈现出丰富的数据多样性，在互联网上，各种新型软件设备借力多媒体技术，通过多种形式传播观点和信息的同时，也为社会思潮的传播提供了多样的形式和渠道。社会思潮除了以学术论文、学术观点的形态向大众传播，还潜隐在微信、微博、抖音等应用程序上吸引眼球的热点事件、情感软文、新闻标题中，这些信息以视频、图片、文字等不同形式，通过微信群模式、兴趣圈模式向全社会传播。抖音等短视频平台是社会思潮借助多媒体技术传播发展的典型例子，平台自身的技术、内容不断更新的特征，造成流行文化和思想转变较快，各类社会思潮也更易于形成、扩散。[1] 同时，它所使用的音视频表达方式比单纯的文字图片更容易打动和感染人，让·拉特利尔曾指出，"不能低估图像文化，尤其是动态图像文化，由于它们通过图像作用于情感，从而已经并将继续对表述与价值系统施加深远影响。"[2] 同时，相比于文字传播，图像本身具有的观看性功能打破了中西方的文化差异和语言差异，使西方社会思潮的传播具有更强的隐蔽性和广泛性。多媒体技术包装下的互联网就像打开了的"潘多拉盒子"，各种思想都可以登台亮相，利用形象直观的视频、图片、数据进行传播的社会思潮以更为隐蔽而深入的方式渗透进人们的日常生活，形成价值共识圈，给社会思潮的治理带来难度。

四 媒介技术变革背景下社会思潮的引领

在传播媒介技术变革的背景下，新媒介技术正在形塑社会思潮的内容、改变社会思潮的传播形态，在探讨媒介技术对社会思潮的影响时，不可忽视传播技术变革对社会思潮引领提出的新挑战。对互联网中的社会思潮进行治理是我国网络安全建设的一部分，正如习近平同志所说："大国

---

[1] 李明德、朱妍：《社会思潮的传播特征及引领——以互联网视听平台为对象》，《北京工业大学学报》（社会科学版）2019年第3期。

[2] 让·拉特利尔：《科学和技术对文化的挑战》，吕乃基等译，商务印书馆1997年版，第124页。

网络安全博弈，不单是技术博弈，还是理念博弈、话语权博弈。"① 对媒介技术变革环境下的社会思潮进行引领，要从社会治理的角度，依靠技术手段的同时注重理念引领和话语权建设。

辩证看待新媒介技术，关注技术异化现象的同时增强利用技术进行社会思潮监测的能力。海德格尔将技术的本质描述为"座驾"，是为从哲学的角度提醒人们现代技术对人的"限定"，但是技术对人的危害性反映的并不是技术的本质，而是技术的异化。必须辩证看待技术的异化现象，认识到新媒介技术对社会思潮的形塑和传播有其正面和负面作用，并且积极探求消解技术异化作用的路径。例如抖音等短视频平台为泛娱乐化思潮的传播提供了途径，满足了大众放松娱乐的需求，同时也容易造成用户的过度沉迷。针对这一现象，抖音上线"反沉迷系统"②，利用技术手段在一定程度上避免用户过度沉醉于娱乐，表明利用新媒介技术可以助力社会思潮的监测和引领。此外，利用大数据技术进行网络舆情监测的方法可以为社会思潮的监测提供借鉴。大数据的核心价值在于利用数据关联分析舆情关联，分析、挖掘海量网络信息背后蕴含的舆情价值，将网络舆情监测的时间点提前到舆论爆发阶段的最初始时间点。互联网上的社会思潮往往蕴含在舆情事件中进行传播、产生影响，可以通过大数据和机器学习预测舆情数据中未直接披露的信息，对潜藏在舆情事件中的社会思潮的传播进行监测和走势预测。

建立社会思潮理论和案例数据库，为社会思潮的引领提供理论和实践依据。习近平指出："要运用互联网和互联网技术，加强哲学社会科学图书文献、网络、数据库等基础设施和信息化建设，加快国家哲学社会科学文献中心建设，构建方便快捷、资源共享的哲学社会科学研究信息化平台。"③ 如果能够将社会思潮理论和案例集结成库，便能为社会思潮新舆情事件的发生、传播提供理论和实践依据，提高舆情应对速率。学界对社会思潮内涵、传播、治理等方面的理论成果较丰富，人民网舆情报告、清博舆情等舆情监测机构对于舆情事件的抓取和记录也已具备较高的专业

---

① 习近平：《在网络安全和信息化工作座谈会上的讲话》，《人民日报》2016年4月26日。
② 2018年4月，抖音短视频发布公告称，抖音正式上线第一期反沉迷系统。当用户连续使用90分钟后，正在播放的短视频上会出现一行文字，提醒用户注意时间。
③ 习近平：《在哲学社会科学工作座谈会上的讲话》，《人民日报》2016年5月19日。

度，这为建立社会思潮理论和案例数据库提供了大量资料型素材；人工智能、大数据、数据库等技术亦为社会思潮理论和案例数据库的存储和检索提供了技术支撑。数据库建立的关键在于数据资源的整合利用，针对社会思潮传播形态与内容的多样化特征，分类型地打造理论资源大数据库，才能精准施力于不同社会思潮的发酵和传播过程，才能对违背主流意识形态的思潮予以及时引导。同时，还需要出台相关法规，明确社会思潮理论和案例数据资产相关的政府部门、企业、学者等相关主体向统一的数据平台提供和共享数据的权利义务，实现理论和案例的快速汇集、规范管理、高效利用。

打造专业型意见领袖矩阵，利用丰富的媒介技术形式增强引领社会思潮的话语权。由于第二代互联网发展下的技术赋权，曾经被动接受信息的互联网用户能够自发在网络上生产内容，更多的普通人成为社会思潮传播的参与者和主力军。分析近年来的社会思潮典型事件发现，网民、自媒体意见领袖可以随时随地通过社交媒体等平台发表其关于某一社会思潮或事件的看法，相关内容体量巨大、传播范围广泛，而政府、学者、主流媒体的声音式微，缺乏能够正确引领社会思潮并拥有较大传播力的专业型意见领袖。针对这一话语表达缺位现象，政府部门、主流媒体等机构可以通过吸收有影响力的自媒体进入社会组织管理体系，对其进行马克思主义指导下的社会思潮理论培育，增强自媒体的理论自觉；学者、专家等社会思潮研究者也可以加入意见领袖的行列，主动向公众释析社会思潮的实质。同时，专业型意见领袖必须善于利用新媒介技术进行话语表达，才能及时引导舆论走向。依据极光大数据的研究报告显示，54.6%的用户关注新闻资讯平台是否有音频、短视频、视频、直播等内容展现形式。[1] 政府部门、传统媒体、专业学者等主体必须利用算法推荐、虚拟现实、音视频等新媒介技术，创新社会主义核心价值体系的传播内容和传播形式，通过数据或音视频等手段来表达观点，主动占据互联网社会思潮的传播阵地，用马克思主义的立场、观点和方法，引领错误、负面的社会思潮，使其与主流意识形态相适应。

总体而言，传播媒介的技术变革对社会思潮的内容和传播形态产生影

---

[1] 《千人千面，新闻资讯类app如何成功突围?》，［2019-11-29］［2019-12-03］，https://36kr.com/p/5270750。

响的同时，也对社会思潮的治理和引领提出新的挑战。因此，必须辩证看待新媒介技术，依靠技术手段进行社会思潮监测；建立社会思潮理论和案例数据库，为社会思潮引领提供理论和实践依据；打造专业型意见领袖矩阵，增强主流意识形态引领社会思潮的话语权。

"星星之火，何以燎原"：自组织理论视域下网络民族主义行动的形成与衍化

华 昱[①]

摘要： 近些年来，中国网民在网络空间发起的民族主义行动逐渐成为学界关注的焦点。本文通过对"CN毒唯总攻组"、"帝吧视频组"以及"阿中后援团2团"三个虚拟社群形成过程的参与式观察，认为目前网络民族主义行动体现出粉丝民族主义的特征，以自组织的形态进行推进。开放的网络环境、粉丝群体对于新媒体技术的使用能力以及粉丝群体身份认同的逻辑使得网络民族主义行动由混乱走向聚集。竞争与协同作用使得零星的规则得以涌现，这些规则通过自组织中的"能人"加以巩固、传播。同时通过正负反馈加强组织自我修复的弹性，最终使得组织从无序走向有序。对于由自组织形成的网络民族主义行动，虽然不宜简单加以否定，但要警惕其中出现的民族民粹主义现象，导致行动的效果走向交流与沟通的反面。

关键词： 网络民族主义；自组织理论；参与式观察；民族民粹主义

一　问题的提出

2019年8月14日，在微博、Instagram、Facebook、Twitter等社交平台上，零零散散地开始出现如"阿中哥哥只有我们了""守护全世界最好的70岁崽崽""我爱中国"等言论。一条"守护全世界最好的阿中"上了微博热搜榜。"中央粉丝群""祖国妈妈反黑站""祖国妈妈战斗群"等微博群悄然建立起来。8月15日，帝吧管理者"吴铭"与"帝吧官

[①] 华昱：西安交通大学新闻与新媒体学院硕士生。

微"在微博平台上发布出征召集令,一夜之间组建了12个QQ群,8月16日帝吧打出"帝吧出征,寸土必争"的口号出征,从而点燃了一场由个别"散粉"所引发的网络民族主义行动。

从2016年起,"帝吧出征"俨然成为了一种固定的网络民族主义行动模式。但在此次行动中,"饭圈女孩"自发性的言论点燃了"帝吧出征"导火索,成为本次网络民族主义行动中的新特征,这种新现象值得进一步的观察与研究。

网络民族主义行动的宏观发展过程以及在行动中不断涌现出的新特点一直是学界关注的重点。不少学者对网络民族主义的历史、成员构成、思维方式、动员方式、传播行为、话语特征等方面已经进行过探讨。比如,郭小安分析了网络民族主义行动通过人海战术与符号狂欢达到一种米姆式动员的效果[1],实现"注意力占领",达到视觉上的示威效应。学者李红梅则以帝吧出征为例分析网络民族主义的表现,她指出从很大的意义上说,帝吧出征不仅仅是一种网络民族主义的宣泄,更是一种在消费文化和全球地缘政治大环境下有关身份政治的表演。[2] 然而针对网络民族主义行动的具体过程的研究却相对较少。

因此在以往研究的基础上,本文关注的核心问题是突发性的个人行为衍化成有组织的网络民族主义行动的过程。通过对于"CN毒唯总攻组"、"帝吧视频组"以及"阿中后援团2团"三个虚拟社群形成过程的参与式观察,认为目前网络民族主义行动体现出粉丝民族主义的特征,以自组织的形态推进。开放的网络环境、粉丝群体对于新媒体技术的使用能力以及粉丝群体身份认同的逻辑使得网络民族主义行动由混乱走向聚集。竞争与协同作用使得零星的规则得以涌现,这些规则通过自组织中的"能人"加以巩固、传播。同时通过正负反馈加强组织自我修复的弹性,最终使得组织从无序走向有序。对于由自组织形成的网络民族主义行动,虽然不宜简单加以否定,但要警惕其中出现的民族民粹主义现象,导致行动的效果走向交流与沟通的反面。

---

[1] 郭小安、杨绍婷:《网络民族主义运动中的米姆式传播与共意动员》,《国际新闻界》2016年第11期。
[2] 李红梅:《如何理解中国的民族主义?:帝吧出征事件分析》,《国际新闻界》2016年第11期。

二 "阿中的出道":"粉丝民族主义"的力量

根据安东尼·史密斯的梳理,"民族主义"一词在当代主要有如下几种含义:(1)民族的形成和发展过程;(2)民族的归属情感或意识;(3)民族的语言和象征;(4)争取民族利益的社会和政治运动;(5)普遍意义或特殊性的民族信仰和(或)民族意识形态。[1]尽管民族主义有多种意义,但是人们通常认为它是一种对民族的认同。民族主义通常包括对民族的归属感、安全感、荣誉感以及对民族的一种情感皈依。[2]中国网络民族主义则指的是中国民族主义在互联网上的体现。[3] 2003年,《国际先驱报》李慕瑾第一次提出了"网络民族主义"这一概念,她认为网络民族主义呈现出的最显著特点是:以网络为平台,发表爱国主义言论,反对狭隘的民族主义;以网络为"根据地",集结志同道合者并采取反对日本右翼的具体行动。由此也称2003年为"网络民族主义元年"。

近年来,中国民间的民族主义情绪借助社交媒体得以加速发展。[4]互联网赋予了民众以自我表达和诉求的空间,由此产生了大众民族主义的抗争。[5]本文所提到的网络民族主义即指萌芽于20世纪90年代的民间民族主义,从网络民族主义参与主体的特征来说,这种网络民族主义的发展大致可以分为三个阶段(见表1),即"鹰派民族主义"、"知情民族主义"以及"粉丝民族主义"。

---

[1] 史密斯:《民族主义:理论,意识形态,历史》,叶江译,上海人民出版社2006年版,第6—10页。
[2] Sullivan, L., He, B., & Guo, Y., Nationalism, national identity and democratization in China, *The China Journal*, 2001, 46, p.143.
[3] 丁小文:《中国网络民族主义发展分析和引导策略——从"网络愤青""自干五"到"小粉红"》,《北京青年研究》2019年第3期。
[4] 马得勇、陆屹洲:《信息接触、威权人格、意识形态与网络民族主义——中国网民政治态度形成机制分析》,《清华大学学报》(哲学社会科学版)2019年第3期。
[5] 周逵、苗伟山:《竞争性的图像行动主义:中国网络民族主义的一种视觉传播视角》,《国际新闻界》2016年第11期。

表1　　　　　　　　　　网络民族主义发展阶段

阶段	关键事件	主体
鹰派网络民族主义	1998年黑色五月暴动 1999强国论坛成立 2001铁血社群成立	70后大学生
知情网络民族主义	2008 "3·14"西藏事件 2010 六九圣战事件	80后大学生
粉丝网络民族主义	2016 帝吧出征Facebook 2019 "饭圈女孩"与帝吧联手出征	90后青年群体

早期的网络民族主义诞生于国内国际环境错综复杂的世纪之交。在奉行"韬光养晦,有所为有所不为"的外交方针下,以70后大学生为主体的参与者,表现出了对官方在国际关系重大事件上的表现不满,具有强烈的社会介入性和公共性、又带有批判现实的特性。[1]

2008年奥运会的举办标志了中国从"韬光养晦"向"有所作为"转变的关键历史时刻,相比于上一阶段的网络民族主义,这一阶段的网络民族主义有以下特征:首先从参与群体的特征来说,他们属于"知情的民族主义者"。[2] 他们知识丰富,对中国与世界其他国家的历史、社会与国际关系有一整套系统的、基于大国博弈的分析框架。如果说第一阶段激发出的是民众的危机意识和忧患意识,那么这一阶段更多体现的是责任与担当意识。

2016年的"帝吧出征"则成为了网络民族主义的第三次浪潮的起点。如果说第一次浪潮是以70后—80后为主的知识青年以及军迷、第二次浪潮则是以80后为主体的"知情民族主义者",那么以90后为主体的"小粉红"中则不乏以女性为主体的"饭圈女孩"。

在2019年8月14日"饭圈大联合"的民族主义行动中,进行长期跨国追星的粉丝属于最早的参与群体之一。她(他)们经常需要在爱豆和爱国之间寻找平衡,对于相关的民族主义事件也较为敏感。由于长期为爱豆跨国打榜,她(他)们能够熟练掌握。同时"饭圈撕逼"也是粉丝生

---

[1] 王洪喆、李思闽、吴靖:《从"迷妹"到"小粉红":新媒介商业文化环境下的国族身份生产和动员机制研究》,《国际新闻界》2016年第11期。

[2] 王洪喆、李思闽、吴靖:《从"迷妹"到"小粉红":新媒介商业文化环境下的国族身份生产和动员机制研究》,《国际新闻界》2016年第11期。

活的常态。因而她（他）们拥有良好的媒介素养以及应对危机的行动策略。正因为如此，粉丝群体成为了首先点燃这场网络民族主义行动的"星星之火"。

粉丝消费者的政治潜能早在 2006 年就被提出。① 新媒体技术的发展，消融了政治运动、追星、游戏、个人身份建构等行为的边界，使得民族主义以"粉丝民族主义"的新面貌出现。② 这种"粉丝民族主义"在表达方式上往往具有非攻击也非防御的属性。③ 在此次事件中，"悲情叙事"就成为其常用的表达方式，也就是所谓的"卖惨策略"，甚至也有专门的帖子对卖惨要点进行了总结。在这次网络民族主义行动中，一张广为流传的中国风图片也采取了这种策略。在这张图片中，中国以母亲的形象出现，一开始只能穿着破破烂烂的衣服，任由英国人领走了自己襁褓中的孩子。而在接下来的图片中，"母亲"身上所穿的衣服已经逐渐变好，但是孩子仍然牵着男人的手，低着头不愿意抬起来（见图1）。

图 1　不要利用祖国的孩子

周逵、苗伟山认为通过视觉符号的冲击力和情感诉求，与集体记忆和社会心理产生共鸣，能够形成强烈的网络民族主义情感浪潮。这张凝聚着民族记忆并诉诸悲情的图片，一度刷屏，成为表情包大战的主要工具之一。④

---

① Jenkins, H., *Convergence Culture: Where Old and New Media Collide*, 2006.
② 刘海龙：《像爱护爱豆一样爱国：新媒体与"粉丝民族主义"的诞生》，《现代传播》（中国传媒大学学报）2017 年第 4 期。
③ 王洪喆、李思闽、吴靖：《从"迷妹"到"小粉红"：新媒介商业文化环境下的国族身份生产和动员机制研究》，《国际新闻界》2016 年第 11 期。
④ 周逵、苗伟山：《竞争性的图像行动主义：中国网络民族主义的一种视觉传播视角》，《国际新闻界》2016 年第 11 期。

詹金斯曾指出，粉丝群体是最先使用新媒体技术的群体。正是由于对于新媒体的驯化能力，使得粉丝群体能够成为网络民族主义行动中最早和最主要的行动者之一①，也使得网络民族主义行动深深打上了粉丝集体行动的烙印。

三　应激与被动：以自组织形式推进的网络民族主义行动

自组织（self-organization），即自我自主地组织化、有机化的意思。作为自然进化论的一个基本概念，自组织是指客观事物或客观系统本身从无到有，从简单到复杂，从无序到有序，从低级到高级的发展进化过程。②

自组织理论认为只要符合了相应的条件，系统内部在不接受外部影响的情况下就必然发生突变，打破混乱无序的状态，从而形成新的有机整体。从20世纪40年代"自组织"思想的萌芽起，到70年代出现了耗散结构论、突变论、超循环论、混沌论为止，这些观点及理论都为最终建立起自组织理论奠定了基础。③

在信息流动空前自由的今天，过去一些无组织的个别事件变成了有组织的团体，在社会中存在着各种各样复杂的自组织现象。在研究传播领域中的突变现象和群体协作现象中，自组织理论同样有着强大的解释力。④互联网从出现就有"自组织"特征，发展到今天，其自组织属性更为明显。在网络信息环境和传播秩序形成过程中存在着自组织模式。网络社群的内部结构与秩序、互动规则与文化的形成，也大多都是自组织运动的结果。同时，在一些网络事件或行动中，网络上也会形成应激响应型的自组织，比如人肉搜索或辟谣事件。⑤

目前，我国网络民族主义往往也以自组织形态推动集体行动。如

---

① Jenkins, H., *Convergence Culture: Where Old and New Media Collide*, 2006.
② 秦书生：《自组织的复杂性特征分析》，《系统科学学报》2006年第1期。
③ "舆情与社会稳定研究"课题组、高红玲、张中全：《自组织理论视角下的人肉搜索现象研究》，《国际安全研究》2011年第1期。
④ 周逵、苗伟山：《竞争性的图像行动主义：中国网络民族主义的一种视觉传播视角》，《国际新闻界》2016年第11期。
⑤ 彭兰：《自组织与网络治理理论视角下的互联网治理》，《社会科学战线》2017年第4期。

2017年的"帝吧出征FB"正是祖国大陆网友在某些"台独"言论的刺激下作出的行为，在议题和行动上具有很大程度的被动性。本次网络民族主义行动同样也是在香港修例风波的影响下所产生的应激反应。因而网络民族主义行动往往可以看作"一种在强烈的爱国主义情感、民族责任感的激发下形成的自组织行为"①。

需要指出的是，现实中并不存在完全的、单独的自组织系统，越是复杂的系统越是如此。在自组织系统和自组织形成的过程中也可能存在他组织。② 在社会组织中，他组织是与自组织相对的一个概念。自组织和他组织的划分是相对的而不是绝对的，二者是可以互相转化的。二者的主要区别在于动力来源不同，自组织的动力来源于组织内部各组成部分之间的相互协调和相互作用。而他组织形成和发展的主要动力源于组织外部力量的推动，如政府、企业、公司等。从外部看，他组织必须要有一个组织者，组织者控制、管理系统使其按预定的计划、方案变化，达到预定的目标。③ 自组织的领导者并不像他组织那样具有固定化和模式化的管理方式（见表2）。

表2　　　　　　　　　　自组织与他组织的区别

	自组织	他组织	"反修例"风波中的网络民族主义行动
动力来源	内部动力	外部驱动	各虚拟社群的协调
组织者	组织者并没有固定化和模式化的管理模式	必须有组织者控制、管理系统使其按预定的计划、方案变化，达到预定的目标	组织者并无强制性的管理权力
特征	自治 独立性	被操纵 依附性	自主性 协调性

在饭圈与帝吧联手出征的过程中，其形成和衍化的动力来源都来自组织内部，虽然每个微博群或QQ群都有管理者或组长，但是这些管理者的主要任务更多的是维持秩序、颁布规则、发布任务等，并没有实际的强制性管理权

---

① 杜君君、王军：《消费主义与民族主义共振：也论"帝吧出征"中的民族主义》，《黑龙江民族丛刊》2018年。
② 王京山：《自组织的网络传播》，中国轻工业出版社2011年版。
③ 简敏：《行动与担当　和谐社会治理中的青年自组织》，中国社会科学出版社2018年版。

力。以此次网络民族主义行动中帝吧视频组举例,其组长基本上是通过毛遂自荐推举出来的,是视频制作的主要力量。帝吧视频组制作视频全凭个人的自主性、制作完视频后,会有文案组配上文案,翻译组配上英文字幕或者粤语字幕,最后上传到网络,发布到各大群成为出征时的"物料"。

不同于通过持续性、稳定性的社交关系网络来发挥集体行动的公共性功能[1],在本次网络民族主义行动中,通过网络民族主义情绪的感召,个别"散粉"首先形成了自发性的网络民族主义行动,微博 ID "一时窘醉"就指出,"作为一个零零后,早在几天前就曾翻出去外网进行对战"。"祖国妈妈战斗群""CN 毒唯总攻群""中央粉丝群""中央后援会"等微博社群也是行动者自发建立起来的,所有加入该群的人都基于"维护祖国统一"的共同目标。她(他)们以"饭圈女孩"作为身份认同的标志,在群主的组织下进行行动,并很快分化成不同的部门。以"CN 毒唯总攻群"为例,其与"CN 毒唯文案组"、"CN 毒唯控图组"以及"CN 毒唯反黑群"等属于不同分工的社群(见图 2),但并不是层级关系,而是相互协同合作,共同完成任务的关系。社群建立好后,零散的规则和制度逐渐出现,表明了组织正在由低级走向高级,由无序走向有序。因而可以看到,本次网络民族主义行动应当属于从无序走向有序、低级走向高级、个人走向集体的自组织应激行动。

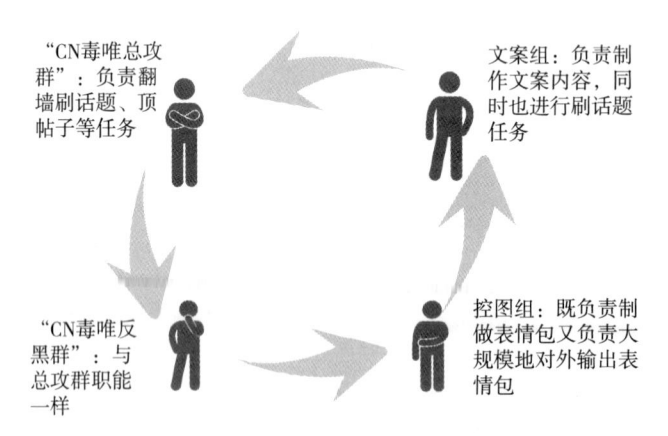

图 2 网络民族主义行动中微博社群之间的协同关系

---

[1] 杨江华、陈玲:《网络社群的形成与发展演化机制研究:基于"帝吧"的发展史考察》,《国际新闻界》2019 年。

四 群体聚集、竞争协同、规则涌现：
网络民族主义行动的衍化过程

通过文献的梳理，可以得知自组织的形成与衍化同以下几个要素有关：（1）自组织系统是开放的，能够保持与外界的物质、能量、信息的交换，这个过程缺少外部直接影响和信息输入；（2）自组织系统发展的动力在系统内部各组分之间的非线性相互作用，比如正负反馈机制，导致涨落现象，从而使系统内各个要素之间产生竞争与协同，推动系统由无序走向有序；（3）渐变和突变是自组织系统的两种方式；（4）自组织演化的方向是多元的。[①]

根据社会学者罗家德的观点，管理学与经济学中典型自组织形成过程通常需要经历五个步骤，依次是一群人的聚拢、产生小团体、拥有共同的团队目标并采取集体行动、小团体的内部产生认同、演化出团体规则和集体监督机制。[②] 学者吴彤认为，作为一种过程演化的哲学上的抽象概念，自组织概念包含着以下三类过程：第一，由非组织到组织的过程演化；第二，由组织程度低到组织程度高的过程演化；第三，在相同组织层次上由简单到复杂的过程演化。[③]

作为一种以自组织形式推进的网络民族主义行动，开放式的网络环境以及粉丝群体对于媒体的运用能力首先使得基于身份认同群体聚集过程得以实现，完成由非组织到组织的演化过程。其次，通过在一次次集体行动中的竞争与协同作用，向更高级的有序化发展，涌现出独特的整体行为与特征，在组织"能人"的整合下，形成组织独有的规则和制度。最后通过持续不断地正负反馈，使得组织能够保持弹性。

（一）群体的聚集：由个体行动走向集体出征

耗散结构理论的基本内容认为一个远离平衡的开放系统通过不断与外界交换物质和能量，在外界条件变化达到一定阈值时，就可能从原来的无

[①] 王京山：《自组织的网络传播》，中国轻工业出版社2011年版。
[②] 罗家德：《复杂信息时代的连接、机会与布局》，中信出版社2017年版。
[③] 吴彤：《自组织方法论论纲》，《系统辩证学学报》2001年第2期。

序状态转变为一种在时空上或功能上有序的状态。在网络民族主义行动中，网民在民族主义情绪的驱动下，不断接触、交换与事件相关的信息，同时由于粉丝群体对于新媒体技术的熟练使用，使得零星的个人行动逐渐展开，在"民族身份"与"粉丝身份"的共同认同下，最终实现了一小群人的聚集，展现了由非组织向组织演化的过程。

首先网络民族主义行动的起点与网络民族主义情绪密不可分。萧功秦曾把民族主义视为世界上最强烈的、也最富于情感力量的意识形态。[①] 作为想象的共同体，民族主义运动基于共同的情感记忆和价值诉求。与此相应的情绪是实现这一原则带来的"满足感"，或是这一原则被违反时的"愤怒感"。[②] 共同的情感、记忆与价值诉求是网络民族主义行动最原始的驱动力。

其次与互联网的开放性密切相关。耗散结构理论的自组织条件首先要求体系开放。与外界环境进行着各种各样的交流，从而构成一种稳定的有序结构。互联网作为一种开放性的系统，其本身既是一种自组织系统，同时又为各种各样自组织系统的形成提供了条件。在信息接触与信息流动都相对自由的互联网环境下，在同样的民族主义情绪的驱动下，共同关注同一件事的个体变得更容易找到彼此。

粉丝群体对于媒体技术的把握和运用使得零散的网络民族主义行动得以开展。在这场网络民族主义行动中，粉丝群体之所以能够成为引起燎原之势的"星星之火"，与其对于媒介技术的运用能力密切相关。学者喻国明等认为粉丝社群的形成本身就属于一种自组织的过程，而粉丝群体之所以能在互联网平台上野蛮而有序地生长发展，是其在开放状态下不断学习的结果，这一切又尤为明显地体现在其对媒体的把控和运用上。[③] 由于长期需要为"自家哥哥"打榜，使得粉丝群体能够熟练掌握"翻墙""刷话题""顶话题"等技术，对于不同软件的传播环境和规则也了解得比较清楚，"Ins上少骂，封号比较快""Twitter上的环境比较复杂"等体现了粉丝群体对于不同软件的认知。

---

① 萧功秦：《民族主义与中国转型时期的意识形态》，《战略与管理》1994年第4期。
② 盖尔纳：《民族与民族主义》，2002年。
③ 喻国明、石韦颖、季晓旭：《网络时代粉丝群的形成与衍化机制初探——以自组织理论为视角的分析》，2019年。

而在零散的网络民族主义行动开展的过程中，"民族身份"与"粉丝身份"合二为一，成为了凝聚群体的标签。在网络粉丝社群文化的意义脉络中，身份或者说标签化的身份，是多数交际的核心内容之一。"身份"既是群体凝聚的重要纽带，也是打开群体大门的钥匙。"标签"几乎是接洽陌生用户的第一步，一方面因为身份认同对于粉丝社群如此重要，另一方面身份认同也让信息洪流中的后续互动变得简捷易行。①

在此次事件中，"饭圈少女"的标签正是加入行动的第一步，在"我们都有一个爱豆叫中国"等话语的感召下实现了个体的汇合。比如 CN 毒唯控图组中，有人就曾提到：

"不管我们是什么身份、饭什么爱豆、站在什么立场、我们都有一个共同的身份，中国人。都有一个共同的信念，爱我中华。他们嘲讽我们被利用，暗讽政府不作为让一群'心智不成熟的小姑娘'去打舆论战，大家只用去想一群垃圾好意思质疑从 985、211 走出来的顶尖人才就好。"

在彼此身份的确认中，网络民族主义行动从混沌无序的状态转变为有序有组织状态，种种微博社群的组建使得零散的网络民族主义行动开始转变为有组织的集体出征。

（二）竞争与协同：集体行动发展的动力

自组织系统运作的动力在于组织系统内部各组成部分之间的非线性互动，也就是系统内部各组成部分之间的相互竞争和协同。系统组分之间的竞争与协同是系统进化发展的动力。它们相互排斥、吸引、竞争和协同从而推动系统的运行，使系统由低级向高级阶段发展强大的协同力量常常导致涌现现象的出现，自组织系统的结构、模式、形态和功能，不是系统各组分结构、模式、形态和功能的简单重复或叠加，而是通过系统各组分的非线性相互作用涌现出来的，是由系统各组分由下而上自发产生的。自下而上式、自发性涌现性是自组织系统必备的和重要的特征。

涌现通过极为简单的信息传递便造成了群体成员的协同，完成任何一个群体成员个体无法完成的巨大"工程"。这其中最为重要的是场域规则的达成、少数核心成员的示范以及越来越多的群体成员的瞬间协同响应。

---

① 陈子丰、林品：《从"帝吧出征"事件看网络粉丝社群的政治表达》，《文化纵横》2016年第3期。

少数核心成员也被称为"能人"。在自组织中,这样的核心成员一般非常热心和执着,有着极强的动员能力、组织能力、协调能力,行动力强,同时也是大家最信赖的对象。[1] 这样的核心成员是自组织中的关键节点,对信任机制以及传播秩序的建立起到非常关键的作用。此外,正负反馈的交互作用使得自组织在矛盾中生长,从而具备从无序到有序的自发修复功能,使得组织系统能够具有弹性自组织系统在非线性的起伏波动中逐渐形成新的秩序,并逐渐具备自发修复的功能。[2]

竞争与协同是自组织发展的动力来源,在网络民族主义行动中,这种协同力量体现在每一次集体出征时各组成成分之间的合作。以8月15日"饭圈少女"的一次出征为例,在这次任务中,其主要任务是在Instagram上刷话题,采取的方式则是1—7群千人联合作战,每个群按照时间顺序依次进行任务。时间顺序靠前的群主要负责复制话题、点赞自己支持的话题以及发图等。而时间顺序靠后的群则主要负责收尾,需要查看哪些话题底下缺少"自己人"的声音,也就是哪些话题被"偷塔"了。将这些话题转发到群里,以便重新将这些话题底下自己支持的观点"顶上去"。所有发的话题以及文案和图片被统一称为"物料",是由文案组和图片组统一制定的,在管理员的统一组织下进行集体行动。

"经统一协商,今晚我们采取1—7群千人联合作战,今晚第一轮目标是ins刷tag!!每次四个!!!轮番轰炸,最后重点攻'坚决维护祖国统一'只点赞自家,今天我们是没有感情的发图机器。"

"今天我们有秩序一些,待会儿只把总攻解开禁言,大家上ins上看看哪些直接被偷塔的,发到这里来。我们22:30,一个一个tag来!"

因而,在网络民族主义行动中,各组织成分之间的协调与合作可被视为一种协同力量,那些"偷塔"行为也就是致使自己的话题或支持的观点下沉的行为则被视为一种竞争力量。正是在协同与竞争力量的共同作用下促进了一轮又一轮"出征"的出现,从8月16日第一次行动开始,几乎每隔几天在阿中后援团中都要组织具有一定规模的集体行动。比如"支持香港警察"、"反对Facebook、Instagram封号"以及"手写给祖国的

---

[1] Heylighen, F., & Gershenson, C., The meaning of self-organization in computing, 2003.
[2] 袁源:《帝吧fb远征:一场表情包大战的两岸青年网络交流》,《当代青年研究》2017年第1期。

应援祝福"。在管理员的统一指挥下，每个群按照时间段完成着各自的任务。正是在一次次的出征中，开始涌现与确定出独特的团体规范，推动网络民族主义行动逐渐走向有序。

（三）团体规则的涌现与确定：网络民族主义行动走向有序

在协同与竞争力量的共同作用下，网络民族主义行动的"涌现现象"主要体现在依托于行动过程中而产生的新规则。比如"当前群内出现逆向收集信息的现象，请大家保护隐私，进行群内排查"，以及在行动时"禁止骂人回怼"，必须"有秩序"。劝导未成年的行动者不要去 Twitter，防止"反洗脑"，"这些让哥哥姐姐们来就好"等规则，都是伴随着行动的讨程中而产生的新规则。

在这其中，群内的管理员以及自组织中的能人承担了整合组织秩序以及传递秩序的重要职责。在 8 月 16 日行动结束后，群内的管理员总结了详细的规则。

"专注自家评论点赞，拉黑举报废青。不要对话，以防被洗脑。不要骂人，不要给废青截图栽赃的机会。骂人不可取，不仅自会生气，还会破坏国人形象。我们要传播正确的新闻和声音出去。"

"各位群友，您们好！现基于 8 月 16 日《人民日报》和共青团中央官微及微信公众号均对饭圈女孩的报道和 8 月 16 日 20：21 帝吧官微发布的信息，本群管理团队有理由相信，未来两日将会有恶意煽动活动，为此本群管理团队将加大群内管理。并在此呼吁各位群友，积极采取有效措施，配合微博和网警对违反我国法律的言论进行遏制。遇到可疑的洗脑贴，善用举报。不评论、不对骂。不给其热度，并及时向有关部门进行举报。"

可见，在自组织中，能人是联系自组织中松散人际关系的纽带，促进了信息的传播以及组织秩序的构建。除此之外，自组织中的能人也必须随时关注反馈，正负反馈有促进自组织系统保持弹性的重要作用。在网络民族主义行动中，这种正负反馈主要体现在行动者在参与行动中或行动后的回馈中，这些声音不断修正着行动的过程。比如在行动中有遇到私信洗脑的情况或是有陌生人加 QQ 借钱的情况，都会被管理员或是当事者转发到群里，这些负反馈修正着行动的规则，正反馈强化了行动的增长行为。在每一次行动过后，群内成员都会表示行动非常成功，管理者则会发布本次行动的成就，比如攻占了多少话题以及外界对本次行动的正面评价，称大家为"功臣"，从而加强民族主义的"满足感"，为下次行动提供动力。因而通过一次次的集体出征中的协同与竞争作用，网络民族主义行动不断修正自身的规则，向着更高级的方向发展。

五 困境与结局：警惕民族民粹现象的出现

通过自组织而形成的网络民族主义行动将走向何方？如何评价这种网络民族主义行动？有支持者认为"帝吧出征"第一次真正让外国体会到了网民强大的爱国精神，反映了我国民众的凝聚力和战斗力，同时也促进了两岸青年的文化交流，并不能简单加以否定。它证明了在国家崛起时期成长起来的青年一代，能够在网络民族主义行动中建构一个"强大、美丽、富强祖国"的共同想象。尽管在这种网络民族主义行动的一开始，仍然存在着不少的语言暴力和情绪宣泄，但是在自组织逐渐走向有序的过程中，"不骂人只说事实"已经逐渐成为了本次网络民族主义行动的特点和规则。从其行动的过程中，也的确能够发现随着行动次数的增多，大部分人都在自觉遵守这条基本规则。只发布已经准备好的文案和图片，谩骂与攻击的现象在逐渐减少。

但这并不代表着这种自组织的网络民族主义行动不存在问题。早有学者指出，这种网络民族主义行动容易陷入一种"自我表演式的狂欢"，即其目标消费群体不在于对方，而在于出征参与者本人以及大陆的媒体和网民。对于他者所产生的反应或者出征的实际效果却关注甚少。[1] 事实上，即使在自组织系统中存在着相当程度的正负反馈，但"选择性注意"的存在，使得我们仍无法全面客观地看待整个事件的走向，尤其是在网络民族主义情绪的驱动下，更容易陷入"自我感动"的狂欢，而忽略对方的反应。

同时在这种行动中更需要警惕的是民族民粹主义的问题。民族主义与民粹主义经常相互转化。[2] 网络民粹主义作为一种薄意识形态（thin ideoligy）[3][4]

---

[1] 李红梅：《如何理解中国的民族主义？：帝吧出征事件分析》，《国际新闻界》2016 年第 11 期。

[2] 俞可平：《现代化进程中的民粹主义》，《战略与管理》1997 年第 1 期。

[3] Mudde, C., The populist zeitgeist, *Government & Opposition*, 2004, 39 (4), pp. 541-563.

[4] Engesser, S., Fawzi, N., & Larsson, A.O., Populist online communication: introduction to the special issue, *Information Communication & Society*, 2017 (1), pp. 1-14.

意味着其缺乏对立的形态，可以通过更实质性的附加意识形态来丰富。在我国，民粹主义对内往往与"新左派"相融合，具有借助乡愁意来寄托批判现实的旨趣；对外往往与"民族主义"相结合，产生民族民粹主义这一现象。[①]当前中国的民族民粹主义可以看成是一种走向偏激的民族主义，它具有爱国主义的积极内涵，但也潜伏着民粹主义激进和极端的危险种子。它不仅会体现出反精英倾向、狂欢式攻击性话语乃至非理性的排外主义的特点[②]，一些民族民粹主义者甚至给本民族持不同意见的网民扣上"汉奸"帽子，压制他们的发言，消除不同声音。在本次网络民族主义行动中，这种现象同样也曾出现。比如在帝吧的群里经常会出现捉内奸的活动，甚至会出专门的"排细作答题卷"，新加入的成员如果没有在 5 分钟内领卷答题，就会被踢出群．虽然这种行为是出于隐私安全的考虑，但不免也会带上民族民粹主义的色彩。

对于民族利益、国家利益有较高的敏锐感和认同感本身是件好事，但如果在爱国的感召下走向激进，而变成一种民族民粹主义，就会使得网络民族主义行动的效果变得复杂以及难以预测。民粹主义具有非理性、批判性和二元对立的特点，容易造成群体极化，加剧处于网络民族主义行动双方的对立。民族民粹主义现象在行动中如果出现，从整体上来说，并不利于问题的解决，甚至会出现激化双方矛盾的现象，因而在网络民族主义行动中应该避免民族民粹主义现象的产生。

网络民族主义行动还不可避免的会面临"搭便车"的困境。一个理性的人是不会参与到集体行动中来的，因为这要花费成本，而收益确是集体共享，因而集体行动中必然会出现"搭便车"的问题。[③] 在自组织产生的网络民族主义行动中，虽然在"总攻"时参与的人并不少，但事实上真正制作文案、图片、视频并进行翻译的人其实并不多。以帝吧视频组举例，目前成员只有 52 个人，这 52 个人需要为 12 个团上万人提供视频素材，而真正去剪辑视频的人更是寥寥可数。可见，大多数人正享受着少数人的劳动成果，这种"二八效应"事实上为网络民族主义行动埋下了瞬

---

① 刘小龙：《当前中国网络民粹主义思潮的演进态势及其治理》，《探索》2017 年第 4 期。
② 王云芳、焦运佳：《网络空间中民族民粹主义的逻辑机理与类型比较——基于网络"回音室"效应的视角》，《学术界》2019 年第 4 期。
③ 简敏：《行动与担当　和谐社会治理中的青年自组织》，中国社会科学出版社 2018 年版。

时现象的伏笔，也是自组织走向衰亡的必然标志。

六　结论与讨论

本文通过对"CN毒唯总攻组"、"帝吧视频组"以及"阿中后援团2团"的参与式观察，认为网络民族主义行动是一场自组织的集体行动。其形成于衍化符合自组织的规律。由此为解释了网络民族主义行动如何由个人走向集体、由无序走向有序提供了参考。

以往的研究指出，"'帝吧出征'更像是全民皆可参与的战争游戏，它看似组织严密，其实是去中心、庞杂的……极少有网友跟着既有的权力中心走，而更沉溺于一场战场不明、创造敌人的战争游戏，集体亢奋的情绪才是行动的动力"[1]。本文并不否认这种观点，亢奋的情绪以及胜利的快感始终是点燃网络民族主义行动的火苗。但随着这种行动的次数逐渐增多，可以看到的是其行动正在变得越来越有组织性，理性的声音也正在一点点增多。"只讲事实、不骂人、揭露真相"开始逐渐地成为本次组织行动的特点之一。"不要把任务当成游戏"也已经成为帝吧的吧规之一。同时还可以观察到，主流媒体对于网络民族主义行动的评价对于网络民族主义行动也起到一定程度的影响。网络民族主义行动者非常重视主流媒体的报道，并将其视为一种成功的象征。有关于民粹主义的研究表明，民粹化新闻报道会影响公众的意见气候感知，进而影响政治选举或投票。[2] 那么，主流媒体对于网络民族主义行动的评价是否会影响行动者的意见气候感知进而影响网络民族主义行动的方向及效果，这也是一个非常值得研究的问题。因而在本次网络民族主义行动中所涌现出的新特点，值得更多的关注与研究。

---

[1] 杨国斌：《英雄的民族主义粉丝》，《国际新闻界》2016年第11期。

[2] Benjamin Krämer, Media populism: a conceptual clarification and some theses on its effects, *Communication Theory*, 2014, 24 (1), pp.42-60.

消费主义思潮传播视角下短视频平台的特征与变化

杜 蒙[①]

摘要：消费主义思潮的不断传播，对政治经济文化等领域造成极大影响。研究目的：人们从物质消费逐渐转向为符号消费，面对新的需求，短视频平台也出现了值得我们去进一步探讨的变化和特征。研究方法：本文通过抽样调查法、内容分析法选取了内容最全面、影响范围最广的两个App：抖音App、快手App，并借助大数据平台选取其中网红指数最高的前十位作为研究对象，从视频制作者、受众、传播内容、传播渠道与效果及短视频平台的变现模式这几个方面对消费主义思潮传播给短视频平台带来的变化与特征进行探讨。研究结论：消费主义思潮导致草根化制作团队专业程度低下，短视频平台成为青少年劣质文化的狂欢地，消费主义趋于隐形化、正常化，冲击主流意识形态传播阵地，并且消费主义思潮在短视频平台上形成以KOC为中心、自媒体为矩阵的强效果裂变式传播，使得短视频直播与在线商城蓬勃发展，符号消费再转向实体消费，视觉奇观频出，亟待有效管理措施。

关键词：消费主义思潮；短视频平台；社会思潮传播

伴随着经济全球化的发展，消费主义思潮成为当代影响最大社会思潮之一。国内关于消费主义思潮的基本观点为：消费主义思潮是一种消费模式、一种生活方式、一种意识形态、一种文化现象四类。[②] 消费主义思潮不断渗透到我国社会生活的各个方面包括政治、经济、文化教育、生态环

[①] 杜蒙，西安交通大学新闻与新媒体学院2018级硕士生。
[②] 白洁：《国内关于消费主义思潮的研究综述》，《思想教育研究》2016年第12期。

境等各个方面，影响人群牵涉各个圈层各个方面，尤其是在当代青年大学生的认知、心理、消费观念等方面。消费主义思潮的传播确实有利于拉动内需、刺激经济、提高人们生活水平，促进生产力发展。但随着人民整体收入水平大大提高，大量的物质需求得到满足，温饱的需求不再迫切，消费主义思潮的传播也带来了一系列的负面影响：过度消费、炫耀式消费等。消费主义思潮的传播带来的消费异化：逐渐从生物驱动性的物质消费转移到虚拟符号的消费①，符号消费需求的不断增加催动了大众媒介的发展。智能推荐型媒体根据受众的行为偏好，主动地、精确地向受众推送内容的传播平台不断发展。虽然出现的时间比较晚，但是由于大数据时代的来临，又借助新媒体传播的速度快、范围广等特点迅速发展。② 音视频传播较文字化传播有更强的吸引力，短视频的发展满足了人们碎片化的信息需求，所以短视频平台不断地发展：截至 2018 年，短视频综合平台与短视频聚合平台活跃用户规模分别达到 4.72 亿人和 1.61 亿人，全网用户渗透率超过 50%，③ 流量价值和用户价值高涨，商业价值凸显。消费主义思潮的传播促进了短视频平台的发展，推动了一种更具传播力、影响力的传播方式的普及，但也出现了新的问题。

在短视频狂欢中，人人都是"戏精"，表演的身体成为独具冲击性的视觉消费符号。新媒介技术下的身体赋权使得身体的叙事能力被重新解放出来，成为叙事的媒介和传播的主体。④ "海草舞""手指舞""社会摇"等身体符号类的视频风靡一时。短视频平台强大的社交属性，草根属性为消费主义思潮传播打破了技术壁垒，大量的用户参与到了创作分享的过程中，更多的人卷入短视频应用的媒介热流中，后视频时代呈现出前所未有的影像狂欢。⑤ 短视频平台的发展的确丰富了人们的娱乐生活，但其商业属性导致播主过分追求点击量、转发量，强目的性的传播方式又进一步促进了消费主义的传播，导致传播内容的质量良莠不齐，其中包含着大量消

---

① 汪怀君：《媒介的历史变迁与消费文化嬗变》，《齐鲁学刊》2017 年第 1 期。
② 隋海鹏：《大数据时代背景下我国传媒行业面临的挑战与机遇》，《新闻传播》2016 年第 3 期。
③ 《2018 中国短视频市场商业化发展专题分析》，https://www.useit.com.cn/thread-20050-1-1.html。
④ 韩少卿：《"戏精"：短视频狂欢的新身体叙事》，《新闻爱好者》2018 年第 10 期。
⑤ 王春枝：《后视频时代的影像狂欢》，《新闻爱好者》2016 年第 9 期。

费主义价值观的传播内容，如抖音"温婉"的奢侈性消费观，快手中"吃播""豪车"的炫耀性消费观，"非诚勿扰"等相亲节目中过分追求物质的不当价值观等。由于短视频平台算法的不科学性，长期关注此类信息的受众会形成了强大的信息茧房，陷入不当价值观轮回冲刷的恶性循环当中。一些新闻类短视频甚至从客观信息的挖掘者、真实信息的传播者逐渐演变成了对自身新闻商品的推销者；受众则由对媒介服务的享受者变成了被营销的客户群体。各家自媒体为了关注量，点击量等降低把关要求，不合理不合法的竞争行为频出，使商业性竞争把控着媒介运营，由此可以得出中国也已进入了传媒的消费时代。消费主义思潮的传播对短视频平台中视频制作者、用户、传播内容、传播渠道、变现模式带来了许多变化。

本文选择了内容最全面，影响范围最广的两个 App：抖音 App、快手 App，据 Sensor Tower 调查显示，2018 年第一季度，抖音在苹果应用商店的下载量已经近 4600 万次，且处于稳定增长态势，成为我国短视频 App 中的引领者。凭借高达 1.5 亿的日活跃量，抖音成为网络舆论场中的重要"调配者"。[①] 而快手 App 在最优市场饱和的情况下，顺应向三、四线城市下沉成为获取用户红利的新趋势，率先占领市场头部，成为估值 180 亿美元的独角兽公司。[②] 本文主要对卡思大数据分析平台中抖音 App、快手 App 网红卡思指数最高的前十位播主进行分析。

一 短视频制作：消费主义思潮导致草根化制作团队专业程度低下

表1

快手 App 个人信息								
主播名称	年龄	性别	作品数	分类	区域	职业	是否有直播平台	是否有购物渠道
小伊伊·每晚九点直播	20	女	25	舞蹈；小姐姐	黑龙江	全职主播	是	无

---

① 张金玲：《主流媒体如何借力抖音短视频传递正能量》，《传媒》2019 年第 5 期。
② 王小芬：《从"快手"看短视频行业的机遇与挑战》，《传媒》2018 年第 22 期。

续表

主播名称	年龄	性别	作品数	分类	区域	职业	是否有直播平台	是否有购物渠道
张二嫂□□每晚八点直播		男	69	剧情；搞笑	辽宁	歌手	是	有
散打哥♥□4亿分	30	男	91	剧情；搞笑	广州	全职主播	是	无
一只傻高迪吖□□		男	7	唱歌；小哥哥	吉林	歌手	是	无
上官带刀	29	男	97	剧情；搞笑	江苏	个体公司	是	无
许华升	27	男	319	剧情；搞笑	广西	全职主播	是	无
表哥□□		男	32	豪车；搞笑	珠海	全职主播	是	无
FZ方丈	27	男	30	说唱；音乐	北京	全职主播	是	有
浪子吴迪，活动待定	25	男	25	唱歌；小哥哥	山东	个体公司	是	无
白小白得过且过		男	104	唱歌；小哥哥	吉林	歌手	是	无

表 2

抖音 App 个人信息

播主名称	年龄	性别	作品数	分类	区域	职业	是否有直播平台	是否有购物渠道
♥□会说话的刘二豆♥□	20	男	135	搞笑；宠物	黑龙江		无	有
一禅小和尚		团队		333	动漫；二次元	江苏	全职播主	无	无
摩登兄弟	29	男	173	唱歌；小哥哥	辽宁	艺人	是	无
郭聪明		男	116	唱歌；小哥哥	杭州	歌手	无	无
多余和毛毛姐		男	153	反串；搞笑	贵阳	全职播主	无	有
费启鸣	23	男	40	小哥哥	北京	演员	无	无
七舅脑爷	27	男	91	剧情；情感；小哥哥	北京	自媒体	无	无

续表

播主名称	年龄	性别	作品数	分类	区域	职业	是否有直播平台	是否有购物渠道
高火火♥□	25	男	30	唱歌；音乐；小哥哥	吉林	学生	是	无
人民日报	团队		468	主流媒体	北京	主流媒体	无	无
李佳琦 Austin	27	男	178	美妆测评；小哥哥	上海	自媒体	是	有

（一）视频制作者由 UGC 转向 PUGC

短视频平台的兴起代表着 PGC 转向 UGC，平民化低门槛化的制作标准为短视频平台带来了大量的流量，极简的制作技术与沉浸式渲染式的传播，充分发挥了短视频的强大吸引力。短视频平台的互相竞争，为用户投入了巨大的补贴与福利，消费主义思潮的传播下使视频制作者过度追求其作品的传播效果。而且在《人民日报》等主流媒体入驻短视频平台后，其强大的人才储备，资源与渠道的巨大优势为普通视频制作者带来巨大的竞争压力，从而为各类专业人才带来聚合需求，原有的普通用户的视频制作者开始了招兵买马，如许华升团队大力招聘专业人才；一禅小和尚团队大力招募 CGI 制作者；"上官带刀""吴迪"等网红也成立了个体公司，专业负责个人品牌的运作。除了自媒体平台中原生的明星外，原本不温不火的歌手艺人与才艺型网红如"白小白""摩登兄弟"借助平台的强大传播力成功造星后，被招揽进专业传媒公司，不仅没有放弃原生平台的用户，反而借助专业化的策划能力与推广能力增强了原生平台的吸粉速度。所以在消费主义思潮传播带来的金钱奖励的诱惑与原有生存空间被挤压的情况下，短视频平台由 UGC 转向 PUGC，专业用户生产内容已成为短视频平台网红播主的主要生产方式。

（二）视频制作团队极端追求偶像化，草根化，视觉奇观频现

网红近年来污名化严重，《中国青年报》的调研结果就显示：56.1%的受访者认为"网红"对青少年影响负面，绝大多数的受访者对"网红"的评价是"搏上位""骗子""庸俗不堪""没有节操"

"拜金功利""三观不正"等。①其客观原因是"流量网红"沦为商业代言人,暴富的心态导致各种视觉奇观的出现,消费异化影响下,身体的过度性消费如抖音平台中温婉借助一段舞蹈大火特火,将网民的视线集聚于极端拜金主义、享乐主义、功利主义,但近年来消费主义思潮由显性逐渐转变为隐性,更加难以监管。消费异化不仅限于象征着身份地位的奢侈性产品,对于偶像的认可、宣示自身的存在感、话语权也是用户满足自身需求的重要一环,网红团队年轻帅气的外表和偶像派作风正好借助高互动性的短视频平台满足了用户的需求。消费主义思潮带来强大的变现能力也保证了草根化的制作团队的收益,草根化网红也为受众带来了强存在感与强代入感,尤其是快手中网红的草根化进一步满足了个人的情感需求与个人整合需求。在短视频平台各个播主的发展与消费主义思潮传播相辅相成,获得粉丝越多,消费主义思潮传播也就越加广泛。

(三) 视频制作者冒名蹭热点现象严重

短视频平台以营利为目的更加大了对优质视频的渴求,大量的补贴确实帮助了许多有特色的贫困地区的视频生产者,"彝娃"通过搞笑视频制作带来了近百万的粉丝关注量,但随之而来的是大量的冒名顶替。上表显示"抖音App"相较"快手App"网红主播来自更多经济发达地区,"快手App"针对于三、四线城市,不发达地区中民众对于经济诱惑抵抗力差,媒介素养能力较差。身处信息匮乏的大山深处有此现象尚可理解,但"抖音App"上千万级的网红大号仍有超过10位以上的相似账号,更加说明消费主义思潮的影响范围之广。在统计资料的过程中,上表中大多数网红会在抖音或快手主页注明其相关社交媒体账号,在进行宣传的同时也降低粉丝受骗的概率。尽管如此仍有许多粉丝因对偶像的崇拜盲目受骗。甚至有的播主过度追求点赞浏览数量去盗用他人视频,这种蹭热点的方式确实会带来粉丝量的暴增,进而带来广告或微商平台的合作,但粉丝一旦发现真相而进行的脱粉行动也会对已签订的推广合约造成违约,也会对真正用心制作视

---

① 敖成兵:《多元时代共生衍创背景下的"网红"现象解读》,《中国青年研究》2016年第11期。

频的用户造成名誉的损失。

综上所述，短视频制作者面对传统媒体的强势入驻，不断招纳传播专业人才，在消费主义影响下整体团队风格过度追求偶像化，借助粉丝经济的强大影响力保证稳定的经济收入；过度追求草根化，通过相同的身份地位获得更大的认同感，又通过各种夸张的视觉奇观，满足人们的猎奇心理。如此趋势下消费主义传播隐形化，且短视频平台缺乏对知名播主的有效管理，过度追求经济利益的影响下大量假面账号、劣质广告主的出现，将消费主义思潮带入各行各业，不断扩大着其传播范围。由此消费主义思潮传播范围越广，过度追求偶像化，草根化的趋势就越盛行，就越加扩大了消费主义思潮的传播范围，陷入了恶性循环。

二 短视频用户：消费主义思潮导致短视频平台成为青少年劣质文化的狂欢地

表3

快手粉丝概况					
主播名称	粉丝数（万人）	粉丝性别比例（男/女）	粉丝最活跃时间及比例	粉丝集中分布年龄
小伊伊·每晚九点直播	2814.7	53.52%/46.49%	16pm；25.62%	18—24岁；占比44.2%
张二嫂□□每晚八点直播	2712	58.31%/41.69	17pm；21.35%	25—30岁；占比32.7%
散打哥♥□4亿分	4578.2	79.31%/20.69%	21—22pm；20.73%	18—24岁；占比35.46%
一只傻高迪吖□□	3256.8	61.08%/38.92%	19—24pm；43.65%	18—24岁；占比46.73%
上官带刀	2461.6	84.58%/15.42%	21—23pm；28.38%	18—24岁；占比36.43%
许华升	1998.1	73.97%/26.03%	21—24pm；31.5%	18—24岁；占比46.80%
表哥□□	2193.2	76.61%/23.39%	22—23pm；19.09%	18—24岁；占比42.91%
FZ方丈	2649.7	70.39%/29.61%	6am；12.61%	18—30岁；占比69.1%
浪子吴迪，活动待定	3030.1	47.91%/52.09%	22—24pm；25.03%	18—24岁；占比45.99%
白小白得过且过	2926.4	53.40%/46.60%	22—24pm；34.6%	18—24岁；占比35.44%

表 4

抖音 App 粉丝概况

播主名称	粉丝数（万人）	粉丝性别比例（男/女）	粉丝最活跃时间及比例	粉丝集中分布年龄
♥会说话的刘二豆♥□	4301.8	34.06%/65.94%	18—22pm；32.00%	6—17 岁；占比 55.16%
一禅小和尚	4352	47.71%/52.29%	22—23pm；20.78%	18—24 岁；占比 36.03%
摩登兄弟	3442.9	39.22%/60.78%	6—7am；20.73%	18—24 岁；占比 19.95%
郭聪明	3490.9	34.50%/65.50%	21—23pm；30.37%	6—17 岁；占比 44.74%
多余和毛毛姐	2992.5	17.89%/82.11%	23—24pm；15.16%	18—24 岁；占比 44.89%
费启鸣	1925.5	15.96%/84.04%	22—23pm；23.79%	6—17 岁；占比 48.21%
七舅脑爷	2861	38.48%/61.52%	22—24pm；22.68%	6—17 岁；占比 43.26%
高火火♥□	2948.1	37.40%/62.60%	21—23pm；34.88%	18—24 岁；占比 37.76%
人民日报	2683.4	61.23%/38.77%	17—18pm；19.36%	18—24 岁；占比 30.77%
李佳琦 Austin	2521.3	6.73%/93.27%	22—24pm；34.6%	18—24 岁；占比 24.02%

（一）粉丝受众年龄偏低易受消费主义思潮影响，健康的生活学习方式难以形成

当前各大短视频平台用户主要由 35 岁以下的年轻群体组成，占比均超四成。这部分群体对内容有更高的要求，既是丰富、多元内容的生产者，也是短视频内容消费的重要群体。[①] 由两大典型的短视频平台的网红代表可以看出大部分用户集中在 18 岁至 24 岁。少数萌宠播主与明星播主的大部分粉丝受众集中在 6 岁至 17 岁的未成年群体，而且占比近 50%，以"♥会说话的刘二豆♥""郭聪明""费启鸣""七舅脑爷"为例可以看出：受众的活跃时间集中在晚上 6 点至晚上 11 点，此时间段为未成年群体做作业、休息的主要时间，碎片化的内容无法为急需知识的未成年群体带来足够的详细的学习体系，沉浸式的传播方式进一步增强了用户的黏性，强大的算法推荐使青少年群体陷入信息茧房当中，由表 1、表 2 可以看出：短视频平台中网红播主受消费主义影响，播出内容集中在"搞笑""小哥哥""萌宠""吃播"等消费主义集中凸显的领域，青少年对不良

---

① 夏厦、谭天：《2018 年短视频用户行为分析》，《新闻爱好者》2019 年第 4 期。

社会思潮抵制能力弱，易沉迷其中，影响其学习和生活方式。

（二）消费主义思潮传播带来狂欢式消费，男色女色消费成为消费的重点领域

巴赫金把"狂欢式的世界感受"概括为：随便而亲昵的接触、插科打诨的俯就（神圣同粗俗、崇高同卑下、伟大同渺小、明智同愚蠢接近）或粗鄙化（也可译为"降格""降低""贬低化""世俗化"）。① 如同各种选秀节目一样，其中主角大多为形象气质俱佳的小鲜肉、美少女，消费异化所带来的言语符号消费，身体符号消费成为短视频平台直播中粉丝消费的重点领域。"小哥哥""小姐姐"之类的词语满足了传受双方之间的心理需求，甜美的声音符号消费，帅气漂亮的身体符号给受众足够的代入感，满足受众对恋爱对象的向往与追求。根据使用与满足理论，此类异化的消费满足了受众情感需求——为自身带来愉悦感，个人整合需求——为自己提供自信与满足，社会整合需求——能够进一步融入同一圈层，完成社交的需求，所以粉丝受众群体的黏性不断增强，对男色女色的异化消费就更加依赖。

由表 3、表 4 可以看出："抖音 App""快手 App"中粉丝数量庞大，两平台的二十大网红粉丝量普遍在 2000 万人以上，所以短视频文化成为青少年文化生活中重要部分，消费主义思潮带来的狂欢式消费不断普及，身体符号消费的异化消费观渐渐被青少年接受，健康的思想生活方式受到冲击，短视频平台中的青少年群体已成为消费主义传播影响的重灾区。

三 短视频内容：消费主义趋于隐性化、正常化、冲击主流意识形态传播阵地

（一）消费主义思潮传播内容愈加隐性化

从媒介发展角度来看，舆论生态的"泛娱乐化"是媒介产业市场化

---

① 季欣：《"反讽"的狂欢——中国青年网民"网络造句"现象的文化心理研究》，《中国青年研究》2013 年第 9 期。

的结果。在"人人都是自媒体"的时代，网络成为全民狂欢的数字化舞台，舆论生态"泛娱乐化"态势愈演愈烈。网络舆论生态"泛娱乐化"问题实质是消费主义意识形态的盛行。[①] 过度的传播娱乐化使短视频平台中短视频的消费主义的传播内容隐藏于娱乐化的视频制作当中，美食播主、户外播主、游戏播主、美妆播主制作的大量短视频借助满足受众娱乐需求大范围传播，不仅吸引了大量的受众，也从文化角度不断影响着用户对于短视频的要求，消费主义的传播也更加隐性化，更难以辨别，从而使得消费主义传播不断深入。

（二） 消费主义思潮传播趋于正常化

网红经济的出现，使得短视频行业崛起。微博、快手、今日头条纷纷入驻短视频行业，短视频行业出现了百花齐放的局面。与此同时，由于短视频发展之迅猛，内容难免会降低"把关"要求，甚至在消费主义的思潮影响下免去把关这一流程，单纯按照流量作为筛选依据，也正因此出现了许多与当今社会主义核心价值相违背的内容，严重影响了社会安定与和谐。[②] 本作为不良社会思潮的消费主义思潮由于内容隐性化不易被发现，消费主义思潮影响下，把关弱化导致整体传播环境不正常化，人们不再有意识地敌视、抵触消费主义类短视频，而将其视为短视频平台中正常的传播内容。

作为自由表达的空间，短视频平台让各种思潮有了公开展示的场所，各种思潮在网络上广泛传播，和我们倡导的主流意识形态争夺舆论宣传阵地。人们在日常工作生活中承受着巨大的压力，需要娱乐信息释放压力进行调节，人们使用抖音、快手等App获取娱乐释放压力，而在消费主义思潮的影响下，为了争取有限的注意力资源，快手、抖音等平台大量充斥着传播低俗庸俗媚俗内容，并且逐渐趋于隐形化、正常化、难以监控，冲击着主流媒体的主流价值观。

[①] 高如：《警惕网络舆论生态泛娱乐化的负效应》，《毛泽东邓小平理论研究》2017年第8期。

[②] 王正友、孙艳：《我国短视频发展现状与对策分析》，《传媒》2018年第11期。

四 短视频传播：消费主义思潮传播形成以 KOC 为中心，自媒体为矩阵的强效果裂变式传播

表 5

快手主播传播效果（90 天；万）				快手主播传播渠道
主播名称	平均播放量	平均点赞	平均评论	关联平台
小伊伊·每晚九点直播	2028.7	67.5	6.5	新浪微博
张二嫂·每晚八点直播	1076.8	43.5	12.9	新浪微博；淘宝
散打哥♥ □4亿分	1110	36.9	5.6	新浪微博
一只傻高迪吖□□	1597.7	53	5.4	新浪微博
上官带刀	953.9	33.9	4.4	新浪微博
许华升	892.6	43.1	4.3	新浪微博
表哥□□	914.3	33.3	3.9	新浪微博
FZ方丈	895.3	26.5	3.2	新浪微博
浪子吴迪，活动待定	672.3	30.7	2.1	新浪微博
白小白得过且过	618.6	26.7	2.1	新浪微博

表 6

抖音 App 传播效果与传播渠道				传播渠道
传播效果（万条）				传播渠道
播主名称	平均分享数	平均点赞	平均评论	关联平台
♥□会说话的刘二豆♥□	2.3	192.9	2.3	新浪微博；秒拍
一禅小和尚	6.9	65.1	2.7	新浪微博；秒拍
摩登兄弟	3.5	97.6	5.6	新浪微博；秒拍；YY
郭聪明	3.1	134.5	2.8	新浪微博；网易云音乐
多余和毛毛姐	3.3	101.9	2.7	新浪微博；淘宝
费启鸣	2.8	129.8	2.8	新浪微博
七舅脑爷	1.5	92.2	1.4	新浪微博
高火火♥□	1.2	85	1.9	新浪微博；秒拍
人民日报	2.1	158.3	1.6	新浪微博；秒拍；微信
李佳琦 Austin	2.2	74.5	1.6	新浪微博；微信；淘宝

（一）流量经济发展下借助微博、秒拍等 App 构成强大的传播矩阵

依赖移动互联网技术和智能手机的发展，即时通讯应用和短视频平台成为我国网民获取信息的重要渠道。利用现代化的技术手段，传播方式更加丰富多元，媒介融合趋势下，进一步改变了互联网用户获取信息的方式。在快手平台上方丈、表哥等主播连接新浪微博，融合了多种传播方式，在新浪微博和快手平台上同时发布内容，传播内容覆盖快手的受众和微博的受众，进一步提升了传播的广度和深度。2019 年 6 月网络红人韩安冉在快手直播登上了微博热搜，也是微博和短视频 App 相互联通增强传播力的体现。消费主义思潮影响下，短视频平台为了进一步获取受众关注，提升自身品牌影响力，提升经济效益，大量的资本注入促进了 Vlog 博主扶持计划的诞生，以满足受众娱乐化需求为目的，大量的消费主义文化融入短视频的制作中，诞生了类似"许华升"等一批消费主义思潮影响下的低质量高流量的短视频播主。借助现代化的传播技术，以互联网技术、数字化技术为基础的新媒体为我们构建了立体化网状传播结构。网络红人李佳琦的短视频火爆抖音，同时在美拍、微博上也是大 V，专业团队在这些平台上同时发布内容，立体化网状结构扩大了传播范围加大了传播效果，对各平台用户都产生影响。

（二）消费主义思潮型意见领袖 KOC 崛起，点赞分享数量庞大，传播效果显著

Web2.0 下，大众门户传播模式转为个人门户传播模式，众声喧哗的新媒体发声成为常态，每个人都有传播的权力，网络传播经历了去中心化-再中心化的过程。[1] 消费主义思潮的传播下，短视频平台中，拥有百万粉丝群的意见领袖 KOC 崛起，并且拥有大量的忠实粉丝群，给予了这种新意见领袖强大的带货和变现能力。意见领袖具有水平型、单一型的特点，网络传播的互动性使用户能和传统 KOL 交流互动，增强了用户体验和用户黏性。抖音、快手聚集了各个垂直领域的消费主义思潮型意见领袖，他们细分用户市场，满足了日渐明晰的小群体发展态势，从 KOL 向 KOC 不断转变。在各个平台上，KOC 崛起满足了用户平台使用多元化，

---

[1] 张爱军、秦小琪：《网络意识形态去中心化及其治理》，《理论与改革》2018 年第 1 期。

对不同内容消费的需要,并为他们提供可消费的选项。通过表6可知:其中点赞分享数量非常庞大,消费主义类视频包括了生活的种种领域,不仅能够满足了受众的认知需求,由于大部分KOC起于草根阶级,移情心理作用下能够有效地改变了受众对于此类视频的态度,从权威依赖转向到亲情消费,消费主义型意见领袖KOC不断颠覆着传统的意见领袖。

所以消费主义思潮的不断传播,塑造了较传统KOL拥有更强大带货变现能力的KOC,又由于消费主义类短视频往往更加贴近生活需求,轻易地完成了一个以KOC为关键点,各大自媒体联合的传播矩阵,传播内容的通俗易懂,在以青少年为主要用户的短视频平台中不断地进行裂变式传播,如果以点赞转发数量判断其对用户态度行为的改变,这无疑是一种具有强效果的传播模式。

五 短视频变现:短视频直播与在线商城蓬勃发展,符号消费再转向实体消费,视觉奇观频出,亟待有效管理措施

(一)身体符号消费促进短视频直播野蛮式生长

短视频平台逐渐开通了直播功能,各个网络红人几乎全部开通此类功能,以爆款短视频吸引受众,获取大量粉丝。每天固定时间开播,通过网络直播的打赏实现短视频变现。从短视频到网络直播,消费主义思潮严重影响着人们的观看和打赏行为。以各个主播的粉丝在三分钟pk时间内对自己主播发送礼物的价值多少为评判标准,评判两个主播的输赢程度,在两个主播的pk过程中,会以"抖肩"等行为或者一些引诱性话语,引导直播观看者为自己刷取礼物,对身体符号的消费进一步深化。由于移动直播行业在过去缺乏完善的市场规则,劣质低俗内容充斥其上,网络信息野蛮生长,资本逐利跑马圈地,也进一步使得短视频播主被污名化。[1] 在满足了受众的情感需求时,使得受众获得了娱乐感,主播获得了大量的打赏经济来源,获取了大量的经济利益。在消费社会中,网络直播作为一种

---

[1] 王丽、李理:《网络主播的污名化及其伦理困境:一项网络民族志研究》,《新闻与传播评论》2018年第4期。

拟真机器,改变了媒介互动主体之间的关系,建构了一种全新的媒介真实。在这种媒介真实的特点下,主播和受众分别以身体图像和虚拟礼物的方式实现了身体的虚拟在场,极大地提升了媒介主体之间的互动能力。[1]也使得"炫耀式消费""无脑消费""奢侈消费观"等消费主义思潮传播不断加深。

(二)消费主义思潮进一步传播下,符号消费再转向实体消费

消费主义思潮的不断传播,短视频直播平台为了进一步变现,获取实体经济来源,开通了自荐商城。以抖音为例,播主李子柒在上传自己的短视频的同时,下方会弹出自己相关商品的链接。购买越多其粉丝等级越高,在满足受众的符号消费需要之外,又进一步将符号消费需求转化为实体经济的消费需求。自建商城的出现对播主的相关产品的宣传会进一步增强和加深。在政策支持、技术发展与用户需求的三重驱动下,视频平台与各方资本纷纷加入短视频竞争中,优秀短视频内容创业者获得青睐,催生了由内容创业撬动的新型网红经济模式。[2]京东"6·18消费狂欢节"开展的同时,抖音也借助此风开展相关活动,各个播主在其自荐商城上获取了相当大的流量和经济利益。抖音的主要用户特别是一些青少年,容易受其影响,而自荐商城上的商品大多比较廉价,容易购买,青少年很容易实现其购买需求。而对于商品的过度美化特别是虚假宣传借助抖音对用户强大的吸引力,使正常的生活方式逐渐转变成一种异化的生活方式。

(三)过分追求经济利益异化草根网红变现模式,阻碍有效的构建健康的变现模式

短视频经过模式化的美学修辞,成为"精致劣质图像"。与此同时,社区平台背后的资本利用智能算法技术挖掘、制造和维持热点话题,大大增强了草根网红的发展。[3]草根网红阶级无法对其宣传的产品负责,造成

---

[1] 余富强、胡鹏辉:《拟真、身体与情感:消费社会中的网络直播探析》,《中国青年研究》2018年第7期。

[2] 谢妍:《短视频创新:内容引领网红经济新模式——以papi酱为例》,《电视研究》2017年第6期。

[3] 杨光影:《"精致劣质图像"的生产与"虚拟社区意识"的形成——论抖音短视频社区青年亚文化的生成机制》,《中国青年研究》2019年第6期。

劣质产品的大量泛滥。以梁山彝娃为例，快手抖音的低门槛，任何人、任何群体都可以使用，只要你拥有网络或者移动客户端，你就可以满足短视频平台的传播条件。贫困山区的草根阶级网红因抖音快手等过度娱乐化的传播方式，带来了大量的受众聚集。受众对此播主生活方式、行为模式产生了同情心、好奇心等一系列情感因素，并因此对其的产品产生了大量的关注，而一些不法供应商和广告商瞅准此类机会，并以此进行整合营销，在消费主义思潮传播下，人们过度追求经济利益，忽视了媒介素养的构建和社会责任，所以抵制消费主义在短视频平台的蔓延，既要提高受众的媒介素养，更要打造一批传播正确消费观的网红领袖。[1] 播主无法对其所宣传的产品负责，也无法进一步了解其所宣传的产品，大量的粉丝受众因过度娱乐化而聚集，又因传媒的过度商业化而对其进行了非理性的购买需求，造成了劣质产品的不断泛滥。这不仅对播主造成了不良影响，也使其粉丝大量流失，并会对其粉丝造成无谓的经济浪费，这也是消费主义思潮传播下的弊端，进而导致广告商营销上无法去选择一些新的意见领袖，造成了劣质网红数量的不断增多。

（四）流量经济异化带来大量视觉奇观，获取广告利润

由于短视频消费主义思潮的传播，一场基于屏幕的媒介话语和传播变革正在进行，屏幕媒体缘于虚拟移动的视觉文化特质使消费主义大行其道。[2] 在短视频平台中，粉丝经济和流量经济成为其变现的主要方式之一，粉丝越多，获取流量关注越多，视觉奇观现象越发严重。所以如何吸引粉丝是短视频播主所要考虑的主要因素。一些美食类播主，以"大胃王密子君"等大胃王系列播主为例，其提供的消费主义视觉奇观更容易打动受众。短视频平台提供了消费主义的践行平台，"龙虾沾油泼辣子""滴水穿地球"等一些非常见性的视觉奇观视频满足受众的好奇心，由此聚集到更多的粉丝。受众即市场，从而获取更大的广告利益。但是对于其低质量的无脑视频无法限制，使得快手、抖音的传播环境十分恶劣，也就造成了"南抖音，北快手，智障界内两泰斗"这样的说法。消费主义思

---

[1] 吴义周：《消费主义的移动新媒体传播及其引导》，《思想教育研究》2017年第5期。
[2] 毕红梅、徐缘：《屏幕视域下消费主义传播的审视与引导》，《思想理论教育》2018年第8期。

潮传播带来的视觉奇观导致的粉丝经济的发展，但视觉奇观现象构建的不良传播环境影响了两类新媒体的健康发展以及自身优化的路径。

消费主义思潮披着传播娱乐化的外衣不断影响着短视频平台发展的各个方面。过度追求经济利益导致短视频制作者们不断吸纳着传播学专业人才，愈加偶像化草根化的人物设定，风格选择更加精准的对标着目标受众。炫耀式的传播理念对标青年群体——短视频平台的主要用户，虚荣心与从众心理加剧着青少年将短视频平台作为狂欢的主要阵地进行着新思想、新动态的交汇，受影响群体年龄越来越小，对正常的生活学习造成了很大影响。不可否认的是，消费主义的传播的确能够带来大量的经济利益，拉动传媒产业链的发展，是现在传播矩阵当中不可忽视的一环，尤其是 KOC 的出现，其强大的共情带货能力大大促进了短视频平台的发展。在强大的经济效益与传播娱乐化的合理外皮的共同作用下，消费主义思潮不再是"洪水猛兽"，而是更加"合理合规"地扩张着传播范围，监管的难度越来越大。借此契机短视频行业实现了野蛮式的生长，变现的方式层出不穷，各类问题也是亟待解决。身体符号消费促进着直播打赏的发展，监管不严下又导致了各类传播伦理问题与视觉奇观的出现。过度消费与KOC 的发展催生了短视频平台在线商城的发展，监管不严又导致各类假冒伪劣、盗名、盗号问题的出现，在消费主义思潮的影响下，短视频行业从变现难发展到了合理变现难的尴尬局面。只有有效地控制消费主义思潮的传播，分析其在短视频平台中传播的影响因素，制定出合理有效的监管办法，才能更好地实现短视频平台的发展。